Onno Klopp/Ute Mokros
Rechtslage des Arbeitnehmers
bei Insolvenz seines Arbeitgebers

de Gruyter Handbuch

Onno Klopp/Ute Mokros

Rechtslage des Arbeitnehmers bei Insolvenz seines Arbeitgebers

W DE G RECHT

De Gruyter Recht · Berlin

Dr. *Onno Klopp*, Rechtsanwalt, Fachanwalt für Insolvenzrecht, vereidigter Buchprüfer, Düsseldorf, Avocat in Paris
Ute Mokros, Rechtsanwältin, Fachanwältin für Arbeitsrecht, Leipzig

∞ Gedruckt auf säurefreiem Papier,
das die US-ANSI-Norm über Haltbarkeit erfüllt.

ISBN-13: 978-3-89949-247-7
ISBN-10: 3-89949-247-1

Bibliografische Information Der Deutschen Bibliothek

Die Deutsche Bibliothek verzeichnet diese Publikation in der Deutschen Nationalbibliografie; detaillierte bibliografische Daten sind im Internet über http://dnb.ddb.de abrufbar.

Printed in Germany
Einbandgestaltung: Christopher Schneider, Berlin
Datenkonvertierung/Satz: WERKSATZ Schmidt & Schulz GmbH, Gräfenhainichen
Druck und Bindung: Hubert & Co., Göttingen

Vorwort

Mein ehemaliger Sozius, Hans Heilmann, hatte bereits 1977 ein Buch über die Rechtslage des Arbeitnehmers bei Insolvenz seines Arbeitgebers geschrieben. Zum damaligen Zeitpunkt war mit dem Begriff der Insolvenz noch die Vermögenslage des Arbeitgebers beschrieben, nicht aber das Gesetz, Insolvenzordnung, vom 05.10.1994 gemeint. Heilmann wollte eine möglichst vollständige Übersicht über die Rechtslage des Arbeitnehmers für den Fall der Insolvenz seines Arbeitgebers geben. Nach heutiger Rechtslage könnte ein solcher Titel als Beschränkung auf die Beschreibung der Rechte in der vom Gesetzgeber vorgesehenen Insolvenzordnung verstanden werden. Zahlreiche Gesetze sind seit dieser Zeit zur Verbesserung der Rechtslage der Arbeitnehmer ergangen: das Gesetz über Teilzeitarbeit und befristete Arbeitsverträge vom 21.12.2000 ist hinzugekommen, sowie das Altersteilzeitgesetz vom 23.07.1996, das Gesetz zur Verbesserung der betrieblichen Altersversorgung, zuletzt geändert durch Gesetz vom 29.08.2005, die Insolvenzordnung vom 05.10.1994, deren Regelungen in arbeitsrechtlicher Hinsicht in der Zeit vom 01.10.1996 bis 31.12.1998 über den § 1 KSchG auch vor deren Inkrafttreten am 01.01.1999 vorausprobiert wurden. Das Kündigungsschutzgesetz hat zwischenzeitlich zahlreiche Änderungen erfahren, zuletzt durch Gesetz vom 19.11.2004, und die Sozialhilfe wurde zum 01.01.2005 völlig neu geregelt. Nicht zuletzt wurde das Konkursausfallgeld im SGB III neu geregelt und in Insolvenzgeld umbenannt. Hatte sich Heilmann bereits 1977 darüber beschwert, dass die Materie unübersichtlich geworden sei, so ist dieser Zustand offensichtlich noch zu übertreffen.

Heilmann hatte sich zum Ziel gesetzt, insbesondere die Rechtslage bei massearmer Insolvenz zu beleuchten. Wenn auch die relative Zahl der wegen Masselosigkeit nicht eröffneten Insolvenzverfahren nach Einführung der Insolvenzordnung zurückgegangen ist, spielen solche Verfahren auch heute noch eine zahlenmäßig wichtige Rolle. Daneben bleiben auch diejenigen Arbeitnehmer unberücksichtigt, bei denen der Arbeitgeber im Vermögensverfall sich der Erreichbarkeit durch seine früheren Mitarbeiter entzieht.

Der von Heilmann benutzte Begriff der Insolvenz des Arbeitgebers trifft nach Einführung der Insolvenzordnung als gesetzlicher Regelung der gemeinschaftlichen Befriedigung der Gläubiger eines Schuldners nicht mehr genau den wirtschaftlichen Zustand, der unter rechtlichen Gesichtspunkten betrachtet werden soll. Durch die Wahl des Wortes Vermögensverfall des Arbeitgebers soll zum Ausdruck gebracht werden, dass die Rechte der Arbeitnehmer sowohl im Rahmen des gesetzlichen Insolvenzverfahrens wie auch bei Vermögensverfall ohne Eröffnung eines Insolvenzverfahrens betrachtet werden sollen, so also auch die Fälle, in denen das Insolvenzverfahren mangels einer die Verfahrenskosten deckenden Masse nicht eröffnet worden ist, oder ein solches Verfahren auch gar nicht beantragt werden soll oder muss.

Selbstverständlich müssen erst die Begriffe Vermögensverfall und Arbeitnehmer geklärt werden.

Danach soll in einem Abschnitt die Rechtslage des Arbeitnehmers bei Vermögensverfall seines Arbeitgebers ohne gerichtliches Regelungsverfahren erörtert werden; der zweite Abschnitt behandelt die Regelung bei Eröffnung des Insolvenzverfahrens. Es erscheint angebracht, die Lage der Arbeitnehmer im Insolvenzplanverfahren darzustellen.

Der Vollständigkeit halber werden in einem weiteren Abschnitt die Rechte der Arbeitnehmer bei Masseunzulänglichkeit beleuchtet. Schließlich soll noch auf die Problematik im europäischen Zusammenhang hingewiesen werden, die angesichts der heute erreichten internationalen wirtschaftlichen Verflechtung auf der einen Seite und der Realisierung der Freizügigkeit auch für Arbeitnehmer auf der anderen Seite eine immer größere Bedeutung gewonnen hat. Dabei muss allerdings eine Beschränkung auf die Darstellung der rechtlichen Folgen aus deutscher Sicht vorgenommen werden, alles andere würde den angelegten Umfang dieses Buches sprengen.

Ich bin sehr dankbar, dass Frau Kollegin U. Mokros als Fachanwältin für Arbeitsrecht als Co.-Autorin tätig geworden ist. Ein besonderer Dank gilt Frau Claudia Dietrich, die nach erfolgreichem ersten juristischen Staatsexamen bei der Realisierung dieses Buches geholfen hat.

Leipzig, im April 2006 *Onno Klopp*

Inhaltsübersicht

Inhaltsverzeichnis

Abkürzungs- und Literaturverzeichnis

a.a.O.	am angegebenen Ort
a.F.	alte Fassung
ABl.	Amtsblatt der Europäischen Gemeinschaften
Abs.	Absatz
AFG	Arbeitsförderungsgesetz
AG	Aktiengesellschaft
AktG	Aktiengesetz
Alt.	Alternative
AltTZG	Altersteilzeitgesetz
Anh.	Anhang
Anw. Hdb. ArbR.	Ulrich Tschöpe, Anwalts-Handbuch Arbeitsrecht, 4. Auflage 2005
AO	Abgabenordnung
ArbG	Arbeitsgericht
ArbGG	Arbeitsgerichtsgesetz
ArbnErfG	Gesetz über Arbeitnehmererfindungen
ArbPlSchG	Arbeitsplatzschutzgesetz
Art.	Artikel
ASiG	Gesetz über Betriebsärzte, Sicherheitsingenieure und andere Fachkräfte für Arbeitssicherheit (Arbeitssicherheitsgesetz)
AtG	Gesetz über die friedliche Verwendung der Kernenergie und den Schutz gegen ihre Gefahren (Atomgesetz)
AuA	Arbeit und Arbeitsrecht (Zeitschrift)
AÜG	Gesetz zur Regelung der gewerbsmäßigen Arbeitnehmerüberlassung
AuR	Arbeit und Recht (Zeitschrift)
BA	Bundesagentur für Arbeit
BAG	Bundesarbeitsgericht
BAGE	Entscheidungen des Bundesarbeitsgerichts
Balz/Landfermann	Manfred Balz/Hans-Georg Landfermann, Die neuen Insolvenzgesetze, 2. Auflage 1999
BAnz.	Bundesanzeiger
Bartenbach/Volz	Kurt Bartenbach/Franz-Eugen Volz, Arbeitnehmererfindergesetz, Kommentar, 4. Auflage 2002
BB	Betriebsberater (Zeitschrift)
BBiG	Berufsbildungsgesetz
BDSG	Bundesdatenschutzgesetz
BErzGG	Gesetz zum Erziehungsgeld und zur Elternzeit
BetrAVG	Gesetz zur Verbesserung der betrieblichen Altersversorgung
BetrVG	Betriebsverfassungsgesetz
BFH	Bundesfinanzhof
BFHE	Entscheidungen des Bundesfinanzhofes
BGB	Bürgerliches Gesetzbuch
BGBl.	Bundesgesetzblatt
BGH	Bundesgerichtshof

BGHZ	Entscheidungen des Bundesgerichtshofs in Zivilsachen
BImSchG	Bundesimmissionsschutzgesetz
BMGS	Bundesministerium für Gesundheit und Soziale Sicherung
Böhle-Stamschräder/ Kilger	Aloys Böhle-Stamschräder/Joachim Kilger, Konkursordnung, Kommentar, 14. Auflage 1983
BR-Drucks.	Drucksache des Deutschen Bundesrates
Breutigam/Blersch/ Goetsch	Axel Blersch/Jürgen Blersch/Hans-W. Goetsch, Insolvenzrecht, Kommentar (Loseblatt)
Bringewat/Waza	Bernd Bringewat/Thomas Waza, Insolvenzen und Steuern, 6. Auflage
BSG	Bundessozialgericht
BSGE	Entscheidungen des Bundessozialgerichts
BT-Drucks.	Drucksache des Deutschen Bundestages
BUrlG	Bundesurlaubsgesetz
BVerfG	Bundesverfassungsgericht
BVerfGE	Entscheidungen des Bundesverfassungsgerichts
BVerwG	Bundesverwaltungsgericht
BVerwGE	Entscheidungen des Bundesverwaltungsgerichts
bzw.	beziehungsweise
C. Hahn	Die gesamten Materialien zur KO
ca.	circa
d.h.	das heißt
DB	Der Betrieb (Zeitschrift)
DStR	Deutsches Steuerrecht (Zeitschrift)
DStZ	Deutsche Steuer-Zeitung
dt.	deutsch
DZWIR	Deutsche Zeitschrift für Wirtschafts- und Insolvenzrecht
e.V.	eingetragener Verein
EFZG	Entgeltfortzahlungsgesetz
EG	Europäische Gemeinschaft
EGInsO	Einführungsgesetz zur Insolvenzordnung
Einl.	Einleitung
Erfurter Kommentar	Thomas Dieterich, Erfurter Kommentar zum Arbeitsrecht, 5. Auflage 2005
Erman	Harm Peter Westermann, Erman, Bürgerliches Gesetzbuch, Handkommentar mit EGBGB, ErbbauVO, HausratsVO, LPartG, ProdHaftG, UKlaG, VAHRG und WEG, 11. Auflage 2004
EStG	Einkommensteuergesetz
etc.	et cetera
EuGH	Europäischer Gerichtshof
EuGHE	Entscheidungen des Europäischen Gerichtshofs
EWG	Europäische Wirtschaftsgemeinschaft
EWiR	Entscheidungen zum Wirtschaftsrecht (Zeitschrift)
EWIV	Europäische wirtschaftliche Interessenvereinigung
f., ff.	folgend(e)
Festschrift KO	Wilhelm Uhlenbruck, Einhundert Jahre Konkursordnung, 1997
FGG	Gesetz über die Angelegenheiten der freiwilligen Gerichtsbarkeit

Fiebig	Stefan Fiebig, Kündigungsschutzgesetz, Handkommentar, 2. Auflage 2004
Fitting	Karl Fitting, Betriebsverfassungsgesetz, Handkommentar, 21. Auflage 2002
FSJG	Gesetz zur Förderung eines freiwilligen sozialen Jahres
Gagel	Alexander Gagel, Sozialgesetzbuch III, Arbeitsförderung, Kommentar, (Loseblatt)
GBO	Grundbuchordnung
GbR	Gesellschaft bürgerlichen Rechts
gem.	gemäß
GenG	Genossenschaftsgesetz
GenTSV	Verordnung über die Sicherheitsstufen und Sicherheitsmaßnahmen bei gentechnischen Arbeiten in gentechnischen Anlagen (Gentechnik-Sicherheitsverordnung)
GesO	Gesamtvollstreckungsordnung
GewO	Gewerbeordnung
GG	Grundgesetz
ggf.	gegebenenfalls
GK-BetrVG	Alfons Kraft/Fritz Fabricius, Betriebsverfassungsgesetz, Gemeinschaftskommentar, 8. Auflage 2005
GKG-KV	Gerichtskostengesetz Kostenverzeichnis
GmbH	Gesellschaft mit beschränkter Haftung
GmbHG	Gesetz betreffend die Gesellschaften mit beschränkter Haftung
GmbH-R	GmbH-Rundschau (Zeitschrift)
Gottwald	Peter Gottwald, Insolvenzrechtshandbuch, 2. Auflage 2001
grds.	grundsätzlich
Griebeling	Gert Griebeling/Stefan Griebeling, Betriebliche Altersversorgung, 2. Auflage 2003
GVBl.	Gesetz- und Verordnungsblätter
h.M.	herrschende Meinung
Haarmeyer/Wutzke/Förster	Hans Haarmeyer/Wolfgang Wutzke/Karsten Förster, Handbuch zur Insolvenzordnung, 3. Auflage 2001
HAG	Heimarbeitsgesetz
Häsemeyer	Ludwig Häsemeyer, Insolvenzrecht, 3. Auflage 2003
Hess/Kropshofer	Harald Hess/Birger Kropshofer, Kommentar zur Konkursordnung, 2. Auflage 1985
HGB	Handelsgesetzbuch
HK-*Bearbeiter*	Dieter Eickmann, Heidelberger Kommentar zur Insolvenzordnung, 3. Auflage 2003
HPOpro	Haufe Personal Office Professional
HS	Halbsatz
i.d.F.	in der Fassung
i.d.R.	in der Regel
i.d.S.	in diesem Sinne
i.S.d.	im Sinne des (der)
i.S.v.	im Sinne von
i.V.m.	in Verbindung mit
IHK	Industrie- und Handelskammer
InsGeld-DA	Durchführungsanweisungen zu den §§ 183 bis 189, 208 SGB III der Bundesanstalt für Arbeit

InsO	Insolvenzordnung
InVo	Insolvenz & Vollstreckung (Zeitschrift)
Jaeger/Lent	Ernst Jaeger/Friedrich Lent, Konkursordnung mit Einführungsgesetzen, Kommentar, 8. Auflage 1958
Jauernig	Othmar Jauernig, Zwangsvollstreckungs- und Insolvenzrecht, 21. Auflage 1999
JuS	Juristische Schulung (Zeitschrift)
Kemper	Kurt Kemper, BetrAVG, Kommentar zum Gesetz zur Verbesserung der betrieblichen Altersversorgung, 2. Auflage 2005
KG	Kommanditgesellschaft
KGaA	Kommanditgesellschaft auf Aktien
KO	Konkursordnung
Kölner Schrift	Kölner Schriften zur Insolvenzordnung, 2. Auflage 2000
KrW-AbfG	Gesetz zur Förderung der Kreislaufwirtschaft und Sicherung der umweltverträglichen Beseitigung von Abfällen
KSchG	Kündigungsschutzgesetz
KTS	Zeitschrift für Insolvenzrecht
Kuhn/Uhlenbruck	Georg Kuhn/WilhelmUhlenbruck, Konkursordnung, Kommentar, 10. Auflage 1986
LAG	Landesarbeitsgericht
LAGE	Entscheidungen der Landesarbeitsgerichte
LNK	LexisNexis-Kommentar
LSG	Landessozialgericht
LStR	Lohnsteuer-Richtlinie
m.w.N.	mit weiteren Nachweisen
MDR	Monatsschrift für deutsches Recht
mind.	Mindestens
Mio.	Million(en)
Mohrbutter	Harro Mohrbutter, Handbuch der Insolvenzverwaltung, 7. Auflage 1997
Moll	Wilhelm Moll, Münchener Anwalts-Handbuch Arbeitsrecht, 2005
MüKo-*Bearbeiter*	Hans-Peter Kirchhof, Münchener Kommentar zur Insolvenzordnung,
MuSchG	Mutterschutzgesetz
NachwG	Gesetz über den Nachweis der für ein Arbeitsverhältnis geltenden wesentlichen Bedingungen
Nerlich/Römermann	Jörg Nerlich/Volker Römermann, Insolvenzordnung, Kommentar, (Loseblatt)
Niesel	Klaus Niesel, Sozialgesetzbuch, Arbeitsförderung, SGB III, Kommentar, 3. Auflage 2005
NJW	Neue Juristische Wochenschrift
Nr.	Nummer
NRW	Nordrhein-Westfalen
NZA	Neue Zeitschrift für Arbeitsrecht
NZA-RR	NZA-Rechtsprechungs-Report Arbeitsrecht
NZI	Neue Zeitschrift für das Recht der Insolvenz und Sanierung
OHG	offene Handelsgesellschaft

Palandt	Otto Palandt, Bürgerliches Gesetzbuch, Kommentar, 65. Auflage 2006
Pape/Hauser	Gerhard Pape/Wolfgang Hauser, Massearme Verfahren nach der InsO, 2002
PartG	Partnerschaftsgesellschaft
Paulus	Christoph G. Paulus, Europäische Insolvenzordnung, Kommentar, 2006
PSVaG	Pensions-Sicherungs-Verein auf Gegenseitigkeit
RAG	Reichsarbeitsgericht
RegE	Regierungsentwurf
RFH	Reichsfinanzhof
RFHE	Entscheidungen des Reichsfinanzhofes
RGZ	Entscheidungen des Reichsgerichts in Zivilsachen
RL	Richtlinie
Rn.	Randnummer
RPflG	Rechtspflegergesetz
Rspr.	Rechtsprechung
RzK	Rechtsprechung zum Kündigungsrecht
S.	Seite od. Satz
s.	siehe
s.o.	siehe oben
Schaub	Günther Schaub, Arbeitsrechts-Handbuch, 10. Auflage 2002
Schliemann	Harald Schliemann, Das Arbeitsrecht im BGB, 2. Auflage 2002
Scholz	Franz Scholz, GmbH-Gesetz, Kommentar, 9. Auflage 2000
SchwbG	Schwerbehindertengesetz
Semler/Stengel	Johannes Semler/Arndt Stegel, Umwandlungsgesetz, Kommentar, 2003
SGB I	Sozialgesetzbuch, Erstes Buch, Allgemeiner Teil
SGB III	Sozialgesetzbuch, Drittes Buch, Arbeitsförderung
SGB IV	Sozialgesetzbuch, Viertes Buch, Gemeinsame Vorschriften für die Sozialversicherung
SGB IX	Sozialgesetzbuch, Neuntes Buch, Rehabilitation und Teilhabe behinderter Menschen
SGB VI	Sozialgesetzbuch, Sechstes Buch, Gesetzliche Rentenversicherung
SGB VII	Sozialgesetzbuch, Siebtes Buch, Gesetzliche Unfallversicherung
SGB X	Sozialgesetzbuch, Zehntes Buch, Sozialverwaltungsverfahren und Sozialdatenschutz
SGb	Die Sozialgerichtsbarkeit (Zeitschrift)
Smid	Stefan Smid, Insolvenzordnung, Kommentar, 2. Auflage 2001
sog.	sogenannt
SozplKonkG	Gesetz über den Sozialplan im Konkurs- und Vergleichsverfahren
Steindorf/Regh	Arne Steindorf/Thomas Regh, Arbeitsrecht in der Insolvenz, 2002
StGB	Strafgesetzbuch
Theobald	Wolfgang Theobald, Entwicklungen zur Durchgriffs- und Konzernhaftung, 2002
TierSchG	Tierschutzgesetz
TVG	Tarifvertragsgesetz
TzBfG	Teilzeitbefristungsgesetz
u.a.	unter anderem
u.U.	unter Umständen

Uhlenbruck	Wilhelm Uhlenbruck, Insolvenzordnung, Kommentar, 12. Auflage 2003
UmwG	Umwandlungsgesetz
UStG	Umsatzsteuergesetz
VerglO	Vergleichsordnung
vgl.	vergleiche
VO	Verordnung
VwVG	Verwaltungsverfahrensgesetz
Wank	Rolf Wank, Arbeitnehmer und Selbständige, 1988
Weyand/Düwell	Joachim Weyand/Josef Düwell, Das neue Arbeitsrecht, 1. Auflage 2005
WHG	Gesetz zur Ordnung des Wasserhaushalts (Wasserhaushaltsgesetz)
z. B.	zum Beispiel
z. T.	zum Teil
ZDG	Zivildienstgesetz
ZInsO	Zeitschrift für das gesamte Insolvenzrecht
ZIP	Zeitschrift für Wirtschaftsrecht
ZPO	Zivilprozessordnung
ZVG	Zwangsversteigerungsgesetz

A. Einleitung

I. Das Anliegen der InsO

1. Begriff der Insolvenz

Insolvenz ist der Oberbegriff für einen wirtschaftlichen Zustand, der sich als Zahlungsunfähigkeit, drohende Zahlungsunfähigkeit oder Überschuldung darstellt und ein gerichtliches Insolvenzverfahren auszulösen vermag[1].

Die für bis 1998 eröffnete Verfahren geltende Konkursordnung spricht nicht von Insolvenz, sondern erklärt die Zahlungsunfähigkeit in § 102 I KO zum Konkursgrund für:

- natürliche Personen (§ 102 KO);
- offene Handelsgesellschaften (§ 209 KO);
- Kommanditgesellschaften (§ 209 KO);
- gemeinschaftlich verwaltetes Gesamtgut der Gütergemeinschaft (§ 236a KO);
- zum Teil Genossenschaften (§ 98 GenG).

Statt der Zahlungsunfähigkeit setzte die Eröffnung des Verfahrens bei Nachlasskonkursverfahren, § 215 KO, und beim Konkurs des Gesamtguts bei fortgesetzter Gütergemeinschaft, §§ 236, 215 KO, die Überschuldung voraus.

Zahlungsunfähigkeit oder Überschuldung waren Konkursgrund bei:

- Aktiengesellschaften (§ 207 I KO);
- Gesellschaften mit beschränkter Haftung (§ 63 I GmbHG);
- Kommanditgesellschaften auf Aktien (§ 209 S. 2 KO);
- offenen Handelsgesellschaften und Kommanditgesellschaften im Falle des § 209 I 3 KO, soweit also keine natürliche Person persönlich haftende Gesellschafterin war;
- sonstigen juristischen Personen (§ 213 KO);
- nicht rechtsfähigen Vereinen (§ 213 KO);
- zum Teil Genossenschaften (§ 98 GenG).

---

1 Uhlenbruck in Uhlenbruck, § 1, Rn. 2.

Unter Zahlungsunfähigkeit verstand die Konkursordnung das Unvermögen des Schuldners, seine fälligen Geldschulden im Wesentlichen zu erfüllen[2].

Die ab 01.01.1999 geltende Insolvenzordnung versteht die Insolvenz als Oberbegriff für einen wirtschaftlichen Zustand, der sich als Zahlungsunfähigkeit, drohende Zahlungsunfähigkeit oder Überschuldung darstellt und ein gerichtliches Insolvenzverfahren auszulösen vermag. Unter Insolvenzverfahrensrecht versteht man die Summe aller Regelungen, mit deren Hilfe die subjektiven Rechte der Gläubiger beim wirtschaftlichen Zusammenbruch eines Schuldners oder Schuldnerunternehmens realisiert werden[3].

Bis 1998 waren diese (Verfahrens-)Rechte im Wesentlichen geregelt in der Konkurs- oder Vergleichsordnung, seit 01.01.1999 gilt die Insolvenzordnung.

Wir verstehen aber unter Insolvenz im Sinne unserer Darstellung nicht nur den wirtschaftlichen Zusammenbruch des Unternehmens, der nach früherer Regelung in ein Konkurs- oder Vergleichsverfahren des Schuldners, heute Insolvenzverfahren, mündet, sondern wollen auch die zahlreichen wirtschaftlichen Zusammenbrüche von Schuldnern untersuchen, die gerade nicht in mit allen Garantien eines Rechtsstaates ausgestatteten gerichtlichen Verfahren abgehandelt werden, sondern bei denen im Volksmund Sprüche verwendet werden, wie „Wer zuerst kommt, mahlt zuerst." etc.

Das Konkursverfahren sollte im Interesse aller Gläubiger eine geordnete Abwicklung gewährleisten. Die Begründung zur Konkursordnung drückte das so aus: „Wenn ein Schuldner sich außerstande erweist, alle seine Gläubiger vollständig zu befriedigen, so muss das Gesetz die Gläubiger davor schützen, dass die Befriedigung, die ein jeder zu fordern hat, nicht beeinträchtigt werde durch eine Verschleuderung des Vermögens seitens des Schuldners oder durch das Vorgreifen oder durch die Begünstigung einzelner Gläubiger"[4]. Der Konkurs diente also im Prinzip der Verwertung des gesamten pfändbaren Vermögens des Schuldners und der anteilmäßigen Aufteilung des Erlöses auf die Forderungen der Gläubiger.

Die Vergleichsordnung vom 26.02.1935 sollte dem konkursreifen Schuldner die Möglichkeit geben, ein solches Konkursverfahren zu vermeiden und stattdessen in einem Vergleich mit seinen Gläubigern zu einer Überwindung seiner (wirtschaftlichen) Schwierigkeiten zu kommen.

Das gerichtliche Vergleichsverfahren bedeutete also eine Rechtswohltat für den Schuldner, die diesen unter gewissen Voraussetzungen vor der Vernichtung seiner wirtschaftlichen Existenz, insbesondere auch seines Unternehmens schützen sollte.

---

2 Kuhn/Uhlenbruck, § 102, Rn. 2.
3 Uhlenbruck in Uhlenbruck, § 1, Rn. 3.
4 C. Hahn, 44.

Der Gesetzgeber der Insolvenzordnung hat zwar im § 1 wesentliche Verfahrensziele festgelegt, zur Vervollständigung ist aber auch die allgemeine Begründung des Regierungsentwurfes hinzuzuziehen. Bei der Interpretation und Auslegung der einzelnen Vorschriften der Insolvenzordnung ist gleichfalls die Begründung des Regierungsentwurfes und der Berichte des Rechtsausschusses notwendig.

2. Einheitliches Insolvenzverfahren

Einige Grundsätze der Insolvenz sind:

Sowohl das bisherige Nebeneinander von Ost- (Gesamtvollstreckungsordnung) und Westrecht (Konkursordnung) wie von Konkursordnung und Vergleichsordnung im Westen sollten beseitigt werden. Das Verfahren erfasst nicht nur sämtliche Verbindlichkeiten des Schuldners (z.B. nachrangige Forderungen der Gläubiger), sondern auch die Sicherungsrechte der Gläubiger (Aus- und Absonderungsrechte) sollen in das Verfahren mit eingebunden werden.

Das Verfahren ist vermögensorientiert; auch die Sanierung des Schuldners oder seines Unternehmens wird als Verwertung des Schuldnervermögens angesehen, bei der die Vermögenswerte der Beteiligten grundsätzlich in gleicher Weise zu schützen sind, wie bei einer konkursmäßigen Liquidation. Der einheitliche Hauptzweck des Insolvenzverfahrens ist die gemeinschaftliche Verwirklichung der Vermögenshaftung.

Dabei wird die Vollabwicklung des Schuldnervermögens als Aufgabe des Insolvenzverfahrens angesehen[5].

Daneben ist die endgültige Regulierung der Verbindlichkeiten des Schuldners ein dritter Zweck des einheitlichen Insolvenzverfahrens. Das Insolvenzverfahren soll natürlichen Personen unter bestimmten Voraussetzungen Restschuldbefreiung verschaffen. Die Beteiligten können durch einen Insolvenzplan auch hierüber abweichende Regelungen treffen.

Neben dem Ziel einer Vereinheitlichung hat sich der Gesetzgeber der Insolvenzordnung auch eine rechtzeitige und leichtere Eröffnung des Insolvenzverfahrens zum Ziel gesetzt und hierzu eine Reihe von Maßnahmen ergriffen. Hierzu gehören:

- Die Einführung eines neuen Eröffnungsgrundes der drohenden Zahlungsunfähigkeit,
- Neubestimmung der sonstigen Voraussetzungen der Verfahrenseröffnung,
- Neuregelung der Masseverbindlichkeiten,

5 Balz/Landfernmann, S. 20.

- Umwandlung der früheren künstlich als Masseverbindlichkeiten bestimmten Arbeitnehmerforderungen zu einfachen Insolvenzforderungen.

Insgesamt sollte das Insolvenzverfahren attraktiver gestaltet werden, mehr Masse geschaffen werden durch:

- Heranziehung der mithaftenden Gesellschafter und Organmitglieder von Gesellschaften,
- Verschärfung des Anfechtungsrechts,
- Erstattung von Kosten, welche der Insolvenzmasse bei der Erhaltung, Bearbeitung und Verwertung von Sicherungsgut entstehen u.a.

Die gesicherten Gläubiger sollten in das Verfahren einbezogen werden.

Die allgemeinen Konkursvorrechte wurden abgeschafft.

An die Stelle von Vergleich und Zwangsvergleich wurde der Insolvenzplan gesetzt.

Die sog. übertragende Sanierung wurde als gleichrangige Möglichkeit der Sanierung neben der Sanierung des Unternehmensträgers angeboten, die Aufhebung des § 419 BGB sollte darüber hinaus die übertragende Sanierung auch außerhalb des Insolvenzverfahrens beträchtlich erleichtern.

Es wird ausdrücklich betont, dass das neue Insolvenzrecht vermögensorientiert sei, die Arbeitnehmer sind im Rahmen der Abwicklung oder Sanierung des Unternehmens nur insoweit beteiligt, als ihnen Insolvenzforderungen gegen den Schuldner zustehen. In ihrer Rolle als Arbeitnehmer des Schuldners sind sie nicht Beteiligte des Insolvenzverfahrens.

Dennoch werden die Gläubigerrechte der Arbeitnehmer, das Recht auf Kündigungsschutz und betriebsverfassungsrechtliche Mitwirkungs- und Mitbestimmungsrechte der Arbeitnehmer durch das Insolvenzverfahren berührt und auch neu geregelt.

Die Insolvenzordnung gibt selbstverständlich den Arbeitnehmern Stimmrechte in der Gläubigerversammlung, aber nur soweit sie Insolvenzforderungen haben. Im Gläubigerausschuss sollen die Arbeitnehmer vertreten sein, wenn ihnen nicht unerhebliche Insolvenzforderungen zustehen.

Wegen ihrer Entgeltrückstände für die letzten drei Monate vor Eröffnung des Insolvenzverfahrens wird den Arbeitnehmern Insolvenzgeld gewährt, unabhängig von der Frage, ob das Unternehmen liquidiert oder saniert wird. Die Eröffnung des Vergleichsverfahrens nach der Vergleichsordnung wurde nicht als Versicherungsfall angesehen und löste somit keinen Anspruch auf Insolvenzgeld aus.

Die Betriebsverfassung soll auch im Insolvenzverfahren anwendbar bleiben. Damit soll der besonderen Schutzbedürftigkeit der Arbeitnehmer in der Insolvenz ihrer Arbeitgeber Rechnung getragen werden. An die Stelle des Arbeitgebers (Unternehmers) rückt im Insolvenzverfahren der Insolvenzverwalter. Darüber hinaus wird den Betriebsräten eine Reihe spezifischer Informations- und Äußerungsrechte gewährt, insbesondere im Zusammenhang mit der Aufstellung eines Insolvenzplanes.

All diese Verbesserungen in der Insolvenzordnung können nicht darüber hinwegtäuschen, dass dieses Gesetz Insolvenzen nicht verhindern kann, und dass weiterhin die wirtschaftlichen Zusammenbrüche von Schuldnern und schuldnerischen Unternehmen auch außerhalb eines gerichtlichen Verfahrens stattfinden. Die Zahlen der Jahre nach Inkrafttreten der Insolvenzordnung zeigen zwar eine Verbesserung der Anzahl der eröffneten Verfahren im Verhältnis zu den mangels Masse abgewiesenen Verfahren. Die Steigerung der absoluten Zahlen der eröffneten Verfahren bestätigt allerdings lediglich die wirtschaftlich bedrohliche Entwicklung der letzten Jahre, auch wenn im Verhältnis von beantragten Insolvenzverfahren zu eröffneten Insolvenzverfahren eine positive Wirkung der vom Gesetzgeber ausgebrachten Maßnahmen festzustellen ist.

1990 wurden in den alten Bundesländern insgesamt **13.243** Verfahren einschließlich Vergleichsverfahren beantragt. Hiervon wurden nur **3.214** Verfahren eröffnet, der Rest, **10.029**, mangels Masse abgewiesen. Von den gesamten beantragten Verfahrenseröffnungen betrafen **8.730** Unternehmen = **66** %.

Im Jahre 1999, Jahr des Inkrafttretens der Insolvenzordnung in der gesamten Bundesrepublik, wurden **34.038** Verfahren beantragt, **21.542** mangels Masse abgelehnt = **63** %. Zu diesem Zeitpunkt betrafen noch **26.476** der Eröffnungsanträge Unternehmen = **78** %.

Im Jahre 2004 wurden **118.274** Insolvenzverfahren beantragt, davon nur **21.450** = **18** % mangels Masse abgelehnt. Was war in der Zwischenzeit geschehen? Seit Dezember 2001 wird natürlichen Personen, die die Restschuldbefreiung erlangen wollen, Kostenstundung für die Verfahrenskosten gewährt. Daher schnellte die Zahl der beantragten Verfahren in die Höhe, gleichzeitig sank die Zahl der mangels Masse nicht eröffneten Verfahren.

Allerdings betrafen auch von den **118.274** beantragten Eröffnungen „nur" **39.213** (= **33** %) Unternehmen. Geht man davon aus, dass die mangels Masse abgelehnten Verfahren fast ausschließlich Unternehmen von nicht natürlichen Personen betreffen, kommt man doch wieder zu einem hohen Prozentsatz von mangels Masse abgelehnten Verfahren bei Insolvenzanträgen über das Vermögen von Unternehmen, nämlich von **39.213** beantragten Unternehmensinsolvenzen werden ca. **15.316** Verfahren mangels Masse abgelehnt.

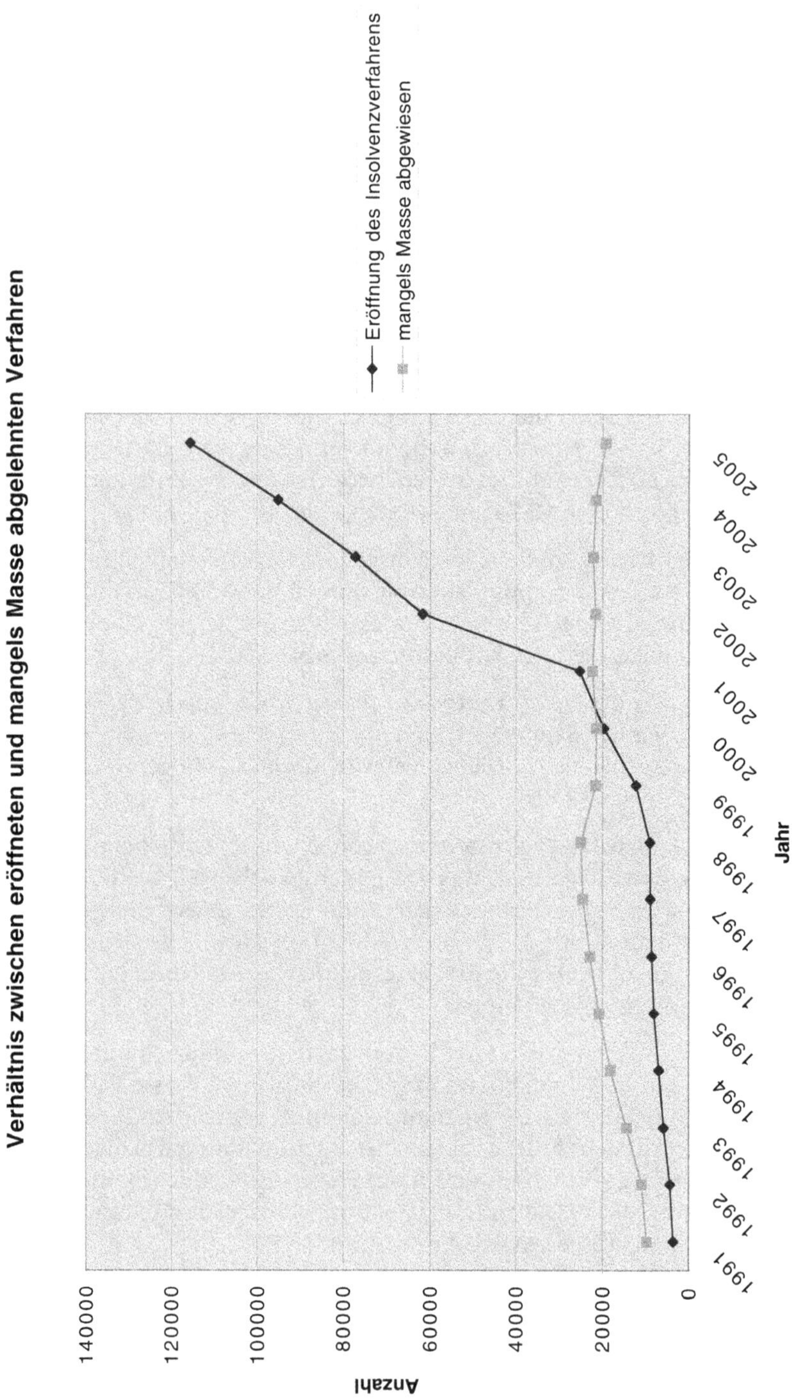
Verhältnis zwischen eröffneten und mangels Masse abgelehnten Verfahren
Eröffnung des Insolvenzverfahrens
mangels Masse abgewiesen
Anzahl
140000
120000
100000
80000
60000
40000
20000
0
1991
1992
1993
1994
1995
1996
1997
1998
1999
2000
2001
2002
2003
2004
2005
Jahr

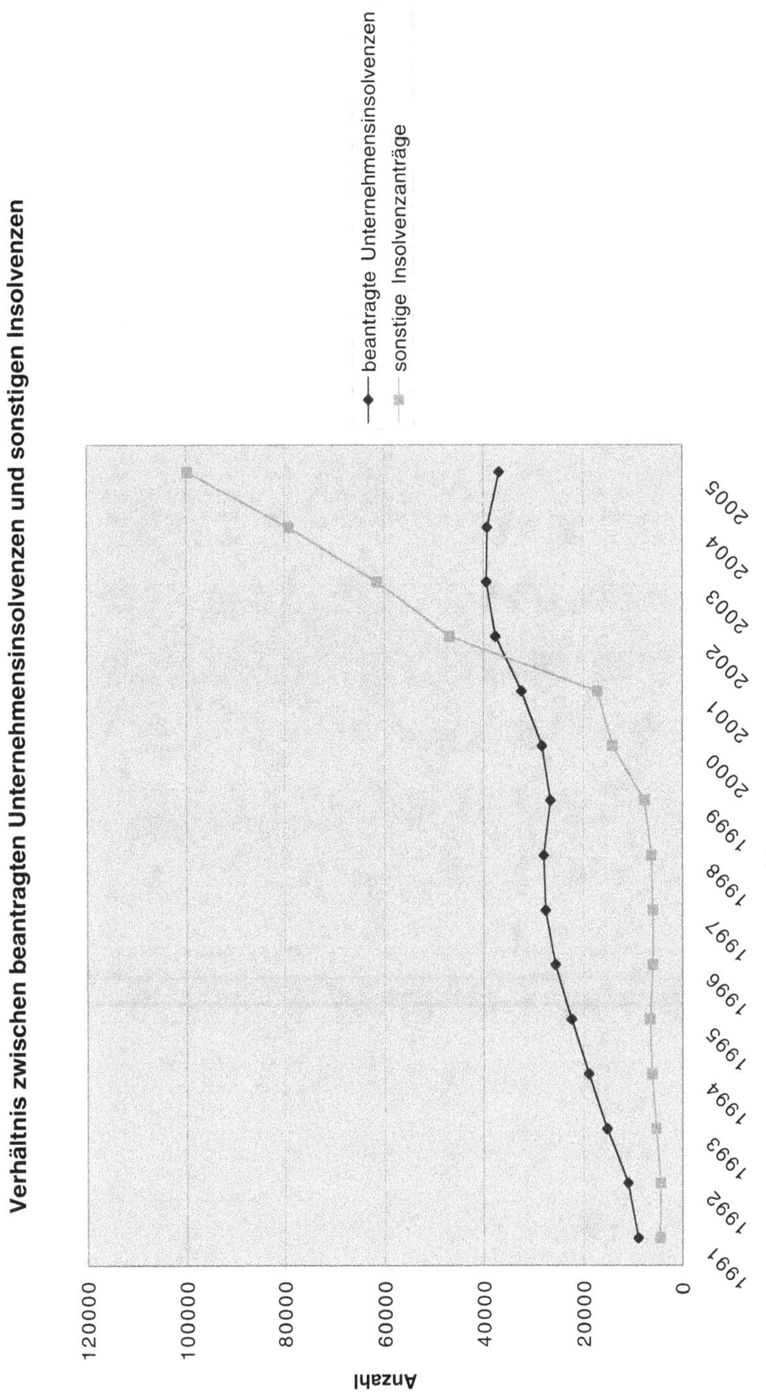
Verhältnis zwischen beantragten Unternehmensinsolvenzen und sonstigen Insolvenzen
beantragte Unternehmensinsolvenzen
sonstige Insolvenzanträge
Anzahl
0
20000
40000
60000
80000
100000
120000
Jahr
1991
1992
1993
1994
1995
1996
1997
1998
1999
2000
2001
2002
2003
2004
2005

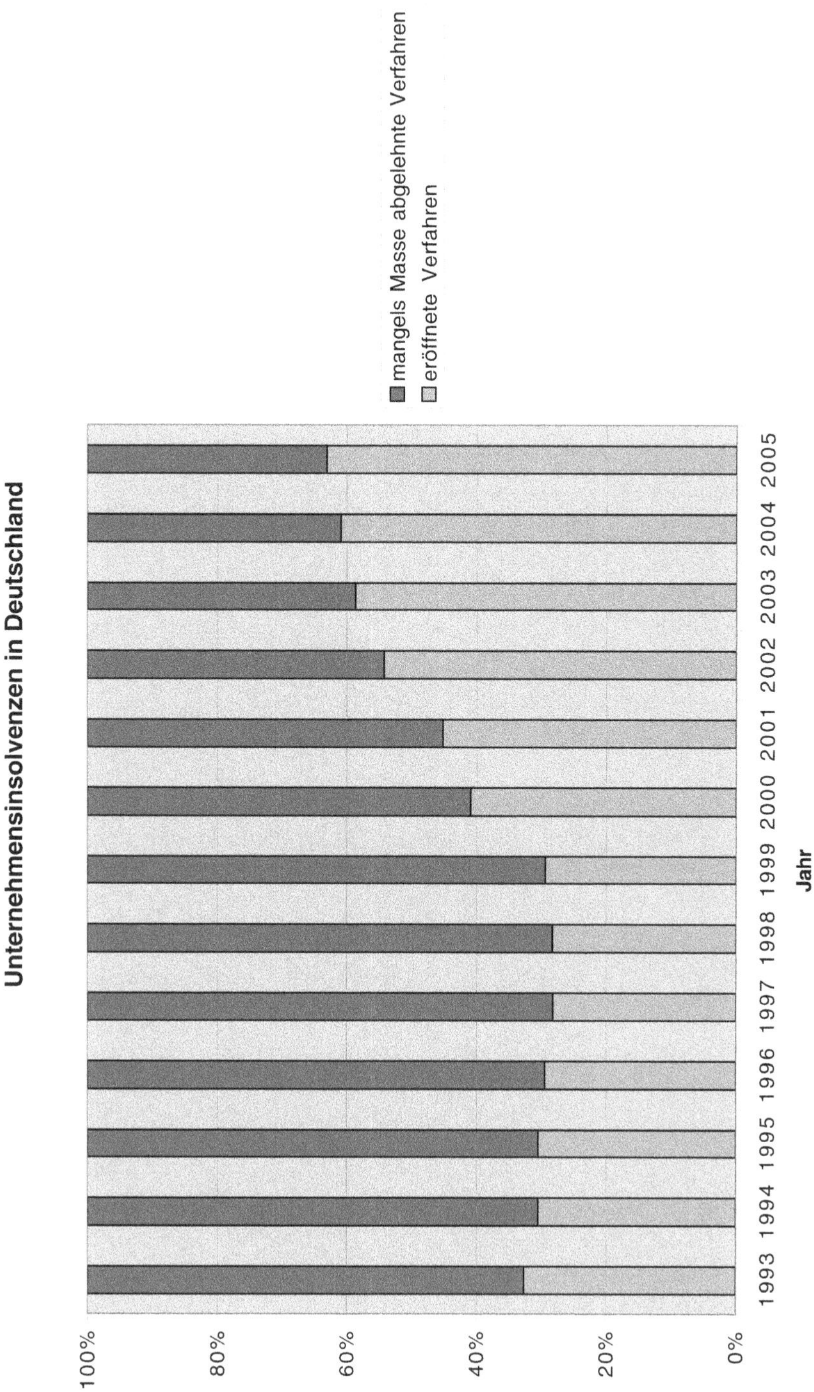
Unternehmensinsolvenzen in Deutschland
mangels Masse abgelehnte Verfahren
eröffnete Verfahren
100%
80%
60%
40%
20%
0%
1993
1994
1995
1996
1997
1998
1999
2000
2001
2002
2003
2004
2005
Jahr

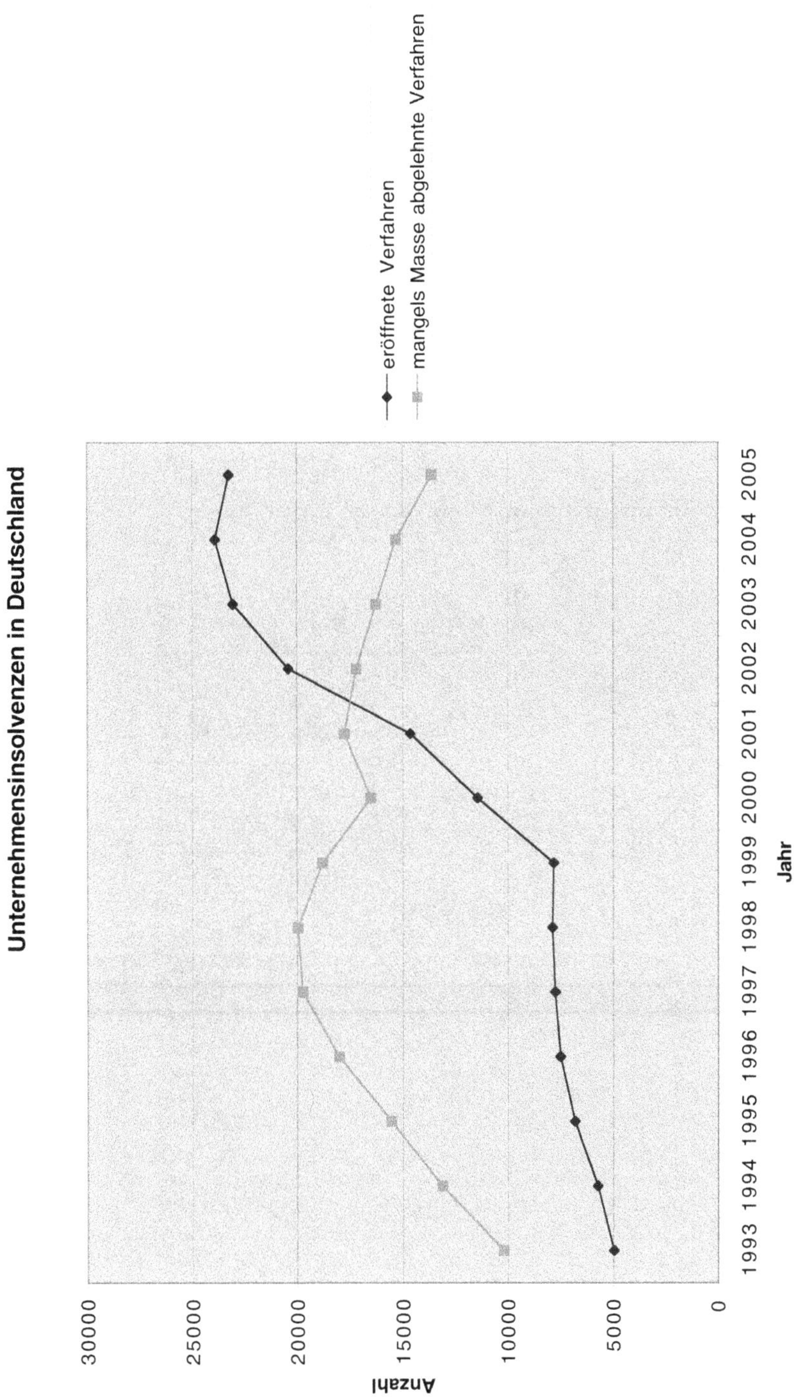
Unternehmensinsolvenzen in Deutschland
Anzahl
30000
25000
20000
15000
10000
5000
0
1993 1994 1995 1996 1997 1998 1999 2000 2001 2002 2003 2004 2005
Jahr
eröffnete Verfahren
mangels Masse abgelehnte Verfahren

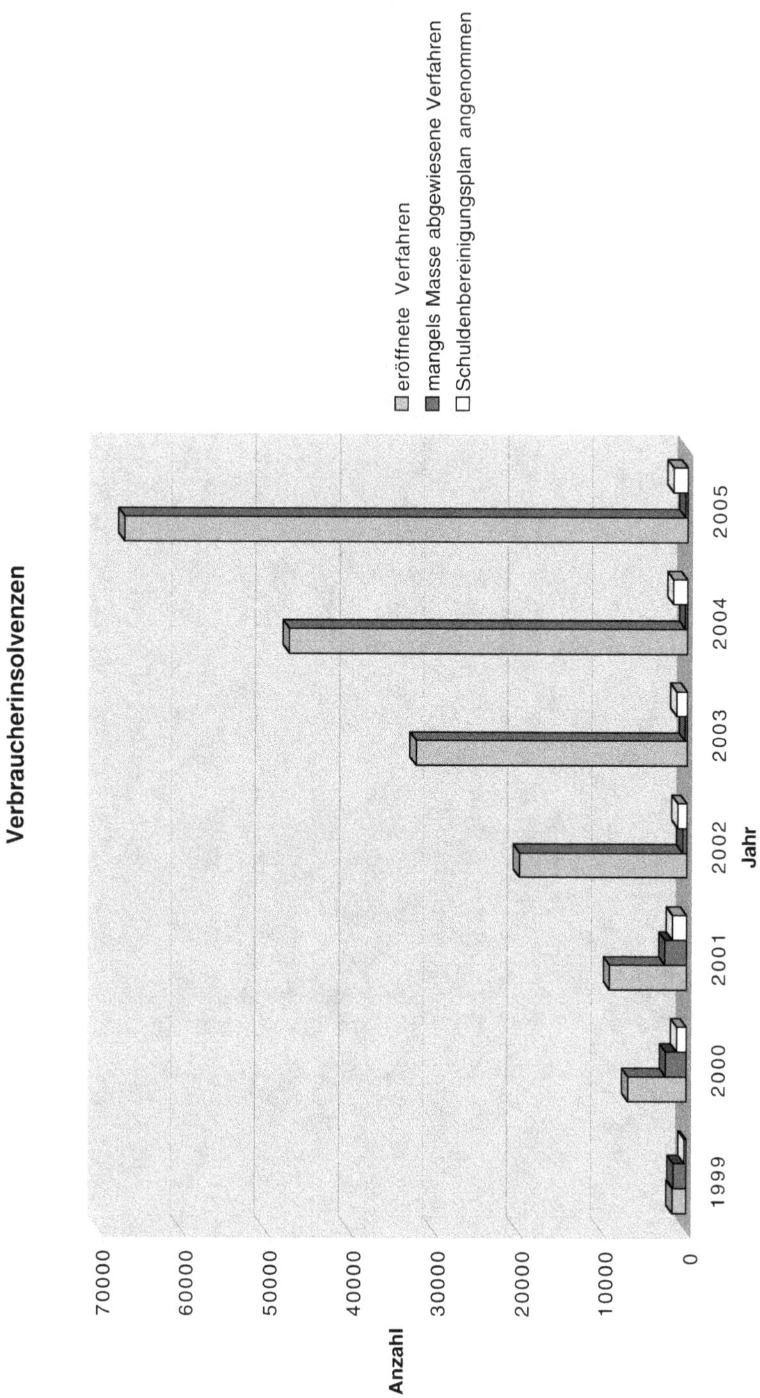
Verbraucherinsolvenzen
Anzahl
70000
60000
50000
40000
30000
20000
10000
0
1999
2000
2001
2002
2003
2004
2005
Jahr
eröffnete Verfahren
mangels Masse abgewiesene Verfahren
Schuldenbereinigungsplan angenommen

In der Statistik des Statistischen Bundesamts in Wiesbaden werden keine Unterscheidungen getroffen zwischen von einer natürlichen Person gehaltenen Unternehmen und solchen von juristischen Personen. Es gibt lediglich eine Einzelstatistik für die jeweils von der Insolvenz betroffenen Unternehmensformen.

Erfahrungsgemäß muss man davon ausgehen, dass nur ganz wenige natürliche Personen auf die Wohltat der Restschuldbefreiung verzichten, sodass ich davon ausgehe, dass in den nach Dezember 2001 mangels Masse abgewiesenen Insolvenzanträgen auch nur ganz wenige Unternehmen von natürlichen Personen betroffen sind. Bei der Betrachtung der Zahlen kann daher davon ausgegangen werden, dass die ab 2002 mangels Masse abgewiesenen Anträge hauptsächlich Unternehmen betrafen. Das wären dann von **39.213** beantragten Unternehmensinsolvenzen **15.316** Abweisungen mangels Masse, also etwas mehr als **39 %** der Anträge. Setzt man die gesamten Abweisungen mangels Masse ins Verhältnis zu den Gesamtanträgen von **118.274** im Jahre 2004, kommt man nur zu einem Prozentsatz von Abweisung mangels Masse in Höhe von **18 %.**

Die Statistik für das Jahr 2005 zeigt ein noch immer düsteres Bild. Von insgesamt **136.554** beantragten Verfahren betrafen **36.843** Unternehmen. Davon wurden **23.247** eröffnet und **13.596**, also fast **37 %**, mangels Masse abgelehnt.

Die meisten Anträge davon betrafen mit **16.774** Einzelunternehmen, freie Berufe und Kleingewerbe. Davon wurden **12.991** eröffnet und „nur" **3.783**, also **23 %**, mangels Masse abgelehnt.

Bei den Personengesellschaften (OHG, KG, GbR) wurden von **2.744** Anträgen auf Eröffnung **1.609** Verfahren eröffnet, **1.135** mangels Masse abgewiesen, also rund **41 %**.

Der höchste Prozentsatz an Abweisungen mangels Masse betrifft die Gesellschaften mit beschränkter Haftung. Bei **16.414** Verfahren wurden **8.205** eröffnet und **8.209** mangels Masse abgewiesen, also etwas über die Hälfte.

Die Wirkung der Insolvenzrechtsreform auf die Anzahl der eröffneten Unternehmensinsolvenzen ist leider nicht so stark, wie es wünschenswert gewesen wäre. Die wirtschaftlichen Faktoren sind nicht durch rechtliche Maßnahmen beeinflussbar, das Eigenkapital der Unternehmen in Deutschland beträgt bei mehr als einem Drittel aller befragten Unternehmen (s. Umfragen von 2005) im Durchschnitt nicht einmal 10 %[6]. Die Banken haben bei der Kreditgewährung an kleinere und mittlere Unternehmen völlig versagt. Z.B. kann der Vorteil des Standortes in den neuen Bundesländern, nämlich insbesondere geringere Lohnkosten, von den Unternehmen nicht genutzt werden, da sie nicht mehr in der Lage sind, die trotz aller Vorteile noch relativ hohen Betriebsmittel ohne Bankenhilfe aufzubringen.

Ein Beispiel aus eigener Praxis:

Ein Forderungsausfall von einem Kunden über ca. 60.000,00 € bei einem Jahresumsatz von 3 bis 4 Mio. € bringt ein Unternehmen mit 60 Mitarbeitern zu Fall.

---

6 www.bmp-finanz.de, Stand 2003.

Zwar sank geringfügig die absolute Zahl der Unternehmensinsolvenzen seit ihrem voraussichtlichen Höhepunkt im Jahre 2003 mit **39.320** Unternehmensinsolvenzanträgen in 2004 auf **39.213.** Im Jahr 2005 sind von beantragten **136.554** Insolvenzen **19.279** Verfahren mangels Masse abgewiesen worden. Von den beantragten Insolvenzverfahren betrafen aber nur **36.843** Unternehmen. Hiervon sind **13.596** mangels Masse abgewiesen worden, **23.247** eröffnet, also immer noch fast **37 %** mangels Masse abgewiesen worden. Nach der Rechtsform sind, wie oben dargestellt, in erster Linie die Gesellschaften mit beschränkter Haftung von der Abweisung mangels Masse bedroht.

Bei aller durch die Insolvenzordnung erreichten Verbesserung des Anteiles der eröffneten Verfahren im Verhältnis zu den beantragten Verfahren bei Unternehmensinsolvenzen ist dennoch von einer großen Anzahl von nicht in einem geordneten gerichtlichen Verfahren ablaufenden Unternehmenszusammenbrüchen bei den Insolvenzen auszugehen. Das betrifft sowohl die Anzahl der zwar beantragten, dann aber in einer Abweisung mangels Masse endenden Verfahren, wie auch solche Insolvenzen, bei denen erst gar nicht die Eröffnung beantragt wird.

3. Gerichtliches Insolvenzverfahren als Antragsverfahren

Auch in der Insolvenzordnung gilt der Satz: Kein Insolvenzverfahren ohne Antrag. Insolvenzverfahren werden beim wirtschaftlichen Zusammenbruch des Schuldners nicht von Amts wegen eingeleitet, sondern nur auf Antrag des Schuldners oder auf Antrag eines Gläubigers[7]. Während die Bedingung für den Eröffnungsantrag des Schuldners selbst lediglich das Vorliegen eines Eröffnungsgrundes ist, werden an den Antrag des Gläubigers höhere Anforderungen gestellt. Gem. § 14 InsO muss dieser zusätzlich ein rechtliches Interesse an der Eröffnung des Insolvenzverfahrens und seine Forderung glaubhaft machen. Antragsberechtigt sind demnach auch nur Insolvenzgläubiger.

An eine bestimmte Form ist der Insolvenzantrag nach wie vor nicht gebunden. Er kann schriftlich eingereicht oder zu Protokoll der Geschäftsstelle des zuständigen Insolvenzgerichts erklärt werden. Er darf nicht bedingt oder befristet werden und muss deutlich machen, dass der Antragsteller das Insolvenzverfahren bezüglich einer bestimmten Person oder eines bestimmten Sondervermögens will. Zudem muss er sowohl die ladungsfähige Anschrift des Antragstellers und des Antragsgegners enthalten, als auch die Forderung und den Insolvenzgrund bezeichnen.

Eine Pflicht zur Stellung des Insolvenzantrages für den Gläubiger besteht nicht. Die Insolvenzordnung selbst regelt nur die Antragsrechte und Voraussetzungen des wirksamen Insolvenzantrages und wann ein Gläubiger den Antrag stellen kann.

---

7 Anders z. B. nach französischem Recht, wo das Verfahren auch von Gerichts wegen eingeleitet werden kann.

a) Gesetzliche Antragspflicht

Die Pflicht zur Stellung des Insolvenzantrages für den Schuldner oder Organe des schuldnerischen Unternehmens ist selbst nicht in der Insolvenzordnung geregelt, sondern ergibt sich aus den einzelnen Gesetzen, insbesondere dem Gesellschaftsrecht.

Das Gesetz sieht keine Antragspflicht vor für natürliche Personen oder Gesellschaften ohne Rechtspersönlichkeit. Sinn der Antragspflicht ist der Schutz der Gläubiger. Bei den genannten Personen bzw. Gesellschaften sieht der Gesetzgeber in der unbeschränkten Haftung der Schuldner ausreichend Gewähr für den Gläubigerschutz. Hingegen wird bei juristischen Personen und Personenhandelsgesellschaften, bei denen keine natürliche Person persönlich haftender Gesellschafter ist, die Antragspflicht als der Preis für die beschränkte Haftung gesehen.

Gesetzlich verpflichtet, bei Überschuldung oder Zahlungsunfähigkeit Insolvenzantrag zu stellen, sind:

- die Erben und der Nachlassverwalter (§§ 1980, 1985 BGB),
- die Mitglieder der fortgesetzten Gütergemeinschaften (§ 1489 i.V.m. § 1980 BGB),
- die Vorstandsmitglieder und Abwickler einer juristischen Person des bürgerlichen Rechts und des öffentlichen Rechts (§§ 42 II, 48, 53, 86, 88, 89 II BGB),
- die Vorstandsmitglieder und Abwickler einer Aktiengesellschaft und KGaA (§§ 92 II, 268 II, 278 III, 283 I Nr. 14 AktG).
- die Geschäftsführer und Abwickler einer GmbH bzw. GmbH & Co. KG (§§ 64, 71 IV GmbHG, § 130a I HGB);
- die organschaftlichen Vertreter der zur Vertretung der Gesellschaft ermächtigten Gesellschafter und die Liquidatoren bei Handelsgesellschaften, bei denen kein Gesellschafter eine natürliche Person ist (§ 130a I HGB i.V.m. 161 II HGB);
- die Vorstandsmitglieder und Liquidatoren einer eingetragenen Genossenschaft nach Maßgabe der §§ 99, 148 GenG.

Die gesetzlichen Insolvenzantragspflichten werden durch den Insolvenzantrag eines Gläubigers nicht beseitigt. Sie sind öffentlich-rechtliche Verpflichtungen[8] und unterliegen somit nicht der Disposition der Beteiligten; weder Gesellschafter noch Gläubiger können also wirksam auf sie verzichten. Zu beachten ist jedoch, dass der Insolvenzgrund der drohenden Zahlungsunfähigkeit i.S.v. § 18 InsO nicht zur Antragstellung verpflichtet, sondern lediglich berechtigt.

---

8 Uhlenbruck in Uhlenbruck, § 13, Rn. 32.

Um den Insolvenzantragspflichten den notwendigen Respekt zu verschaffen, hat der Gesetzgeber an deren Verletzung sowohl zivilrechtliche als auch strafrechtliche Folgen geknüpft.

b) Zivilrechtliche Haftung

Die zivilrechtliche Haftung unterscheidet zwischen externer Haftung gegenüber den Gläubigern, wie z.B. § 42 II 2 BGB und § 1980 I 2 BGB, und der internen Haftung gegenüber der Gesellschaft, wie z.B. § 64 II 1 GmbHG oder § 93 II 1 AktG. Anspruchgrundlage für sämtliche Schadensersatzansprüche wegen Insolvenzverschleppung ist i.d.R. § 823 II BGB i.V.m. den Vorschriften über die Antragspflichten, welche als Schutzgesetze zugunsten der Gläubiger anzusehen sind[9]. Der Schadensersatzanspruch umfasst grundsätzlich den Betrag, um den sich die Insolvenzquote des Gläubigers durch die Insolvenzverschleppung, insbesondere durch Eingehung neuer Verbindlichkeiten gemindert hat (sog. Quotenschaden)[10]. Bei der Ermittlung des Quotenschadens sind die fiktive und die reale Quote der Altgläubiger einander gegenüberzustellen. Die fiktive Quote ist aus dem Verhältnis der den Altgläubigern bei Konkursreife zur Verfügung stehenden Masse zu ihren damaligen Forderungen zu ermitteln. Diese Quote ist mit den tatsächlichen Konkursforderungen der (im Konkurs noch vorhandenen) Altgläubiger zu multiplizieren; von dem Ergebnis ist der auf die Altgläubiger entfallende Masseanteil abzuziehen, der sich aus dem Verhältnis ihrer Forderungen zur Summe der Konkursforderungen ergibt[11].

Nicht auf den sog. Quotenschaden begrenzt ist jedoch der Schadensersatzanspruch von Neugläubigern, also der Gläubiger, die ihre Forderungen gegen den Schuldner erst nach der Insolvenzreife erworben haben[12]. Da bei rechtzeitiger Stellung des Insolvenzantrags ein Vertragsabschluss mit den Neugläubigern gar nicht mehr stattgefunden hätte, sind diese so zu stellen, als seien sie zu der Gesellschaft nicht mehr in Vertragsbeziehungen getreten[13]. Sie haben folglich Anspruch auf vollen Ersatz des Vertrauensschadens. Die Sozialversicherungsträger, die Ansprüche auf Abführung von Sozialversicherungsbeiträgen gegen eine insolvente GmbH nach dem Zeitpunkt erworben haben, in dem ihr Geschäftsführer hätte Konkurs- bzw. Insolvenzantrag stellen müssen, können jedoch laut BGH[14], nicht im Wege des Schadensersatzes Erfüllung der Beitragsschuld verlangen, da sie auch vertraglichen Neugläubigern nicht gleichzustellen seien.

Einen Sonderfall der Haftung nach § 823 II BGB i.V.m. den Vorschriften über die Insolvenzantragspflichten bildet § 26 III InsO, wonach derjenige, der einen Kos-

---

9 BGH, Urteil vom 09.07.1979 – II ZR 118/77 = NJW 1979, 1823.
10 BGH, Urteil vom 16.12.1958 – VI ZR 245/57 = BGHZ 29, 100.
11 BGH, Urteil vom 30.03.1998 – II ZR 146/96 = NJW 1998, 2667.
12 BGH, Urteil vom 06.06.1994 – II ZR 292/91 = BGHZ 126, 181.
13 BGH, Urteil vom 6.6.1994 – II ZR 292/91 = ZIP 1994, 1103.
14 BGH, Urteil vom 8.3.1999 – II ZR 159/98 = NJW 1999, 2182.

tenvorschuss geleistet hat, von den Personen Erstattung verlangen kann, die den Insolvenzantrag pflichtwidrig und schuldhaft nicht gestellt haben.

c) Strafrechtliche Folgen

Vorschriften des Insolvenzstrafrechts finden sich sowohl im 24. Abschnitt des StGB als auch im Gesellschaftsrecht.

Soweit der Erbe, ein Nachlassverwalter, Nachlasspfleger oder Testamentsvollstrecker mit Vermögensverwaltung zum Antrag auf Eröffnung eines Nachlassinsolvenzverfahrens verpflichtet ist, sieht das Gesetz keine Strafe für Insolvenzverschleppung vor. Eine strafrechtliche Sanktion kommt insoweit nur gem. §§ 283 ff. StGB in Betracht, wenn der entsprechende Tatbestand verwirklicht wurde.

Mit Freiheitsstrafe bis zu drei Jahren droht das Gesetz[15] jedoch demjenigen, der es als organschaftlicher Vertreter einer Kapitalgesellschaft oder Genossenschaft unterlässt, bei einem Verlust in Höhe der Hälfte des Grundkapitals die Gesellschafterversammlung einzuberufen und ihr dies anzuzeigen, oder bei Vorliegen eines Insolvenzgrundes einen Insolvenzantrag zu stellen. Das gleiche droht gem. § 130 b HGB demjenigen, der es als organschaftlicher Vertreter oder Liquidator schuldhaft unterlässt, bei Zahlungsunfähigkeit oder Überschuldung einer Gesellschaft, bei der kein Gesellschafter eine natürliche Person ist, einen Insolvenzantrag zu stellen. Strafbar ist hierbei sowohl die vorsätzliche als auch fahrlässige Unterlassung. Fahrlässigkeit i.d.S. liegt vor, wenn dem Antragspflichtigen die Zahlungsunfähigkeit oder Überschuldung pflichtwidrig verborgen geblieben ist, wobei Unkenntnis oder Fehleinschätzungen dahingehend ebenfalls zur Strafbarkeit wegen Fahrlässigkeit führen, wenn sie vermeidbar waren[16].

d) Steuerrechtliche Folgen

Nicht zu verachten ist zudem das steuerliche Dilemma, in dem der organschaftliche Vertreter einer antragspflichtigen Gesellschaft oder Genossenschaft in der Krise steckt. Einerseits läuft er Gefahr, bei Zahlung von Steuern gegenüber der Gesellschaft bzw. dem Insolvenzverwalter wegen Masseschmälerung zu haften, andererseits aber bei Nichtabführung der Steuern wegen grob fahrlässiger Verletzung der Abführungspflichten (§§ 34, 35, 69, 71, 191 AO) von den Finanzbehörden in Anspruch genommen zu werden.

e) Fazit

Zusammenfassend ist festzustellen, dass trotz einiger gesetzlicher Antragspflichten ein großer Teil der wirtschaftlichen Insolvenzen, nicht zuletzt mangels ge-

---

15 §§ 84 I GmbHG, 401 I AktG, 148 I GenG.
16 Uhlenbruck in Uhlenbruck, § 13, Rn. 64.

setzlicher Antragspflichten für natürliche Personen etc., außerhalb eines gerichtlichen Verfahrens abgewickelt wird. Bezieht man die mangels Masse abgewiesenen Verfahren und die Dunkelziffer der trotz Antragspflicht nicht beantragten Verfahren ein, so gelangt man zu einer unüberschaubaren Zahl von Insolvenzen, deren Problematik gerade darin besteht, dass sie nicht in einem gerichtlichen Verfahren mit den eingerichteten Garantien eines Rechtsstaates abgewickelt werden.

4. Zweck des Insolvenzverfahrens

Das Insolvenzverfahren dient der gemeinschaftlichen Befriedigung der Gläubiger des insolventen Schuldners. Auch nach der Insolvenzordnung steht die Haftungsverwirklichung im Vordergrund. Das Ziel der bestmöglichen Gläubigerbefriedigung kann durch Verwertung des Schuldnervermögens und Verteilung des Erlöses oder durch eine abweichende, in einem Insolvenzplan enthaltene Regelung, insbesondere zum Erhalt des Unternehmens, erreicht werden.

a) Regelverfahren

Die Haftungsverwirklichung kann durch die Verwertung des schuldnerischen Vermögens erfolgen. Die auch schon unter der Geltung der Konkursordnung angewandte, in der Praxis entwickelte „übertragende Sanierung", bei der das Unternehmen in Teilen oder als Ganzes auf ein Auffangunternehmen übertragen wird und der Erlös der an die Gläubiger zu verteilenden Masse zugeführt wird, ist auch weiterhin anwendbar. Damit wird zwar nicht der Unternehmensträger, also der Schuldner, sei er eine natürliche oder juristische Person, saniert, sondern nur die zu übertragende betriebswirtschaftliche Einheit. Dies führt aber auch zum Erhalt des Betriebes und damit der Arbeitsplätze. Allerdings kann nicht unbedingt durch die Praxis bestätigt werden, dass der Erlös für ein lebendes Unternehmen, das als Einheit veräußert wird, höher liegt als die Summe der Einzelverwertungserlöse bei einem stillgelegten und zu zerschlagenden Unternehmen. Zu hoch ist das Risiko insbesondere in arbeitsrechtlicher und damit auch finanzieller Hinsicht, dass z.B. der im Verhältnis zum Auftragsvolumen zu hohe Personalbestand eine Ursache der eingetretenen Insolvenz war und mit der nach § 613a BGB erzwungenen Übernahme der vorhandenen Mitarbeiter auch die verlustbringende Tätigkeit fortgeführt wird. Gerade bei der überwiegenden Zahl der kleineren und mittleren Unternehmen ist die in Deutschland von der Rechtsprechung entwickelte Auslegung und Anwendung des § 613a BGB trotz aller sonstigen Reformbemühungen ein Haupthindernis zur Fortführung und Übernahme insolventer Unternehmen geblieben. Hinzu kommen die erheblichen Regressrisiken für den zunächst den Betrieb fortführenden Insolvenzverwalter und der fehlende finanzielle Anreiz für die schwierigere und zeitaufwendige Fortführung des Unternehmens bis zur Übertragung, sodass es nicht erstaunlich ist, dass die Zerschlagung des Unternehmens nach Einstellung des Betriebes und Verwertung der vorhandenen Vermögenswerte die Regel ist.

Dabei ist der Insolvenzverwalter nach der Insolvenzordnung auch berechtigt, im Besitz des Schuldners befindliche Vermögensgegenstände zu verwerten, selbst wenn sie mit Absonderungsrechten von Gläubigern behaftet sind. Den Sicherungsgläubigern wurde nämlich auferlegt, Kostenbeiträge für die Durchführung eines Insolvenzverfahrens, das letztlich auch in ihrem Interesse liegt, zu leisten, sodass der Insolvenzverwalter durch die Verwertung der Gegenstände auch unter Berücksichtigung der Absonderungsrechte zur Erhöhung der Masse beiträgt. Außerdem wird die Insolvenzmasse von der Umsatzsteuer, die aus der Verwertung von Sicherungsgut entsteht, entlastet.

Bei der Verteilung der durch den Insolvenzverwalter erzielten Erlöse ist nach der Insolvenzordnung eine höhere Verteilungsgerechtigkeit dadurch erzielt worden, dass die Konkursvorrechte abgeschafft wurden. Allerdings ist keine vollständige Gleichbehandlung der Gläubiger nach der Insolvenzordnung eingerichtet worden. Der Gesetzgeber hat die besondere Lage der Arbeitnehmer in der Insolvenz ihres Arbeitgebers dadurch berücksichtigt, dass er die Sozialplanansprüche zu nachrangigen Masseverbindlichkeiten qualifiziert hat, für die allerdings nicht mehr als ein Drittel der vorhandenen Teilungsmasse aufgewendet werden darf, § 123 InsO.

b) Insolvenzplanverfahren

In § 1 InsO hat der Gesetzgeber ausdrücklich darauf hingewiesen, dass in einem Insolvenzplanverfahren eine abweichende Regelung insbesondere zum Erhalt des Unternehmens getroffen werden kann. Die Vorstellungen und Wünsche des Gesetzgebers und einiger Autoren, die den Insolvenzplan als das „Kernstück der Insolvenzrechtsreform“ bezeichnet haben, haben sich wohl nicht verwirklicht, jedenfalls zeigt die geringe Zahl von Insolvenzplanverfahren, dass die Nutzung dieser vom Gesetzgeber als beste Verwertungsart vorgestellte Form einer optimalen Haftungsverwirklichung eine viel zu komplizierte, bürokratisierte Form der Unternehmenssanierung darstellt, die auch mit erheblichen Kosten verbunden ist. In der Praxis hat sich die Form der übertragenden Sanierung im Rahmen der Regelinsolvenz als die am häufigsten angewandte Methode durchgesetzt; der Insolvenzplan dürfte meines Erachtens das gleiche Schicksal wie zuvor bei der Anwendung der Vergleichsordnung das Vergleichsverfahren erleiden, nämlich fast zur Bedeutungslosigkeit absinken. Zwar wird dem Insolvenzplanverfahren die Möglichkeit gegeben, z.B. mit Mehrheitsentscheidung selbst in Absonderungsrechte einzugreifen, es wird ein erheblicher Gestaltungsspielraum gewährt, der durch ein gerichtlich überprüfbares Obstruktionsverbot und einen Minderheitenschutz abgesichert ist. Theoretisch kann somit die Reorganisation des Unternehmens mit dem Ziel seines Erhalts optimal gestaltet werden. Doch lässt dieses Wunschdenken den zeitlichen und finanziellen Faktor außer Acht, der bei der Unternehmensinsolvenz eine erhebliche Rolle spielt. Selbst wenn die Möglichkeiten des Insolvenzgeldes optimal genutzt werden, ist angesichts der praktisch nicht mehr über Eigenkapital finanzierten deutschen Wirtschaft eine Fortführung eines Unternehmens aus eigenen Mitteln nicht möglich. Hinzu kommt die restriktive Haltung der Banken, die in den letzten Jahren ihren eigentlichen Aufgaben der Finanzierung von Unternehmen nicht mehr nachgekommen sind, sodass das Instrument des Insolvenzplanverfahrens kaum genutzt werden konnte.

c) Restschuldbefreiung

Dem redlichen Schuldner soll nach der Insolvenzordnung nach 6 Jahren[17], in denen er sein pfändbares Einkommen den Gläubigern zur Verfügung zu stellen hat, die Chance zu einem Neubeginn durch Erlöschen der alten Verbindlichkeiten gewährt werden. Die Insolvenzordnung erlaubt für natürliche Personen eine vollständige Befreiung von ihren Verbindlichkeiten, ohne dass die vom Schuldner zu leistenden Zahlungen in ein vom Gesetz festgelegtes Verhältnis zu seinen Verbindlichkeiten gesetzt werden. Die Verarmung in Deutschland ist aber bereits so weit fortgeschritten, dass wohl selbst wegen der Aufbringung der Verfahrenskosten zu Beginn der Einführung der Restschuldbefreiung es nicht zu einem Ansturm auf dieses Verfahren gekommen ist. Erst die später, im Jahre 2001 eingeführte Stundung der Verfahrenskosten hat zu einer erheblichen Erhöhung der Zahl der beantragten Verfahren über das Vermögen von natürlichen Personen geführt, die in den Genuss der Restschuldbefreiung kommen möchten, obwohl in der Öffentlichkeit Zahlen genannt wurden von bis zu 4.000.000 überschuldeten Personen oder 2.000.000 überschuldeten Haushalten.

d) Verbraucherinsolvenzen

Nicht in unserer Darstellung müssen Verbraucherinsolvenzen behandelt werden. Zur Abgrenzung zwischen der Regelinsolvenz und der sogenannten Verbraucherinsolvenz gebraucht § 304 InsO u.a. das Kriterium des Vorhandenseins von Forderungen aus Arbeitsverhältnissen. Selbst wenn der Schuldner in der Vergangenheit eine selbstständige wirtschaftliche Tätigkeit ausgeübt hat, findet die Regelinsolvenz nur dann Anwendung, wenn seine Vermögensverhältnisse überschaubar sind und gegen ihn keine Forderungen aus Arbeitsverhältnissen bestehen. Die Abgrenzung ist hier eindeutig, auch wenn § 304 InsO durch eine missglückte Formulierung zu manchem Zweifel geführt hat, ob nun die Verbraucherinsolvenz oder die Regelinsolvenz anwendbar ist. Gegenstand unserer Betrachtung soll gerade die Lage des Arbeitnehmers in der Insolvenz des Arbeitgebers sein, sodass die Verbraucherinsolvenzen hier nicht weiter berührt werden.

---

17 Zunächst 7 Jahre, dann durch Gesetz vom 26.10.2001 geändert auf 6 Jahre, wobei die Frist mit Stellung des Antrages zu laufen beginnt.

e) Nachlassinsolvenzen

Auch das in den §§ 315 ff. InsO geregelte Nachlassinsolvenzverfahren bedarf keiner besonderen Berücksichtigung im Rahmen unserer Darstellung. Mit dem Tode des Erblassers geht dessen Vermögen im Ganzen auf den/die Erben über. Für daraus begründete Nachlassverbindlichkeiten haften die Erben grundsätzlich unbeschränkt (§§ 1922, 1967 I BGB).

Durch das Nachlassinsolvenzverfahren wird den Erben die Möglichkeit gegeben, ihre Haftung auf den Nachlass zu beschränken (§ 1975 BGB). Die finanzielle Bedeutung ist jedoch gering. Im Jahre 1997 kam es im gesamten Bundesgebiet zu **2.348** Nachlasskonkursanträgen, auf die in **705** Fällen das Verfahren eröffnet wurde[18]. 2004 wurden von **2450** beantragten Nachlassinsolvenzverfahren **1440,** also über **58 %** mangels Masse abgelehnt[19]. Auch im Jahr 2005 wurden von **2.630** beantragten Nachlassinsolvenzverfahren nur **1.097** eröffnet[20].

Eine praktische Bedeutung im Rahmen der Frage nach der Rechtslage des Arbeitnehmers dürfte den Nachlassinsolvenzverfahren damit nicht zukommen.

II. Begriff des Arbeitnehmers

1. Arbeitnehmer

Dieses Buch will die Rechtslage des Arbeitnehmers bei Insolvenz des Arbeitgebers schildern, also die Veränderungen für den Arbeitnehmer in dieser Situation herausstellen. Dabei stellt sich zunächst die Frage, was unter dem Begriff „Arbeitnehmer“ zu verstehen ist.

Den Ausdruck verwendete die Konkursordnung erstmals 1974 in den §§ 59 I Nr. 3 und 61 I Nr. 1 nach der Änderung durch das Gesetz über Konkursausfallgeld vom 17. Juli 1974[21]. Im Gegensatz zur nunmehr geltenden Insolvenzordnung kannte die Konkursordnung Vorrechte für die „Forderungen des Arbeitnehmers auf die Bezüge aus einem Arbeitsverhältnis mit dem Gemeinschuldner“. In der bis 1974 geltenden Fassung heißt es in § 61 I Nr. 1: Das Vorrecht wird eingeräumt für „Forderungen an Lohn, Kostgeld oder anderen Dienstbezügen der Personen, welche sich dem Gemeinschuldner für dessen Haushalt, Wirtschaftsbetrieb oder Erwerbsgeschäft zur Leistung von Diensten **verdungen** hatten“. „Verdingen“ bedeutet durch Vertrag in fremden Dienst begeben[22] und impliziert somit das Merkmal der persönlichen Abhängigkeit. Bereits das Reichsarbeitsgericht hatte

---

18 Riering in Nerlich/Römermann, § 315, Rn. 5.
19 Statistisches Bundesamt, Unternehmen und Arbeitsstätten, Insolvenzverfahren, 2004.
20 Statistisches Bundesamt, Unternehmen und Arbeitsstätten, Insolvenzverfahren, 2005.
21 BGBl. I, S. 1481.
22 Deutsches Wörterbuch von Jacob und Wilhelm Grimm.

erkannt, dass Arbeitnehmer nur ist, wer durch Dienstvertrag verpflichtet ist, einem anderen, dem Arbeitgeber, Dienste zu leisten[23].

Nach der Insolvenzordnung genießt der Arbeitnehmer bezüglich seiner Forderungen zwar keine Vorrechte mehr, dennoch spielt die Abgrenzung der Arbeitnehmer von den übrigen Arbeitstätigen eine Rolle, so unter anderem bei der Gewährung von Insolvenzgeld gem. § 183 SGB III und bei der Insolvenzsicherung von betrieblicher Altersversorgung gem. §§ 7 ff. BetrAVG. Bis heute enthält die Insolvenzordnung keine Definition des Arbeitnehmerbegriffs, verwendet ihn aber in den §§ 12 II; 67 II; 122 II; 123 I; 124 II, II; 125 I; 126 I, II; 127; 222 II, indem sie umfassend auf den Arbeitnehmerbegriff des Arbeitsrechts zurückverweist. Eine Legaldefinition des Arbeitsnehmers gibt es nicht, infolgedessen war die Definition nicht immer klar und unumstritten.

Aus dem ursprünglichen Text der Konkursordnung wurde allgemein die Schlussfolgerung gezogen, dass es die soziale Abhängigkeit vom Dienstherren war, die die besondere Schutzbedürftigkeit des Bediensteten begründete. Jaeger/Lent rechtfertigten dies damit, dass es den Bediensteten bei einmaligem Ausbleiben der Lohnzahlung regelmäßig nicht gesetzlich gestattet war, den Dienst zu verlassen und es zudem die Natur des Dienstverhältnisses stets erschwere, vor dessen Beendigung gegen den Dienstherren zu klagen[24]. Wenngleich diese Begründung heute angesichts der Ausgestaltung der Klagemöglichkeit keine Geltung mehr beansprucht, wurde sie seinerzeit von Rechtsprechung[25] und Rechtslehre geteilt. Aus den genannten Gründen ist das Merkmal der sozialen Abhängigkeit, ebenso wie der Begriff des Vorrechts seit Geltung der Insolvenzordnung, antiquiert. Bereits Böhle-Stamschräder definiert den Arbeitnehmer als Person, die in einem Arbeitsverhältnis weisungsgebundene abhängige Arbeit in einem Betrieb oder Unternehmen gegen Entgelt leistet[26]. Laut Heinze ist Arbeitnehmer, wer aufgrund eines privatrechtlichen Vertrages (Arbeitsvertrages) unselbstständige, weil fremdbestimmte Arbeit leistet[27]. Wie bereits angedeutet übernahmen das Reichsarbeitsgericht und später das Bundesarbeitsgericht diesen Arbeitnehmerbegriff[28]. Arbeitnehmer war nach dieser Auslegung, wer aufgrund eines privatrechtlichen Vertrages über entgeltliche Dienste für einen anderen in persönlicher Abhängigkeit tätig ist. Bestätigt wurde dies durch § 84 I 2 HGB. Danach ist selbstständig, wer seine Tätigkeit im Wesentlichen frei gestalten kann. Zwar dient diese Regelung unmittelbar nur zur Abgrenzung des selbständigen Handelsvertreters vom abhängig beschäftigten kaufmännischen Angestellten, darüber hinaus enthält sie

23 RAGE 6, 225.
24 Jaeger/Lent, § 61, Rn. 13 f.
25 RGZE 62, 229; 120, 300; 150, 99.
26 Böhle-Stamschräder/Kilger, § 59, Rn. 5 D a).
27 Heinze in Gottwald, § 102, Rn. 35.
28 BAG, Urteil vom 28.02.1962 – 4 AZR 141/61 = BAGE 12, 303.

jedoch eine allgemeine gesetzgeberische Wertung, die bei der Abgrenzung des Dienstvertrages vom Arbeitsvertrag zu beachten ist[29].

An diesem klassischen Arbeitnehmerbegriff übte vor allem Wank heftige Kritik. Seines Erachtens musste die Definition des Arbeitnehmers vor allem vom Leitgedanken der Abgrenzung, nämlich der sozialen Schutzbedürftigkeit, ausgehen. So fragte er nach dem Sinnzusammenhang zwischen der Weisungsgebundenheit und der Lohnfortzahlung im Krankheitsfall, wo doch der Arbeitnehmer weder bei seiner Skifahrt noch beim anschließenden Krankenhausaufenthalt den Weisungen des Arbeitgebers unterliegt und kam damit zu der Auffassung, dass nicht die persönliche Abhängigkeit entscheidendes Abgrenzungskriterium sein könne, sondern vielmehr die Überlegenheit des Arbeitgebers, die Verhältnisse auf dem Arbeitsmarkt und der Arbeitsplatz als Existenzgrundlage[30]. Die Auffassung Wanks hat sichtlich an Bedeutung gewonnen, als sich 1995 das LAG Köln[31] und 1998 das LAG Nürnberg[32] dem anschlossen.

Unzweifelhaft ist die Arbeitnehmereigenschaft jedoch unabhängig vom Umfang der zu erbringenden Dienstleistungen. Neben- und Teilzeitbeschäftigte sind daher ohne Frage Arbeitnehmer im Sinne der Insolvenzordnung. Zwar mag hier im Einzelfall keine wirtschaftliche Abhängigkeit gegeben sein, dies steht aber der Arbeitnehmereigenschaft nicht entgegen, wenn insoweit unselbstständige, weisungsgebundene Arbeitsleistung erbracht wird[33].

2. Mitglieder von Organen juristischer Personen als Arbeitnehmer

Nach einhelliger Auffassung beruht in der Regel auch die Tätigkeit von Organmitgliedern und Geschäftsführern auf Dienstverträgen, wobei der Begriff des Dienstverhältnisses als Oberbegriff sowohl selbstständige als auch unselbstständige Tätigkeit umfasst[34]. Nach wie vor ungeklärt ist dagegen die Frage, ob sich die Organmitglieder und Geschäftsführer auf die arbeitsrechtlichen Vorschriften der Insolvenzordnung berufen können.

Mangels fehlender Abhängigkeit soll ihnen nach verbreiteter Auffassung die Arbeitnehmereigenschaft nicht zukommen. Meines Erachtens ist es jedoch nicht immer möglich, allein aus der gesellschaftsrechtlichen Stellung oder aus dem Abschluss eines entgeltlichen Vertrages mit Weisungsgebundenheit eine Person eindeutig entweder der Kategorie Selbstständiger oder der Kategorie Arbeitnehmer

---

29 BAG, Urteil vom 21.02.1990 – 5 AZR 162/89 = BB 1990, 1064.
30 Wank, S. 46 ff.
31 LAG Köln, Urteil vom 30.06.1995 – 4 Sa 63/95= LAGE § 611 BGB Arbeitnehmerbegriff Nr. 29.
32 LAG Nürnberg, Urteil vom 25.02.1998 – 4 Sa 670/97 = DStR 1998, 865.
33 Heinze in Gottwald, § 102, Rn. 39.
34 Berscheid in Uhlenbruck, § 113, Rn. 4.

zuzuordnen. Häufig wird nämlich darüber hinweggesehen, dass sich sowohl rechtlich als auch tatsächlich Rechtsstellungen überlagern können. So kann z.B. ein Arzt selbstständiger Leistungserbringer, bei derselben Tätigkeit aber zugleich Arbeitnehmer sein, umgekehrt muss ein Putzarbeiten verrichtender Leistungserbringer keineswegs stets Arbeitnehmer sein, er kann durchaus auch Selbstständiger sein[35].

Der Geschäftsführer einer GmbH kann durchaus Arbeitnehmer im Sinne der Insolvenzordnung sein. Regelmäßig ist das beim Fremdgeschäftsführer, also dem Geschäftsführer ohne Kapitalbeteiligung, der Fall[36]. Dieser übt zwar einerseits das Weisungsrecht des Arbeitgebers und dessen sonstige Funktionen aus, andererseits ist er selbst von der Gesamtheit der Gesellschafter abhängig und daher im Verhältnis zur Gesellschaft unselbstständig.

Festzustellen ist daher, dass die Arbeitnehmereigenschaft des Geschäftsführers einer GmbH nach seinem Einfluss auf die Geschicke der Gesellschaft zu beurteilen ist[37]. In der Regel gelten daher Allein[38]- oder Mehrheitsgesellschafter[39] einer Kapitalgesellschaft nicht als Arbeitnehmer. Gleiches gilt für nicht ganz unbedeutend beteiligte Minderheitsgesellschafter, wenn sie zusammen mit anderen Minderheitsgesellschaftern die Geschäfte führen und über die Mehrheit verfügen[40]. Geschäftsführer mit einer Minderheitsbeteiligung sind nach der Rechtsprechung auch dann keine Arbeitnehmer, wenn sie über eine Sperrminorität verfügen, kraft derer sie ihnen nicht genehme Beschlüsse der Gesellschafterversammlung verhindern können[41]. Die Arbeitnehmereigenschaft kann allerdings auch bei Geschäftsführern ohne Anteil am Stammkapital zu verneinen sein. Dies ist beispielsweise bei Familiengesellschaften der Fall, wenn die familiären Beziehungen die Tätigkeit prägen und ein formal vorhandenes Weisungsrecht tatsächlich nicht ausgeübt wird[42].

Unklar ist, ob sich diese von der Rechtsprechung entwickelten Grundsätze auch auf Vorstandsmitglieder von Aktiengesellschaften anwenden lassen.

Nach der Rechtsprechung des BSG haben sie eine unternehmerähnliche, unabhängige Stellung im Unternehmen, sie sind deshalb nicht Arbeitnehmer i.S.d. §§ 141a, 141b AFG (heute § 183 SBG III), § 59 I Nr. 3 KO und haben somit keinen Anspruch auf Insolvenzgeld[43]. Dem entspricht auch die bisherige Praxis der Bundesagentur für Arbeit[44].

---

35 Heinze in Gottwald, § 102, Rn. 44.
36 BGH, Urteil vom 23.01.2003 – IX ZR 39/02 = ZIP 2003, 485.
37 Brand in Niesel, § 25, Rn. 13.
38 BSG, Urteil vom 09.11.1989 – 11 RAr 39/89 = BSGE 66, 69.
39 BSG, Urteil vom 14.12.1999 – B 2 U 48/98 R = DB 2001, 386.
40 BGH, Urteil vom 25.09.1989 – II ZR 259/88 = NJW 1990, 49.
41 BGH, Urteil vom 24.07.2003 I– X ZR 143/02 = ZIP 2003, 1662.
42 BSG, Urteil vom 08.12.1987 – 7 RAr 25/86 = BB 1989, 72.
43 BSG, Urteil vom 22.04.1987 – 10 RAr 5/86 = NZA 1987, 614.
44 InsGeld-DA Abschnitt 2 – DA zu § 183 SGB III.

Heilmann vertrat bereits in der Vorauflage dieses Buches die Auffassung, Organmitglieder juristischer Personen seien unabhängig von der Höhe ihrer Vergütung Arbeitnehmer im Sinne der Konkursordnung. Als Grund dafür führte er die historische Entwicklung der §§ 59, 61 KO an. So wurde ursprünglich Organmitgliedern dann, wenn sie zugleich einen Dienstvertrag besaßen, wegen ihres Arbeitsentgeltes das Vorrecht aus § 61 KO zuerkannt[45]. Erst später wurde dies wegen des Wortes „verdungen" abgelehnt, da die oben genannte soziale Abhängigkeit vom Dienstherren bei eben diesen Organmitgliedern juristischer Personen fehle[46]. Mit der Streichung des Wortes aus dem Gesetzestext sei laut Heilmann die Basis dieser Auffassung entfallen. Er bezieht sich zudem auf die Durchführungsanweisungen der Bundesanstalt für Arbeit von 1976, wonach die Arbeitnehmereigenschaft bei einem Gesellschafter-Geschäftsführer, der mindestens 50 % des Gesellschaftskapitals besitzt, zu verneinen ist, wenn die Gesellschafterbeschlüsse mit einfacher Stimmenmehrheit gefasst werden. Nach Heilmann musste entsprechendes ebenso für andere juristische Personen gelten.

Dem schlossen sich Kuhn/Uhlenbruck[47] an, indem sie forderten, bei der Frage nach dem Insolvenzschutz der Organmitglieder juristischer Personen nicht länger auf den Grad der Weisungsgebundenheit abzustellen. Diese liege nach zutreffender Feststellung von Timm[48] bei der GmbH aufgrund deren gesetzlicher Struktur nämlich immer vor, bei der AG demgegenüber rechtlich nur in seltenen Ausnahmefällen. Konsequenterweise müsste man folglich dem GmbH-Gesellschafter die Arbeitnehmereigenschaft stets unabhängig von der Kapitalverteilung zugestehen, was übereinstimmend abgelehnt wird. Nach Kuhn/Uhlenbruck ist entscheidendes Kriterium das Innerverhältnis zur Gesellschaft. Dem zustimmend hat der BGH[49] das Überwiegen von Kapitaleinsatz und Leitungsmacht bei einer – alleinigen oder gemeinsamen – Mehrheitsbeteiligung als zuverlässigen und sachgerechten Maßstab für den Ausschluss eindeutiger Unternehmerrenten vom Insolvenzschutz angesehen. So stufte er ein Vorstandsmitglied nicht schon aufgrund eines Aktienbesitzes von 28,11 % des Grundkapitals als Unternehmer ein, sondern erst aufgrund eines Aktienbindungsvertrages, wonach er das Stimmrecht für sämtliche Aktien ausübte, die sich im Besitz der Familie befanden, wobei sich dieser auf über 50 % belief.

1981 ordnet der BGH ein Vorstandsmitglied mit nur geringer Kapitalbeteiligung (1,2 %) den Nicht-Unternehmern zu und bejaht insoweit Insolvenzschutz für sein Ruhegehalt[50]. In einer Entscheidung vom 24.11.2005 betrachtet das Bundessozialgericht den Alleingeschäftsführer bzw. Alleingesellschafter einer GmbH als

45 Jaeger/Lent, § 61, Rn. 14 b.
46 RGZ 120, 300 (302).
47 Kuhn/Uhlenbruck, § 61, Rn. 28 a.
48 Timm in ZIP 1981, 10.
49 BGH, Urteil vom 14.07.1980 – II ZR 224/79 = MDR 1981, 29.
50 BGH, Urteil vom 16.03.1981 – II ZR 222/79 = NJW 1981, 2410.

arbeitnehmerähnlichen Selbstständigen der Versicherungspflicht unterliegend[51]. In der Begründung führt das Bundessozialgericht aus, dass die Herausnahme der Versicherungspflicht für Vorstandsmitglieder einer Aktiengesellschaft auf der Erwägung beruhe, dass die Aktiengesellschaften bei typisierender Betrachtung zu den „großen Gesellschaften" gehören und ihre Vorstandsmitglieder wegen der herausragenden und starken wirtschaftlichen Stellung trotz abhängiger Beschäftigung gruppenspezifisch nicht des Schutzes und der Sicherheit der Rentenversicherung bedürfen.

Einer Übertragung dieses Gedankens auf den alleinigen Geschäftsführer und alleinigen Gesellschafter einer GmbH stehe bereits entgegen, dass es sich um die Frage der Versicherungspflicht von Selbstständigen handle und eine typisierende Vergleichbarkeit der (Ein-Mann-)GmbH mit Aktiengesellschaften von vornherein ausscheide[52]. Die Versicherungspflicht ergibt sich in dem zitierten Fall aus § 2 S. 1 Nr. 9 SGB VI. Dieser lautet: „Versicherungspflichtig sind selbstständig tätige ... 9. Personen, die a) im Zusammenhang mit ihrer selbstständigen Tätigkeit regelmäßig keinen versicherungspflichtigen Arbeitnehmer beschäftigen, dessen Arbeitsentgelt aus diesem Beschäftigungsverhältnis regelmäßig 400,00 € im Monat übersteigt, und b) auf Dauer und im Wesentlichen nur für einen Auftraggeber tätig sind, ...".

3. Leiharbeitnehmer

Bei Leiharbeitsverhältnissen handelt es sich um Arbeitsverhältnisse, die durch das Merkmal geprägt sind, dass ein Arbeitnehmer in arbeitsvertraglichen Beziehungen zu einem Arbeitgeber (dem Verleiher) steht, der ihn einem anderen Arbeitgeber (dem Entleiher) zur Erbringung der Arbeitsleistung überlässt oder zuweist[53]. Es steht somit also fest, dass Leiharbeitnehmer stets Arbeitnehmer im Sinne der Insolvenzordnung sind.

Die eigentliche Problematik liegt hier allerdings in der Frage, ob die Verleiher-Insolvenz oder die Entleiher-Insolvenz für den Leiharbeitnehmer von Bedeutung ist. Zu unterscheiden ist hier zwischen einem echten und einem unechten Leiharbeitsverhältnis. Bei der sog. echten Leiharbeit erbringt der Leiharbeitnehmer z.B. Montagepersonal kraft seines Arbeitsvertrages seine Arbeitsleistung grundsätzlich dem Verleiher gegenüber und nur gelegentlich oder vorübergehend gegenüber anderen Arbeitgebern.

Hiervon ist die sog. unechte Leiharbeit, im Volksmund auch Zeitarbeit genannt, zu unterscheiden, bei der kraft Vertrag der Arbeitnehmer seine Leistung von vorneherein nur dem Entleiher gegenüber erbringen soll. Im Falle gewerblicher

---

51 BSG, Urteil vom 24.11.2005 – B 12 RA 1/04 R = SGb 2006, 35.

52 BSG, a.a.O.

53 Heinze in Gottwald, § 102, Rn. 40.

Arbeitnehmerüberlassung wird diese durch das Arbeitnehmerüberlassungsgesetz erfasst. Die überwiegende Meinung geht hier davon aus, dass ein Arbeitsverhältnis nur zwischen Arbeitnehmer und Verleiher besteht. Dafür spricht auch § 10 I 1 AÜG, der ein Arbeitsverhältnis zwischen Arbeitnehmer und Entleiher nur dort konstruiert, wo der Vertrag zwischen dem Verleiher und dem Leiharbeitnehmer wegen fehlender Erlaubnis nach § 9 Nr. 1 unwirksam ist. Somit ist für den Arbeitnehmer außer im Fall des § 10 I 1 AÜG nur die Verleiher-Insolvenz relevant.

4. Leitende Angestellte

Dass auch leitende Angestellte Arbeitnehmer sind, zeigt die Systematik des § 5 BetrVG. So wäre es unnötig, die leitenden Angestellten in Abs. 3 aus dem Geltungsbereich des BetrVG ausdrücklich auszuschließen, wenn diese schon keine Arbeitnehmer i.S.v. Abs. 1 wären.

Für die Abgrenzung der leitenden Angestellten von der übrigen betriebsverfassungsrechtlich verfassten Belegschaft kommt es maßgeblich auf die Bedeutung der dem Angestellten obliegenden unternehmerischen Aufgaben und auf seine Gestaltungsfreiheit für deren Wahrnehmung an[54]. Eine Legaldefinition enthält § 5 III BetrVG.

5. Auszubildende

Verwirrung über die Arbeitnehmereigenschaft von Auszubildenden stiftete seinerzeit das Konkursausfallgeldgesetz. So führte es diese in der KO zum Kreis der Berechtigten nach §§ 61, 59 neben den Arbeitnehmern gesondert auf, während der von dem gleichen Gesetz geschaffene § 141b AFG nur die Begriffe „Arbeitnehmer" und „Arbeitsverhältnis" verwendete. Man konnte daher zu der Ansicht gelangen, dass die gesondert erwähnten Gruppen nicht mehr als Arbeitnehmer gelten sollten. Für Licht sorgte hier § 141b II AFG, der unmissverständlich klarstellte, dass zu den Ansprüchen auf Arbeitsentgelt alle Ansprüche gehörten, die Masseschulden nach § 59 I Nr. 3a KO sein können. Er bestätigte damit, dass es sich hierbei sämtlich um Arbeitnehmerforderungen handelt. Heute legt § 25 I SGB III die Auszubildenden eindeutig als versicherungspflichtige Beschäftigte fest, womit sie unzweifelhaft Insolvenzgeldberechtigte sein können. Auch sind Auszubildende gem. § 17 I BetrAVG Arbeitnehmer im Sinne dieses Gesetzes. Besonderheiten gelten für Auszubildende lediglich hinsichtlich der Kündigung.

54 BAG, Beschluss vom 23.01.1986 – 6 ABR 51/81 = BAGE 51, 1.

6. Schwerbehinderte

Ohne Frage sind die Kriterien zur Bestimmung der Arbeitnehmereigenschaft für Schwerbehinderte die gleichen, wie für alle anderen Personen. Dies folgt schon aus Art. 3 I, III 2 GG. Jedoch gelten auch hier Besonderheiten bezüglich der Kündigung.

7. Schwangere

Ebenso hat eine Schwangerschaft keinen Einfluss auf die Arbeitnehmereigenschaft einer Person. Eine Sonderstellung in der Insolvenz des Arbeitgebers genießen aber auch Schwangere durch besonderen Kündigungsschutz.

8. Heimarbeiter und sonstige arbeitnehmerähnliche Personen

Die fehlende persönliche Abhängigkeit unterscheidet die arbeitnehmerähnliche Person vom Arbeitnehmer. An die Stelle der persönlichen Abhängigkeit und Weisungsgebundenheit tritt hier aber gem. § 12a TVG das Merkmal der wirtschaftlichen Unselbstständigkeit oder Abhängigkeit. Diese liegt vor, wenn die betreffende Person nicht für den Markt arbeitet, ihre Erzeugnisse also nicht selbst beim Publikum oder jedenfalls bei einer Vielzahl von Auftraggebern absetzt, sondern nur für einen oder einzelne Auftraggeber tätig ist, wobei der Auftraggeber den Absatz an das Publikum übernimmt, also das Unternehmerrisiko trägt[55]. Arbeitnehmerähnlich d.h. ebenso sozial schutzbedürftig, sind Personen, wenn das Maß der Abhängigkeit nach der Verkehrsanschauung einen solchen Grad erreicht, wie er im Allgemeinen nur in einem Arbeitsverhältnis vorkommt und die geleisteten Dienste nach ihrer sozialen Typik mit denen eines Arbeitnehmers vergleichbar sind[56]. Da die Insolvenzordnung im Gegensatz zur Konkursordnung keine Berücksichtigung von arbeitnehmerähnlichen Personen kennt, sind diese auch keine Arbeitnehmer im Sinne der Insolvenzordnung.

Arbeitnehmerähnlich sind u.a. auch in Heimarbeit Beschäftigte. Für sie sind hinsichtlich der Kündigungsfristen und -termine die Regelungen des § 29 HAG zu beachten. Gem. § 13 SGB III gelten sie aber dennoch als Arbeitnehmer im Sinne dieses Buches. Sie sind also vom Insolvenzgeldanspruch nicht ausgeschlossen. Sonstige arbeitnehmerähnliche Personen, soweit sie nicht zu den sonstigen Versicherungspflichtigen i.S.d. § 26 SGB III gehören, unterliegen nicht der Versicherungspflicht. In den Geltungsbereich des BetrAVG fallen sie gem. § 17 I 2 nur, wenn ihnen entsprechende Leistungen aus Anlass ihrer Tätigkeit für ein Unter-

---

55 HPOpro, Lexikon, „arbeitnehmerähnliche Personen".
56 BAG, Urteil vom 02.10.1990 – 4 AZR 106/90 = BAGE 66, 95.

nehmen zugesagt worden sind. § 613a BGB ist auf arbeitnehmerähnliche Personen nicht anwendbar[57].

9. Scheinselbstständige

Gegenwärtig wird immer wieder versucht, soziale Sicherungssysteme dadurch zu umgehen, dass Arbeitnehmer und Arbeitgeber sich für die Arbeitnehmer auf einen Selbstständigenstatus einigen und es dadurch zum Problem der Scheinselbstständigkeit kommt[58].

Unter einem Scheinselbstständigen versteht man einen Erwerbstätigen, der die Pflichten eines Arbeitnehmers mit den Risiken eines Unternehmers in sich vereinigt. Wenn sich beispielsweise drei oder vier kleinere Betriebe zusammentun, die alle durch schwankende Auftragslagen ihre beschäftigten Konstrukteure nicht immer voll auslasten können, kann es sinnvoll sein, einigen Konstrukteuren mit bestimmten Auftragsgarantien die Selbstständigkeit in einem Ingenieurbüro anzubieten. Weil diese Möglichkeit häufig aber auch zu erheblich einseitigen Vorteilen des ehemaligen Arbeitgebers und zur Übernahme unangemessener Risiken für den ehemaligen Arbeitnehmer ausgenutzt wird, hat der Gesetzgeber sog. „Scheinselbstständige“ stärker geschützt. Sein Handlungsspielraum bei der Ausübung seiner Erwerbstätigkeit ist – anders als bei „echten“ Selbstständigen – vertraglich oder tatsächlich wie bei einem Arbeitnehmer eingeschränkt.

Die Beurteilung, ob ein Selbstständiger nur „Scheinselbstständiger“ und damit als Arbeitnehmer zu behandeln ist oder tatsächlich als Unternehmer arbeitet, orientiert sich im Wesentlichen an § 84 HGB. Dabei kann die Vermutungsregel des § 7 IV SGB IV a. F. auch über den 31.12.2002 hinaus zumindest als Indiz dafür herangezogen werden, dass es sich bei dem Verhältnis zwischen Auftraggeber und Auftragnehmer um eine abhängige Beschäftigung handelt.

---

57 BAG, Urteil vom 24.03.1998 – 9 AZR 218/97 = NJW 1998, 3589.
58 Brand in Niesel, § 25, Rn. 29.

B. Auswirkungen der Insolvenz ohne gerichtliches Regelungsverfahren auf die Rechtslage des Arbeitnehmers

I. Die Sozialleistungen

1. Die Arbeitslosenversicherung

Nachdem nun dargestellt wurde, was unter „Insolvenz“ und „Arbeitnehmer“ zu verstehen ist, ist der Blick für das eigentliche Thema dieses Buches, den Veränderungen der Rechtslage des Arbeitnehmers bei Insolvenz seines Arbeitgebers, frei. Dabei werden in diesem Abschnitt die reinen Folgen der Insolvenz – ohne gerichtliches Verfahren – herausgearbeitet, die wie oben gesehen, einen erheblichen Teil der Insolvenzen ausmachen. Die Veränderung der Rechtslage des Arbeitnehmers durch die Eröffnung des Insolvenzverfahrens soll in dem weiteren Abschnitt C erörtert werden.

Bei den Folgen der Arbeitgeberinsolvenz ohne gerichtliches Verfahren fallen für den Arbeitnehmer in erster Linie die Sozialversicherungsleistungen, insbesondere die Arbeitslosenversicherung, ins Gewicht. Die Arbeitslosenversicherung ist das Sozialleistungssystem zum Schutz der Arbeitnehmer vor den wirtschaftlichen Folgen der Arbeitslosigkeit. Als Teil des umfassenderen Systems der Arbeitsförderung ist sie im Dritten Buch Sozialgesetzbuch (SGB III) in arbeitsmarkt- und beschäftigungspolitische Ziele und Aufgabenstellungen als Entgeltersatzleistungen neben u.a. Übergangsgeld für Behinderte, Insolvenzgeld, Winterausfallgeld eingebunden.

a) Reformgesetzgebung

In den vergangenen Jahren standen Arbeitsförderung und Arbeitslosenversicherung im Mittelpunkt einer umfangreichen Reformgesetzgebung, die insbesondere mit den vier Gesetzen für moderne Dienstleistungen am Arbeitsmarkt (sog. „Hartz-Gesetze“) umgesetzt wurde.

Ziel des Hartz-I- und des Hartz-II-Gesetzes war, zum 1.1.2003 eine neue Ordnung auf dem Arbeitsmarkt herzustellen. U.a. durch Erschließung neuer Beschäftigungsmöglichkeiten, Neuregelung der Sperrzeiten bei Arbeitsablehnung und Abbruch von Eingliederungsmaßnahmen sollte der Dienstleistungscharakter gegenüber Arbeitslosen und Arbeitgebern verstärkt werden. Zudem sollte die Bundesagentur für Arbeit durch strukturelle Änderungen u.a. beim Arbeitslosengeld und der Arbeitslosenhilfe entlastet werden.

Mit dem „Hartz III-Gesetz" wurden zum 1.1.2004 die Rahmenbedingungen für den Umbau der Arbeitsverwaltung zu einer modernen Dienstleistungsagentur geschaffen. Beispielsweise durch Eingliederungszuschüsse an Arbeitgeber bei Einstellung von Arbeitslosen oder die Transferleistungen zur Abfederung von Personalabbauprozessen sollte das Arbeitsförderungsrecht weitgehend vereinfacht werden.

Mit dem „Hartz IV-Gesetz" wurden zum 1.1.2005 die bisherige Arbeitslosenhilfe und die Sozialhilfe für erwerbsfähige Arbeitsuchende zu einer einheitlichen „Grundsicherung für Arbeitsuchende" zusammengeführt.

CDU, CSU und SPD wollen in der 16. Wahlperiode des Deutschen Bundestages die aktive Arbeitsmarktpolitik fortsetzen und weiterentwickeln[59]. Weil die Vielzahl unterschiedlicher Förderinstrumente kaum noch überschaubar sei, sollen bis Ende 2006 alle arbeitsmarktpolitischen Maßnahmen auf Wirksamkeit und Effizienz überprüft werden[60]. Auf der Grundlage dieser Analyse soll dann spätestens im Jahr 2007 die aktive Arbeitsmarktpolitik insgesamt grundlegend neu ausgerichtet werden[61].

b) Voraussetzungen der Zahlung des Arbeitslosengeldes

Die Voraussetzungen des Arbeitslosengeldes werden in den §§ 117 ff. SGB III definiert. Nach § 118 I SGB III besteht der Anspruch auf Arbeitslosengeld für Arbeitnehmer, die:

1) arbeitslos sind,
2) sich bei der Agentur für Arbeit arbeitslos gemeldet haben und
3) die Anwartschaftszeit erfüllt haben.

aa) Arbeitslosigkeit

Gem. § 119 I SGB III ist ein Arbeitnehmer arbeitslos, der:

1) nicht in einem Beschäftigungsverhältnis steht (Beschäftigungslosigkeit),
2) sich bemüht, seine Beschäftigungslosigkeit zu beenden (Eigenbemühungen) und
3) den Vermittlungsbemühungen der Agentur für Arbeit zur Verfügung steht (Verfügbarkeit).

---

59 Koalitionsvertrag, S. 14 (www.cducsu.de/upload/koalitionsvertrag/index.htm .
60 a.a.O.
61 a.a.O.

bb) Persönliche Arbeitslosmeldung

Abs. 1 Nr. 2 fordert eine persönliche Arbeitslosmeldung bei der Agentur für Arbeit. Damit wird einerseits die Agentur für Arbeit als relevante operative Dienststelle im Netz der Bundesagentur für Arbeit festgelegt, andererseits ein persönliches Erscheinen des Arbeitnehmers angeordnet, damit die Agentur für Arbeit den Vorrangverpflichtungen gegenüber der passiven Entgeltersatzleistung nachkommen kann[62].

cc) Anwartschaftszeit

Die Anwartschaftszeit hat gem. § 123 SGB III erfüllt, wer in der Rahmenfrist mindestens zwölf Monate in einem Versicherungspflichtverhältnis gestanden hat. Die Rahmenfrist drückt den Zeitraum aus, innerhalb dessen der Arbeitslose die für die Erfüllung der Anwartschaftszeit notwendigen Versicherungspflichtzeiten zurückgelegt haben muss[63]. Sie beträgt gem. § 124 I SGB III zwei Jahre und beginnt mit dem Tag vor der Erfüllung aller sonstigen Voraussetzungen für den Anspruch auf Arbeitslosengeld.

c) Zahlung des Arbeitslosengeldes trotz Ruhens des Anspruchs

Durch die Zahlungsunfähigkeit des Arbeitgebers werden die Arbeitnehmer nicht arbeitslos. Selbst dann, wenn der Arbeitnehmer keinen Lohn erhält und deshalb fristlos kündigt, behält er seinen Lohn- bzw. Schadensersatzanspruch gem. § 628 BGB gegen den insolventen Arbeitgeber.

Solange er jedoch Arbeitsentgelt erhält oder zu beanspruchen hat, ruht auch sein Anspruch auf Arbeitslosengeld gem. § 143 I SGB III, um eine Doppelversorgung des Arbeitslosen durch Lohn und Arbeitslosengeld zu vermeiden.

Da hingegen die Realisierung eines Anspruchs unter Umständen viel Zeit in Anspruch nehmen kann, käme der Arbeitnehmer in die schlimme Lage, trotz bestehenden Anspruchs seinen Lebensunterhalt nicht bestreiten zu können. Dem hilft § 143 III SGB III ab, der bestimmt, dass – soweit der Arbeitnehmer das Arbeitsentgelt **tatsächlich** nicht erhält – das Arbeitslosengeld auch in der Zeit gewährt wird, in der der Anspruch auf Arbeitslosengeld ruht. Der Wortlaut des § 143 III SGB III: Soweit der Arbeitslose die in den Absätzen 1 und 2 genannten Leistungen (Arbeitsentgelt i.S.d. § 115 SGB X) tatsächlich nicht erhält, wird das Arbeitslosengeld auch für die Zeit geleistet, in der der Anspruch auf Arbeitslosengeld ruht.

Dies bewirkt den Übergang des Anspruchs vom Arbeitslosen auf die Bundesagentur für Arbeit gem. § 115 SGB X. Daraus folgt, dass § 143 III SGB III schon anzu-

---

62 HPOpro, Kommentar § 118 SGB III, Rn. 2.
63 HPOpro, Kommentar § 124 SGB III, Rn. 3.

wenden ist, wenn der Arbeitslose nur möglicherweise Ansprüche auf Arbeitsentgelt oder Urlaubsabgeltung hat; die Ansprüche müssen weder dem Grunde noch der Höhe nach feststehen.

d) Nachweis des Anspruchs durch Arbeitsbescheinigung

Fraglich ist, wie der Betroffene die Voraussetzungen für seinen Anspruch nachweisen kann. Hierzu sieht § 312 I SGB III eine Pflicht des Arbeitgebers vor, bei Beendigung eines Beschäftigungsverhältnisses alle Tatsachen zu bescheinigen, die für die Entscheidung über den Anspruch auf Arbeitslosengeld oder Übergangsgeld erheblich sein können. Diese sog. Arbeitsbescheinigung soll der BA ermöglichen, zusammen mit den Angaben des Arbeitslosen möglichst rasch und richtig über dessen Anträge auf Arbeitslosengeld oder -hilfe zu entscheiden[64]. Es handelt sich daher um eine öffentlich-rechtliche Pflicht gegenüber der BA[65]. Nach h.M. ist der Arbeitgeber aber auch aus (nachwirkender) Fürsorgepflicht und damit bürgerlich-rechtlich gehalten, eine Arbeitsbescheinigung auszustellen und dem Mitarbeiter bei Beendigung des Beschäftigungsverhältnisses auszuhändigen[66]. Bei Verzögerung dieser Pflicht kommt dann eine Haftung aus § 280 II i.V.m. § 286 BGB in Betracht. Der Verspätungsschaden wird darin liegen, dass der Arbeitnehmer zur Überbrückung des Zeitraums bis zur verspäteten Leistung durch das Arbeitsamt oder für die Zeit einer unberechtigten Sperrfrist Kredite aufnehmen muss, die zu verzinsen sind. Er kann auch in den Porto- und Fahrtkosten liegen, welche die erfolglosen Mahnungen des Arbeitgebers mit sich bringen[67]. Bei unrichtigem Ausfüllen kann der Arbeitgeber außerdem nach § 281 BGB haften. Nach herrschender Meinung kann der Anspruch auf Aushändigung der Arbeitsbescheinigung vor den Arbeitsgerichten geltend gemacht werden[68]. Bei Nichtausstellung oder bei Streitigkeiten über den Inhalt einer Arbeitsbescheinigung wird dem Arbeitnehmer jedoch regelmäßig nicht zugemutet, seinen Anspruch durchzusetzen. Er kann sich insoweit auf die Grenzen seiner Mitwirkungspflicht berufen (§ 65 SGB I) und die Durchsetzung seines Anspruchs durch die Agentur für Arbeit verlangen[69].

e) Höhe des Arbeitslosengeldes

Die Höhe des Arbeitslosengeldes legt § 129 SGB III fest. Danach beträgt das Arbeitslosengeld für Arbeitslose, die mindestens ein Kind haben, sowie für Arbeitslose, deren Ehegatte oder Lebenspartner mindestens ein Kind hat, wenn beide Ehegatten oder Lebenspartner unbeschränkt einkommensteuerpflichtig sind

---

64 Schliemann, § 630, Rn. 138.
65 BAG, Urteil vom 13.07.1988 – 5 AZR 467/87 = BAGE 59, 169.
66 BAG, Urteil vom 13.05.1970 – 5 AZR 385/69 = BAGE 22, 332.
67 Schliemann, § 630, Rn. 142.
68 BAG, Urteil vom 15.01.1992 – 5 AZR 15/91 = BAGE 69, 204.
69 HPOpro, Handbuch Personal/Personal Spezial/Arbeitsförderung-Arbeitslosenversicherung/Leistungen 6.11.1.

und nicht dauernd getrennt leben, 67 % (sog. erhöhter Leistungssatz). Für die übrigen Arbeitslosen beträgt es 60 % (sog. allgemeiner Leistungssatz) des pauschalierten Nettoentgelts (Leistungsentgelts), das sich aus dem Bruttoentgelt ergibt, welches der Arbeitslose im Bemessungszeitraum erzielt hat (Bemessungsentgelt). Der Bemessungszeitraum umfasst gem. § 130 SGB III die beim Ausscheiden des Arbeitslosen aus dem jeweiligen Beschäftigungsverhältnis abgerechneten Entgeltabrechnungszeiträume der versicherungspflichtigen Beschäftigungen innerhalb eines Jahres (Bemessungsrahmen).

2. Das Insolvenzgeld

a) Normzweck

Arbeitnehmer sind gem. § 614 BGB vorleistungspflichtig. Ihre Ansprüche auf rückständiges Arbeitsentgelt gehen auf Grund häufiger Massearmut als einfache Insolvenzforderung gem. § 38 InsO oder als Masseverbindlichkeit gem. § 55 I Nr. 1 und 2 InsO in vielen Fällen leer aus. Durch das Gesetz über das Konkursausfallgeld vom 17.7.1974 hat der Gesetzgeber deshalb mit dem Ziel, das Arbeitseinkommen im Insolvenzfall stärker zu schützen, einen sofort erfüllbaren Anspruch mit Vorschussmöglichkeit zugunsten der Arbeitnehmer auf Auszahlung des rückständigen Arbeitsentgelts für die letzten drei Monate des Arbeitsverhältnisses vor Insolvenzeröffnung gegen die BA geschaffen[70]. Die Regelung wurde im Wesentlichen in das SGB III übernommen und das Konkursausfallgeld in Insolvenzgeld unbenannt. Die Insolvenzversicherung soll auch die Bereitschaft der Arbeitnehmer erhöhen, wegen des Insolvenzgeldes bei nicht gezahltem Arbeitsentgelt bis zu drei Monate weiter zu arbeiten, was gleichzeitig die Sanierung des Unternehmens und die Erhaltung von Arbeitsplätzen begünstigt[71].

b) Übereinstimmung mit dem EG-Recht

In den zwei grundlegenden Entscheidungen „Bonifacio“[72] und „Maso“[73] zum italienischen Recht entschied der EuGH, dass nach der RL 80/987/EWG des Rates vom 20.10.1980 über den Schutz der Arbeitnehmer bei Zahlungsunfähigkeit der durch das Insolvenzgeld gesicherte Ausfallzeitraum vom Zeitpunkt der Stellung des Antrages auf Eröffnung des Insolvenzverfahrens an zurückzurechnen sei.

Damit stimmte also auch das deutsche Recht, das nicht auf den Zeitpunkt der Antragstellung, sondern auf den Zeitpunkt der Verfahrenseröffnung abstellt, nicht mit dem EG-Recht überein.

---

70 Heinze in Gottwald, § 108, Rn. 6.
71 Roeder in Niesel, § 183, Rn. 4.
72 EuGH, Urteil vom 10.07.1997 – Rs C-94, 95/95 = ZIP 1997, 1663.
73 EuGH, Urteil vom 10.07.1997 – Rs C-373/95 = ZIP 1997, 1658.

Nach Auffassung des EuGH sollte der Begriff der Zahlungsunfähigkeit in Art. 3 II und Art. 4 II der Richtlinie den Zeitpunkt der Einreichung des Antrags auf Eröffnung des Insolvenzverfahrens bezeichnen, weil die Entscheidung über die Verfahrenseröffnung erst lange nach dem Antrag fallen könne und der Arbeitnehmer in diesem Falle schutzlos bliebe.

In der deutschen Rechtspraxis nahm man sich dieser Entscheidungen wenig an. So machte das BSG[74] geltend, die deutsche Insolvenzsicherung enthalte gegenüber der Richtlinie insofern eine günstigere Regelung, als sie unabhängig von einem bestimmten Referenzzeitraum alle vor der Beendigung des Arbeitsverhältnisses liegenden Zeiträume von drei Monaten vor dem Insolvenzereignis schütze, und somit richtlinienkonform sei.

Gleichwohl zeigte der Fall „Mau“[75], dass es in Fällen, in denen ein Arbeitsentgeltanspruch wegen eines mittlerweile eingetretenen Ruhens, hier wegen Erziehungsurlaub, während eines bestehenden Arbeitsverhältnisses gerade vor dem Antrag auf Eröffnung rückständig geworden war, ein Bedürfnis für eine Absicherung auch dieses Zeitraumes bestand. Der EuGH hat daher in seiner Entscheidung die Bestimmungen des deutschen Rechts für unvereinbar mit Art. 3 II und Art. 4 II der Richtlinie erklärt, soweit § 183 I SGB III nicht an den Zeitpunkt der Einreichung des Antrags auf Insolvenzeröffnung, sondern an den der Entscheidung über diesen als maßgeblichen Zeitpunkt der Zahlungsunfähigkeit anknüpft.

Die EU-Kommision hat angesichts dieses Streits eine Änderungsrichtlinie (2002/74/EG des Europäischen Parlaments und des Rates vom 23. September 2002) verabschiedet, in der Art. 3 und 4 wesentlich weitere nationale Begriffe der Zahlungsunfähigkeit sowie die eigenständige Bestimmung eines abzusichernden Zeitraums zulassen[76]. Die Mitgliedsstaaten sind damit fortan völlig frei darin, welchen Zeitpunkt und welche Zeiträume sie für den durch die staatliche Mindestgarantie zu schützenden Referenzzeitraum, in dem Arbeitsentgeltansprüche rückständig geworden sein müssen, bestimmen[77]. Damit besteht an der Richtlinienkonformität des nach deutschem Recht zu bestimmenden Insolvenzgeldzeitraums wohl kein Zweifel mehr.

c) Anspruchsvoraussetzungen

Gem. § 183 I 1 SGB III haben Arbeitnehmer einen Anspruch auf Insolvenzgeld, wenn sie im Inland beschäftigt waren und bei Eintritt eines sog. Insolvenzereignisses für die vorausgehenden drei Monate des Arbeitsverhältnisses noch Ansprüche auf Arbeitsentgelt haben.

---

74 BSG, Urteil vom 20.06.2001 – B 11 Al 3/01 R = NZI 2002, 55.
75 EuGH, Urteil vom 15.05.2003 – C-160/01, 5 C 160/01 = ZIP 2003, 1000.
76 Peters-Lange in Gagel, § 183, Rn. 4.
77 Peters-Lange, ZIP 2003, S. 1877 ff.

d) Insolvenzereignis bzw. Versicherungsfall

Der Insolvenzgeldanspruch setzt demzufolge die Eröffnung des Insolvenzverfahrens oder den Eintritt eines gleichstehenden Insolvenzereignisses voraus. Für diesen Abschnitt, also die Auswirkungen der Insolvenz ohne gerichtliches Regelungsverfahren, ist in erster Linie die vollständige Beendigung der Betriebstätigkeit gem. § 183 I Nr. 3 SGB III das maßgebliche Insolvenzereignis. Aber auch die Einstellung mangels Masse, da in diesem Fall ja ebenfalls kein gerichtliches Regelungsverfahren mehr durchgeführt wird.

aa) Vollständige Beendigung der Betriebstätigkeit

(1) Einstellung der Betriebstätigkeit

In diesem Fall fällt das Insolvenzereignis auf den Tag, an dem die Betriebstätigkeit im Inland vollständig beendet wird, wenn bis zu diesem Zeitpunkt ein Antrag auf Eröffnung des Insolvenzverfahrens nicht gestellt worden ist und ein Insolvenzverfahren offensichtlich mangels Masse nicht in Betracht kommt.

Eine Betriebstätigkeit ist laut BSG[78] erst vollständig beendet, wenn keine dem Betriebszweck dienenden Arbeiten mehr geleistet werden, wobei z. B. bei einem Betrieb, in dem sowohl produziert, als auch hergestellte Waren verkauft werden, die Einstellung der Produktion nicht genügt. Dabei ist die Einstellung der gesamten betrieblichen Betätigung des Arbeitgebers gemeint, so dass es nicht nur auf den konkreten Betrieb ankommt. Die Weiterführung eines oder mehrerer Betriebe durch denselben Arbeitgeber steht dem Insolvenzereignis folglich entgegen[79]. Da die Beendigung der Betriebstätigkeit gerade auch für den Arbeitnehmer die Insolvenz deutlich machen soll, können nur Betriebe desselben Unternehmens, welche eine organisatorische und zweckgebundene, für den Arbeitnehmer erkennbare Verbundenheit aufweisen, für die Beurteilung der vollständigen Betriebsbeendigung herangezogen werden[80].

Eine Stilllegung des Betriebes ist für die Beendigung der Betriebstätigkeit nicht erforderlich, zumal im Rahmen der Insolvenzausfallversicherung vor der Zahlungsunfähigkeit des Arbeitgebers geschützt werden soll, nicht hingegen der Fortbestand des Betriebes selbst[81].

Der Auflösung, der reinen Abwicklung oder der Erhaltung von Betriebsmitteln dienende Arbeiten bleiben unberücksichtigt[82]. Insolvenzereignis ist also der Kalendertag, der auf den Tag folgt, an dem die letzte dem Betriebszweck dienende

78 BSG, Urteil vom 05.06.1981 – 10/8b RAr 3/80 = BSGE 52, 40.
79 BSG, Urteil vom 29.02.1984 – 10 RAr 14/82 = ZIP 1984, 1123.
80 Peters-Lange in Gagel, § 183, Rn. 39.
81 BSG, Urteil vom 30.04.1981 – 10/8b/12 RAr 11/79 = BSGE 51, 296.
82 Abschnitt 2 InsGeld-DA – DA zu § 183 SGB III, 5.3. Rn. 3.

Tätigkeit tatsächlich stattgefunden hat, und zwar auch dann, wenn diese keine volle Arbeitsschicht umfasste[83]. Dies kann auch ein Sonntag, Feiertag, arbeitsfreier Samstag oder ein sonstiger betriebsüblicher arbeitsfreier Tag sein[84].

(2) Kein Insolvenzantrag

Ein Insolvenzantrag darf nicht gestellt sein. Das Merkmal ist allerdings restriktiv dahingehend auszulegen, dass eine Sperrwirkung nur Anträge entfalten, die zu einer Entscheidung des Insolvenzgerichts – Eröffnung des Insolvenzverfahrens oder Abweisung der Eröffnung mangels Masse – führen können und in der Regel auch tatsächlich dazu führen[85]. So wirkt z.B. die Rücknahme eines Eröffnungsantrages ex tunc mit der Folge, dass das Insolvenzereignis am Tage der vollständigen Einstellung eines offensichtlich überschuldeten Betriebes eingetreten ist. Begründet wird dies damit, dass der Gesetzgeber mit der Voraussetzung lediglich den Anwendungsbereich des Insolvenztatbestandes des § 183 I 1 Nr. 3 SGB III (§ 141b III Nr. 2 AFG) im Verhältnis zu den anderen beiden Insolvenztatbeständen abgegrenzt hat[86].

(3) Offensichtliche Masselosigkeit

Über die Frage, wann die Masselosigkeit spätestens vorliegen muss, herrscht Uneinigkeit in der Rechtsprechung. Während das BSG[87] eine Masselosigkeit spätestens gleichzeitig mit der Beendigung der Betriebstätigkeit für erforderlich hält, lässt das BAG[88] eine Insolvenz, die zur Masselosigkeit führt, auch nach der Betriebseinstellung ausreichen.

bb) Einstellung mangels Masse

Im Falle des § 183 I Nr. 2 SGB III ist Insolvenzereignis der Tag, an dem der Antrag auf Eröffnung des Insolvenzverfahrens mangels Masse abgewiesen worden ist. Maßgebend für den Insolvenzgeldzeitraum ist das Datum des Gerichtsbeschlusses, der nicht veröffentlicht wird. Wegen der fehlenden Publizität muss der Arbeitgeber nach § 183 IV SGB III einen Beschluss des Insolvenzgerichts über die Abweisung mangels Masse dem Betriebsrat oder, wenn ein solcher nicht besteht den Arbeitnehmern unverzüglich bekannt geben. Außerdem ist der Arbeitnehmer bei Weiterarbeit oder Arbeitsaufnahme in Unkenntnis des Insolvenzereignisses nach § 183 II SGB III durch ein Verschieben des Insolvenzgeldzeitraumes geschützt.

---

83 Abschnitt 2 InsGeld-DA – DA zu § 183 SGB III, 5.3. Rn. 2.
84 a.a.O.
85 BSG, Urteil vom 30.10.1991 – 10 Rar 3/91 = BSGE 70, 9.
86 BSG a.a.O.
87 BSG, Urteil v. 17.07.1979 – 12 RAr 15/78 = ZIP 1980, 126.
88 BAG, Urteil v. 20.11.1984 – 3 AZR 444/82 = BAGE 47, 229.

e) Anspruchsberechtigter

Aus § 183 I SGB III selbst sowie aus § 3 I Nr. 10 SGB III folgt, dass anspruchsberechtigt Arbeitnehmer sind. Der Begriff des Arbeitnehmers wurde in der Einleitung unter II. dargestellt. Es gelten hierzu grundsätzlich die Abgrenzungsmerkmale, wie sie in den Vorschriften über die Versicherungspflicht (§§ 25 ff. SGB III) verwendet werden. Darüber hinaus findet gem. § 1 I 2 SGB IV der § 7 SGB IV entsprechende Anwendung. Zu den Arbeitnehmern i.S.v. § 183 SGB III gehören auch die Auszubildenden und die Heimarbeiter (vgl. § 25 I i.V.m. §§ 13, 14 SGB III), nicht jedoch Hausgewerbetreibende und Zwischenmeister.

Heimarbeiter unterscheiden sich von Hausgewerbetreibenden vor allem dadurch, dass sie keine fremden Hilfskräfte beschäftigen, sondern allein oder nur mit Familienangehörigen arbeiten. Außerdem bezieht sich Heimarbeit nicht nur auf gewerbliche, sondern auch auf andere Tätigkeiten, wie beispielsweise die der Stenotypisten, Phonotypisten, Buchhalter[89].

Die oben ermittelten Grundsätze zur Arbeitnehmereigenschaft von GmbH-Geschäftsführern entsprechen der Praxis der Arbeitsagenturen. Jedoch sind Vorstandsmitglieder einer AG laut Rechtsprechung[90] und InsGeld-DA[91] nicht anspruchsberechtigt. Bereits oben wurde allerdings darauf hingewiesen, dass die Beurteilung der Arbeitnehmereigenschaft nur anhand des konkreten Einzelfalles erfolgen kann. Der Ausschluss der Vorstandsmitglieder einer AG von dieser Prüfung erscheint weder begründet noch sachgerecht.

f) Hauptversicherungsleistung

Gem. § 185 I SGB III wird das Insolvenzgeld in Höhe des Nettoarbeitsentgelts geleistet, das sich ergibt, wenn das auf die monatliche Beitragsbemessungsgrenze begrenzte Bruttoarbeitsentgelt um die gesetzlichen Abzüge vermindert wird. Mit der Begrenzung auf die Beitragsbemessungsgrenzen (§§ 341 IV SGB III) macht der Gesetzgeber von der Ermächtigung durch das Recht der Europäischen Union Gebrauch, das Insolvenzgeld der Höhe nach zu begrenzen und damit Druck von der Arbeitgeberumlage zu nehmen.

Für Insolvenzereignisse vor dem 1.1.2004 trifft § 434j XII Nr. 5 SGB III eine Übergangsregelung.

Zu den Ansprüchen auf Arbeitsentgelt gehören gem. § 183 I 3 SGB III alle Ansprüche auf Bezüge aus dem Arbeitsverhältnis. Arbeitsentgelt in diesem Sinne sind alle Ansprüche auf Bezüge aus dem Arbeitsverhältnis, d.h. auch Sonderzahlungen wie Weihnachtsgeld, wenn arbeitsrechtliche Vereinbarungen oder (tarif-

---

89 HPOpro Kommentar, § 12 SGB IV, Rn. 7.
90 BSG, Urteil vom 22.04.1987 – 10 RAr 5/86 = NZA 1987, 614.
91 Abschnitt 2 InsGeld-DA – DA zu § 183 SGB III, 4.2. Rn. 10.

vertragliche) Regelungen für den Arbeitnehmer auch bei vorherigem Ausscheiden einen zeitanteiligen Anspruch vorsehen[92] und wenn sie den dem Insolvenzereignis vorausgehenden drei Monaten des Arbeitsverhältnisses zugeordnet werden können.

Die Zuordnung von Ansprüchen auf Arbeitsentgelt zu den dem Insolvenzereignis vorausgehenden drei Monaten richtet sich danach, ob das ausstehende Arbeitsentgelt im Insolvenzzeitraum erarbeitet worden ist; dagegen kommt es nicht darauf an, ob dieser Anspruch im Insolvenzgeldzeitraum fällig oder bezifferbar geworden ist[93], d.h. Arbeitszeitguthaben wird dem Monat zugeordnet, in dem es erarbeitet wurde. Dieses sog. Erarbeitungsprinzip gilt allerdings nicht uneingeschränkt. Eine abweichende Zuordnung kommt insbesondere dann in Betracht, wenn mit den im Insolvenzgeldzeitraum fälligen Ansprüchen ein Zweck verfolgt wird, der eine zeitliche Zuordnung erlaubt[94].

Beispiel: Vereinbart wird eine Arbeitszeit von 40 Stunden pro Woche. Hierbei sollen acht Arbeitsstunden arbeitstäglich als „normale Stunden" vergütet, die neunte und zehnte Arbeitsstunde als „Vorarbeitsstunde" aufgespart und die geleisteten Arbeitsstunden ab der elften Arbeitsstunde als „Überstunden" vergütet werden. Die Vorarbeitsstunden werden auf einem Stundenkonto gespeichert und in den Wintermonaten sowie bei schlechter Auftragslage dadurch abgebaut, dass dem Arbeitnehmer ausgefallene Arbeitstage unter Anrechnung von Vorarbeitsstunden als normaler Acht-Stunden-Tag vergütet werden.

g) Versicherungsträger

Gem. § 368 I SGB III ist zuständiger Verwaltungsträger die Bundesagentur für Arbeit mit Sitz in Nürnberg. Die örtlichen Agenturen für Arbeit wie auch die Regionaldirektionen übernehmen zwar weitgehend eigenständig die Durchführung der Aufgaben nach dem SGB III und auf der Grundlage gegebenenfalls übertragener Programme, sie bleiben jedoch grundsätzlich der Zentrale gegenüber verantwortlich[95].

Die Unfallversicherungsträger erstatten der BA gem. § 358 I 1 SGB III die Aufwendungen für das Insolvenzgeld jeweils bis zum 30. Juni des nachfolgenden Jahres. Erstattungspflichtige Unfallversicherungsträger sind:

1) die Berufsgenossenschaften,

2) die Eisenbahn-Unfallkasse,

3) die Unfallkasse Post und Telekom,

92 BSG, Urteil vom 18.03.2004 B 11 AL 57/03 R = ZIP 2004, 1376.
93 BSG, Urteil vom 25.06.2002 B 11 AL 80/01 R = ZInsO 2002, 1052.
94 BSG, Urteil vom 25.06.2002 B 11 AL 90/01 R = NZI (Beilage) 2004, 56.
95 HPOpro Kommentar, § 368 SGB III, Rn. 2.

4) die Unfallkasse des Bundes für die nach § 125 III SGB VII übernommenen Unternehmen und
5) die nach den §§ 128 und 129 SGB VII zuständigen Unfallversicherungsträger für Unternehmen des Landes oder der Gemeinden und Gemeindeverbände, die in selbstständiger Rechtsform betrieben werden.

Zu den Aufwendungen in diesem Sinne gehört aber nicht nur das Insolvenzgeld selbst, sondern auch der von der Agentur für Arbeit entrichtete Gesamtsozialversicherungsbeitrag, die Verwaltungskosten und die sonstigen Kosten, die mit der Erbringung des Insolvenzgeldes zusammenhängen.

Die Mittel für die Erstattung der Aufwendung bringen die Unfallversicherungsträger wiederum durch eine Umlage der Unternehmer in ihrem Zuständigkeitsbereich auf. Die Unfallversicherungsträger haben nach § 360 SGB III mehrere Möglichkeiten, ihren Anteil auf ihre Mitglieder umzulegen.

h) Antrag und Fristen

aa) Antragserfordernis

Das Insolvenzgeld wird gem. § 323 I 1 SGB III nur auf Antrag gewährt. Der Antrag ist weder an eine Form gebunden, noch ist ein bestimmter Inhalt vorgeschrieben[96]. Es genügt daher auch eine mündliche oder fernmündliche Antragstellung, solange dem Vorbringen zu entnehmen ist, dass der Berechtigte Insolvenzgeld begehrt[97]. Der Antrag muss weiterhin den insolventen Arbeitgeber ausdrücklich oder sinngemäß bezeichnen[98]. Auf Verlangen der Arbeitsagentur ist der Antragsteller aber im Rahmen der §§ 60 ff. SGB I zur Mitwirkung verpflichtet.

Der Antrag ist insbesondere für den Beginn der Leistung, d.h. dafür entscheidend, wann der Anspruch auf die erste Einzelleistung entsteht.

Um sicher zu gehen, dass der Antrag alle erforderlichen Angaben enthält und um eine schnelle Bearbeitung zu ermöglichen, bietet die Bundesagentur für Arbeit auf ihrer Internetseite[99] Formulare für den Insolvenzgeldantrag zum kostenlosen Download an.

bb) Ausschlussfrist

Das Insolvenzgeld ist innerhalb einer Ausschlussfrist von zwei Monaten nach dem Insolvenzereignis zu beantragen (§ 324 III 1 SGB III). Es handelt sich hierbei um eine materielle Ausschlussfrist, so dass der Anspruch mit der Fristversäumnis

---

96 Abschnitt 10 InsGeld-DA, 3. Rn. 2.
97 Niesel in Niesel, § 324, Rn. 16.
98 Abschnitt 10 InsGeld-DA, a.a.O.
99 http://62.8.219.9/vordr/publikationen.jsp

erlischt[100]. Unter bestimmten Voraussetzungen wird eine Nachfrist von zwei Monaten eingeräumt. Für die Einhaltung der Ausschlussfrist ist nicht das Datum des Poststempels, sondern der tatsächliche Eingang des Antrags bei einer Agentur für Arbeit oder einer der in § 16 SGB I genannten Stellen maßgebend[101].

i) Vorschuss

§ 186 SGB III ermöglicht die Gewährung von Vorschüssen noch vor der Entscheidung über den Antrag auf Eröffnung des Insolvenzverfahrens. Nach der Gesetzesbegründung hat der Gesetzgeber damit auf die Verzögerungen bei der Entscheidung über die Eröffnung des Insolvenzverfahrens reagiert, die auf die gestiegene Zahl von Verfahren und die häufig schwierige Feststellung der Vermögenslage des Arbeitgebers zurückgeführt werden[102]. Da diese Gefahr bei dem Insolvenzereignis gem. § 183 I Nr. 3 SGB III nicht besteht, ist § 186 SGB III auf diesen Sachverhalt nicht anwendbar.

Gerade in den Fällen der vollständigen Einstellung der Betriebstätigkeit hat es sich aber in der Praxis der BA als äußerst schwierig erwiesen, den Eintritt des Insolvenzereignisses festzustellen, weshalb es u.U. zu erheblichen Verzögerungen bei der Zahlung des Insolvenzgeldes kommt. Dem Arbeitnehmer kann hier nur geraten werden, selbst einen Antrag auf Eröffnung des Insolvenzverfahrens über das Vermögen seines Arbeitgebers zu stellen.

j) Nachweis zur Höhe

Die Arbeitsagentur muss in der Lage sein, sich alle zur Feststellung der Ansprüche auf und zur Auszahlung von Insolvenzgeld notwendigen Informationen zu beschaffen. Sie kann daher gem. § 314 II SGB III vom Arbeitgeber verlangen, dass er bescheinigt, wie hoch das Arbeitsentgelt für die letzten dem Insolvenzereignis vorausgehenden drei Monate und die gesetzlichen Abzüge waren, außerdem inwieweit die Ansprüche auf Arbeitsentgelt gepfändet, verpfändet oder abgetreten sind. Zudem kann die Arbeitsagentur gem. § 316 SGB III von allen Personen, die Einblick in die Arbeitsentgeltunterlagen hatten, Tatsachen und Daten erfragen, die für den Insolvenzgeldanspruch und die Zahlung des Gesamtsozialversicherungsbeitrags bedeutsam sind.

Diese Verpflichtungen können nach dem VwVG durch Verwaltungszwang durchgesetzt werden (§ 66 I SGB X). Die Verletzung dieser Pflichten ist eine Ordnungswidrigkeit (§ 404 II SGB III) und kann Schadensersatzansprüche der Bundesagentur für Arbeit begründen (§ 321 SGB III).

---

100 Niesel in Niesel, § 324, Rn. 18.
101 Abschnitt 10 InsGeld-DA, 3.1. Rn. 6.
102 HPOpro Kommentar, § 186 SGB III, Rn. 1.

k) Nachweis zum Grunde

Insbesondere, wenn sich der Arbeitgeber jeder Mitwirkung entzieht, dürfte es dem Arbeitnehmer allerdings schwer fallen, das Vorliegen der Voraussetzungen des Insolvenzgeldanspruchs nachzuweisen. Hier hält es das BSG[103] für ausreichend, dass die erkennbaren (publizitätswirksamen) Tatbestandsmerkmale, also die Betriebseinstellung und Zahlungsrückstand, erfüllt sind. Die Feststellung der Masselosigkeit liegt laut BSG außerhalb der Möglichkeiten des Arbeitnehmers und ist diesem auch nicht zumutbar. Diese Prüfung soll nach Antragstellung die Bundesagentur durchführen und bei Zweifeln gegebenenfalls selbst Insolvenzantrag stellen.

l) Verfügungen

aa) Verfügungen über das Arbeitsentgelt

Soweit der Arbeitnehmer vor dem Antrag auf Insolvenzgeld über Ansprüche auf Arbeitsentgelt durch Abtretung, Pfändung oder Verpfändung verfügt hat oder ein gesetzlicher Forderungsübergang stattgefunden hat, steht der Anspruch auf Insolvenzgeld gem. § 188 SGB III dem neuen Gläubiger zu. Der Übergang des Entgeltanspruchs auf die Erben im Wege der Gesamtrechtsnachfolge (§ 1922 BGB) ist hiervon nicht erfasst, da der Erbe gem. § 183 III SGB III schon einen eigenen Insolvenzgeldanspruch hat.

Ein Anwendungsfall für die Verfügung über Arbeitsentgelt ist die Vorfinanzierung des Arbeitsentgeltanspruchs. Sie tritt in zwei Formen auf: Im ersten Fall verkauft der Arbeitnehmer seine Lohnforderung an die Bank und erhält von ihr eine dem Nettolohn entsprechende Zahlung anstelle des Lohnes vom illiquiden Arbeitgeber (sog. Forderungskauf)[104].

Im zweiten Fall erhält der Arbeitnehmer von der Bank einen Kredit in Höhe des Lohns und tritt zur Sicherung seinen Lohnanspruch ab (sog. Kreditierungsverfahren)[105].

Die Bank wird damit in beiden Fällen Inhaberin der Lohnforderung und ist somit auch im Versicherungsfall die Insolvenzgeldberechtigte.

Durch die Vorfinanzierung können zwar unter Wahrung des Lebensstandards des Arbeitnehmers kurzfristige Unternehmenskrisen überwunden und Arbeitsplätze erhalten werden, sie kann allerdings auch leicht zur Insolvenzverschleppung missbraucht werden. Daher gewährt § 188 IV SGB III dem neuen Gläubiger dann keinen Anspruch auf Insolvenzgeld, wenn die Bundesagentur für Arbeit der Vorfinanzierung nicht zugestimmt hat.

---

103 BSG, Urteil vom 17.07.1979 – 12 RAr 15/78 = ZIP 1980, 126.
104 Roeder in Niesel, § 188, Rn. 9.
105 a.a.O.

Auf den Arbeitnehmerschutz hat dies laut Bundesagentur für Arbeit keinen Einfluss. Diese geht von der Zulässigkeit einer individuellen Vereinbarung zur Vorfinanzierung des Arbeitsentgelts durch den einzelnen Arbeitnehmer aus[106].

bb) Verfügungen über den Insolvenzgeldanspruch

Der Anspruch auf Insolvenzgeld kann nach Eintritt des Insolvenzereignisses gem. § 189 SGB III wie Arbeitsentgelt übertragen, verpfändet und gepfändet werden, da von diesem Zeitpunkt an der Insolvenzgeldanspruch wirtschaftlich an die Stelle des auf die Bundesagentur übergegangenen rückständigen Arbeitsentgeltanspruchs tritt.

m) Anspruchsübergang

Durch die Zahlung von Insolvenzgeld soll freilich weder der Arbeitnehmer noch die spätere Insolvenzmasse bereichert werden. Wie bereits mehrfach erwähnt gehen die Ansprüche auf Arbeitsentgelt, die einen Anspruch auf Insolvenzgeld begründen, mit dem Antrag auf Insolvenzgeld deshalb auf die Bundesagentur über. Dies folgt aus § 187 SGB III, welcher insoweit gegenüber § 115 SGB X eine speziellere Regelung enthält, als er die Bundesagentur bereits mit Antragstellung und nicht erst mit Leistung in die Rechte des Arbeitnehmers eintreten lässt. Wird der Insolvenzgeldanspruch später bindend abgelehnt, so fällt der Arbeitsentgeltanspruch an den Arbeitnehmer zurück[107].

Der Arbeitnehmer kann allerdings trotz des Übergangs auf die Bundesagentur Klage vor dem Arbeitsgericht gegen den Arbeitgeber in sog. Prozessstandschaft erheben und fortführen, muss aber Leistung an die Bundesagentur verlangen[108].

n) Anspruchsausschluss

§ 184 SGB III bezweckt die Vermeidung missbräuchlicher Inanspruchnahme von Insolvenzgeld, indem er einen Anspruch auf Insolvenzgeld ausschließt für Arbeitsentgeltansprüche, die wegen oder für die Zeit nach Beendigung des Arbeitsverhältnisses bestehen oder auf anfechtbaren Rechtsgeschäften beruhen.

Der Ausschluss gem. § 184 I Nr. 1 HS 1 SGB III betrifft nur Arbeitsentgelt, das mit der Beendigung in ursächlichem Zusammenhang steht. Dazu gehören z. B. Abfindungen, Entschädigungen wegen Wettbewerbsbeschränkungen gem. § 74 II HGB und die Urlaubsabgeltung gem. § 7 IV BUrlG. Nicht darunter fällt das nur aus Anlass der Beendigung zu beanspruchende Arbeitsentgelt wie z. B. Gewinnausschüttungen oder Prämien[109].

---

106 Abschnitt 7 InsGeld-DA, 4.1. Rn. 2.
107 BSG, Urteil vom 17.07.1979 – 12 RAr 15/78 = ZIP 1980, 126.
108 LAG Hamm, Urteil vom 11.10.2000 – 2 Sa 306/00 = BB 2001, 787.
109 Roeder in Niesel, § 184, Rn. 3.

Unter den Ausschluss gem. § 184 I Nr. 1 HS 2 SGB III fallen z. B. der Entgeltfortzahlungsanspruch im Krankheitsfall über das Ende des Arbeitsverhältnisses hinaus (§ 8 EFZG) und der Schadensersatzanspruch des Arbeitnehmers wegen vorzeitiger Beendigung des Arbeitsverhältnisses nach § 628 II BGB, nicht dagegen nachträglich vereinbarte Tariferhöhungen, soweit sie den Insolvenzgeldzeitraum betreffen.

Unter den Ausschluss gem. § 184 I Nr. 2 SGB III fallen z. B. rückwirkende Lohnerhöhungen, die der Arbeitnehmer in Kenntnis der Zahlungsunfähigkeit vereinbart hat.

Soweit der Insolvenzgeldanspruch ausgeschlossen war, Insolvenzgeld aber trotzdem geleistet wurde, bietet § 184 II SGB III der Bundesagentur einen Erstattungsanspruch gegen den Arbeitnehmer.

o) Sozialversicherungsbeiträge

Wie bereits erwähnt wird das Insolvenzgeld nur in Höhe des Nettolohnes geleistet. Wenn der Arbeitgeber aber illiquide ist, stellt sich die Frage, ob die Sozialversicherungsträger deshalb auf ihre Beiträge verzichten müssen. Hier schafft § 208 SGB III Klarheit. Danach wird der Gesamtsozialversicherungsbeitrag auf Antrag der zuständigen Einzugsstelle von der Agentur für Arbeit bezahlt. Es handelt sich hierbei um einen gesetzlichen Schuldbeitritt[110]. Der Arbeitgeber bleibt daher weiter verpflichtet. Auch muss die Einzugsstelle die Beiträge auch nach Entrichtung durch die Arbeitsagentur gegenüber dem Arbeitgeber weiterverfolgen. Sobald dieser zahlt, gewährt § 208 II 2 SGB III der Arbeitsagentur einen Erstattungsanspruch gegen die Einzugsstelle.

Der Anspruch der Arbeitnehmer auf Leistung gegen den Sozialversicherungsträger bleibt von der Illiquidität des Arbeitgebers unberührt.

p) Lohnsteuer

Das Insolvenzgeld ist gem. § 3 Nr. 2 EStG steuerfrei, ebenso die daneben gezahlten Sozialversicherungsbeiträge, soweit sie auf die abgegoltenen Lohnansprüche entfallen.

Das Insolvenzgeld unterliegt gem. § 32b I Nr. 1a EStG dem Progressionsvorbehalt, d.h. das übrige (steuerpflichtige) Einkommen wird einem höheren Steuersatz unterworfen. Der Progressionsvorbehalt gilt auch für Insolvenzgeld, das wegen der Vorfinanzierung des Arbeitsentgelts an Dritte ausgezahlt worden ist (§ 188 SGB III).

---

110 Roeder in Niesel, § 208, Rn. 2.

3. Die Insolvenzsicherung der betrieblichen Altersversorgung

a) Begriff der betrieblichen Altersversorgung

§ 1 I 1 BetrAVG definiert die betriebliche Altersversorgung als Leistungen der Alters-, Invaliditäts- oder Hinterbliebenenversorgung, die der Arbeitgeber dem Arbeitnehmer aus Anlass seines Arbeitsverhältnisses zusagt.

Deutlicher wird der Begriff aber in ständiger Rechtsprechung vom Bundesarbeitsgericht umschrieben, als Versprechen einer Leistung zum Zweck der Versorgung, ein den Versorgungsanspruch auslösendes biologisches Ereignis wie Alter, Invalidität oder Tod und die Zusage an einen Arbeitnehmer aus Anlass des Arbeitsverhältnisses[111]. Entscheidend ist also der Versorgungszweck der Zusage.

aa) Versorgungszusage

Diese Zusage kann inhaltlich unterschiedlich ausgestaltet sein.

Bei einer **Leistungszusage** sagt der Arbeitgeber für den Eintritt des Versorgungsfalls eine bestimmte Versorgungsleistung zu.

Mit einer **beitragsorientierten Leistungszusage** verpflichtet sich der Arbeitgeber, bestimmte Beiträge für die Altersversorgung aufzuwenden und in eine Anwartschaft auf Alters-, Invaliditäts- oder Hinterbliebenenversorgung umzuwandeln. Der Arbeitnehmer hat jedoch keinen Anspruch darauf, dass die zugesagten Beiträge und die sich daraus errechnende Leistung wertgleich sind[112].

Durch eine **reine Beitragszusage** würde sich der Arbeitgeber nur zur Erbringung eines bestimmten Beitrags verpflichten, jedoch nicht zur Erbringung einer sich daraus errechnenden bestimmten Versorgungsleistung. Eine reine Beitragszusage kennt das BetrAVG allerdings nicht.

Durch das Altersvermögensgesetz vom 26. Juni 2001 ist die **Beitragszusage mit Mindestleistung** gem. § 1 II Nr. 2 BetrAVG neu hinzugekommen. Der Arbeitgeber verpflichtet sich hierbei, bestimmte Beiträge zur Finanzierung zu zahlen und für die Leistung das planmäßig sich errechnende Versorgungskapital, mind. aber die Summe der zugesagten Beiträge zur Verfügung zu stellen. Das Kapitalanlagerisiko trägt der Arbeitgeber, während biometrische Risiken vom Arbeitnehmer getragen werden.

bb) Aufbringung der Mittel

Ursprünglich war die betriebliche Altersversorgung Sache des Arbeitgebers, der sich entschlossen hat, etwas für die Absicherung seiner Mitarbeiter zu tun. So leis-

---

111 BAG, Urteil vom 18.03.2003 – 3 AZR 315/02 = DB 2004, 1624.
112 Rengier in Moll, § 13, Rn. 60.

tete der Arbeitgeber die Beiträge in der Regel zusätzlich zum vereinbarten Arbeitsentgelt (sog. arbeitgeberfinanzierte Zusage).

Als später die gesetzliche Rente nicht mehr zur Versorgung der Arbeitnehmer ausreichte und die Arbeitgeber zunehmend zurückhaltender bei der Zusage freiwilliger Zusatzleistungen wurden, reagierte der Gesetzgeber, indem er den Arbeitnehmern die Möglichkeit gab, die betriebliche Altersversorgung selbst in die Hand zu nehmen.

Seit 1999 können gem. § 1 II Nr. 3 BetrAVG Arbeitgeber und Arbeitnehmer vereinbaren, dass ein Teil des vereinbarten Entgelts nicht ausgezahlt, sondern in eine Anwartschaft auf Altersversorgungsleistung umgewandelt werden soll (sog. Entgeltumwandlungsvereinbarung). Gem. § 1a I 1 BetrAVG kann der Arbeitnehmer vom Arbeitgeber sogar verlangen, dass von seinen künftigen Entgeltansprüchen bis zu 4 % der jeweiligen Beitragsbemessungsgrenze in der allgemeinen Rentenversicherung durch Entgeltumwandlung für seine betriebliche Altersversorgung verwendet werden. Die jährliche Beitragsbemessungsgrenze in der allgemeinen Rentenversicherung lag im Jahr 2005 in den alten Bundesländern gem. Anlage 2 zum SGB VI bei 62.400 €. Der Arbeitnehmer konnte also verlangen, dass monatlich bis zu 208 € für seine betriebliche Altersversorgung verwendet werden. Für Arbeitnehmer der neuen Bundesländer lag die Beitragsbemessungsgrenze gem. Anlage 2a zum SGB VI dagegen bei 52.800 €, er konnte daher verlangen, dass monatlich bis zu 176 € für seine betriebliche Altersversorgung verwendet werden. Während die monatliche Beitragsbemessungsgrenze (West) für 2006 um 50 € gestiegen ist, bleibt es aufgrund der geringen Lohnentwicklung im Jahr 2004 und der anzuwendenden gesetzlichen Rundungsregelung für Arbeitnehmer der neuen Bundesländer bei der Grenze von 2005[113].

Macht der Arbeitnehmer von seinem Anspruch auf Entgeltumwandlung Gebrauch, muss er gem. § 1a I 4 BetrAVG jährlich mindestens einen Betrag in Höhe von 0,625 % der Bezugsgröße nach § 18 I SGB IV von seinem Barlohn hierfür zur Verfügung stellen. Die Bezugsgröße wurde für das Jahr 2006 auf 2.450 Euro/Monat (West) und 2.065 Euro/Monat (Ost) festgesetzt[114].

Da Entstehung- und Fälligkeitszeitpunkt bei Entgeltansprüchen in der Regel auseinander fallen, stellt sich die Frage, was unter künftigen Entgeltansprüchen zu verstehen ist: noch nicht fällige oder dem Grunde nach noch nicht entstandene. Geht man davon aus, dass es sich bei der Anspruchsentstehung um den allgemeineren Begriff handelt, da er die Fälligkeit nicht voraussetzt, die Fälligkeit aber umgekehrt ohne einen entstandenen Anspruch nicht bestehen kann[115], so gelangt man zu der Ansicht, dass der Gesetzgeber nur den allgemeinen Fall, also die künftig entstehenden Entgeltansprüche gemeint haben kann.

---

113 Pressemitteilung BMGS v. 2.11.2005, Nr. 246.
114 BMGS a.a.O.
115 Söffing/Nommensen, DB 1998, S. 1285.

Keine Entgeltumwandlung in diesem Sinne liegt jedoch vor, wenn der Arbeitnehmer lediglich zwischen höherem Entgelt oder Leistungen der betrieblichen Altersversorgung wählen kann.

Möglich sind außerdem Mischsysteme aus beiden hier vorgestellten Varianten.

cc) Durchführungswege

Für eine betriebliche Altersversorgung stehen verschiedene Durchführungswege zur Auswahl.

(1) Unmittelbare Versorgungszusage

Die unmittelbare Versorgungszusage, auch Direktzusage oder Pensionszusage genannt, ist dabei die bedeutendste Form. Hier erteilt der Arbeitgeber die Zusage direkt an den Arbeitnehmer. Nach Eintritt des Versorgungsfalles werden die Leistungen dann direkt vom Arbeitgeber an den Arbeitnehmer erbracht. Zur Risikobegrenzung wird häufig eine sog. Rückdeckungsversicherung abgeschlossen.

(2) Direktversicherung

Die sog. Direktversicherung entspricht weitgehend einer normalen privaten Lebensversicherung. Der Arbeitgeber schließt eine Lebensversicherung auf das Leben des Arbeitnehmers ab, der Arbeitnehmer oder seine Hinterbliebenen sind hinsichtlich der Leistung des Versicherers ganz oder teilweise bezugsberechtigt[116].

(3) Pensionskasse

Der Arbeitgeber kann dem Arbeitnehmer auch Altersversorgungsleistungen über eine Pensionskasse zusagen. Bei einer Pensionskasse handelt es sich um eine rechtsfähige Versorgungseinrichtung, die dem begünstigten Arbeitnehmer bzw. seinen Hinterbliebenen Rechtsansprüche auf betriebliche Versorgungsleistungen gewährt.

(4) Pensionsfonds

Nach dem Altersvermögensgesetz sind ab 2002 Pensionsfonds eingeführt worden. Der Pensionsfonds ist eine rechtsfähige Versorgungseinrichtung, die ausschließlich kapitalgedeckte Versorgungsleistungen für einen oder mehrere Arbeitgeber zugunsten von Arbeitnehmern erbringt. Der Arbeitnehmer erhält eigene Ansprüche auf Leistungen gegen den Pensionsfonds.

---

116 Michaels in Positionen – 25 Jahre Pensions-Sicherungs-Verein S. 54.

(5) Unterstützungskasse

Beim ältesten Durchführungsweg der betrieblichen Altersversorgung, der Unterstützungskasse, werden im Versorgungsfall die Leistungen der betrieblichen Altersversorgung nicht durch den Arbeitgeber unmittelbar, sondern durch eine Unterstützungskasse erbracht. Sie erbringt die Versorgungsleistungen für den Arbeitgeber, ohne dem Beschäftigten einen Rechtsanspruch gegen sich einzuräumen. Insoweit gelten wie bei der Direktzusage enge Rechtsbeziehungen zwischen Beschäftigtem und Arbeitgeber. Häufig sichert sich der Arbeitgeber durch einen Rückversicherer ab, um biometrische Risiken auszulagern.

dd) Rechtsbegründungsakte

Der Rechtsbegründungsakt ist der maßgebende Verpflichtungstatbestand für die Begründung des Versorgungsverhältnisses und die rechtliche Basis für deren Änderung oder Aufhebung. Die Versorgungszusage kann aufgrund eines individuell ausgehandelten Vertrages oder einer Gesamtzusage, aber auch durch Betriebsvereinbarung, Tarifvertrag oder aufgrund betrieblicher Übung begründet werden.

b) Anliegen der Insolvenzsicherung der betriebliche Altersversorgung

Es fragt sich nun, wie der Arbeitnehmer geschützt ist, wenn der Arbeitgeber vor oder während des Versorgungsfalles insolvent wird. Hier hilft die im Betriebsrentengesetz vorgesehene Insolvenzsicherung. Die gesetzliche Insolvenzsicherung der §§ 7 bis 15 BetrAVG dient der Sicherstellung der Ansprüche von Versorgungsberechtigten bei wirtschaftlichen Schwierigkeiten (insbesondere der Zahlungsunfähigkeit) des Arbeitgebers in Form einer Ausfallhaftung[117].

c) Die Versicherten

§ 7 BetrAVG bestimmt, wessen Ansprüche aus der Versorgungszusage im Falle der Insolvenz des Arbeitgebers versichert sind und unterscheidet dabei zwischen Versorgungsempfängern (Abs. 1) und Versorgungsanwärtern (Abs. 2).

Versorgungsempfänger sind Arbeitnehmer und Nicht-Arbeitnehmer i.S.v. § 17 I 2 BetrAVG, die bei Eintritt des Sicherungsfalls alle Voraussetzungen für den Bezug einer Leistung der betrieblichen Altersversorgung erfüllt haben[118]. Dabei kommt es nach der Rechtsprechung[119] nicht darauf an, ob Leistungen bereits tatsächlich bezogen wurden.

---

117 Maimer in LNK BetrAVG, § 7, Rn. 1.
118 Maimer in LNK BetrAVG, § 7, Rn. 4.
119 BGH, Urteil vom 09.06.1980 – II ZR 255/78 = ZIP 1980, 556.

Versorgungsanwärter sind dagegen gem. § 7 II 1 BetrAVG Personen, die bei Eintritt des Sicherungsfalls eine nach § 1b BetrAVG unverfallbare Versorgungsanwartschaft haben.

Mit Wirkung ab 1.1.2001 sind die Bestimmungen der gesetzlichen Unverfallbarkeit von Zusagen auf betriebliche Altersversorgung geändert worden.

aa) Regelung bis zum 31.12.2000

Eine Versorgungsanwartschaft war bis zum 31.12.2000 dann unverfallbar, wenn der Arbeitnehmer zum Zeitpunkt der Beendigung des Arbeitsverhältnisses mindestens das 35. Lebensjahr vollendet hatte und entweder die Versorgungszusage für ihn mindestens 10 Jahre bestanden hat oder der Beginn der Betriebszugehörigkeit mindestens 12 Jahre zurückliegt und die Versorgungszusage für ihn mindestens 3 Jahre bestanden hat. Außerdem behielt ein Arbeitnehmer seine Anwartschaft auch dann, wenn er auf Grund einer Vorruhestandsregelung ausgeschieden ist und ohne das vorherige Ausscheiden die Wartezeit und die sonstigen Voraussetzungen für den Bezug von Leistungen der betrieblichen Altersversorgung hätte erfüllen können.

bb) Regelung ab dem 1.1.2001

Durch das Gesetz zur Reform der gesetzlichen Rentenversicherung und zur Förderung eines kapitalgedeckten Altersvorsorgevermögens (Altersvermögensgesetz – AVmG) wurde die gesetzliche Unverfallbarkeit neu geregelt.

Seit dem 1.1.2001 ist nun zu unterscheiden, ob die Versorgung vom Arbeitgeber oder im Rahmen der Entgeltumwandlung vom Arbeitnehmer finanziert wird.

Bei einer arbeitgeberfinanzierten Altersversorgung ist die Anwartschaft gem. § 1b I 1 BetrAVG unverfallbar, wenn das Arbeitsverhältnis vor Eintritt des Versorgungsfalls, jedoch nach Vollendung des 30. Lebensjahres endet und die Versorgungszusage zu diesem Zeitpunkt mindestens fünf Jahre bestanden hat. Außerdem gem. § 1b I 2 BetrAVG weiterhin auch dann, wenn der Arbeitnehmer aufgrund einer Vorruhestandsregelung ausscheidet und ohne das vorherige Ausscheiden die Wartezeit und die sonstigen Voraussetzungen für den Bezug von Leistungen der betrieblichen Altersversorgung hätte erfüllen können.

Soweit betriebliche Altersversorgung durch Entgeltumwandlung erfolgt, also vom Arbeitnehmer finanziert wird, ist die Anwartschaft gem. § 1b V BetrAVG sofort unverfallbar, wenn sein Arbeitsverhältnis vor Eintritt des Versorgungsfalles endet.

d) Der Versicherungsfall

Gem. § 7 I 1 BetrAVG besteht Versicherungsschutz im Falle der Eröffnung des Insolvenzverfahrens. Gem. § 7 I 4 BetrAVG stehen dem gleich:

- die Abweisung des Antrags auf Eröffnung des Insolvenzverfahrens mangels Masse,
- der außergerichtliche Vergleich (Stundungs-, Quoten- oder Liquidationsvergleich) des Arbeitgebers mit seinen Gläubigern zur Abwendung eines Insolvenzverfahrens, wenn ihm der Träger der Insolvenzsicherung zustimmt,
- die vollständige Beendigung der Betriebstätigkeit im Geltungsbereich dieses Gesetzes, wenn ein Antrag auf Eröffnung des Insolvenzverfahrens nicht gestellt worden ist und ein Insolvenzverfahren offensichtlich mangels Masse nicht in Betracht kommt.

Für den Teil über die Auswirkungen der Insolvenz ohne gerichtliches Regelungsverfahren kommt auch hier nur die vollständige Beendigung der Betriebstätigkeit und zusätzlich der außergerichtliche Vergleich in Betracht.

aa) Vollständige Beendigung der Betriebstätigkeit

Der in § 7 I 4 Nr. 3 BetrAVG aufgeführte Versicherungsfall ist deckungsgleich mit dem Versicherungsfall gem. § 183 I 1 Nr. 3 SGB III. Insofern kann hier auf die unter B I. 2. d) aa) gemachten Ausführungen verwiesen werden.

bb) Außergerichtlicher Vergleich[120]

Der außergerichtliche Vergleich dient ebenso wie der gerichtliche Vergleich der Sanierung oder Liquidierung des Schuldners[121]. Dieser kommt aber nur zustande, wenn alle Gläubiger zustimmen, er besteht also aus mehreren Einzelverträgen.

Er ist gem. § 7 I 4 Nr. 2 BetrAVG ebenfalls ein Sicherungsfall, wenn ihm der PSVaG zustimmt und der Schuldner seine Zahlungen eingestellt hat.

Der PSVaG ist jedoch weder verpflichtet, seine Zustimmung zu erteilen, noch besteht ein Rechtsanspruch auf Zustimmung[122]. Er wird seine Entscheidung davon abhängig machen, ob die geplante Sanierung aussichtsreich und geeignet ist, ein Insolvenzverfahren zu vermeiden, was voraussichtlich zu einer höheren Einstandspflicht führt[123]. Erfolgt keine Zustimmung , bestehen die Versorgungsansprüche der Begünstigten unverändert gegenüber dem Arbeitgeber[124].

---

120 Merkblatt 110/M1 auf www.psvag.de.
121 Griebeling, Rn. 691.
122 Berenz in Kemper, § 7, Rn. 37.
123 Griebeling, Rn. 692.
124 BGH, Urteil vom 12.12.1991 – IX ZR 178/91 = ZIP 1992, 191.

e) Der Versicherungsträger

Träger der Insolvenzsicherung ist gem. § 14 I 1 BetrAVG der Pensions-Sicherungs-Verein Versicherungsverein auf Gegenseitigkeit. Der PSVaG hat seinen Sitz in 50969, Köln (Zollstock). Er wurde 1974 als Selbsthilfeeinrichtung der deutschen Wirtschaft durch die Bundesvereinigung der Deutschen Arbeitgeberverbände e.V., den Bundesverband der Deutschen Industrie e.V. und den Verband der Lebensversicherungs-Unternehmen e.V. gegründet. Als Versicherungsunternehmen unterliegt er der Aufsicht durch die Bundesanstalt für Finanzdienstleistungsaufsicht, § 14 I 3 BetrAVG.

Am 31.12.2004 standen rund 8,5 Mio. Versorgungsberechtigte insgesamt bei PSVaG-Mitgliedsunternehmen unter Insolvenzschutz. Davon 3,8 Mio. Betriebsrentner und 4,7 Mio. Versorgungsberechtigte mit unverfallbarer Anwartschaft. Der Kapitalwert der unter Insolvenzschutz stehenden Versorgungsverpflichtungen betrug am 31.12.2004 rund 243 Mrd. €.

Die Abwicklung der Rentenzahlungen erfolgt durch ein Konsortium von 59 Lebensversicherungsunternehmen unter der Geschäftsführung der Allianz Lebensversicherungs-AG, Stuttgart. Der PSVaG ist eine juristische Person des Privatrechts, die aber insbesondere im Hinblick auf die Beitragspflicht mit Aufgaben und Befugnissen der öffentlichen Verwaltung beliehen ist[125].

Die Mittel für die Durchführung der Insolvenzsicherung werden gem. § 10 I BetrAVG auf Grund öffentlich-rechtlicher Verpflichtung durch Beiträge aller Arbeitgeber aufgebracht, die Leistungen der betrieblichen Altersversorgung unmittelbar zugesagt haben oder eine betriebliche Altersversorgung über eine Unterstützungskasse, eine Direktversicherung der in § 7 I 2, II 1 Nr. 2 BetrAVG bezeichneten Art oder einen Pensionsfonds durchführen. Dabei findet ein Rentenwertumlageverfahren als mittleres Verfahren zwischen dem Kapitaldeckungsverfahren und dem reinen Ausgabe-Umlageverfahren wie folgt Anwendung[126]:

Die bereits laufenden Betriebsrenten müssen im Jahr der Insolvenzeröffnung für die gesamte restliche Laufzeit ausfinanziert werden; sie schlagen sich daher einmalig mit ihrem Barwert im Schadenvolumen und damit im Beitragssatz des laufenden Jahres nieder.

Die zu sichernden unverfallbaren Anwartschaften werden erst in dem Jahr, in dem der individuelle Versorgungsfall eintritt, als Renten mit den Barwerten finanziert. Das bedeutet, dass sich die Beitragsbelastung aus unverfallbaren Anwartschaften je nach Alter der Arbeitnehmer auf einen Zeitraum von mehr als 30 Jahren verteilen kann.

---

125 Maimer in LNK BetrAVG, § 10, Rn. 2.
126 www.psvag.de

f) Die Versicherungsleistung

Von der Insolvenzsicherung erfasst werden nur solche Durchführungswege, bei denen die Erfüllung der bereits erdienten betrieblichen Versorgungsansprüche durch die Insolvenz des Arbeitgebers in Frage gestellt ist. Nämlich die:

- unmittelbare Versorgungszusage bzw. Direktzusage, § 7 I 1 BetrAVG;
- mittelbare Versorgungszusagen über Unterstützungskassen oder Pensionsfonds, § 7 I 2 Nr. 2 BetrAVG;
- mittelbare Versorgungszusagen über Direktversicherungen, wenn lediglich ein widerrufliches Bezugsrecht eingeräumt ist, oder wenn bei unwiderruflichem Bezugsrecht die Ansprüche aus dem Versicherungsvertrag abgetreten oder beliehen sind, § 7 I 2 Nr. 1 BetrAVG.

Die Versorgungsempfänger erlangen gem. § 7 I 1 BetrAVG einen Anspruch gegen den Träger der Insolvenzsicherung in Höhe der Leistung, die der Arbeitgeber aufgrund der Versorgungszusage zu erbringen hätte, wenn der Sicherungsfall nicht eingetreten wäre.

Die Höhe des Anspruchs der Versorgungsanwärter richtet sich dagegen gem. § 7 II 3 BetrAVG nach der Höhe der Leistungen gem. § 2 I, II 2, V BetrAVG, bei Unterstützungskassen nach dem Teil der nach der Versorgungsregelung vorgesehenen Versorgung, der dem Verhältnis der Dauer der Betriebszugehörigkeit zu der Zeit vom Beginn der Betriebszugehörigkeit bis zum Erreichen der in der Versorgungsregelung vorgesehenen festen Altersgrenze entspricht, es sei denn, § 2 Va ist anwendbar.

Beispiel: Der 41-jährige N scheidet nach 12 Jahren Betriebszugehörigkeit aus der G-GmbH aus. Bei Vollendung des 65. Lebensjahres hätte er fiktiv 36 Jahre dem Betrieb angehört. Somit kann er gegen den PSVaG nur ein Drittel des Anspruchs geltend machen, der ihm ohne das vorherige Ausscheiden zugestanden hätte.

Ein Anspruch auf laufende Leistungen gegen den Träger der Insolvenzsicherung beträgt im Monat gem. § 7 III 1 BetrAVG höchstens das Dreifache der im Zeitpunkt der ersten Fälligkeit maßgebenden monatlichen Bezugsgröße gem. § 18 SGB IV.

Monatliche Bezugsgröße i.S.v. § 18 SGB IV

	2000	2001	2002	2003	2004	2005	2006
West	4480 DM	4480 DM	2345 €	2380 €	2415 €	2415 €	2450 €
Ost	3640 DM	3780 DM	1960 €	1995 €	2030 €	2030 €	2065 €

g) Verfahrensfragen

Gem. § 11 V BetrAVG ist der Arbeitgeber verpflichtet, den Eintritt des Sicherungsfalles, sowie Namen und Anschriften der Versorgungsempfänger und die Höhe der Versorgungen dem PSVaG unverzüglich mitzuteilen. Im Regelfall brauchen sich die Versorgungsberechtigten also nicht selbst beim PSVaG zu melden. Nach der Registrierung erhalten die Versorgungsberechtigten einen Zwischenbescheid mit Hinweisen zum weiteren Bearbeitungsablauf.

Nach § 9 I 1 BetrAVG hat der PSVaG den Versorgungsberechtigten dann die ihnen zustehenden Ansprüche schriftlich mitzuteilen. Hierzu erhalten die Versorgungsempfänger vom PSVaG sog. Leistungsbescheide; Versorgungsanwärter erhalten sog. Anwartschaftsausweise[127]. Unterbleibt diese Mitteilung, so muss der Versorgungsberechtigte den Anspruch oder die Anwartschaft spätestens ein Jahr nach dem Sicherungsfall bei dem Träger der Insolvenzsicherung anmelden. Aber auch bei einer späteren Anmeldung bleibt der Versorgungsberechtigte nicht ungeschützt, die Leistungen beginnen dann allerdings frühestens mit dem Ersten des Monats der Anmeldung.

Für Streitigkeiten zwischen Versorgungsberechtigten und dem PSVaG ist nach § 2 I Nr. 5 ArbGG der Rechtsweg zu den Arbeitsgerichten eröffnet.

Versorgungsempfänger oder -anwärter wollen vielfach bereits vor Eintritt des Sicherungsfalls nach § 7 I BetrAVG wissen, ob der PSVaG verpflichtet ist, bei Arbeitgeberinsolvenz Versorgungsleistungen zu erbringen, er kann hier im Wege einer Feststellungsklage nach § 256 ZPO Sicherheit erlangen[128].

h) Rechtsübergang

Die Ansprüche oder Anwartschaften des Berechtigten gegen den Arbeitgeber auf Leistung der betrieblichen Altersversorgung gehen auf den Träger der Insolvenzsicherung über, wenn dieser dem Berechtigten die ihm zustehenden Ansprüche oder Anwartschaften mitteilt.

Dadurch soll jedoch der Versorgungsberechtigte nicht schlechter gestellt werden als er stünde, wenn der Arbeitgeber selbst geleistet hätte. Für den Fall, dass der Anspruch des Versorgungsberechtigten auf betriebliche Altersversorgung vom PSVaG (z.B. auf Grund der Leistungsbegrenzung des § 7 III BetrAVG) nicht voll befriedigt wird, hat der PSVaG insoweit das Sicherungsrecht (teilweise) an den Versorgungsberechtigten zurück zu übertragen oder ihm den ersten Zugriff auf den Erlös zu gestatten.

i) Manipulation

Manipulationen begegnet § 7 V BetrAVG. Der Anspruch gegen den Träger der Insolvenzsicherung ist ausgeschlossen, wenn nach den Umständen des Einzelfalls die Annahme gerechtfertigt ist, dass es der alleinige oder überwiegende Zweck

---

127 Maimer in LNK BetrAVG, § 9, Rn. 3.
128 BGH, Urteil vom 25.10.2004 II ZR 413/02 = BB 2005, 1283.

- der Versorgungszusage,
- oder ihrer Verbesserung,
- oder der für die Direktversicherung in § 1b II 3 BetrAVG genannten Tatbestände

gewesen ist, den Träger der Insolvenzsicherung in Anspruch zu nehmen. Diese Annahme ist gem. § 7 V 2 BetrAVG insbesondere dann gerechtfertigt, wenn bei Erteilung oder Verbesserung der Versorgungszusage wegen der wirtschaftlichen Lage des Arbeitgebers zu erwarten war, dass die Zusage nicht erfüllt werde. Nach dem Normzweck des § 7 V 1 BetrAVG muss der begünstigte Arbeitnehmer an der missbräuchlichen Maßnahme zu Lasten des PSVaG beteiligt gewesen sein und den missbilligten Zweck der Maßnahme zumindest erkennen können.

Ein Anspruch auf Leistungen gegen den Träger der Insolvenzsicherung besteht bei Zusagen und Verbesserungen von Zusagen, die in den beiden letzten Jahren vor dem Eintritt des Sicherungsfalls erfolgt sind, nur

- für ab dem 1. Januar 2002 gegebene Zusagen, soweit bei Entgeltumwandlung Beträge von bis zu 4 % der Beitragsbemessungsgrenze in der allgemeinen Rentenversicherung für eine betriebliche Altersversorgung verwendet werden oder
- für im Rahmen von Übertragungen gegebene Zusagen, soweit der Übertragungswert die Beitragsbemessungsgrenze in der allgemeinen Rentenversicherung nicht übersteigt.

Bei der Verbesserung von Zusagen kommt es nicht darauf an, ob der Arbeitgeber die Rente freiwillig erhöht oder ob er nach Maßgabe des § 16 BetrAVG prüft und entscheidet[129].

4. Auswirkungen der Insolvenz auf Altersteilzeitverhältnisse

a) Begriff der Altersteilzeit

Bei einem Altersteilzeitbeschäftigungsverhältnis handelt es sich um ein Beschäftigungsverhältnis, bei dem die Arbeitszeit älterer Arbeitnehmer auf die Hälfte der regelmäßigen bisherigen wöchentlichen Arbeitszeit reduziert wird. In der Praxis sind hier zwei Modelle üblich. Zum einen wird im Gesamtverlauf der Altersteilzeit die Arbeitszeit halbiert (sog. kontinuierliche Arbeitszeitverteilung), oder es wechselt ein Arbeitsblock mit einem Freizeitblock ab (sog. Blockmodell)[130].

Bei der Altersteilzeit in einem kontinuierlichen Arbeitszeitmodell handelt es sich um eine echte Teilzeitbeschäftigung, bei der für den Arbeitnehmer im Vergleich

---

129 BAG, Urteil vom 18.03.2003 3 – AZR 120/02 = BB 2003, 2241.
130 Nimscholz, ZInsO 2005, S. 522 (523).

zu anderen von der Insolvenz betroffenen Arbeitnehmern keine Unterschiede bestehen, da er ebenso durchgehend eine Arbeitsleistung erbringt.

Problematisch ist hier lediglich das Blockmodell. Hier leistet der Arbeitnehmer in der Arbeitsphase die gewohnte Arbeit, erhält jedoch hierfür nur eine reduzierte Vergütung[131]. Er erarbeitet dementsprechend in der Arbeitsphase neben dem Teilzeitentgelt für den laufenden Abrechnungszeitraum auch das Teilzeitentgelt für die Entlohnung in der Freizeitphase. Der sich in der Arbeitsphase aufbauende Vergütungsanspruch, der in die Freistellungsphase hineinreicht, ist daher insolvenzgefährdet.

b) Insolvenzsicherung

Zwar ist der Anspruch auf Altersteilzeitentgelt in der Freistellungsphase, wie § 183 I 4 SGB III zeigt, insolvenzgeldfähig, doch deckt dieser Anspruch wie bereits erörtert nur die letzten drei monatlichen Arbeitsentgelte. Im Unterschied zum normalen Arbeitsverhältnis kann hier allerdings das Entstehen darüber hinaus gehender nicht realisierbarer Ansprüche nicht durch Kündigung verhindert werden.

§ 8a AltTZG sieht deshalb für Arbeitsverhältnisse, bei denen die Altersteilzeit nach dem 30.06.2004 begonnen hat, eine Verpflichtung des Arbeitgebers zur Insolvenzsicherung vor, wenn sich aus der Vereinbarung über die Altersteilzeitarbeit im Sinne von § 2 II AltTZG ergibt, dass ein Wertguthaben aufgebaut wird, das den Betrag des dreifachen Regelarbeitsentgelts i.S.d. § 6 I AltTZG übersteigt.

Vom Gesetzgeber ist hier jedoch nicht bindend vorgeschrieben, wie die Insolvenzsicherung im Einzelfall durchzuführen ist. Vielmehr grenzt er lediglich negativ ab, dass bilanzielle Rückstellungen sowie zwischen Konzernunternehmen begründete Einstandspflichten, insbesondere Bürgschaften, Patronatserklärungen oder Schuldbeitritte nicht genügen.

Die gesetzliche Insolvenzsicherungspflicht kann durch unterschiedliche Gestaltungsvarianten erfüllt werden:

1) Zum einen können Vermögenswerte des Unternehmens zugunsten der Arbeitnehmer verpfändet werden. Beim Eintritt der Insolvenz würden diese dann aus dem verpfändeten Vermögenswert befriedigt[132].

2) Bei der sog. doppelseitigen Treuhand handelt es sich um einen Vertrag zugunsten des Arbeitnehmers im Sinne von § 328 BGB. Der Arbeitnehmer erhält also einen eigenen Anspruch gegen den Treuhänder, wenn die Insolvenz eingetreten ist. Der Treuhänder hat dann die Vermögenswerte zugunsten der Arbeit-

---

131 Höfer/Meißner, DB 2004, 2057.
132 Bichlmeier, DZWIR 2004, 287 (292).

nehmer zu verwenden, die er vom Arbeitgeber zur Abdeckung der Wertguthaben erhalten hat[133].

3) Gegen Zahlung einer Prämie bzw. Avalprovision durch das Unternehmen bieten Banken auch Bürgschaftsverträge an, zu deren Absicherung sie Sicherheiten, i.d.R. durch Grundschulden oder andere dingliche Sicherungsinstrumente, verlangen[134].

4) Schließlich werden sog. Kautionsversicherungen angeboten. Hier bürgt der Versicherer, wobei er vom Unternehmen verlangt, dass ein Teil des zu sichernden Betrages dem Versicherer zu Sicherungszwecken überlassen wird. Die Differenz zwischen dem zu sichernden und dem gezahlten Betrag wird durch eine Prämienzahlung für die Kautionsversicherung abgedeckt.[135]

c) Nachweispflicht

Der Arbeitgeber hat dem Arbeitnehmer die zur Sicherung des Wertguthabens ergriffenen Maßnahmen gem. § 8a III 1 AltTZG mit der ersten Gutschrift und danach alle sechs Monate in Textform (§ 126b BGB) nachzuweisen.

Kommt der Arbeitgeber dieser Verpflichtung nicht nach oder sind die nachgewiesenen Maßnahmen nicht geeignet und weist er auf schriftliche Aufforderung des Arbeitnehmers nicht innerhalb eines Monats eine geeignete Insolvenzsicherung des bestehenden Wertguthabens in Textform nach, kann der Arbeitnehmer verlangen, dass Sicherheit durch Stellung eines tauglichen Bürgen oder Hinterlegung in Höhe des bestehenden Wertguthabens geleistet wird.

d) Sozialversicherungspflicht

Freistellungsphasen werden gem. § 7 Ia SGB IV beim Vorliegen der folgenden Voraussetzungen als Beschäftigung im Sinne der Sozialversicherung anerkannt:

- Der Freistellung liegt eine schriftliche Vereinbarung zugrunde (z.B. Tarifverträge, Betriebsvereinbarungen und einzelvertragliche Vereinbarungen, soweit sie Regelungen über die Freistellungsphasen und das in diesen Zeiten fällige Arbeitsentgelt treffen).
- Die Freistellung von der Arbeitsleistung muss der Zweck der Vereinbarung sein. Die Vertragsparteien können gem. § 7 Ia 4 SGB IV beim Abschluss der Vereinbarung nur für den Fall, dass Wertguthaben wegen der Beendigung der Beschäftigung auf Grund verminderter Erwerbsfähigkeit, des Erreichens einer Altersgrenze, zu der eine Rente wegen Alters beansprucht werden kann, oder

---

133 Bichlmeier, a.a.O.
134 Höfer/Meißner, DB 2004 2057 (2058).
135 Höfer/Meißner, a.a.O.

des Todes des Beschäftigten nicht mehr für Zeiten einer Freistellung von der Arbeitsleistung verwendet werden können, einen anderen Verwendungszweck vereinbaren.

- Das Arbeitsentgelt muss während der Freistellungsphase fällig sein.
- Das Arbeitsentgelt muss aus der Beschäftigung durch Arbeitsleistungen vor oder nach der Freizeitphase erzielt werden. Es wird ein Wertguthaben erarbeitet, das als Zeit- oder Geldguthaben geführt werden kann. Für Zeitguthaben werden alle Arbeitszeiten angerechnet, die im Rahmen des versicherungspflichtigen Beschäftigungsverhältnisses anfallen, z.B. Überstunden, nicht in Anspruch genommene Urlaubstage. Für Geldguthaben können alle Arbeitsentgelte i.S.v. § 14 SGB IV angespart werden, und zwar auch, wenn sie im Einzelfall die Beitragsbemessungsgrenze überschreiten.

II. Auswirkungen der Insolvenz ohne Regelungsverfahren auf den Bestand des Arbeitsverhältnisses

1. Fortbestehen der Arbeitsverhältnisse

Die Zahlung des Arbeitsentgelts ist eine Hauptleistungspflicht des Arbeitgebers. Wenn dies nun aufgrund von Zahlungsunfähigkeit nicht mehr möglich ist, stellt sich für den Arbeitnehmer die Frage, ob die Zahlungsunfähigkeit von sich aus deshalb zur Beendigung des Arbeitsverhältnisses führt.

Dass dies nicht so sein kann, zeigt schon die Tatsache, dass die Zahlungsunfähigkeit in der Regel nicht sofort erkannt wird. Es würde also zu erheblichen Schwierigkeiten bei der Rückabwicklung führen, wenn ein bereits beendetes Arbeitsverhältnis mangels Kenntnis von den Parteien weitergeführt würde.

Auch wäre kein Platz für das bereits erörterte Insolvenzgeld.

Zudem legt § 108 InsO fest, dass selbst mit Eröffnung des Insolvenzverfahrens ein Arbeitsverhältnis nicht endet, sondern mit Wirkung für die Masse fortbesteht. Folglich kann erst recht die Zahlungsunfähigkeit vor bzw. ohne Eröffnung des Insolvenzverfahrens nicht solche Auswirkungen haben. Zur Beendigung des Arbeitsverhältnisses bedarf es daher einer ausdrücklichen Kündigungserklärung.

2. Kündigung aus wichtigem Grund

Möglicherweise ist die Zahlungsunfähigkeit aber ein wichtiger Grund i.S.v. § 626 I BGB. Fristlos kündigen können sowohl Arbeitnehmer als auch Arbeitgeber, innerhalb von 2 Wochen ab Kenntnis von den für die Kündigung maßgebenden Tatsachen. Der Kündigungsgrund muss auf Verlangen unverzüglich schriftlich mitgeteilt werden. Zu unterscheiden ist zwischen der Kündigung durch den Arbeitgeber und der Kündigung durch den Arbeitnehmer.

a) Kündigungsmöglichkeiten des Arbeitnehmers

Wie bereits erwähnt ist die Zahlungspflicht eine Hauptleistungspflicht des Arbeitgebers. Und was könnte ein wichtigerer Grund sein, ein Arbeitsverhältnis außerordentlich zu kündigen, als die Verletzung einer Hauptleistungspflicht.

Die Verletzung von Haupt- und Nebenpflichten des Arbeitsverhältnisses durch den Arbeitgeber berechtigt den Arbeitnehmer nach vorheriger Abmahnung daher regelmäßig zur außerordentlichen Kündigung[136].

Unpünktliche Zahlung des monatlichen Gehaltes ist also als ein wichtiger Grund zur fristlosen Kündigung seitens des Arbeitnehmers geeignet[137], wenn der Arbeitgeber zeitlich oder dem Betrage nach erheblich in Verzug kommt und die Abmahnung des Arbeitnehmers erfolglos war[138]. Von der Kündigungsmöglichkeit sollte der Arbeitnehmer insbesondere dann Gebrauch machen, wenn er sonst Gefahr läuft, aus der Sicherung seines Anspruchs durch das Insolvenzgeld infolge des Ablaufes der „3 Monatsfrist" herauszufallen.

Die Kündigung führt auch nicht zum Verlust des Anspruchs auf Arbeitslosengeld. Hat der Arbeitnehmer allerdings das Beschäftigungsverhältnis gelöst und dadurch vorsätzlich oder grob fahrlässig die Arbeitslosigkeit herbeigeführt, ohne dafür einen wichtigen Grund zu haben, ruht gem. § 144 I 1, 2 Nr. 1 SGB III der Anspruch für die Dauer einer Sperrzeit. Die Dauer der Sperrzeit bei Arbeitsaufgabe beträgt grds. zwölf Wochen, kann sich aber je nach dem, wann das Arbeitsverhältnis ohne eine Sperrzeit geendet hätte auf sechs oder drei Wochen verkürzen. Ein wichtiger Grund i.S.v. § 626 BGB dürfte aber i.d.R. auch gleichzeitig ein wichtiger Grund i.S.v. § 144 SGB III sein.

b) Kündigungsmöglichkeit des Arbeitgebers

aa) Grundsatz

Die Situation des zahlungsunfähigen Arbeitgebers erfordert hier eine andere Beurteilung. Er kann sich nämlich nicht auf eine Pflichtverletzung durch den Arbeitnehmer berufen. Vielmehr liegt die Liquidität in seinem Verantwortungsbereich. Die Zahlungsunfähigkeit des Arbeitgebers ist deshalb allgemein nicht als wichtiger Grund i.S.v. § 626 BGB anerkannt[139]. Gleiches gilt in der Regel auch bei Betriebsstilllegung oder Betriebseinschränkungen[140].

---

136 Erman, § 626, Rn. 86.
137 LAG Köln, Urteil vom 23.09.1993 – 10 Sa 587/93 = LAGE § 626 BGB Nr. 73.
138 LAG Hamm, Urteil vom 29.09.1999 – 18 Sa 118/99 = NZA-RR 2000, 242.
139 BAG, Urteil vom 09.01.1987 – 2 AZR 37/86 (nicht veröffentlicht).
140 Heinze in Gottwald, § 103, Rn. 125.

bb) Ausnahmen

Es kann vereinbart oder gesetzlich vorgeschrieben sein, dass die ordentliche Kündigung des Arbeitsverhältnisses ausgeschlossen ist.

Häufig wird beispielsweise vereinbart, dass die ordentliche Kündigung des Arbeitsverhältnisses ausgeschlossen ist, wenn der Arbeitnehmer eine bestimmte Betriebszugehörigkeit und ein bestimmtes Lebensalter erreicht hat. Gesetzlich ausgeschlossen ist die ordentliche Kündigung z.B. bei Auszubildenden nach Ablauf der Probezeit gem. § 22 II BBiG.

In solchen Fällen können ausnahmsweise bestimmte Umstände geeignet sein, eine außerordentliche Kündigung zu rechtfertigen, wenn der Arbeitsplatz des Arbeitnehmers weggefallen ist und der Arbeitgeber den Arbeitnehmer auch unter Einsatz aller zumutbaren Mittel, ggf. durch Umorganisation seines Betriebes, nicht weiterbeschäftigen kann[141]. Dazu gehört in erster Linie eine Betriebsstilllegung. Bei einer Teilbetriebsstillegung ist der betroffene Arbeitnehmer grundsätzlich in eine andere Abteilung zu übernehmen.

Für die Anwendung der Ausschlussfrist des § 626 II BGB ist in solchen Fällen kein Raum, da der Wegfall der Beschäftigungsmöglichkeit einen Dauertatbestand darstellt[142]. Falls aufgrund dessen eine außerordentliche Kündigung gerechtfertigt ist, darf diese nicht fristlos erfolgen. Vielmehr ist die gesetzliche oder tarifliche Kündigungsfrist einzuhalten, welche gelten würde, falls die ordentliche Kündigung nicht ausgeschlossen wäre[143], sog. soziale Auslauffrist.

3. Ordentliche Kündigung

a) Kündigungserklärung

Die Kündigung ist eine empfangsbedürftige Willenserklärung, die deutlich und zweifelsfrei zum Ausdruck bringen muss, dass die Beendigung des Arbeitsverhältnisses gewollt ist. Das Wort Kündigung muss zwar nicht verwendet werden, Unklarheiten der Kündigungserklärung gehen jedoch zulasten des Kündigenden[144]. Als einseitiges Rechtsgeschäft ist die Kündigung eines Arbeitsverhältnisses grundsätzlich bedingungsfeindlich. Die Verbindung mit einer unzulässigen Bedingung, beispielsweise für den Fall, dass der Arbeitnehmer wie angekündigt am nächsten Tag „krank feiert“ oder dass die Kündigung gegenstandslos sein soll, wenn ein erhoffter Auftrag erteilt wird, führt zur Unwirksamkeit der Kündigung[145].

141 BAG, Urteil vom 05.02.1998 – 2 AZR 227/97 = BB 1999, 1330.
142 BAG a.a.O.
143 BAG a.a.O.
144 BAG, Urteil vom 11.06.1959 – 2 AZR 334/57 = DB 1959, 892.
145 BAG, Urteil vom 15.03.2001 – 2 AZR 705/99 = BB 2001, 1960.

aa) Formerfordernis

Durch das Arbeitsrechtsbeschleunigungsgesetz vom 30. März 2000[146] wurde zum 1. Mai 2000 das Schriftformerfordernis für Kündigungen und Aufhebungsverträge (§ 623 BGB) eingeführt, um für die Beteiligten größtmögliche Rechtssicherheit zu gewährleisten und außerdem die Arbeitsgerichte zu entlasten[147].

Zur Einhaltung der Schriftform muss gem. § 126 I BGB die Urkunde, also die Kündigungserklärung, vom Arbeitgeber (bzw. dem Insolvenzverwalter) eigenhändig durch Namensunterschrift oder mittels notariell beglaubigten Handzeichens unterzeichnet werden. Bei mehrseitigen Urkunden reicht eine Unterschrift auf der letzten Seite, wenn die einzelnen Blätter körperlich verbunden sind oder jedenfalls eine inhaltliche Bezugnahme (Nummerierung, fortlaufender Sinnzusammenhang) besteht[148]. Da die Unterschrift eigenhändig sein muss, ist eine Kündigung durch Faksimile, Unterschriftenstempel, Fotokopie, Telefax oder Telegramm mangels Originalunterschrift unwirksam.

Die elektronische Form ist gem. § 623 BGB ausgeschlossen.

Das Schriftformerfordernis ist nur an die Erklärung des Beendigungswillen geknüpft, es umfasst daher weder den Kündigungstermin noch die Angabe, ob die Kündigung als außerordentliche oder als ordentliche Kündigung gewollt ist[149]. Ebenfalls die Angabe des Kündigungsgrundes ist nach § 623 BGB nicht erforderlich. Bei einer außerordentlichen Kündigung aus wichtigem Grund muss zwar der Kündigende dem Gekündigten gem. § 626 II 3 BGB die Kündigungsgründe auf Verlangen unverzüglich schriftlich mitteilen, dies ist aber grundsätzlich keine Wirksamkeitsvoraussetzung der Kündigung[150]. Anders bei der Kündigung eines Auszubildenden nach der Probezeit und einer durch die zuständige oberste Landesbehörde für zulässig erklärten Kündigung einer schwangeren Arbeitnehmerin; diese muss vom Arbeitgeber gem. § 9 III 2 MuSchG bzw. § 22 II, III BBiG schriftlich unter Angabe des Kündigungsgrundes erfolgen.

Bei einer Änderungskündigung erstreckt sich das Schriftformerfordernis des § 623 BGB auch auf das Änderungsangebot[151].

Die Schriftform ist zwingend und kann weder durch eine einzelvertragliche noch durch eine kollektivvertragliche Regelung (Tarifvertrag, Betriebsvereinbarung) abbedungen werden[152]. Die Nichtbeachtung der Schriftform hat gem. § 125 BGB die Nichtigkeit der Kündigung oder des Auflösungsvertrages zur Folge. Das

---

146 BGBl. I, S. 333.
147 BT-Drucks. 14/626, S. 11.
148 Fiebig in Fiebig, § 623 BGB, Rn. 16.
149 Fiebig in Fiebig, § 623 BGB, Rn. 21.
150 BAG, Urteil vom 17.08.1972 – 2 AZR 415/71 = NJW 1973, 533.
151 BAG, Urteil vom 16.09.2004 – 2 AZR 628/03 = NZA 2005, 635.
152 Schliemann, § 623 BGB, Rn. 7.

Arbeitsverhältnis besteht also mit allen Rechten und Pflichten fort. Der Arbeitgeber (bzw. Insolvenzverwalter) gerät mit Zugang der außerordentlichen Kündigung bzw. mit Ablauf der Kündigungsfrist bei der ordentlichen Kündigung in Annahmeverzug, ohne dass es eines wörtlichen Arbeitsangebots durch den Arbeitnehmer bedarf[153].

bb) Vertretung

Obwohl die rechtsgeschäftliche Vertretung bei Abgabe und Empfang der Kündigungserklärung grundsätzlich zulässig ist, kann sie von den Arbeitsvertragsparteien vertraglich ausgeschlossen werden[154].

Gem. § 174 BGB ist jedoch eine Kündigung, die ein Bevollmächtigter vornimmt, unwirksam, wenn dieser keine Vollmachtsurkunde vorlegt und der Empfänger sie aus diesem Grunde unverzüglich zurückweist. Der Kündigungsempfänger soll nach § 174 BGB aber nur dann zur Zurückweisung der Kündigungserklärung befugt sein, wenn er keine Gewissheit hat, ob der Erklärende wirklich bevollmächtigt ist und der Vertretene die Erklärung gegen sich gelten lassen muss[155]. Eine solche Ungewissheit kann bei Ausspruch einer Arbeitgeberkündigung dann nicht bestehen, wenn der Arbeitgeber die Arbeitnehmer allgemein darüber in Kenntnis gesetzt hat, dass ein bestimmter Mitarbeiter zu derartigen Erklärungen, wie einer Kündigung, bevollmächtigt ist, etwa dadurch, dass der betreffende Mitarbeiter in eine Stellung berufen wird, mit der das Kündigungsrecht regelmäßig verbunden ist[156]. Nach ständiger Rechtsprechung bedeutet die Berufung eines Mitarbeiters in die Stellung z. B. als Leiter der Personalabteilung[157], als Prokurist[158] oder als Generalbevollmächtigter[159] in der Regel, dass die Arbeitnehmer des Betriebes auch i. S. des § 174 S. 2 BGB davon in Kenntnis gesetzt sind, dass der Betreffende zur Kündigung von Arbeitsverhältnissen berechtigt ist.

b) Kündigungsfrist

Die maßgebliche Kündigungsfrist ergibt sich aus dem Arbeitsvertrag, einem geltenden Tarifvertrag oder aus dem Gesetz. Dabei ist vorrangig von der im Vertrag vereinbarten Kündigungsfrist auszugehen, wenn diese nicht gegen eine maßgebliche tarifliche Kündigungsfrist, welche der gesetzlichen Regelung vorgeht (§ 622 IV BGB) oder gegen die gesetzliche Mindestkündigungsfrist verstößt.

---

153 Fiebig in Fiebig, § 623 BGB, Rn. 37.
154 BAG, Urteil vom 09.10.1975 – 2 AZR 332/74 = DB 1976, 442.
155 BAG, Urteil vom 29.10.1992 – 2 AZR 460/92 = NJW 1993, 1286.
156 BAG, Urteil vom 22.01.1998 – 2 AZR 267/97 = NZA 1998, 699.
157 BAG, Urteil vom 30.05.1972 – 2 AZR 298/71 = BAGE 24, 273.
158 BAG, Urteil vom 11.07.1991 – 2 AZR 107/91 = NZA 1992, 449.
159 Fiebig in Fiebig, Einl., Rn. 65.

Die gesetzlichen Kündigungsfristen berechnen sich folgendermaßen:

Beschäftigungszeit	Kündigungsfrist
< 2 Jahre	4 Wochen
2 Jahre	1 Monat
5 Jahre	2 Monate
8 Jahre	3 Monate
10 Jahre	4 Monate
12 Jahre	5 Monate
15 Jahre	6 Monate
20 Jahre	7 Monate

Dabei werden bei der Berechnung der Beschäftigungsdauer Zeiten, die vor der Vollendung des 25. Lebensjahrs des Arbeitnehmers liegen, nicht berücksichtigt.

4. Allgemeiner Kündigungsschutz

a) Ermittlung des Schwellenwertes

Teilzeitarbeitnehmer wurden ursprünglich wie Vollzeitarbeitnehmer bei der Berechnung des Schwellenwertes von fünf Arbeitnehmern nach § 23 I 2 KSchG voll mitgezählt. Nach der vom 01.05.1985 bis zum 30.09.1996 geltenden Fassung des § 23 I 3 KSchG wurden bei der Feststellung der maßgeblichen Arbeitnehmerzahl dann nur noch Arbeitnehmer berücksichtigt, deren regelmäßige Arbeitszeit wöchentlich 10 Stunden oder monatlich 45 Stunden überstieg.

Seit der Neufassung des § 23 I 3 KSchG aufgrund des Arbeitsrechtlichen Beschäftigungsförderungsgesetzes vom 25.09.1996[160] werden allerdings Teilzeitkräfte nicht mehr nach Kopfzahlen, sondern nach ihrer regelmäßigen Arbeitszeit quotenmäßig mitgezählt. Nunmehr werden Teilzeitkräfte wie folgt mitgezählt:

- bis einschließlich 20 Stunden wöchentlich mit 0,5
- über 20 Stunden bis einschließlich 30 Stunden wöchentlich mit 0,75
- mehr als 30 Stunden wöchentlich mit 1,0
  (wie umgekehrt Vollzeitkräfte, die mehr als 40 Stunden wöchentlich arbeiten, ebenfalls nur mit 1,0 angesetzt werden).

160 BGBl. I, S. 1476.

Durch das Korrekturgesetz vom 19.12.1998[161] wurde der sog. Schwellenwert auf fünf herabgesetzt, während er in der Zeit vom 01.10.1996 bis 31.12.1998 auf zehn Arbeitnehmer heraufgesetzt worden war. Zum 1.1.2004 wurde der Schwellenwert für die Anwendbarkeit des Kündigungsschutzgesetzes wieder von fünf auf zehn Arbeitnehmer angehoben. Wegen der Besitzstandsregelung für Arbeitnehmer, deren Arbeitsverhältnis am 31.12.2003 bereits bestand, ist der bisherige Schwellenwert von fünf allerdings neben dem neuen Schwellenwert zu berücksichtigen.

Im Ergebnis sind nunmehr drei Konstellationen zu unterscheiden:

1) In einem Betrieb sind 10 Arbeitnehmer beschäftigt. Davon waren aber nur 5 bereits am 31.12.2003 beschäftigt. Da die 5 Arbeitnehmer, deren Arbeitsverhältnis erst nach dem 31.12.2003 begonnen hat, bei der Feststellung des Schwellenwertes nicht mit zu berücksichtigen sind, ist weder der Schwellenwert von 5 noch von 10 überschritten. Daher genießt hier keiner Kündigungsschutz.

2) In einem Betrieb sind 10 Arbeitnehmer beschäftigt. Davon waren 6 bereits am 31.12.2003 beschäftigt. Da die 4 später eingestellten Arbeitnehmer nicht mit berücksichtigt werden, ist der Schwellenwert von 10 nach § 23 I 3 KSchG nicht überschritten. Für die sog. Alt-Arbeitnehmer gilt aber der Schwellenwert des § 23 I 2 KSchG. Damit genießen diese Kündigungsschutz.

3) In einem Betrieb sind 11 Arbeitnehmer beschäftigt. Davon waren 6 bereits am 31.12.2003 beschäftigt. Hier genießen alle Kündigungsschutz, da der Schwellenwert von 10 überschritten ist. Wird ein neuer Arbeitnehmer gekündigt, so tritt die Situation des Beispiels 2 ein und die später eingestellten Arbeitnehmer verlieren ihren Kündigungsschutz. Wird allerdings ein Alt-Arbeitnehmer gekündigt, so tritt die Situation des Beispiels 1 ein und alle Arbeitnehmer verlieren ihren Kündigungsschutz.

b) Betriebe mit bis zu 5 Arbeitnehmern

Voraussetzung für den Kündigungsschutz ist eine gewisse Mindestgröße des Betriebes. Gem. § 23 I 2 KSchG ist das Kündigungsschutzgesetz nämlich für Betriebe und Verwaltungen, in denen in der Regel fünf oder weniger Arbeitnehmer beschäftigt werden, nicht anwendbar.

Nach einer Entscheidung des BVerfG[162] ist die Herausnahme solcher Betriebe aus dem sozialen Kündigungsschutz auch mit dem Grundgesetz vereinbar. Bei enger persönlicher Zusammenarbeit, insbesondere persönlicher Mitarbeit des Arbeitgebers im Betrieb, sowie bei geringerer Finanzausstattung und Verwaltungskapa-

---

161 BGBl. I, S. 3843.
162 BVerfG, Beschluss vom 27.01.1998 1 BvL 15/87 = NJW 1998, 1475.

zität des Unternehmens sprächen nämlich gute Gründe dafür, dem Arbeitgeber freiere Hand bei der Ausübung seines Kündigungsrechts einzuräumen, als ihm die allgemeinen Vorschriften des Kündigungsschutzgesetzes erlauben. Auch wären die betreffenden Arbeitnehmer durch ihre Herausnahme aus dem gesetzlichen Kündigungsschutz nicht völlig schutzlos gestellt, denn wo die Bestimmungen des Kündigungsschutzgesetzes nicht greifen, sind die Arbeitnehmer durch die zivilrechtlichen Generalklauseln vor einer sitten- oder treuwidrigen Ausübung des Kündigungsrechts des Arbeitgebers geschützt. Im Rahmen dieser Generalklauseln ist auch der objektive Gehalt der Grundrechte zu beachten.

Auch in Betrieben mit bis zu 5 Arbeitnehmern gelten allerdings die §§ 4 bis 7 und § 13 I 1 und 2 KSchG. Das bedeutet, dass auch der Arbeitnehmer solcher Betriebe, will er geltend machen, dass eine ordentliche oder außerordentliche Kündigung rechtsunwirksam ist, innerhalb von drei Wochen nach Zugang der schriftlichen Kündigung Klage beim Arbeitsgericht auf Feststellung erheben muss, dass das Arbeitsverhältnis durch die Kündigung nicht aufgelöst ist.

c) Betriebe mit 6–10 Arbeitnehmern

Das gleiche gilt gem. § 23 I 3 KSchG in Betrieben und Verwaltungen, in denen in der Regel zehn oder weniger Arbeitnehmer beschäftigt werden ebenfalls für Arbeitnehmer, deren Arbeitsverhältnis nach dem 31. Dezember 2003 begonnen hat. Diese Arbeitnehmer sind bei der Feststellung der Zahl der beschäftigten Arbeitnehmer bis zur Beschäftigung von in der Regel zehn Arbeitnehmern auch nicht zu berücksichtigen.

d) Betriebe mit mindestens 6 Arbeitnehmern

aa) Weitere Voraussetzungen

Der Kündigungsschutz setzt das Vorliegen einer Kündigung in Form einer ordentlichen Beendigungskündigung oder einer Änderungskündigung gem. § 2 KSchG durch den Unternehmer voraus. Auf eine außerordentliche Kündigung gem. § 626 BGB findet das Kündigungsschutzgesetz keine Anwendung. Lediglich die Frist zur Klageerhebung (§ 13 I 2 i.V.m. § 4 S. 1 KSchG) ergibt sich aus diesem Gesetz.

(1) Persönlicher Anwendungsbereich

Kündigungsschutz genießen nur Arbeitnehmer. Das Kündigungsschutzgesetz selbst legt nicht fest, wer dazu zählt, deshalb ist hier auf den allgemeinen Arbeitnehmerbegriff zurückzugreifen, der oben unter A. II. bereits erörtert wurde.

Wie oben bereits festgestellt, wird hier nicht danach unterschieden, ob jemand vollzeit- oder teilzeitbeschäftigt ist.

Nach § 14 II 1 KSchG finden die Vorschriften der §§ 1 bis 13 KSchG mit Ausnahme des § 3 KSchG (Kündigungseinspruch beim Betriebsrat) auch auf leitende Angestellte Anwendung, soweit diese zur selbstständigen Einstellung oder Entlassung von Arbeitnehmern berechtigt sind. Allerdings genießen in Betrieben einer juristischen Person die Mitglieder des Organs, das zur gesetzlichen Vertretung der juristischen Person berufen ist, oder in Betrieben einer Personengesamtheit die durch Gesetz, Satzung oder Gesellschaftsvertrag zur Vertretung der Personengesamtheit berufenen Personen keinen allgemeinen Kündigungsschutz.

Ob Auszubildende Arbeitnehmer i.d.S. sind, ist ohne Bedeutung, da diese ohnehin nur vor Ablauf der höchstens 4-monatigen Probezeit ordentlich gekündigt werden können, und zu dieser Zeit aber in jedem Fall die Wartezeit von 6 Monaten noch nicht abgelaufen ist.

(2) Wartezeit

Nur der Arbeitnehmer kann sich auf den Kündigungsschutz berufen, der bei Ausspruch der Kündigung länger als sechs Monate in dem Betrieb oder Unternehmen ohne Unterbrechung beschäftigt war. Tatsächliche Unterbrechungen spielen für den Lauf der Wartefrist keine Rolle. Es kommt also nicht darauf an, dass der Arbeitnehmer während der Wartezeit z.B. mehrere Monate arbeitsunfähig krank oder z.B. wegen eines Streiks oder Aussperrung nicht am Arbeitsplatz war.

Die Sechsmonatsfrist soll auch dann erfüllt sein, wenn mit dem Arbeitnehmer im Einzelfall zulässigerweise eine Probezeit von mehr als sechs Monaten vereinbart worden ist[163]. Auch in einem solchen Fall ist eine ordentliche Kündigung des Probearbeitsverhältnisses nur aus personen-, verhaltens- oder betriebsbedingten Gründen sozial gerechtfertigt[164].

bb) Auswirkungen des Kündigungsschutzes

Nach § 1 KSchG ist eine Kündigung rechtsunwirksam, wenn sie „sozial ungerechtfertigt" ist. Sozial ungerechtfertigt ist sie, wenn sie nicht durch Gründe, die in der Person oder in dem Verhalten des Arbeitnehmers liegen, oder durch dringende betriebliche Erfordernisse, die einer Weiterbeschäftigung des Arbeitnehmers in diesem Betrieb entgegenstehen, bedingt ist, wenn sie gegen eine Richtlinie nach § 95 BetrVG verstößt, der Arbeitnehmer an einem anderen Arbeitsplatz in demselben Betrieb oder in einem anderen Betrieb des Unternehmens weiterbeschäftigt werden kann und der Betriebsrat oder eine andere nach dem Betriebsverfassungsgesetz insoweit zuständige Vertretung des Arbeitnehmers aus einem dieser Gründe der Kündigung innerhalb der Frist des § 102 II 1 BetrVG schriftlich widersprochen hat.

---

163 Gallner in Fiebig, § 1 KSchG, Rn. 57.
164 BAG, Urteil vom 15.08.1984 – 7 AZR 228/82 = NJW 1985, 2158.

Ob eine Kündigung sozialwidrig ist oder ein sozial rechtfertigender Kündigungsgrund vorliegt, ist im Einzelfall zu überprüfen. Hierbei wird insbesondere darauf abgestellt, aus welchem Bereich die Störquelle kommt. Nach § 1 II KSchG werden drei Störquellen aufgezeigt:

- Gründe, die in der Person des Arbeitnehmers liegen,
- Gründe, die in dem Verhalten des Arbeitnehmers liegen,
- dringende betriebliche Erfordernisse, die einer Weiterbeschäftigung des Arbeitnehmers in diesem Betrieb entgegenstehen.

Daraus folgen die üblich gebrauchten Bezeichnungen:

- personenbedingte Gründe = personenbedingte Kündigung
- verhaltensbedingte Gründe = verhaltensbedingte Kündigung
- betriebsbedingte Gründe = betriebsbedingte Kündigung.

In vielen Fällen sind die Kündigungsgründe zwei oder sogar allen drei der im KSchG aufgeführten Bereiche zuzuordnen. Wird die Kündigung auf mehrere Gründe gestützt, ist zunächst zu prüfen, ob jeder Sachverhalt für sich allein geeignet ist, die Kündigung zu begründen. Erst wenn die isolierte Betrachtungsweise nicht bereits zur Sozialwidrigkeit der Kündigung führt, ist im Wege einer einheitlichen Betrachtungsweise zu prüfen, ob die einzelnen Kündigungsgründe in ihrer Gesamtheit Umstände darstellen, die bei verständiger Würdigung in Abwägung der Interessen der Vertragsparteien und des Betriebes die Fortsetzung des Arbeitsverhältnisses als unzumutbar und deshalb die Kündigung als billigenswert und angemessen erscheinen lassen[165].

cc) Betriebsbedingte Kündigung

Im Rahmen der Insolvenz des Arbeitgebers dürfte die betriebsbedingte Kündigung überwiegen, soweit es nicht Sonderregelungen im Insolvenzrecht selbst gibt.

Eine Kündigung ist betriebsbedingt sozial gerechtfertigt, wenn vier Voraussetzungen erfüllt sind:

1) Der Arbeitsplatz entfällt aufgrund einer gerichtlich grundsätzlich nicht überprüfbaren unternehmerischen Entscheidung.
2) Eine Weiterbeschäftigungsmöglichkeit auf einem freien Arbeitsplatz fehlt.
3) Sind mehrere vergleichbare Arbeitnehmer vorhanden, denen gekündigt werden kann, ist unter ihnen eine soziale Auswahl zu treffen.

---

165 BAG, Urteil vom 22.07.1982 – 2 AZR 30/81 = NJW 1983, 700.

4) Schließlich ist nach Auffassung des BAG eine Interessenabwägung vorzunehmen, die allerdings in aller Regel zugunsten des Arbeitgebers ausgeht, wenn die Kündigung „an sich“ betriebsbedingt und die Sozialauswahl ordnungsgemäß ist[166].

(1) Unternehmerentscheidung

Ausgangspunkt ist immer eine unternehmerische Entscheidung über die Zielsetzung, technische oder organisatorische Ausgestaltung des Betriebes, durch die zur Abwehr weiterer betrieblicher Beeinträchtigungen eine Änderung des Personalbedarfs eintritt. Die Unternehmerentscheidung selbst ist nicht auf ihre Notwendigkeit oder Zweckmäßigkeit, sondern nur daraufhin nachprüfbar, ob sie offenbar unsachlich, unvernünftig oder willkürlich ist[167].

(2) Betriebliche Gründe

Die finanzielle Lage des insolventen Unternehmens kann Anlass für unternehmerische Maßnahmen sein, die zum Wegfall von Arbeitsplätzen führen. Die Kündigung ist dann sozial gerechtfertigt, wenn sich die inneren oder äußeren Umstände so auf die Einsatzmöglichkeit des Arbeitnehmers auswirken, dass ein Bedürfnis für die Tätigkeit des für die Entlassung vorgesehenen Arbeitnehmers nicht mehr besteht, wenn sie also für den Wegfall des Arbeitsplatzes kausal sind[168].

Zu den außerbetrieblichen Umständen, die für sich allein als Kündigungsgründe nur dann ausreichen, wenn sie sich unmittelbar und konkret auf die Arbeitsplätze auswirken, zählen nach der Rechtsprechung z.B. Umsatz- und Produktionsrückgang, begründet durch Absatzschwierigkeiten bzw. Auftragsmangel[169].

Zu den innerbetrieblichen Umständen, die ihre Ursache im Gewinnrückgang oder Unrentabilität haben, welche sich nicht unmittelbar auf eine Verringerung der anfallenden Aufgaben und auf die einzelnen Arbeitsplätze auswirken, zählen Rationalisierungsmaßnahmen und organisatorische Änderungen, wie die Zusammenlegung von Arbeitsbereichen, die Änderungen des Produktionsablaufs, der Fertigungsverfahren oder der Arbeitsmethoden[170].

Die betriebsbedingte Kündigung ist nur dann gerechtfertigt, wenn die jeweiligen betrieblichen Umstände, nämlich die sogenannten betriebsbedingten Kündigungsgründe im Kündigungszeitpunkt bereits greifbare Formen angenommen haben und eine vernünftige betriebswirtschaftliche Betrachtung die Prognose

---

166 BAG, Urteil vom 30.04.1987 – 2 AZR 184/86 = NZA 1987, 776.
167 BAG, Urteil vom 24.10.1979 – 2 AZR 940/77 = NJW 1981, 301.
168 BAG, Urteil vom 30.05.1985 – 2 AZR 321/84 = NJW 1986, 2849.
169 BAG, Urteil vom 15.06.1989 – 2 AZR 600/88 = ZIP 1989, 1605.
170 BAG, Urteil vom 11.09.1986 – 2 AZR 564/85 = BB 1987, 1882; BAG, Urteil vom 19.05.1993 – 2 AZR 584/92 = NZA 1993, 1075.

ergibt, dass mit großer Wahrscheinlichkeit bis zum Ablauf der einzuhaltenden Kündigungsfrist der Arbeitsplatz des Arbeitnehmers oder auf andere Art und Weise das Bedürfnis für seine Weiterbeschäftigung entfallen sind[171].

Aus § 15 IV KSchG ergibt sich außerdem, dass in der Krise des Unternehmens die Betriebsstilllegung, ob Voll- oder Teilstilllegung, als berechtigtes dringendes betriebliches Erfordernis für eine betriebsbedingte Kündigung angesehen wird[172].

Die Betriebsstilllegung setzt den ernstlichen und endgültigen Entschluss des Arbeitgebers voraus, die mit den Arbeitnehmern bestehende Betriebs- und Produktionsgemeinschaft für einen seiner Dauer nach unbestimmten, wirtschaftlich nicht unerheblichen Zeitraum aufzugeben[173]. Eine Betriebspause oder Betriebsunterbrechung ist unerheblich. In Ausnahmefällen kann eine vorrübergehende Schließung des Betriebes eine betriebsbedingte Kündigung rechtfertigen, wenn im Kündigungszeitpunkt der Wegfall der Beschäftigungsmöglichkeit mit großer Wahrscheinlichkeit für einen Zeitraum von zehn Monaten bis einem Jahr zu erwarten ist. Im Einzelhandel hat das BAG eine Zeitspanne von neun Monaten nach der tatsächlichen Einstellung jeder Verkaufstätigkeit als erhebliche Zeitspanne angesehen, die der Annahme eines Betriebsüberganges entgegensteht[174].

Die vom Arbeitgeber ergriffene Maßnahme kann gegebenenfalls nur einen Teil der in dem Betrieb oder stillzulegenden Betriebsteil tätigen Arbeitnehmer treffen. Stehen mehrere Arbeitnehmer für eine betriebsbedingte Kündigung zur Wahl, so ist unter den in Betracht kommenden Arbeitnehmern gem. § 1 III 1 KSchG eine Auswahl nach sozialen Gesichtspunkten zu treffen. Das bedeutet, dass der Arbeitgeber prüfen muss, welcher Arbeitnehmer durch die Kündigung weniger hart getroffen wird.

(3) Dringlichkeit

Aus § 1 II 1 KSchG geht hervor, dass die Kündigung der letzte Ausweg sein muss.

Eine Kündigung ist i.S.d. § 1 II 1 KSchG nicht dringend, wenn der Arbeitnehmer auf einen anderen Arbeitsplatz in einem anderen Betrieb desselben Unternehmens versetzt und dort weiterbeschäftigt werden kann[175].

Die Prüfung der Möglichkeit der Weiterbeschäftigung des Arbeitnehmers beschränkt sich nicht nur auf den Beschäftigungsbetrieb, sondern auf alle anderen Betriebe desselben Unternehmens. Nach der Rechtsprechung des BAG sind dabei auch solche Arbeitsplätze als „frei“ anzusehen, bei denen im Zeitpunkt der Kün-

---

171 BAG, Urteil vom 22.05.1997 – 8 AZR 118/96 = ZInsO 1998, 93.
172 BAG, Urteil vom 11.03.1998 – 2 AZR 414/97 = NJW 1998, 3371.
173 BAG, Urteil vom 27.09.1984 – 2 AZR 309/83 = ZIP 1985, 698.
174 BAG, Urteil vom 22.05.1997 – 8 AZR 118/96 = ZInsO 1998, 93.
175 BAG, Urteil vom 27.09.1984 – 2 AZR 62/83 = NJW 1985, 1797.

digung bereits feststeht, dass sie in absehbarer Zeit nach Ablauf der Kündigungsfrist frei werden, sofern die Überbrückung dieses Zeitraums dem Insolvenzverwalter zumutbar ist[176]. Ist nur die Weiterbeschäftigung eines Arbeitnehmers auf einem freien Arbeitsplatz des Unternehmens möglich, hat der Arbeitgeber bei der Besetzung dieses freien Arbeitsplatzes die sozialen Belange der hierfür in Betracht kommenden Arbeitnehmer zumindest nach § 315 BGB mit zu berücksichtigen[177].

Die Weiterbeschäftigungsmöglichkeit ist nach der Rechtsprechung des Bundesarbeitsgerichts unternehmensbezogen zu prüfen. Der Kündigungsschutz ist nicht konzernbezogen ausgestaltet. Etwas anderes gilt dann, wenn sich ein anderes Konzernunternehmen ausdrücklich zur Übernahme des Arbeitnehmers bereiterklärt hat, oder wenn sich eine solche Verpflichtung unmittelbar aus dem Arbeitsvertrag oder einer sonstigen Absprache oder arbeitgeberseitigen Zusage ergibt[178]. Der Arbeitnehmer kann z.B. nach dem Arbeitsvertrag von vornherein für den Unternehmens- und den Konzernbereich eingestellt worden sein oder sich arbeitsvertraglich mit einer Versetzung innerhalb der Unternehmens- bzw. Konzerngruppe einverstanden erklärt haben[179].

(4) Sozialauswahl

Ist einem Arbeitnehmer aus dringenden betrieblichen Erfordernissen i.S.d. § 1 II KSchG gekündigt worden, so ist die Kündigung gem. § 1 III 1 KSchG trotzdem sozial ungerechtfertigt, wenn der Arbeitgeber bei der Auswahl des Arbeitnehmers die Dauer der Betriebszugehörigkeit, das Lebensalter, die Unterhaltspflichten und die Schwerbehinderung des Arbeitnehmers nicht oder nicht ausreichend berücksichtigt hat; auf Verlangen des Arbeitnehmers hat der Arbeitgeber dem Arbeitnehmer die Gründe anzugeben, die zu der getroffenen sozialen Auswahl geführt haben.

Der Arbeitgeber muss bei der Auswahl soziale Gesichtspunkte auch dann berücksichtigen, wenn er den Betrieb stufen-, schritt- oder etappenweise stilllegt und nur noch einige Arbeitnehmer mit Abwicklungsarbeiten beschäftigt werden[180].

Durch die zum 1.1.2004 in Kraft getretene Novelle des Gesetzes zu Reformen am Arbeitsmarkt ist § 1 III KSchG im Wesentlichen zurückgeführt worden auf die Fassung, die in der Zeit vom 1.10.1996 bis 31.12.1998 gegolten hat, mit der wesentlichen Änderung, dass neben die drei Sozialkriterien „Dauer der Betriebszugehörigkeit“, „Lebensalter“, „Unterhaltspflichten“ das weitere Kriterium der

---

176 BAG, Urteil vom 15.12.1994 – 2 AZR 320/94 = NJW 1996, 339.
177 BAG, a.a.O.
178 BAG, Urteil vom 27.11.1991 – 2 AZR 255/91 = ZIP 1992, 573.
179 BAG, Urteil vom 22.05.1986 – 2 AZR 612/85 = ZIP 1986, 1410.
180 BAG, Urteil vom 16.09.1982 – 2 AZR 271/80 = NJW 1983, 1341.

„Schwerbehinderung“ hinzugetreten ist. Die Gesetzesänderung brachte auch eine Besserstellung der sog. Leistungsträger mit sich, § 1 III 2 KSchG. Danach sind in die soziale Auswahl die Arbeitnehmer nicht einzubeziehen, deren Weiterbeschäftigung, insbesondere wegen ihrer Kenntnisse, Fähigkeiten und Leistungen oder zur Sicherung einer ausgewogenen Personalstruktur des Betriebes, im berechtigten betrieblichen Interesse liegt.

Die allgemeine Prüfungsreihenfolge zur Durchführung der Sozialauswahl ist bei Kündigung wie folgt vorzunehmen:

1) Bildung des Kreises der vergleichbaren Arbeitnehmer,

2) Herausnahme einzelner Arbeitnehmer wegen berechtigten betrieblichen Interesses,

3) eigentliche Sozialauswahl anhand der vier Sozialdaten Betriebszugehörigkeit, Lebensalter, Unterhaltspflichten und Schwerbehinderung innerhalb des verbleibenden und möglicherweise kleineren Personenkreises.

Streitig war während der Geltung des Arbeitsrechtlichen Beschäftigungsförderungsgesetzes, ob der Arbeitgeber gezwungen war, seine Auswahlüberlegungen auf die in der Zeit vom 01.10.1996 bis zum 31.12.1998 von § 1 III 1 KSchG genannten drei (heute vier) Pflichtdaten zu beschränken, oder ob er berechtigt war, weitere Auswahlgesichtspunkte – etwa Arbeitsmarktchancen, Gesundheitszustand und Familienstand bzw. Einkünfte des Ehegatten sowie vorhandenes Vermögen – zu berücksichtigen. Sowohl der damalige als auch der heutige Wortlaut lassen beide Auslegungen zu, weil die soziale Auswahl nur fehlerhaft ist, wenn die drei bzw. vier Kriterien (überhaupt) nicht oder nicht ausreichend berücksichtigt sind. Sie müssen also zumindest hinreichend beachtet werden, ohne dass eine Aussage über die Frage ihres abschließenden Charakters getroffen wäre[181]. § 1 III 1 KSchG bezweckt trotz der Tatsache, dass stets der Arbeitgeber die Auswahlentscheidung zu treffen hat, nicht ausschließlich seinen Schutz, sondern soll die Sozialauswahl für beide Parteien – insbesondere in Bezug auf das Risiko eines Kündigungsschutzprozesses – einfacher, rechtssicherer und vorhersehbarer gestalten[182]. Für eine vom Gesetzgeber gewollte Option des Arbeitgebers, auch andere Umstände heranzuziehen, sprechen im Umkehrschluss die unterbliebenen Änderungen unter anderem der §§ 2 II 2 ArbPlSchG und 8 I HS 2 AltTZG. Danach dürfen der Wehrdienst und die Möglichkeit, Altersteilzeit zu beanspruchen, innerhalb der Sozialauswahl nicht zuungunsten eines Arbeitnehmers berücksichtigt werden. Diese Regelungen wären entbehrlich, wollte man eine abschließende Aufzählung annehmen.

Gem. § 95 I BetrVG kann der Arbeitgeber freiwillig mit Zustimmung des Betriebsrates Richtlinien über die personelle Auswahl bei Einstellungen, Versetzun-

---

181 Gallner in Fiebig, § 1 KSchG, Rn. 751.
182 BT-Drucks 13/4612, S. 13.

gen, Umgruppierungen und Kündigungen aufstellen. Auswahlrichtlinien sollen als Entscheidungshilfen dazu beitragen, eine personelle Einzelmaßnahme mehr oder minder vorherzubestimmen und diese damit zu objektivieren, sie kann und muss aber nicht sämtliche bei einer Einzelmaßnahme in Betracht kommenden Gesichtspunkte berücksichtigen, sondern kann sich auf die von den Betriebspartnern für wichtig erachteten Aspekte beschränken[183].

Erst in Betrieben mit mehr als 500 Arbeitnehmern kann der Betriebsrat die Aufstellung derartiger Auswahlrichtlinien verlangen. Die Bewertung kann dann gem. § 1 IV KSchG nur noch auf grobe Fehlerhaftigkeit überprüft werden. Kommt eine Einigung über die Auswahlrichtlinien oder ihren Inhalt nicht zustande, entscheidet die Einigungsstelle nach Maßgabe des § 95 I, II BetrVG. Der Spruch der Einigungsstelle ersetzt die Einigung zwischen Arbeitgeber und Betriebsrat. Wegen der Einzelheiten wird auf § 95 I BetrVG neuer Fassung verwiesen. Solche Auswahlrichtlinien dürfen aber nicht gegen § 1 III 1 KSchG verstoßen und etwa allein auf die Dauer der Betriebszugehörigkeit abstellen, während das Lebensalter und die Familienverhältnisse außer Betracht bleiben. In einem solchen Falle sind die Auswahlrichtlinien unbeachtlich und es ist allein danach zu entscheiden, wie es durch § 1 III 1 KSchG in seiner Ausgestaltung durch die Rechtsprechung vorgeschrieben ist[184].

Im Falle der Eröffnung eines Insolvenzverfahrens ist der endgültige Insolvenzverwalter an die Auswahlrichtlinien gem. § 95 BetrVG, die noch vom Schuldnerunternehmen mit dem Betriebsrat vereinbart worden sind, gebunden. Er hat lediglich die Möglichkeit der Kündigung der Betriebsvereinbarung[185].

e) Besonderheiten für Betriebe mit mehr als 20 Arbeitnehmern

aa) Namensliste § 1 V KSchG

In Unternehmen mit in der Regel mehr als zwanzig wahlberechtigten Arbeitnehmern hat der Unternehmer gem. § 111 S. 1 BetrVG den Betriebsrat über geplante Betriebsänderungen, die wesentliche Nachteile für die Belegschaft oder erhebliche Teile der Belegschaft zur Folge haben können, rechtzeitig und umfassend zu unterrichten und die geplanten Betriebsänderungen mit dem Betriebsrat zu beraten.

§ 112a BetrVG stellt klar, dass auch allein die Entlassung von Arbeitnehmern eine Betriebsänderung darstellt, wenn dadurch der ganze Betrieb oder wesentliche Betriebsteile eingeschränkt oder stillgelegt werden. Gem. § 112a I 2 BetrVG gilt als Entlassung auch das vom Arbeitgeber aus Gründen der Betriebsänderung veranlasste Ausscheiden von Arbeitnehmern aufgrund von Aufhebungsverträgen.

---

183 HPOpro Kommentar, § 95 BetrVG, Rn. 4.
184 BAG, Urteil vom 11.03.1976 – 2 AZR 43/75 = DB 1976, 1387.
185 Berscheid, ZInsO 2001, 94.

Die Möglichkeit der Personalanpassung ist entscheidend erleichtert worden. Sie galt zunächst bis 31.12.1998 nur für Konkursverfahren, wird aber seit 01.01.1999 bundeseinheitlich für die Insolvenzverfahren angewendet, nämlich die Möglichkeit der Personalanpassung durch Vornahme der Betriebsänderung zusammen mit einem Interessenausgleich mit Namensliste, § 125 I InsO. Die Erleichterung war auch im Rahmen des § 1 V KSchG eingeführt worden, wurde aber durch das Gesetz zur Korrektur in der Sozialversicherung und zur Sicherung der Arbeitnehmerrechte vom 19.12.1998 [186] zunächst wieder gestrichen. Durch das Gesetz zu Reformen am Arbeitsmarkt zum 1.1.2004 [187] ist § 1 V KSchG nun wieder eingeführt worden. § 1 V KSchG erleichtert betriebsbedingte Kündigungen insoweit, als er eine widerlegliche Tatsachenvermutung dafür aufstellt, dass die Kündigung durch dringende betriebliche Erfordernisse bedingt ist, wenn in einem Interessenausgleich wegen einer geplanten betrieblichen Änderung i.S.v. § 111 BetrVG zwischen dem Arbeitgeber und dem Betriebsrat vor Ausspruch der Kündigung alle Arbeitnehmer namentlich identifizierbar benannt werden, die aufgrund der Betriebsänderung betriebsbedingt gekündigt werden sollen. Durch die Bezugnahme auf § 111 BetrVG gilt § 1 V KSchG allerdings ebenfalls nur für Unternehmen mit i.d.R. mehr als 20 wahlberechtigten Arbeitnehmern.

bb) Massenentlassungen

Auch in der Insolvenz ist der Massenentlassungsschutz zu beachten. Der Massenentlassungsschutz erstreckt sich wie der allgemeine Kündigungsschutz nur auf Arbeitnehmer. Gem. § 17 KSchG ist bei Massenentlassungen eine Anzeigepflicht vorgesehen. Danach ist der Arbeitgeber verpflichtet, der Agentur für Arbeit Anzeige zu erstatten, bevor er:

- in Betrieben mit in der Regel mehr als 20 und weniger als 60 Arbeitnehmern mehr als 5 Arbeitnehmer,
- in Betrieben mit in der Regel mindestens 60 und weniger als 500 Arbeitnehmern 10 % der im Betrieb regelmäßig beschäftigten Arbeitnehmer oder aber mehr als 25 Arbeitnehmer,
- in Betrieben mit in der Regel mindestens 500 Arbeitnehmern mindestens 30 Arbeitnehmer

innerhalb von 30 Kalendertagen entlässt.

Die §§ 17 ff. KSchG gelten grundsätzlich nur für die Entlassung des Arbeitnehmers aufgrund ordentlicher Kündigung des Arbeitgebers. Eigenkündigungen und Aufhebungsverträge werden nur dann von den §§ 17 ff. KSchG erfasst, wenn sie durch den Arbeitgeber veranlasst sind, § 17 I 2 KSchG. Arbeitnehmer i.S.d.

---

186 BGBl. I, Seite 3843.
187 BGBl. I, Seite 3002.

§ 17 KSchG sind alle Arbeiter und Angestellten, unabhängig davon ob sie Voll- oder Teilzeitbeschäftigte sind[188].

Der Ablauf einer vom Arbeitgeber beabsichtigten Massenentlassung gestaltet sich in etwa wie folgt: Zunächst handelt es sich um eine Personalplanung gem. § 92 BetrVG, bei der der Betriebsrat entsprechend beteiligt werden muss. Besteht in dem Betrieb ein Wirtschaftsausschuss, so hat auch dieser gem. § 106 BetrVG beteiligt zu werden. § 112a BetrVG macht deutlich, dass eine Betriebsänderung auch schon bei reinem Personalabbau vorliegt. Der Betriebsrat muss also gem. § 111 BetrVG ebenfalls beteiligt werden. Es hat der Versuch eines Interessenausgleichs und der Vereinbarung eines Sozialplans nach § 112 BetrVG stattzufinden. Der Arbeitgeber hat den Betriebsrat außerdem gem. § 17 II KSchG zu beteiligen und gleichzeitig eine Abschrift der schriftlichen Unterrichtung des Betriebsrats der Agentur für Arbeit zuzuleiten, § 17 III 1 KSchG. Dann hat der Arbeitgeber schriftlich und unter Beifügung der Stellungnahme des Betriebsrates die Anzeige an die Agentur für Arbeit zu erstatten. Eine Abschrift dieser Anzeige hat er daraufhin dem Betriebsrat zukommen zu lassen, § 17 III 6 KSchG. Der Betriebsrat kann gegebenenfalls weitere Stellungnahmen abgeben, von denen er dem Arbeitgeber ebenfalls eine Abschrift zuzuleiten hat. Der Entscheidungsträger der Agentur für Arbeit hat gem. § 20 III KSchG vor seiner Entscheidung den Arbeitgeber und den Betriebsrat anzuhören. Nach der Entscheidung muss der Arbeitgeber nochmals den Betriebsrat nach § 102 BetrVG zu den beabsichtigten Kündigungen anhören und kann dann erst kündigen.

Liegt eine wirksame Anzeige des Arbeitgebers gegenüber der Arbeitsagentur vor, ergeben sich die Rechtsfolgen aus den §§ 18 ff. KSchG. Die Anzeige löst zunächst die Sperrfrist aus, während der Entlassungen nur mit Zustimmung der Agentur für Arbeit durchgeführt werden können; ohne Zustimmung sind die Entlassungen in ihrer Wirksamkeit gehemmt. Nach Ablauf der – gegebenenfalls verkürzten oder verlängerten – Sperrfrist müssen die Entlassungen innerhalb der sog. Freifrist von 90 Tagen durchgeführt werden.

Betriebsänderungen, die unter Umständen zu Massenentlassungen führen, sind:

- Einschränkung und Stilllegung des ganzen Betriebes oder von wesentlichen Betriebsteilen,
- Verlegung des ganzen Betriebes oder von wesentlichen Betriebsteilen,
- Zusammenschluss mit anderen Betrieben oder die Teilung von Betrieben,
- Grundlegende Änderungen von Betriebsorganisation, Betriebszweck oder Betriebsanlagen,
- Einführung grundlegend neuer Arbeitsmethoden und Fertigungsverfahren.

---

188 Schulte-Kaubrügger, Kölner Schrift, S. 1585 ff., Rn 5.

Für die Anzeigepflicht ist unerheblich, ob die Entlassungen während des normalen Geschäftsbetriebes im Liquidationsstadium oder in einem Insolvenzverfahren durchgeführt werden. Ein Interessenausgleich mit Namensliste i.S.d. § 125 I 1, Nr. 1 InsO ersetzt aber die Stellungnahme des Betriebsrates nach § 17 III 2 KSchG (§ 125 II InsO). Allerdings erübrigt sich bei der Erstellung eines Interessenausgleichs mit Namensliste nicht die Betriebsratanhörung durch den Insolvenzverwalter zu den konkret auszusprechenden Kündigungen nach § 102 BetrVG[189].

Unter „Entlassung" i.S.d. §§ 17, 18 KSchG wurde nach der Rechtsprechung des BAG[190] bisher nicht schon die Kündigung, sondern die mit ihr beabsichtigte tatsächliche Beendigung des Arbeitsverhältnisses verstanden. In einer aktuellen Entscheidung kommt der EuGH[191] nun zu dem Ergebnis, dass „Entlassung" i.S.d. Art. 2 bis 4 der Massenentlassungsrichtlinie 98/59/EG der Ausspruch der Kündigung ist und nicht – wie bisher angenommen – die tatsächliche Beendigung des Arbeitsverhältnisses.

Konsequenz der bisherigen Rechtsprechung des BAG war es, dass die Anzeige bei der Agentur für Arbeit zwar vor dem Ende des Arbeitsverhältnisses, aber durchaus auch erst nach Ausspruch der Kündigung erfolgen konnte. Seit dem Urteil des EuGH gilt nunmehr: Vor der Erstattung der Massenentlassungsanzeige muss der Arbeitgeber den Betriebsrat unterrichten und konsultieren; erst dann darf er die Massenentlassung anzeigen, danach die Kündigungen aussprechen[192]. Der Zweite Senat des Bundesarbeitsgerichts ist dem EuGH in seiner Entscheidung vom 23. März 2006[193] darin grundsätzlich gefolgt, hat jedoch offen gelassen, ob eine nicht rechtzeitige Anzeige zur Unwirksamkeit der Kündigung führt oder auch weiterhin nur die Entlassung nicht vollzogen werden kann[194].

5. Besonderer Kündigungsschutz

Bestimmte Personengruppen sind jedoch über den allgemeinen Kündigungsschutz hinaus besonders schutzbedürftig.

a) Sonderkündigungsschutz nach MuSchG

Das Kündigungsverbot nach § 9 MuSchG verbietet die Kündigung des Arbeitsverhältnisses einer Frau während der Schwangerschaft und bis zum Ablauf von vier Monaten nach der Entbindung.

---

189 LAG Düsseldorf, Urteil vom 21.04.1998 – 3 (13) Sa 104/98 = LAGE § 102 BetrVG 1972 Nr. 69.

190 BAG, Urteil vom 06.12.1973 – 2 AZR 10/73 = NJW 1974, 1263.

191 EuGH, Urteil vom 27.01.2005 – C-188/03 = BB 2005, 331.

192 Wolter, AuR 2005, 135 (138).

193 BAG, Urteil vom 23.03.2006 – 2 AZR 343/05 (noch nicht veröffentlicht).

194 BAG, Pressemitteilung Nr. 18/06.

Der Schutz besteht bei Aushilfs- und Probearbeitsverhältnissen, bei geringfügiger Beschäftigung, für im Familienhaushalt beschäftigte Hausangestellte und während des freiwilligen sozialen Jahres (§ 1 FSJG), nicht dagegen für Selbstständige, arbeitnehmerähnliche Personen sowie Organmitglieder juristischer Personen und Frauen, die karitativ oder ehrenamtlich tätig sind[195].

Die Bestimmung des Beginns der Schwangerschaft erfolgt grundsätzlich durch Rückrechnung um 280 Tage von dem ärztlich festgestellten voraussichtlichen Entbindungstermin[196]. Die Schwangere genügt deshalb ihrer Darlegungslast für das Bestehen einer Schwangerschaft im Kündigungszeitpunkt zunächst durch Vorlage der ärztlichen Bescheinigung über den mutmaßlichen Tag der Entbindung, wenn der Zugang der Kündigung innerhalb von 280 Tagen vor diesem Termin liegt[197]. Der Arbeitgeber kann jedoch den Beweiswert der Bescheinigung dadurch erschüttern, dass er Umstände darlegt und beweist, aufgrund derer es der wissenschaftlich gesicherten Erkenntnis widersprechen würde, von einem Beginn der Schwangerschaft der Arbeitnehmerin vor Kündigungszugang auszugehen[198]. Die Arbeitnehmerin muss in diesem Fall weiteren Beweis führen und ist gegebenenfalls gehalten, ihre Ärzte von der Schweigepflicht zu entbinden[199].

Gem. § 5 I MuSchG **sollen** werdende Mütter dem Arbeitgeber ihre Schwangerschaft und den mutmaßlichen Tag der Entbindung mitteilen, sobald ihnen ihr Zustand bekannt ist und auf Verlangen des Arbeitgebers sogar das Zeugnis eines Arztes oder einer Hebamme vorlegen.

Der besondere Kündigungsschutz greift aber nur, wenn der Arbeitgeber bei Ausspruch der Kündigung von der Schwangerschaft oder Entbindung wusste oder die Schwangere innerhalb von zwei Wochen nach Zugang der Kündigung von der Schwangerschaft oder einer im maßgeblichen Zeitpunkt liegenden Entbindung Mitteilung macht. Nachdem das BVerfG aber entschieden hatte[200], dass es mit dem Grundgesetz nicht vereinbar sei, dass einer schwangeren Arbeitnehmerin der besondere Kündigungsschutz des § 9 MuSchG auch dann entzogen wird, wenn sie die Anzeigefrist des § 9 I 1 MuSchG nur deshalb versäumt, weil sie ihre Schwangerschaft am letzten Tag der Frist unverschuldet selbst noch nicht kennt, die Anzeige an den Arbeitgeber nach Kenntniserlangung aber unverzüglich nachholt, ist die Vorschrift entsprechend geändert worden.

---

195 Ducrée in LNK MuSchG, § 1, Rn. 2.
196 BAG, Urteil vom 12.12.1985 – 2 AZR 82/85 = BB 1986, 1987.
197 BAG, Urteil vom 07.05.1998 – 2 AZR 417/97 = DB 1998, 1870.
198 BAG, a.a.O.
199 BAG, a.a.O.
200 BVerfG, Beschluss vom 13.11.1979 – 1 BvL 19/78 = BVerfGE 52, 357.

Auf Antrag kann gem. § 9 III MuSchG auch die für den Arbeitsschutz zuständige oberste Landesbehörde oder die von ihr bestimmte Stelle in besonderen Fällen, die nicht mit dem Zustand einer Frau während der Schwangerschaft oder ihrer Lage bis zum Ablauf von vier Monaten nach der Entbindung in Zusammenhang stehen, ausnahmsweise die Kündigung für zulässig erklären. Die Zulässigkeitserklärung der zuständigen Behörde muss zum Kündigungszeitpunkt vorliegen, aber noch nicht bestandskräftig sein[201].

Betriebliche Gründe können ausnahmsweise einen besonderen Fall darstellen, wenn keine Beschäftigungsmöglichkeit für die Arbeitnehmerin mehr besteht. Dies ist insbesondere bei einer Betriebsstilllegung[202] der Fall, aber auch dann, wenn die wirtschaftliche Belastung durch die sich aus dem Mutterschutzgesetz ergebenden Verpflichtungen den Arbeitgeber in die Nähe einer Gefährdung seiner Existenz rückt[203].

Die Kündigung bedarf dann aber nicht nur der schriftlichen Form (vgl. § 623 BGB), sie muss darüber hinaus gem. § 9 III 2 MuSchG auch den zulässigen Kündigungsgrund angeben.

b) Elternzeit

Das Kündigungsverbot wird weiterhin über die Schutzfrist des § 9 MuSchG hinaus erstreckt, wenn Erziehungsurlaub in Anspruch genommen wird. Gem. § 18 I 1 BErzGG ist nämlich eine Kündigung ab dem Zeitpunkt, von dem an Elternzeit verlangt worden ist, höchstens jedoch acht Wochen vor Beginn der Elternzeit, und während der Elternzeit unwirksam. Auch hier kann allerdings wieder beantragt werden, eine Kündigung ausnahmsweise für zulässig zu erklären. § 18 I 4 BErzGG ermächtigt die Bundesregierung, mit Zustimmung des Bundesrates allgemeine Verwaltungsvorschriften zur Durchführung des § 18 I 2 BErzGG zu erlassen. Hiervon wurde durch den Erlass der Allgemeinen Verwaltungsvorschriften zum Kündigungsschutz bei Erziehungsurlaub zu § 18 I 3 des Bundeserziehungsgeldgesetzes vom 2.1.1986[204] Gebrauch gemacht.

§ 2 dieser Vorschrift lautet:

„(1) Bei der Prüfung nach Maßgabe des § 1 hat die Behörde davon auszugehen, dass ein besonderer Fall im Sinne des § 18 I 2 des Gesetzes insbesondere dann gegeben ist, wenn:

1. der Betrieb, in dem der Arbeitnehmer beschäftigt ist, stillgelegt wird und der Arbeitnehmer nicht in einem anderen Betrieb des Unternehmens weiterbeschäftigt werden kann,

201 BAG, Urteil vom 17.06.2003 – 2 AZR 245/02 = MDR 2004, 215.
202 BVerwG, Urteil vom 18.08.1977 – V C 8.77 = BVerwGE 54, 276.
203 BVerwG, Urteil vom 21.10.1970 – V C 34.69 = BVerwGE 36, 160.
204 BAnz. Nr. 1/1986, 4 f.

2. *die Betriebsabteilung, in der der Arbeitnehmer beschäftigt ist, stillgelegt wird und der Arbeitnehmer nicht in einer anderen Betriebsabteilung des Betriebes oder in einem anderen Betrieb des Unternehmens weiterbeschäftigt werden kann,*
3. *der Betrieb oder die Betriebsabteilung, in denen der Arbeitnehmer beschäftigt ist, verlagert wird und der Arbeitnehmer an dem neuen Sitz des Betriebes oder der Betriebsabteilung und auch in einer anderen Betriebsabteilung oder in einem anderen Betrieb des Unternehmens nicht weiterbeschäftigt werden kann,*
4. *der Arbeitnehmer in den Fällen der Nummern 1 bis 3 eine ihm vom Arbeitgeber angebotene, zumutbare Weiterbeschäftigung auf einem anderen Arbeitsplatz ablehnt,*
5. *durch die Aufrechterhaltung des Arbeitsverhältnisses nach Beendigung des Erziehungsurlaubs die Existenz des Betriebes oder die wirtschaftliche Existenz des Arbeitgebers gefährdet wird,*
6. *besonders schwere Verstöße des Arbeitnehmers gegen arbeitsvertragliche Pflichten oder vorsätzliche strafbare Handlungen des Arbeitnehmers dem Arbeitgeber die Aufrechterhaltung des Arbeitsverhältnisses unzumutbar machen.*

(2) Ein besonderer Fall im Sinne des § 18 I 2 des Gesetzes kann auch dann gegeben sein, wenn die wirtschaftliche Existenz des Arbeitgebers durch die Aufrechterhaltung des Arbeitsverhältnisses nach Beendigung des Erziehungsurlaubs unbillig erschwert wird, so dass er in die Nähe der Existenzgefährdung kommt. Eine solche unbillige Erschwerung kann auch dann angenommen werden, wenn der Arbeitgeber in die Nähe der Existenzgefährdung kommt, weil:

1. *der Arbeitnehmer in einem Betrieb mit in der Regel 5 oder weniger Arbeitnehmern ausschließlich der zu ihrer Berufsbildung Beschäftigten beschäftigt ist und der Arbeitgeber zur Fortführung des Betriebes dringend auf eine entsprechend qualifizierte Ersatzkraft angewiesen ist, die er nur einstellen kann, wenn er mit ihr einen unbefristeten Arbeitsvertrag abschließt; bei der Feststellung der Zahl der beschäftigten Arbeitnehmer sind nur Arbeitnehmer zu berücksichtigen, deren regelmäßige Arbeitszeit wöchentlich 10 Stunden oder monatlich 45 Stunden übersteigt, oder*
2. *der Arbeitgeber wegen der Aufrechterhaltung des Arbeitsverhältnisses nach Beendigung des Erziehungsurlaubs keine entsprechend qualifizierte Ersatzkraft für einen nur befristeten Arbeitsvertrag findet und deshalb mehrere Arbeitsplätze wegfallen müssten.“*

Die Kündigungsverbote nach § 9 I MuSchG und § 18 BErzGG bestehen nebeneinander, so dass der Arbeitgeber bei Vorliegen von Mutterschaft und zusätzlichem Erziehungsurlaub für eine Kündigung der Zulässigkeitserklärung der Arbeitsschutzbehörde nach beiden Vorschriften bedarf[205].

---

205 BAG, Urteil vom 31.03.1993 – 2 AZR 595/92 = NZA 1993, 646.

c) Schwerbehindertenschutz

Der besondere Kündigungsschutz für Schwerbehinderte ist heute im SGB IX geregelt. Gem. § 85 SGB IX bedarf nämlich die Kündigung des Arbeitsverhältnisses eines schwerbehinderten Menschen durch den Arbeitgeber der vorherigen Zustimmung des Integrationsamtes. Schwerbehindert in diesem Sinne ist gem. § 2 II SGB IX ein Mensch mit einem Grad der Behinderung von wenigstens 50. Den besonderen Kündigungsschutz genießen aber auch behinderte Menschen mit einem Grad der Behinderung von weniger als 50, aber wenigstens 30, wenn sie infolge ihrer Behinderung ohne die Gleichstellung einen geeigneten Arbeitsplatz nicht erlangen oder nicht behalten können (gleichgestellte behinderte Menschen). Der Kündigungsschutz greift allerdings gem. § 90 I Nr. 1 SGB IX erst ein, wenn das Arbeitsverhältnis zum Zeitpunkt des Zugangs der Kündigungserklärung ohne Unterbrechung länger als sechs Monate bestanden hat. Auch wenn dies nicht der Fall ist, hat der Arbeitgeber aber die Kündigung innerhalb von 4 Tagen beim Integrationsamt anzuzeigen.

Weiterhin gilt der besondere Kündigungsschutz nicht für schwerbehinderte Menschen,

- deren Beschäftigung nicht in erster Linie ihrem Erwerb dient, sondern vorwiegend durch Beweggründe karitativer oder religiöser Art bestimmt ist oder zu ihrer Heilung, Wiedereingewöhnung oder Erziehung erfolgt,
- die an Arbeitsbeschaffungsmaßnahmen nach dem SGB III teilnehmen,
- die nach ständiger Übung in ihre Stellen gewählt werden, oder
- deren Arbeitsverhältnis durch Kündigung beendet wird, sofern sie das 58. Lebensjahr vollendet haben und Anspruch auf eine Abfindung, Entschädigung oder ähnliche Leistung auf Grund eines Sozialplanes haben oder Anspruch auf Knappschaftsausgleichsleistung nach dem Sechsten Buch oder auf Anpassungsgeld für entlassene Arbeitnehmer des Bergbaus haben, wenn der Arbeitgeber ihnen die Kündigungsabsicht rechtzeitig mitgeteilt hat und sie der beabsichtigten Kündigung bis zu deren Ausspruch nicht widersprechen.

Zur Vorbeugung von missbräuchlichen Anträgen auf Anerkennung als schwerbehinderter Mensch im Zusammenhang mit unmittelbar bevorstehenden Kündigungen wurde weiterhin § 90 IIa SGB IX eingeführt. Danach gelten die Kündigungsschutzvorschriften nicht, wenn zum Zeitpunkt der Kündigung die Eigenschaft als schwerbehinderter Mensch nicht nachgewiesen ist oder das Versorgungsamt nach Ablauf der längstens 7-wöchigen Frist des § 69 I 2 SGB IX eine Feststellung wegen fehlender Mitwirkung nicht treffen konnte.

Die Kenntnis des Arbeitgebers von der Schwerbehinderung ist nicht vorausgesetzt. Allerdings darf der Arbeitnehmer auch nicht untätig bleiben.

Hatte der Arbeitgeber von der vor der Kündigung erfolgten Feststellung der Schwerbehinderteneigenschaft oder der Beantragung keine Kenntnis und hat er die Kündigung infolgedessen ohne Zustimmung ausgesprochen, so war der Arbeitnehmer bis vor kurzem noch gehalten, die Schwerbehinderteneigenschaft oder ihre Beantragung dem Arbeitgeber innerhalb einer angemessenen Zeit, die im Falle der ordentlichen Kündigung regelmäßig mit einem Monat anzunehmen war, nach Erhalt der Kündigung zu offenbaren[206]. Die Regelfrist von einem Monat ist aber durch die Einführung der einheitlichen Klagefrist ab 01.01.2004 im Ergebnis verkürzt worden. Nunmehr muss der Arbeitnehmer innerhalb von drei Wochen nach Zugang der Kündigung auch den Sonderkündigungsschutz des § 85 SGB IX durch Erhebung einer Kündigungsschutzklage geltend machen. Beruft sich der Arbeitnehmer nachträglich und rechtzeitig auf den Sonderkündigungsschutz des § 85 SGB IX, ist die vorherige Zustimmung des Integrationsamtes erforderlich. Das gilt insbesondere auch in den Fällen, in denen die Anerkennung als schwerbehinderter Mensch oder die Gleichstellung vor der Kündigung lediglich beantragt war, aber erst später festgestellt wird. Zu unterscheiden sind also zwei mögliche Konstellationen:

1) Die Feststellung der Schwerbehinderung oder der Gleichstellung erfolgte ohne Kenntnis des Arbeitgebers bereits vor Zugang der Kündigung, die nachträgliche Mitteilung an den Arbeitgeber aber noch rechtzeitig nach Zugang der Kündigung. In diesem Fall muss der Arbeitgeber die Zustimmung zur Kündigung einholen und kann erst nach deren Erteilung erneut kündigen. Die frühere Kündigung ist mangels Zustimmung des Integrationsamtes unwirksam.

2) Die Feststellung der Schwerbehinderteneigenschaft oder der Gleichstellung ohne Kenntnis des Arbeitgebers war vor dem Zugang der Kündigung lediglich beantragt, der Arbeitnehmer beruft sich auf die Schwerbehinderung aber nachträglich und fristgerecht. Dann kann der Arbeitgeber abwarten, ob die Feststellung getroffen oder abgelehnt wird. Wird sie endgültig abgelehnt, bedurfte die Kündigung nicht der Zustimmung des Integrationsamtes nach § 85 SGB IX. Erfolgt die Feststellung aber auf einen Zeitpunkt vor dem Zugang der Kündigung, ist sie mangels vorheriger Zustimmung des Integrationsamtes unheilbar nichtig. Der Arbeitgeber sollte deshalb auch in diesem Fall unmittelbar nach der nachträglichen Mitteilung die Zustimmung des Integrationsamtes zu einer weiteren Kündigung vorsorglich beantragen. Die erste Kündigung ist schwebend unwirksam, bis über den Feststellungsantrag bestandskräftig entschieden ist.

Die Zustimmung zur Kündigung beantragt der Arbeitgeber bei dem für den Sitz des Betriebes oder der Dienststelle zuständigen Integrationsamt schriftlich. Aus dem Antrag müssen der Wille des Arbeitgebers, das Arbeitsverhältnis zu beenden, Angaben über die von der Kündigungsabsicht betroffenen Personen sowie der

---

206 BAG E 94, 313.

Zeitpunkt, zu dem die Kündigung beabsichtigt ist, hervorgehen[207]. Nach der Vorgängervorschrift des § 17 SchwbG war es noch erforderlich, dass der Antrag in doppelter Ausführung gestellt wurde. Dies ist heute nicht mehr der Fall. Das Integrationsamt hat von Amts wegen all das zu ermitteln und dann auch zu berücksichtigen, was erforderlich ist, um die gegensätzlichen Interessen des schwerbehinderten Menschen und seines Arbeitgebers gegeneinander abwägen zu können[208]. Es ist nicht der Pflicht enthoben, sich von der Richtigkeit der für seine Entscheidung wesentlichen Behauptungen eine eigene Überzeugung zu verschaffen, gründet es dem entgegen seine Entscheidung auf unrichtige Behauptungen, dann begeht es einen Ermessensfehler[209]. Es darf sich insbesondere nicht darauf beschränken, die von dem Arbeitgeber geltend gemachten Kündigungsgründe auf ihre Schlüssigkeit zu überprüfen[210].

Das Integrationsamt holt gem. § 87 II SGB IX eine Stellungnahme des Betriebsrates oder Personalrates und der Schwerbehindertenvertretung ein und hört den schwerbehinderten Menschen an. Die Einholung einer Stellungnahme der Schwerbehindertenvertretung ist erforderlich, damit das Integrationsamt prüfen kann, ob die Schwerbehindertenvertretung von dem Arbeitgeber gem. § 95 II 1 SGB IX beteiligt worden ist. Ist eine solche Beteiligung nicht erfolgt, dann muss sie gem. § 95 II 2 SGB IX nachgeholt und das Verfahren solange ausgesetzt werden.

Das Integrationsamt hat, soweit keine Einschränkung des Ermessens in besonderen Fällen angeordnet ist, grds. nach pflichtgemäßem Ermessen darüber zu entscheiden, ob es der Kündigung zustimmt oder nicht. Eine Einschränkung des Ermessens wird in § 89 I SGB IX angeordnet für Kündigungen in Betrieben und Dienststellen, die nicht nur vorübergehend eingestellt oder aufgelöst werden, sowie für Kündigungen in Betrieben und Dienststellen, die nicht nur vorübergehend wesentlich eingeschränkt werden, wenn die Gesamtzahl der weiterhin beschäftigten schwerbehinderten Menschen zur Erfüllung der Beschäftigungspflicht nach § 71 SGB IX ausreicht. In diesen Fällen hat das Integrationsamt die Zustimmung zu erteilen, wenn zwischen dem Tag der Kündigung und dem Tag, bis zu dem Gehalt oder Lohn gezahlt wird, mindestens drei Monate liegen.

Die Entscheidung des Integrationsamtes ergeht innerhalb eines Monats durch Verwaltungsakt. Eine nicht innerhalb eines Monats getroffene Entscheidung bedeutet – anders als in den Fällen der außerordentlichen Kündigung (§ 91 III 2 SGB IX) – keine Erteilung der Zustimmung. Die Entscheidung ist gem. § 88 II 1 SGB IX sowohl dem Arbeitgeber als Antragsteller als auch dem schwerbehinderten Menschen in der besonderen Form der Zustellung bekannt zu geben. Bei posi-

---

207 HPOpro Kommentar, § 87 SGB IX, Rn. 4.
208 BVerwG, Urteil vom 02.07.1992 – 5 C 51.90 = BVerwGE 90, 287.
209 BVerwG, Beschluss vom 06.02.1995 – 5 B 75.94 = RzK IV 8a, Nr. 37.
210 BVerwG, a.a.O.

tivem Bescheid, also bei Erteilung der Zustimmung, darf der Arbeitgeber nur innerhalb eines weiteren Monats mit einer Kündigungsfrist von mindestens 4 Wochen kündigen. Der Widerspruch des Arbeitnehmers hat gem. § 88 IV SGB IX keine aufschiebende Wirkung, sodass der Arbeitgeber kündigen kann, ohne die Rechtskraft der Zustimmung abwarten zu müssen. Bei Versagung der Zustimmung kann der Arbeitgeber Widerspruch und gegebenenfalls eine Klage vor dem Verwaltungsgericht einlegen.

d) Sonderkündigungsschutz für betriebliche Funktionsträger

Nach § 15 KSchG ist die Kündigung betrieblicher Funktionsträger während ihrer Amtszeit und in einem bestimmten Zeitraum (sog. Nachwirkungszeitraum, bis zu 1 Jahr) danach unzulässig, wenn keine Tatsachen vorliegen, die den Arbeitgeber zu einer Kündigung aus wichtigem Grund ohne Einhaltung einer Kündigungsfrist berechtigen und in den Fällen des § 15 I–III KSchG der Betriebsrat nach § 103 BetrVG oder der Personalrat nach personalvertretungsrechtlichen Bestimmungen der Kündigung zustimmt oder die Zustimmung durch eine arbeitsgerichtliche Entscheidung ersetzt worden ist.

Geschützt werden durch § 15 KSchG Arbeitnehmervertreter der Betriebsverfassung, (Mitglieder des Betriebsrats, Mitglieder des Gesamtbetriebsrats, Mitglieder des Konzernbetriebsrats, Mitglieder der Jugend- und Auszubildendenvertretung, Mitglieder der Gesamtjugend- und Auszubildendenvertretung, Mitglieder der Bordvertretung, Mitglieder des Seebetriebsrats), Arbeitnehmervertreter der Personalvertretung, Mitglieder der Jugend- und Auszubildendenvertretungen und Mitglieder der Jugendvertretungen, Mitglieder des Wahlvorstands und Wahlbewerber und außerdem Initiatoren der Betriebsratswahl.

Der besondere Kündigungsschutz nach § 15 KSchG beginnt mit der Übernahme des geschützten Amtes. Im sog. Nachwirkungszeitraum ist für die Kündigung zwar keine Zustimmung des Betriebs- oder Personalrates mehr erforderlich, die ordentliche Kündigung ist aber weiterhin ausgeschlossen.

Während der Dauer des Kündigungsschutzes kommt also nur eine außerordentliche Kündigung in Betracht, wobei betriebliche Funktionsträger bei der Beurteilung des wichtigen Grundes i.S.v. § 626 BGB gegenüber anderen Arbeitnehmern wegen § 78 S. 2 BetrVG nicht begünstigt werden dürfen.

Gem. § 15 IV KSchG ist die Kündigung der genannten Personen im Falle der Betriebsstilllegung frühestens zum Zeitpunkt der Stillegung zulässig, es sei denn, dass ihre Kündigung zu einem früheren Zeitpunkt durch zwingende betriebliche Erfordernisse bedingt ist. Wird lediglich eine Abteilung des Betriebes stillgelegt, so ist die Person, wenn möglich, in eine andere Abteilung zu übernehmen.

Der Zweck des besonderen Kündigungsschutzes ist es hauptsächlich zu verhindern, dass der Arbeitgeber die Arbeit der Arbeitnehmervertretung als Gremium behindert oder unmöglich macht[211], daher endet der Kündigungsschutz dann, wenn der Betrieb stillgelegt wird.

e) Kündigungsschutz für Mitglieder kirchlicher Mitarbeitervertretungen

Obwohl in kirchlichen Einrichtungen das Betriebsverfassungs- und das Personalvertretungsrecht gem. § 130 BetrVG nicht gilt, genießen Mitglieder kirchlicher Mitarbeitervereinigungen z.T. ebenfalls einen besonderen Kündigungsschutz. In der Arbeitgeberinsolvenz ist dieser allerdings nur wichtig, wenn der Arbeitgeber, also die kirchliche Einrichtung, auch insolvenzfähig ist. Schon 1983 hat das BVerfG entschieden[212], dass die öffentlich-rechtlichen Kirchen aus verfassungsrechtlichen Gründen nicht konkursfähig seien. Hierbei wurde insbesondere darauf abgestellt, dass das Konkurs-/Insolvenzverfahren nicht mit der verfassungsrechtlich geschützten Funktion dieser Kirchen vereinbar sei. Schon die Beschränkung/Übertragung der Verfügungs- und Verwaltungsbefugnis auf einen Verwalter, der den Zielen eines Konkurs-/Insolvenzverfahrens unterworfen ist, wäre somit grundgesetzwidrig. Zwar hat der Gesetzgeber der InsO trotzdem darauf verzichtet, die Insolvenzunfähigkeit von Kirchen in den Gesetzestext aufzunehmen, jedoch aus dem Grund, weil er eine gesonderte Aufnahme der öffentlich-rechtlichen Kirchen aufgrund der verfassungsmäßigen Vorgaben nicht für notwendig hielt[213].

f) Sonderkündigungsschutz für Betriebsbeauftragte

Seit Einführung des § 58 II BImSchG im Jahr 1990 ist auch eine ordentliche Kündigung des Immissionsschutzbeauftragten, der zugleich Arbeitnehmer des zur Bestellung verpflichteten Betriebes ist, grundsätzlich unzulässig. Dieser besondere Kündigungsschutz gilt, ähnlich wie bei den betrieblichen Funktionsträgern, nicht nur für die Zeitdauer seiner Tätigkeit, sondern darüber hinaus bis zu einem Jahr nach Beendigung seiner Aufgaben.

Nach § 58d BImSchG gilt § 58 BImSchG für den Störfallbeauftragten, den Betreiber genehmigungsbedürftiger Anlagen zu bestellen haben, sofern dies im Hinblick auf die Art und Größe der Anlage wegen der bei einer Störung des bestimmungsgemäßen Betriebs auftretenden Gefahren für die Allgemeinheit und die Nachbarschaft erforderlich ist.

Einen entsprechenden Kündigungsschutz genießen außerdem:

- Gewässerschutzbeauftragte, die gem. § 21a WHG Benutzer von Gewässern, die an einem Tag mehr als 750 Kubikmeter Abwasser einleiten dürfen, zu bestellen haben (§ 21f II WHG);

---

211 Fiebig in Fiebig, § 15 KSchG, Rn. 1.
212 BVerfG, Urteil vom 13.12.1983 2 – BvL 13/82 = BVerfGE 66, 1.
213 Balz/Landfermann, S. 86 f.

- und Abfallbeauftragte, die gem. § 54 KrW-AbfG Betreiber von genehmigungsbedürftigen Anlagen i.S.d. § 4 BImSchG, Betreiber von Anlagen, in denen regelmäßig besonders überwachungsbedürftige Abfälle anfallen, Betreiber ortsfester Sortier-, Verwertungs- oder Abfallbeseitigungsanlagen sowie Hersteller und Vertreiber, die Abfälle aufgrund einer Rechtsverordnung oder freiwillig zurücknehmen, zu bestellen haben (§ 55 III KrW-AbfG i.V.m. § 58 II BImSchG).

Gem. § 2 I ASiG hat der Arbeitgeber Betriebsärzte schriftlich zu bestellen und ihnen bestimmte Aufgaben zu übertragen, soweit dies erforderlich ist im Hinblick auf die Betriebsart und die damit für die Arbeitnehmer verbundenen Unfall- und Gesundheitsgefahren, die Zahl der beschäftigten Arbeitnehmer und die Zusammensetzung der Arbeitnehmerschaft und die Betriebsorganisation, insbesondere im Hinblick auf die Zahl und die Art der für den Arbeitsschutz und die Unfallverhütung verantwortlichen Personen. Diese Betriebsärzte dürfen wegen der Erfüllung ihrer Aufgaben nicht benachteiligt werden. Außerdem dürfen sie nur gem. § 9 III 1 ASiG mit Zustimmung des Betriebsrates bestellt und abberufen werden. Insoweit ist die Kündigungsmöglichkeit von Betriebsärzten also auch beschränkt. Gleiches gilt auch für Fachkräfte für Arbeitssicherheit, die nach § 5 ASiG zu bestellen sind.

Keinen ausdrücklichen Kündigungsschutz, aber ein Benachteiligungsverbot enthalten die folgenden Vorschriften:

- § 14 V RöntgenschutzVO für Strahlenschutzbeauftragte, die gem. § 13 II 1 RöntgenschutzVO derjenige, der einer Genehmigung nach § 3 RöntgenschutzVO oder § 5 RöntgenschutzVO bedarf oder der eine Anzeige nach § 4 RöntgenschutzVO zu erstatten hat, bestellen muss, wenn dies für den sicheren Betrieb notwendig ist;

- § 32 V StrahlenschutzVO für Strahlenschutzbeauftragte, die gem. § 31 II 1 StrahlenschutzVO derjenige, der einer Genehmigung nach den §§ 6, 7 oder 9 AtG oder nach den §§ 7, 11 oder 15 StrahlenschutzVO oder der der Planfeststellung nach § 9b AtG bedarf, oder wer eine Tätigkeit nach § 5 AtG ausübt, eine Anzeige nach § 12 I 1 StrahlenschutzVO zu erstatten hat oder wer lediglich aufgrund des § 7 III StrahlenschutzVO keiner Genehmigung nach § 7 I StrahlenschutzVO bedarf, weil sich eine andere Genehmigung bereits auf den genehmigungsbedürftigen Umgang erstreckt;

- § 19 II GenTSV für Beauftragte für die Biologische Sicherheit, die der Betreiber gentechnischer Arbeiten zu bestellen hat, wenn dies im Hinblick auf die Art oder den Umfang der gentechnischen Arbeiten oder der Freisetzungen zum Schutz für die in § 1 Nr. 1 Gentechnikgesetz genannten Rechtsgüter erforderlich ist;

- § 22 III SGB VII für Sicherheitsbeauftragte, die in Unternehmen mit regelmäßig mehr als 20 Beschäftigten zu bestellen sind;

- § 8b VI TierSchG für Tierschutzbeauftragte, die Träger von Einrichtungen, in denen Tierversuche an Wirbeltieren durchgeführt werden, zu bestellen haben;
- § 4f III 3 BDSG für Datenschutzbeauftragte, die von öffentlichen und nicht öffentlichen Stellen, die personenbezogene Daten automatisiert erheben, verarbeiten oder nutzen, zu bestellen sind.

Soweit in diesen Fällen eine Kündigung wegen ihrer Amtstätigkeit ausgesprochen wird, kann diese wegen Verletzung des Benachteiligungsverbotes gem. § 134 BGB unwirksam sein[214]. Problematisch dürfte es für den Arbeitnehmer allerdings sein, den Nachweis darüber zu führen, dass eine Benachteiligung vorliegt.

g) Arbeitsplatzschutz für Wehr- und Zivildienstleistende

Wehr- und Zivildienstleistende genießen ebenfalls einen besonderen Kündigungsschutz. Für Wehrdienstleistende ist dieser im ArbPlSchG, für Zivildienstleistende im ZDG geregelt.

Das ArbPlSchG enthält Schutzbestimmungen ausschließlich zugunsten der Arbeitnehmer, deren Einberufung durch Maßnahmen veranlasst worden ist, die auf der deutschen Wehrgesetzgebung beruhen[215].

Von der Zustellung des Einberufungsbescheides bis zur Beendigung des Grundwehrdienstes sowie während einer Wehrübung darf der Arbeitgeber gem. § 2 I ArbPlSchG das Arbeitsverhältnis nicht kündigen. Aber auch vor und nach dem Wehrdienst oder einer Wehrübung kann das Arbeitsverhältnis aus Anlass des Wehrdienstes nicht gekündigt werden. Im Rahmen einer betriebsbedingten Kündigung darf der Arbeitgeber bei der Auswahl der zu Entlassenden den Wehrdienst eines Arbeitnehmers auch nicht zu dessen Ungunsten berücksichtigen. Ist streitig, ob der Arbeitgeber aus Anlass des Wehrdienstes gekündigt oder bei der Auswahl der zu Entlassenden den Wehrdienst zu Ungunsten des Arbeitnehmers berücksichtigt hat, so trifft die Beweislast gem. § 2 II 3 ArbPlSchG den Arbeitgeber. Eine außerordentliche Kündigung ist grundsätzlich weiterhin möglich, wobei die Einberufung zum Wehrdienst aber keinen wichtigen Grund zur Kündigung beinhaltet. Eine Ausnahme hiervon wird aber in § 2 III 2 ArbPlSchG gemacht, im Falle des Grundwehrdienstes von mehr als sechs Monaten für unverheiratete Arbeitnehmer in Betrieben mit in der Regel fünf oder weniger Arbeitnehmern ausschließlich der zu ihrer Berufsbildung Beschäftigten, wenn dem Arbeitgeber infolge Einstellung einer Ersatzkraft die Weiterbeschäftigung des Arbeitnehmers nach Entlassung aus dem Wehrdienst nicht zugemutet werden kann. § 2 IV ArbPlSchG sieht außerdem eine Sonderregelung für die Klage-

---

214 Schipp in Anw. Hdb. ArbR., Teil 3 F, Rn. 110a.
215 Schipp in Anw. Hdb. ArbR., Teil 3 F, Rn. 113.

frist im Rahmen des KSchG vor. Geht dem Arbeitnehmer nach der Zustellung des Einberufungsbescheides oder während des Wehrdienstes eine Kündigung zu, so beginnt die Frist des § 4 S. 1 KSchG nämlich erst zwei Wochen nach Ende des Wehrdienstes.

Für Zivildienstleistende gilt nach § 78 I Nr. 1 ZDG der Kündigungsschutz des ArbPlSchG entsprechend.

h) Auszubildende

Den Kündigungsschutz für Auszubildende regelt § 22 BBiG. Das Gesetz gilt gem. § 1 I BBiG für Berufsausbildungsvorbereitung, die Berufsausbildung, die berufliche Fortbildung und die berufliche Umschulung, soweit sie nicht in berufsbildenden Schulen durchgeführt wird, die den Schulgesetzen der Länder unterstehen. Es gilt nicht für die Berufsbildung, die in berufsqualifizierenden oder vergleichbaren Studiengängen an Hochschulen auf der Grundlage des Hochschulrahmengesetzes und der Hochschulgesetze der Länder durchgeführt wird, die Berufsbildung in einem öffentlich-rechtlichen Dienstverhältnis und die Berufsbildung auf Kauffahrteischiffen, die nach dem Flaggenrechtsgesetz die Bundesflagge führen, soweit es sich nicht um Schiffe der kleinen Hochseefischerei oder der Küstenfischerei handelt.

Das Ausbildungsverhältnis beginnt mit einer Probezeit von mindestens einem Monat und höchstens vier Monaten. Während dieser Probezeit kann das Berufsausbildungsverhältnis jederzeit ohne Einhalten einer Kündigungsfrist gekündigt werden. Nach Ablauf der Probezeit ist eine Kündigung des Arbeitgebers nur noch aus wichtigem Grund möglich. Diese muss dann schriftlich und zusätzlich unter Angabe der Kündigungsgründe erfolgen. Die Vorschriften des KSchG über die fristgebundene Klageerhebung sind auch auf außerordentliche Kündigungen von Berufsausbildungsverhältnissen anzuwenden, sofern nicht gem. § 111 II 5 ArbGG eine Verhandlung vor einem zur Beilegung von Streitigkeiten aus einem Berufsausbildungsverhältnis gebildeten Ausschuss stattfinden muss[216].

i) Kündigungsschutz nach TzBfG

Ein weiteres Kündigungsverbot enthält § 11 TzBfG. Danach ist die Kündigung eines Arbeitsverhältnisses wegen der Weigerung eines Arbeitnehmers, von einem Vollzeit- in ein Teilzeitarbeitsverhältnis oder umgekehrt zu wechseln, unwirksam. Die Beweislast dafür, dass der Arbeitgeber bei der Kündigung (überwiegend) durch die Weigerung motiviert war, trifft allerdings den Arbeitnehmer[217].

Die Vorschrift lässt die Möglichkeit des Arbeitgebers, aus anderen Gründen zu kündigen, aber unberührt. Hier kommen insbesondere betriebsbedingte Gründe

216 BAG, Beschluss vom 26.01.1999 – 2 AZR 134/98 = NZA 1999, 934.
217 Johlige in LNK TzBfG, § 11, Rn. 2.

in Betracht, etwa weil der Arbeitgeber ein anderes Arbeitszeitkonzept im Betrieb einführen will, z.B. die Produktion nur noch mit Halb- oder Vollzeitkräften durchzuführen[218].

Nach § 13 I TzBfG können Arbeitgeber und Arbeitnehmer auch vereinbaren, dass mehrere Arbeitnehmer sich die Arbeitszeit an einem Arbeitsplatz teilen, sog. Job-Sharing. Für den Fall, dass einer dieser Mitarbeiter ausscheidet, verbietet § 13 II TzBfG die darauf gestützte Kündigung des Arbeitsverhältnisses eines anderen in die Arbeitsplatzteilung einbezogenen Arbeitnehmers durch den Arbeitgeber. Das Recht zur Änderungskündigung aus diesem Anlass und zur Kündigung des Arbeitsverhältnisses aus anderen Gründen bleibt jedoch unberührt.

Weiterhin enthalten §§ 4 und 5 TzBfG Diskriminierungs- und Benachteiligungsverbote. Eine Kündigung, die gerade und wegen oder nur wegen der Teilzeit ausgesprochen wird, ist deshalb wegen des Verstoßes gegen ein gesetzliches Verbot i.S.v. § 134 BGB nichtig[219].

j) Sonderkündigungsschutz für Bergmannversorgungsscheininhaber

In einigen Bundesländern gibt es Sonderkündigungsschutz für Bergmannversorgungsscheininhaber. Einen Bergmannversorgungsschein können Untertagearbeiter im Bergbau nach einer bestimmten Beschäftigungszeit erhalten. Er verpflichtet alle öffentlichen und privaten Arbeitgeber innerhalb bestimmter Grenzen, Inhaber von Bergmannversorgungsscheinen zu beschäftigen (§ 4 BergmannversorgungsscheinG Saarland[220] bzw. § 4 BergmannversorgungsscheinG NRW[221]). Dem Inhaber des Bergmannversorgungsscheins darf nur mit vorheriger Zustimmung der Zentralstelle gekündigt werden.

k) Abgeordnete und Mandatsträger

Kündigungen oder Entlassungen aus Anlass oder aufgrund einer Tätigkeit als Abgeordneter sind gem. Art. 48 II 2 GG unwirksam. Diese Grundgesetzbestimmung gilt ausdrücklich nur für Abgeordnete des Deutschen Bundestags, ist jedoch Ausdruck für die Geltung eines entsprechenden allgemeinen Rechtsgrundsatzes[222]. Entsprechendes gilt daher für die Mitglieder der Landtage und die Abgeordneten auf Kreis- und Kommunalebene. Ebenfalls unzulässig ist eine Kündigung oder Entlassung aufgrund der Übernahme oder Ausübung eines Mandats als Abgeordneter im Europäischen Parlament.

---

218 Johlige in LNK TzBfG, § 11, Rn. 6.
219 Schipp, Anw.Hdb. ArbR., Teil 3 F, Rn. 128.
220 GVBl. 1981, S. 825.
221 GVBl. 1983, S. 635.
222 HPOpro Handbuch Personal, Arbeitsrecht, Besonderer Kündigungsschutz.

6. Kündigungsschutzverfahren

Sowohl der allgemeine als auch der besondere Kündigungsschutz ist dem Prinzip der nachträglichen Rechtswirksamkeitskontrolle einer Kündigung durch die Arbeitsgerichtsbarkeit unterworfen. D.h. eine sozial ungerechtfertigte Kündigung ist zwar nach § 1 I KSchG rechtsunwirksam; sie gilt aber nach § 7 KSchG als von Anfang an wirksam, wenn der Arbeitnehmer ihre Sozialwidrigkeit nicht binnen der dreiwöchigen Frist des § 4 S. 1 KSchG gerichtlich geltend macht. Entsprechendes gilt seit der Neufassung der §§ 4 ff. KSchG durch das am 01.01.2004 in Kraft getretene Gesetz zu Reformen am Arbeitsmarkt für eine aus anderen Gründen i.S.v. § 13 III KSchG (insbesondere wegen Verletzung des besonderen Kündigungsschutzes) unwirksame Kündigung. Nach einer schriftlichen Kündigung soll nach dem Willen des Gesetzgebers alsbald Klarheit über den Bestand des Arbeitsverhältnisses geschaffen werden. Der Arbeitgeber hat keine Pflicht den Arbeitnehmer auf die Notwendigkeit einer Klageerhebung hinzuweisen[223].

a) Klageerhebung

Nach § 4 S. 1 KSchG ist die Kündigungsschutzklage vor dem Arbeitsgericht zu erheben. Sie kann schriftlich eingereicht werden oder wird zu Protokoll der Geschäftsstelle des Arbeitsgerichts erklärt werden, §§ 46 II ArbGG, 496 ZPO. Obwohl der Arbeitnehmer die Klagefrist wahren muss, um die ursprüngliche Unwirksamkeit der Kündigung aufgrund ihrer fehlenden sozialen Rechtfertigung oder Unwirksamkeit aus sonstigen Gründen aufrechtzuerhalten, wirkt das stattgebende Urteil nicht unmittelbar rechtsgestaltend[224]. Bei der Kündigungsschutzklage handelt es sich also um eine Feststellungsklage mit dem Antrag festzustellen, dass das Arbeitsverhältnis nicht durch eine bestimmte Kündigung aufgelöst worden ist. Die Feststellungsklage nach § 4 KSchG erfordert nicht die Darlegung eines besonderen Feststellungsinteresses. Das gilt auch, wenn der Arbeitnehmer inzwischen ein neues Arbeitsverhältnis eingegangen ist und er das alte nicht fortsetzen will[225].

b) Klagefrist

Die Klagefrist von 3 Wochen gilt für alle Arbeitgeberkündigungen – unabhängig von der Art des Unwirksamkeitsgrunds und auch unabhängig davon, ob das Kündigungsschutzgesetz im Übrigen auf das Arbeitsverhältnis Anwendung findet.

Sie beginnt ab Zugang der schriftlichen Kündigung[226]. Bei einer in einem Schriftstück verkörperten Kündigungserklärung wird die Kündigung mit Aushändi-

---

223 Ascheid in Erfurter Kommentar, § 4 KSchG, Rn. 1.
224 Gallner in Fiebig, § 4 KSchG, Rn. 22.
225 Gallner in Fiebig, § 4 KSchG, Rn. 76.
226 Holthöwer in Anw.Hdb. ArbR, Teil 5 A, Rn. 33.

gung des Schriftstücks an den Erklärungsempfänger wirksam, ohne dass es darauf ankommt, ob der Empfänger das ihm übergebene Schreiben tatsächlich liest[227]. Wird die schriftliche Erklärung dagegen nicht dem Empfänger selbst, sondern einem Dritten ausgehändigt, ist zu unterscheiden, ob dieser nach der Verkehrsauffassung als ermächtigt angesehen wird, den Empfänger in der Empfangnahme zu vertreten, eine Vollmacht oder Ermächtigung muss ihm nicht erteilt worden sein[228]. Geeignete Übermittler sind erwachsene Familienangehörige, Angestellte[229], aber z.B. auch der Vermieter[230]. Für den Zugang einer an einen Empfangsboten abgegebenen schriftlichen Willenserklärung ist, sofern nicht ein früherer Zugang feststeht, der Zeitpunkt maßgebend, in dem nach dem regelmäßigen Verlauf der Dinge die Übermittlung der Erklärung an den Adressaten zu erwarten war[231].

Werden Kündigungserklärungen an Personen ausgehändigt, die regelmäßig weder als Empfangsvertreter oder Empfangsboten anzusehen sind, z.B. an den Nachbarn, an einen anderen Hausbewohner, sind diese Personen sogenannte Erklärungsboten. Die Erklärung geht dann nur zu, wenn sie dem Empfänger ausgehändigt wird oder sonst in seinen Machtbereich gelangt.

Wird die Willenserklärung gegenüber einem Abwesenden schriftlich abgegeben, ist sie ihm zugegangen, sobald sie in verkehrsüblicher Art in die tatsächliche Verfügungsgewalt des Empfängers oder eines anderen, der berechtigt ist, für ihn Briefe entgegenzunehmen, gelangt ist und es dadurch dem Empfänger möglich wird, von dem Schreiben Kenntnis zu nehmen[232]. Erreicht eine Willenserklärung die Empfangseinrichtungen des Adressaten (Briefkasten, Postschließfach) zu einer Tageszeit, zu der nach den Gepflogenheiten des Verkehrs eine Entnahme oder Abholung durch den Adressaten nicht mehr erwartet werden kann, so ist die Willenserklärung an diesem Tag nicht mehr zugegangen[233]. Postlagernde Sendungen sind zugegangen, wenn sie zur Abholung beim Postamt bereit liegen und sobald nach der Auffassung des Verkehrs mit der Abholung gerechnet werden kann.

Übergabe-Einschreiben sind zur Wahrung von Fristen ungeeignet. Ein Übergabe-Einschreiben geht nicht schon deshalb zu, weil bei Abwesenheit der empfangsberechtigten Person der Postbote eine Nachricht hinterlässt, es liege ein Einschreiben für den Empfänger bei der Post bereit[234]. Allerdings muss sich der Arbeitnehmer so behandeln lassen, als wenn ihm die Sendung zugegangen wäre, wenn

227 BAG, Urteil vom 16.02.1983 – 7 AZR 134/81 = NJW 1983, 2958.
228 BAG, Urteil vom 16.01.1976 – 2 AZR 619/74 = DB 1976, 1018.
229 BAG, Urteil vom 13.10.1976 – 5 AZR 510/75 = DB 1977, 546.
230 BAG, Urteil vom 16.01.1976 – 2 AZR 619/74 = DB 1976, 1018.
231 BGH, Urteil vom 15.03.1989 – VIII ZR 303/87 = MDR 1989, 807.
232 BAG, Urteil vom 18.02.1977 – 2 AZR 770/75 = DB 1977, 1194.
233 BAG, Urteil vom 08.12.1983 – 2 AZR 337/82 = NJW 1984, 1651.
234 BAG, Urteil vom 15.11.1962 – 2 AZR 301/62 = NJW 1963, 554.

er rechtsmissbräuchlich das Abholen eines Einschreibebriefes unterlässt oder rechtsmissbräuchlich seine Aushändigung verhindert. Anders ist es seit dem 01.09.1997 bei einem sogenannten Einwurf-Einschreiben. Dieses wird wie ein einfacher Brief eingeworfen, wobei dieser Umstand abrufbar bei der Post dokumentiert wird.

Bei der Postzustellung mit Postzustellungsurkunde gilt das Gleiche wie für Einschreibesendungen. Wird der Empfänger nicht angetroffen und erfolgt auch keine wirksame Ersatzzustellung an eine anwesende Person, sondern wird durch Niederlegung bei der Post zugestellt, geht das Schreiben zu, wenn der Arbeitnehmer das Schriftstück bei der Post abholt.

Der Arbeitnehmer ist nicht verpflichtet, Empfangsvorkehrungen zu treffen[235].

Die Klage muss binnen drei Wochen nach Zugang der Kündigung beim Arbeitsgericht eingegangen sein. Die Klagefrist ist eine prozessuale Frist, an deren Versäumung sich materiell-rechtliche Folgen anschließen[236]. Es genügt, wenn die Klage bis 24:00 Uhr des letzten Tages der Klagefrist in den Machtbereich der Gerichtsverwaltung gelangt ist. Wird die Klage verspätet erhoben, besteht die Möglichkeit ihrer nachträglichen Zulassung nach § 5 KSchG.

c) Anforderungen an die Klageschrift

Die Anforderungen an eine Klageschrift ergeben sich aus § 253 II ZPO. Sie muss danach enthalten:

1) Die Bezeichnung der Parteien und des Gerichts.

2) Die bestimmte Angabe des Gegenstandes und des Grundes des erhobenen Anspruchs, sowie einen bestimmten Antrag. Bei der Klage nach § 4 KSchG ist der Antrag darauf zu richten, festzustellen, dass eine bestimmte Kündigung das Arbeitsverhältnis nicht aufgelöst hat. Dabei bedeutet die Angabe des Klagegrundes den konkreten Sachverhalt, Lebensvorgang, aus dem der Kläger die begehrte Rechtsfolge ableitet. Zur Klagebegründung genügt es, dass der Kläger die Kündigung bezeichnet, die er angreifen will. Es genügt, dass er sich auf die Sozialwidrigkeit der Kündigung beruft. Nach § 1 II 4 KSchG ist es Sache des Arbeitgebers, die Tatsachen, die die Kündigung sozial rechtfertigen sollen, vorzutragen und zu beweisen.

d) Weiterbeschäftigungsantrag

Nach der Rechtsprechung des Bundesarbeitsgerichts kann der Arbeitnehmer verlangen, vorläufig weiter beschäftigt zu werden, wenn er ein noch nicht rechts-

235 BAG, Urteil vom 03.04.1986 – 2 AZR 258/85 = NJW 1987, 1508.
236 BAG, Urteil vom 26.06.1986 – 2 AZR 358/85 = NZA 1986, 761.

kräftiges positives Kündigungsschutzurteil erlangt hat und überwiegende schützenswerte Interessen des Arbeitgebers einer solchen Beschäftigung nicht entgegenstehen[237]. Im Zusammenhang mit der uns beschäftigenden Insolvenz dürfte allerdings die Frage der Weiterbeschäftigung kaum von wesentlicher Bedeutung sein.

e) Vertretung vor Gericht

Vor den Arbeitsgerichten besteht gem. § 11 ArbGG kein absoluter Anwaltszwang. In der ersten Instanz ist es den Arbeitnehmern überlassen, ob sie den Rechtsstreit selbst führen oder sich vertreten lassen wollen. Eine Vertretung durch Vertreter von Gewerkschaften oder von Arbeitgebervereinigungen oder deren Spitzenverbänden ist zulässig, wenn die Prozesspartei Mitglied der Gewerkschaft oder der Arbeitgebervereinigung ist oder diese Verbände selbst Prozesspartei sind.

Vor den Landesarbeitsgerichten und vor dem BAG müssen die Parteien sich aber durch Rechtsanwälte als Prozessbevollmächtigte vertreten lassen. An ihre Stelle können vor den Landesarbeitsgerichten ebenfalls Vertreter von Gewerkschaften oder von Vereinigungen von Arbeitgebern oder von Zusammenschlüssen solcher Verbände treten, wenn sie kraft Satzung oder Vollmacht zur Vertretung befugt sind und der Zusammenschluss, der Verband oder deren Mitglieder Partei sind.

f) Verfallklauseln

Einzel- oder tarifvertragliche Verfallfristen werden durch die Kündigungsschutzklage aber weder gehemmt noch unterbrochen[238]. Nach der weit verbreiteten zweistufigen Verfallregelung wird zunächst die schriftliche Geltendmachung bestehender Ansprüche binnen bestimmter Fristen gefordert und dann binnen einer weiteren Frist die Klageerhebung. Nach der Rechtsprechung des BAG ist eine solche Verfallklausel, welche die schriftliche Geltendmachung von Ansprüchen aus dem Arbeitsverhältnis innerhalb eines Monats nach Fälligkeit eines Anspruchs und bei Ablehnung des Anspruchs oder Nichtäußerung binnen zweier Wochen die gerichtliche Geltendmachung des Anspruchs innerhalb eines weiteren Monats verlangt, zulässig[239]. Um die Fristen nicht verfallen zu lassen, müssen Lohn- und sonstige Ansprüche aus dem Arbeitsverhältnis gesondert oder im Wege der Klagehäufung neben der Kündigungsschutzklage erhoben werden.

---

237 BAG, Beschluss vom 27.02.1985 – GS 1/84 = BB 1985, 1978.
238 BAG, Urteil vom 22.02.1978 – 5 AZR 805/76 = BAGE 30, 135.
239 BAG, Urteil vom 13.12.2000 – 10 AZR 168/00 = ZIP 2001, 801.

7. Pflichten gegenüber der Bundesagentur für Arbeit

Gem. § 37b SGB III müssen sich Arbeitnehmer seit 1.7.2003 unverzüglich nach Kenntnis des Beendigungszeitpunkts ihres Arbeitsverhältnisses persönlich bei der Agentur für Arbeit arbeitsuchend melden. Diese Pflicht dient dazu, die Eingliederung von Arbeitsuchenden zu beschleunigen und damit Arbeitslosigkeit und Entgeltersatzleistungen der Versichertengemeinschaft möglichst zu vermeiden bzw. die Dauer der Arbeitslosigkeit zu verkürzen. Eine Verletzung der Meldepflicht kann nach § 140 SGB III zu einer Minderung des Arbeitslosengeldes von bis zu 50 € für jeden Tag der verspäteten Meldung führen.

Arbeitgeber sollen nach § 2 II Nr. 3 SGB III die Arbeitnehmer über diese Verpflichtung informieren.

Entgegen einem Urteil des LSG Baden-Württemberg[240] hat das BSG[241] entschieden, dass bei unterlassener Aufklärung durch den Arbeitgeber die unverschuldete Unkenntnis über die Meldepflicht zum Ausschluss der Rechtsfolgen des § 140 SGB III führt.

Aus der Verletzung der Mitwirkungspflicht gem. § 2 II SGB III lassen sich aber keine Sanktionen zu Lasten des Arbeitgebers ableiten, da § 37b SGB III hinsichtlich der Meldepflicht eine sozialrechtliche Pflicht eindeutig zu Lasten des Arbeitnehmers begründet, die durch die Informationspflicht des Arbeitgebers nach § 2 II 2 Nr. 3 SGB III nicht verlagert wird[242].

8. Freistellung

Da das Arbeitsverhältnis bis zum Ablauf der Kündigungsfrist weiterbesteht, hat der Arbeitnehmer auch bis zum Ablauf der Kündigungsfrist einen Anspruch auf vertragsgemäße Beschäftigung. Will der Arbeitgeber den Arbeitnehmer von dessen Verpflichtung zur Arbeitsleistung freistellen, muss dafür unter Berücksichtigung der Interessen des Arbeitnehmers ein billigenswerter Grund bestehen, der Arbeitgeber muss ein überwiegendes und schutzwürdiges Interesse an der Nichtbeschäftigung des Arbeitnehmers haben[243]. Durch die Freistellung von der Arbeitsleistung wird der Vergütungsanspruch während des bestehenden Arbeitsverhältnisses nicht beseitigt. Das im Annahmeverzug fortzuzahlende Entgelt ist nach dem Lohnausfallprinzip zu bemessen[244]. Zu zahlen ist die Vergütung, die der Dienstpflichtige bei Weiterarbeit erzielt hätte. Hätte der Arbeitnehmer bei

240 LSG Baden-Württemberg, Urteil vom 09.06.2004 – L 3 AL 1267/04 = AuR 2005, 158.
241 BSG, Urteil vom 25.05.2005 – B 11a/11 AL 47/04 R = SGb 2005, 451.
242 BAG Urteil vom 29.09.2005 – 8 AZR 571/04 = DB 2005, 2751.
243 BAG, Urteil vom 19.08.1976 – 3 AZR 173/75 = NJW 1977, 215.
244 BAG, Urteil vom 24.10.1991 – 2 AZR 210/91 (nicht veröffentlicht).

Weiterarbeit auch Überstunden geleistet, so zählt auch die Überstundenvergütung zur fortzuzahlenden vertraglichen Vergütung[245].

Da der Arbeitgeber grundsätzlich die Suspendierung jederzeit widerrufen kann, folgt aus einer Arbeitsfreistellung nicht gleichzeitig die Anrechnung von Resturlaubsansprüchen[246]. Resturlaubsansprüche gelten daher nur dann mit der Freistellung als abgegolten, wenn dem Arbeitnehmer hinreichend erkennbar Urlaub erteilt wird[247].

9. Abfindung

a) Abfindungsoption nach § 1a KSchG

Seit dem 1.1.2004 hat der Arbeitnehmer gem. § 1a KSchG mit dem Ablauf der Kündigungsfrist Anspruch auf eine Abfindung, wenn der Arbeitgeber wegen dringender betrieblicher Erfordernisse nach § 1 II 1 KSchG kündigt und der Arbeitnehmer bis zum Ablauf der Frist des § 4 S. 1 KSchG keine Klage auf Feststellung erhebt, dass das Arbeitsverhältnis durch die Kündigung nicht aufgelöst ist. Der Anspruch setzt allerdings den Hinweis des Arbeitgebers in der Kündigungserklärung voraus, dass die Kündigung auf dringende betriebliche Erfordernisse gestützt ist und der Arbeitnehmer bei Verstreichenlassen der Klagefrist die Abfindung beanspruchen kann. Mit anderen Worten, ob der Arbeitnehmer einen Abfindungsanspruch nach § 1a KSchG hat oder nicht, hängt in erster Linie vom Arbeitgeber ab.

Die Höhe des Abfindungsanspruches ergibt sich aus § 1a II KSchG. Sie beträgt nämlich 0,5 Monatsverdienste für jedes Jahr des Bestehens des Arbeitsverhältnisses, wobei bei der Ermittlung der Dauer des Arbeitsverhältnisses ein Zeitraum von mehr als sechs Monaten auf ein volles Jahr aufzurunden ist. Da in § 1a II KSchG nur auf § 10 III KSchG verwiesen wird, ist die Abfindung nach § 1a KSchG nicht begrenzt.

Der gesetzliche Abfindungsanspruch entsteht mit dem Ablauf der Kündigungsfrist und wird auch zu diesem Zeitpunkt zur Zahlung fällig[248].

b) Auflösungsantrag und Abfindung nach §§ 9 ff. KSchG

§ 9 KSchG gibt dem Arbeitnehmer die Möglichkeit, den Antrag auf Auflösung des Arbeitsverhältnisses zu stellen und zu beantragen, den Arbeitgeber zur Zahlung einer angemessenen Abfindung zu verurteilen.

---

245 BAG, Urteil vom 18.09.2001 – 9 AZR 307/00 = BB 2002, 359.
246 Schmalenberg in Anw. Hdb. ArbR., Teil 2 A, Rn. 704.
247 BAG, Urteil vom 09.06.1998 – 9 AZR 43/97 = NJW 1999, 1496.
248 Nägele in Anw. Hdb. ArbR., Teil 3 D, Rn. 294.

aa) Auflösungsantrag des Arbeitnehmers

(1) Anhängigkeit eines Kündigungsrechtsstreits

Wesentliche Voraussetzung ist immer, dass im Rahmen eines Prozesses gegen den Kündigenden oder den Rechtsnachfolger durch Klage oder Widerklage rechtzeitig die Feststellung nach § 4 KSchG begehrt wird. Der Auflösungsantrag kann nicht isoliert, sondern nur im Wege des unechten Hilfsantrags gemeinsam mit einer Kündigungsschutzklage gestellt werden[249]. § 9 I 3 KSchG macht aber deutlich, dass der Antrag nicht unmittelbar mit Einreichung der Kündigungsschutzklage gestellt werden muss, sondern bis zum Schluss der letzten mündlichen Verhandlung in der Berufungsinstanz möglich ist. Ein Antrag muss aber jedenfalls vorliegen. Eine Auflösung von Amts wegen kommt nicht in Betracht.

(2) Unwirksamkeit der Kündigung

Die Auflösung des Arbeitsverhältnisses setzt voraus, dass dieses nicht bereits durch die Kündigung aufgelöst ist und dass es zum Zeitpunkt der Auflösung noch besteht, also auch nicht durch Ablauf einer Befristung oder Eintritt einer auflösenden Bedingung geendet hat.

(3) Unzumutbarkeit der Fortsetzung des Arbeitsverhältnisses

Nach § 9 I 1 KSchG hat das Gericht das durch eine sozialwidrige Kündigung nicht beendete Arbeitsverhältnis durch Urteil aufzulösen, wenn dem Arbeitnehmer die Fortsetzung des Arbeitsverhältnisses nicht zuzumuten ist. Dabei muss kein wichtiger Grund i.S.v. § 626 I BGB vorliegen, der dem Arbeitnehmer die Fortsetzung des Arbeitsverhältnisses auch nur bis zum Ablauf der Kündigungsfrist unzumutbar macht. Vielmehr reicht es aus, wenn die Fortsetzung des Arbeitsverhältnisses auf unbestimmte Dauer i.S.v. § 9 KSchG unzumutbar ist. Die Unzumutbarkeit des § 9 KSchG ist nicht identisch mit der Sozialwidrigkeit der Kündigung. Ist eine Kündigung unwirksam, ist nicht schon deshalb allein dem Arbeitnehmer die Fortsetzung des Arbeitsverhältnisses unzumutbar. Die Unzumutbarkeit muss sich aus weiteren Gründen ergeben, die der Arbeitgeber setzt[250]. Die im einzelnen vorzutragenden unzumutbaren Umstände müssen in zeitlichem und sachlichem Zusammenhang mit der Kündigung und mit dem Kündigungsschutzprozess stehen, wobei insbesondere solche Fälle beachtlich sind, in denen als Kündigungsgründe unzutreffende ehrverletzende Behauptungen über die Person oder das Verhalten des Arbeitnehmers leichtfertig erhoben worden sind oder das Vertrauensverhältnis im Verlaufe des Kündigungsrechtsstreits ohne Verschulden des

---

249 Holthöwer in Anw.Hdb. ArbR., Teil 5 A, Rn. 190.
250 BAG, Urteil vom 24.09.1992 – 8 AZR 557/91 = NZA 1993, 362.

Arbeitnehmers zerrüttet worden ist[251]. Die Fortsetzung des Arbeitsverhältnisses auf unbestimmte Dauer ist für den Arbeitnehmer noch nicht unzumutbar im Sinne des § 9 I 1 KSchG, wenn der Arbeitgeber nach erstinstanzlichem Verlust des Kündigungsschutzprozesses erneut kündigt und grundsätzlich entschlossen ist, die unternehmerische Entscheidung, die der ersten, sozialwidrigen Kündigung zu Grunde lag, mit allen ihm zur Verfügung stehenden rechtlichen Mitteln, notfalls einer erneuten, aus seiner Sicht nunmehr sozial gerechtfertigten Kündigung durchzusetzen[252].

bb) Höhe der Abfindung

Bei stattgebender Entscheidung ist eine Abfindung festzusetzen. Die Entscheidung hierüber ergeht von Amts wegen. Der Arbeitnehmer braucht keinen Antrag insoweit zu stellen.

Für vom Gericht festzusetzende Abfindungen gelten der Grundsatz der Angemessenheit der Abfindung nach § 9 I 1 KSchG und die in § 10 KSchG festgelegten Bemessungsfaktoren. Als Abfindung ist gem. § 10 I KSchG ein Betrag bis zu zwölf Monatsverdiensten festzusetzen. Hat der Arbeitnehmer das fünfzigste Lebensjahr vollendet und hat das Arbeitsverhältnis mindestens fünfzehn Jahre bestanden, so ist ein Betrag bis zu fünfzehn Monatsverdiensten, hat der Arbeitnehmer das fünfundfünfzigste Lebensjahr vollendet und hat das Arbeitsverhältnis mindestens zwanzig Jahre bestanden, so ist ein Betrag bis zu achtzehn Monatsverdiensten festzusetzen, § 10 II 1 KSchG. Als Monatsverdienst gilt gem. § 10 III KSchG, was dem Arbeitnehmer bei der für ihn maßgebenden regelmäßigen Arbeitszeit in dem Monat, in dem das Arbeitsverhältnis endet (§ 9 II KSchG), an Geld und Sachbezügen zusteht.

III. Sonstige Auswirkungen der Insolvenz ohne Regelungsverfahren

1. Der Betriebsrat

In Betrieben mit mindestens 5 wahlberechtigten Arbeitnehmern können Betriebsräte gebildet werden. Die Aufgaben des Betriebsrats sind im BetrVG nicht zusammenhängend aufgeführt. Die Hauptaufgabe des Betriebsrats taucht verstreut in vielen Einzelbestimmungen auf, in denen der Arbeitgeber verpflichtet wird, in sozialen Angelegenheiten, in personellen Angelegenheiten, bei personellen Einzelmaßnahmen, bei der Gestaltung von Arbeitsplatz, Arbeitsablauf und Arbeitsumgebung und in wirtschaftlichen Angelegenheiten den Betriebsrat zu

251 BAG, Urteil vom 20.05.1988 – 2 AZR 803/87 = RzK, I 11b Nr. 7.
252 BAG, Urteil vom 27.03.2003 – 2 AZR 9/02 = NZA 2004, 512.

beteiligen. Insbesondere ist er gem. § 102 I 1 BetrVG vor jeder Kündigung zu hören. Er kann Bedenken äußern und der Kündigung widersprechen. Mit dem Vorbringen von Bedenken kann der Betriebsrat versuchen, argumentativ auf das Ob und das Wie der Kündigung Einfluss zu nehmen[253]. Er kann damit aber die Kündigung nicht endgültig verhindern. Dagegen führt ein begründeter Widerspruch zu einer unmittelbaren Verbesserung der Rechtsposition des gekündigten Arbeitnehmers, da dieser im Fall eines fristgemäßen und ausreichend begründeten Widerspruchs den Weiterbeschäftigungsanspruch nach § 102 V BetrVG in Anspruch nehmen kann[254].

Voraussetzung für einen Weiterbeschäftigungsanspruch nach § 102 V BetrVG ist das Vorliegen eines ordnungsgemäßen Widerspruchs. Der Widerspruch des Betriebsrats ist nur ordnungsgemäß, wenn er sich auf einen der in § 102 III BetrVG genannten Widerspruchsgründe abschließend bezieht und fristgerecht dem Arbeitgeber zugeht[255]. Ein Weiterbeschäftigungsanspruch muss weiterhin vom Arbeitnehmer ausdrücklich geltend gemacht werden. Der Arbeitnehmer ist daher verpflichtet, gegenüber dem Arbeitgeber ohne Einhaltung einer bestimmten Form oder Frist zu erklären, dass er bis zur rechtskräftigen Entscheidung des von ihm eingeleiteten Kündigungsschutzprozesses weiterbeschäftigt werden will[256]. Der einmal entstandene Weiterbeschäftigungsanspruch entfällt nicht, wenn die Wirksamkeit der Kündigung durch das Gericht später festgestellt wird. Wird unter den Vorraussetzungen des § 102 V BetrVG der Arbeitnehmer aber tatsächlich nicht beschäftigt, so gerät der Arbeitgeber als Gläubiger der Leistung in Annahmeverzug gem. §§ 615, 293 BGB, was für den Arbeitnehmer bedeutet, dass er die vereinbarte Vergütung verlangen kann, ohne zur Nachleistung verpflichtet zu sein.

2. Betriebsänderungen

Betriebsänderungen, die wesentliche Nachteile für die Belegschaft oder erhebliche Teile der Belegschaft zur Folge haben können, können in größeren Betrieben (mehr als 20 Arbeitnehmer) nicht ohne die Mitwirkung des Betriebsrates durchgeführt werden. Zu den praktisch relevanten Nachteilen gehören insbesondere Verlust des Arbeitsplatzes, Minderung des Arbeitsentgelts, Erhöhung der Fahrtkosten durch längere Arbeitswege oder schlechtere Verkehrsanbindung sowie Erschwerung der Arbeitsbedingungen durch Leistungsverdichtung oder gesteigerte Qualifikationsanforderungen[257].

---

253 Griebeling in Fiebig, § 102 BetrVG, Rn. 135.
254 Griebeling in Fiebig, § 102 BetrVG, Rn. 136.
255 BAG, Urteil vom 12.09.1985 – 2 AZR 324/84 = ZIP 1986, 459.
256 BAG, Urteil vom 31.08.1978 – 3 AZR 989/77 = BB 1979, 523.
257 Haag in LNK BetrVG, § 111, Rn. 4.

Voraussetzung ist freilich außerdem, dass ein Betriebsrat existiert. Ein Betriebsrat hat keine Beteiligungsrechte mehr, wenn er erst nach Beginn der Betriebsänderung gewählt wurde[258].

Als Betriebsänderungen in diesem Sinne gelten gem. § 111 S. 3 BetrVG:

- die Einschränkung und die Stilllegung des ganzen Betriebs oder von wesentlichen Betriebsteilen,
- die Verlegung des ganzen Betriebs oder von wesentlichen Betriebsteilen,
- der Zusammenschluss mit anderen Betrieben oder die Spaltung von Betrieben,
- grundlegende Änderungen der Betriebsorganisation, des Betriebszwecks oder der Betriebsanlagen,
- die Einführung grundlegend neuer Arbeitsmethoden und Fertigungsverfahren.

Die Insolvenz als solche, gleichgültig ob mit oder ohne gerichtlichem Regelungsverfahren ist daher keine Betriebsänderung.

Eine Einschränkung des Betriebes gem. § 111 S. 3 Nr. 1 BetrVG liegt gem. § 112a I BetrVG auch schon bei der Entlassung von Arbeitnehmern vor.

Bei der Frage, ob eine Personalreduzierung so erheblich ist, dass sie eine Betriebsänderung im Sinne von § 111 BetrVG darstellt, wird die Zahlenstaffel des § 17 I KSchG herangezogen[259]. Für größere Betriebe verbleibt es allerdings nicht bei der Höchstgrenze des § 17 I Nr. 3 KSchG von 30 Arbeitnehmern; hier müssen mindestens 5 % der Belegschaft betroffen sein[260].

Im Falle einer Betriebsänderung hat der Unternehmer den Betriebsrat rechtzeitig und umfassend zu unterrichten und mit ihm die geplante Betriebsänderung zu beraten. Bei der Beratung handelt es sich nicht um eine isolierte oder vorgelagerte Beratung, sondern um eine einheitliche Beratung mit dem Ziel, einen Interessenausgleich und/oder einen Sozialplan abzuschließen[261].

3. Sozialplan

Wirtschaftliche Nachteile, die dem Arbeitnehmer infolge einer geplanten Betriebsänderung entstehen, können gem. § 112 I 2 BetrVG durch Einigung zwischen Arbeitgeber und Betriebsrat in einem Sozialplan ausgeglichen werden.

---

258 BAG, Beschluss vom 28.10.1992 – 10 ABR 75/91 = ZIP 1993, 289.
259 HPOpro Kommentar, § 111 BetrVG, Rn. 9.
260 BAG, Urteil vom 02.08.1983 – 1 AZR 516/81 = ZIP 1984, 359.
261 HPOpro Kommentar, § 111 BetrVG, Rn. 31.

Die Aufstellung eines Sozialplans kann gem. § 112 IV, V BetrVG erzwungen werden. Können sich nämlich Unternehmer und Betriebsrat nicht darüber einigen, so können beide, gegebenenfalls nach erfolglosem Vermittlungsversuch durch die Bundesagentur für Arbeit, die Einigungsstelle anrufen. Diese ist gem. § 76 II 1 BetrVG aus einer gleichen Anzahl von Beisitzern, die vom Arbeitgeber und Betriebsrat bestellt werden, und einem unparteiischen Vorsitzenden, zu bilden. Die Einigungsstelle hat zunächst eine Einigung der Parteien zu versuchen und wenn eine solche nicht zustande kommt, selbst über die Aufstellung eines Sozialplans zu entscheiden.

In Betrieben neugegründeter Unternehmen kann in den ersten vier Jahren nach der Unternehmensgründung gem. § 112a II BetrVG jedoch kein Sozialplan erzwungen werden.

Die Betriebsparteien haben bei der Ausgestaltung des Sozialplans einen weiten Gestaltungsspielraum. Danach können gemäß § 112 I 2 BetrVG in einem Sozialplan – in den Grenzen billigen Ermessens – diejenigen Nachteile ausgeglichen bzw. gemildert werden, die den Arbeitnehmern infolge einer geplanten Betriebsänderung entstehen. Die Betriebspartner sind bei der Vereinbarung eines Sozialplans frei in ihrer Entscheidung, welche Nachteile der von einer Betriebsänderung betroffenen Arbeitnehmer in welchem Umfang ausgeglichen oder gemildert werden[262]. Sie müssen dabei allerdings gemäß § 75 I 1 BetrVG alle im Betrieb tätigen Personen nach den Grundsätzen von Recht und Billigkeit behandeln und insbesondere den arbeitsrechtlichen Gleichbehandlungsgrundsatz beachten[263]. Es verstößt z. B. nicht gegen § 75 BetrVG, wenn die Betriebspartner in einem Sozialplan diejenigen Arbeitnehmer von Sozialplanansprüchen ausnehmen, die ihre Arbeitsverhältnisse vor der geplanten Stilllegung des Betriebes selbst kündigen, wenn der Arbeitgeber ein berechtigtes Interesse an der geordneten Weiterführung des Betriebs bis zu dessen Schließung hat und dazu auf das Verbleiben seiner Mitarbeiter angewiesen ist[264].

Es verstößt auch nicht gegen § 75 BetrVG, wenn die Betriebspartner solche Arbeitnehmer von Sozialplanleistungen ausnehmen, die zum Zeitpunkt der Auflösung des Arbeitsverhältnisses die Voraussetzungen für den übergangslosen Rentenbezug nach Beendigung des Anspruchs auf Arbeitslosengeld erfüllen[265]. Es ist zulässig, die Arbeitnehmer von den Leistungen eines Sozialplans auszuschließen, die vorgezogenes Altersruhegeld in Anspruch nehmen können[266].

Viele Sozialpläne enthalten Abfindungen bei betriebsbedingten Kündigungen – in der Regel mit pauschalierenden Regelungen und Abfindungsformeln unter

262 BAG, Urteil vom 19.10.1999 – 1 AZR 838/98 = DB 2000, 930.
263 BAG, Urteil vom 09.11.1994 – 10 AZR 281/94 = BB 1995, 1038.
264 BAG, Urteil vom 09.11.1994 – 10 AZR 281/94 = BB 1995, 1038.
265 BAG, Urteil vom 31.07.1996 – 10 AZR 45/96 = ZIP 1996, 1954.
266 BAG, Urteil vom 26.07.1988 – 1 AZR 156/87 = NZA 1989, 25.

Berücksichtigung von Betriebszugehörigkeit, letztem Einkommen, Lebensalter, Unterhaltspflichten usw. Abfindungen können dergestalt festgelegt werden, dass die Betriebsparteien die Lage jedes Mitarbeiters individuell bewerten und je eine Abfindungssumme vereinbart wird. In den meisten Fällen wird jedoch eine Abfindungsformel verwendet werden. Deren Ausgestaltung unterliegt der freien Vereinbarung. Gebräuchlich sind einfache Formeln wie die von den Arbeitsgerichten bei Abfindungsvergleichen in Kündigungsschutzprozessen verwendeten. Höchstbegrenzungsklauseln für Abfindungen wegen des Verlustes des Arbeitsplatzes sind dabei grundsätzlich zulässig[267].

Die Ansprüche aus dem Sozialplan entstehen mit Abschluss des Sozialplans unmittelbar gegen den Unternehmer[268], die der Arbeitnehmer gegebenenfalls im Klagewege geltend machen kann.

4. Folgen der Veräußerung des Betriebes nach § 613a BGB

a) Grundlagen des Betriebsübergangs

Ein zahlungsunfähiger Arbeitgeber kann allerdings auch versuchen, allen Problemen aus dem Weg zu gehen, indem er seinen Betrieb oder einen Teil von diesem auf einen anderen Erwerber übergehen lässt. Fraglich ist, wie sich dies auf die Arbeitnehmer auswirkt. Nach § 613a BGB hat ein solcher Betriebsübergang für den Arbeitnehmer zur Folge, dass der neue Inhaber in die Rechte und Pflichten aus den im Zeitpunkt des Übergangs bestehenden Arbeitsverhältnissen eintritt.

aa) Früherer allgemeiner Betriebsbegriff des BAG

Voraussetzung des § 613a I 1 BGB ist, dass ein Betrieb oder Betriebsteil auf den Nachfolger übergeht. Der Begriff des Betriebes oder Betriebsteils ist geprägt von der Auslegung der europäischen Richtlinien durch den Europäischen Gerichtshof. Bis etwa 1997 war nach der Rechtsprechung des BAG zunächst die allgemeine Begriffsbestimmung des Betriebes maßgebend. Das Gesetz knüpft den Übergang der Arbeitsverhältnisse auf den Erwerber daran, dass eine organisatorische Einheit mit einer eigenen technischen Zwecksetzung oder ein Teil dieser organisatorischen Einheit auf den Erwerber übergeht. Das BAG nahm an, dass die sächlichen und immateriellen Betriebsmittel dann einen Betrieb ausmachen, wenn der Neuinhaber mit ihnen bestimmte arbeitstechnische Zwecke verfolgen konnte[269]. Nicht erforderlich war, dass alle Wirtschaftsgüter übergehen[270]. Einen

---

267 BAG, Urteil vom 23.08.1988 – 1 AZR 284/87 = NZA 1989, 28.
268 Fitting, §§ 112, 112a, Rn. 182.
269 BAG, Urteil vom 22.05.1985 – 5 AZR 173/84 = BAGE 48, 376.
270 BAG, Urteil vom 29.10.1975 – 5 AZR 444/74 = BAGE 27, 291.

Betriebsteil i.S.v. § 613a BGB nahm man nur an, wenn es sich dabei um eine Teileinheit, eine Teilorganisation handelte, also in der Regel um mehrere bzw. eine Vielfalt von Gegenständen, die in ihrer Gesamtheit innerhalb des Betriebes eine bestimmte Teilaufgabe wahrnehmen und nicht nur untergeordnete Hilfsfunktionen ausüben. Abzustellen war dabei auf Größe und Organisation des jeweiligen Betriebes. So sollte es z.B. in Produktionsbetrieben von nicht nur geringer Größe nicht ausreichen, wenn nur Büromaterial oder Maschinen für die Hauswerkstatt übernommen wurden[271]. Die Übernahme eines Produktionsbetriebes scheiterte bei Übernahme der sonstigen sächlichen oder immateriellen Betriebsmittel auch nicht daran, dass die jederzeit ersetzbaren Bestände des Materiallagers ergänzt werden mussten, auch wenn dies erhebliche Investitionen erforderte[272].

Für Handels- und Dienstleistungsbetriebe, deren Betriebsvermögen hauptsächlich aus Rechtsbeziehungen besteht, sind es dagegen in erster Linie die immateriellen Betriebsmittel wie Kundenstamm, Kundenlisten, Geschäftsbeziehungen zu Dritten, das „know how" und der „good will", also die Einführung des Unternehmens auf dem Markt[273], Warenzeichen[274], gegebenenfalls, anders als bei Produktionsbetrieben, auch Geschäftsräume und Geschäftslager, sofern diese Bestandteile des Betriebes es ermöglichen, den bisherigen Kundenkreis zu halten und auf den neuen Betriebsinhaber überzuleiten[275]. Zum Wesentlichen eines Warengeschäftes gehört mithin der Übergang der Geschäftsräume, die Beibehaltung eines im Wesentlichen gleichen Warensortiments, die Betriebsform und die Übernahme der Kundschaft[276].

bb) Betriebsbegriff ausgehend von der Rechtsprechung des EuGH

Der Europäische Gerichtshof ist von einem anderen Betriebsbegriff ausgegangen. Es handelt es sich um den gleichen Betriebsbegriff, der in Art. 1 Nr. 1b der Richtlinie 2001/23/EG des Rates vom 12.03.2001[277] übernommen wurde. Als Übergang im Sinne der Richtlinie wird der Übergang einer ihre Identität bewahrenden wirtschaftlichen Einheit im Sinne einer organisierten Zusammenfassung von Ressourcen zur Verfolgung einer wirtschaftlichen Haupt- oder Nebentätigkeit angesehen. Während der Europäische Gerichthof zunächst in der Entscheidung Christel Schmidt[278] einen Betriebsübergang angenommen hatte, wenn ein Unternehmer durch Vertrag einem anderen Unternehmer die Verantwortung für die Erledigung der früher von ihm selbst wahrgenommenen Reinigungsaufgaben

---

271 BAG, Urteil vom 22.05.1985 – 5 AZR 30/84 = NJW 1986, 451.
272 BAG, Urteil vom 22.09.1994 – 2 AZR 54/94 = ZIP 1995, 59.
273 BAG, Urteil vom 29.09.1988 – 2 AZR 107/88 = DB 1989, 2176.
274 BAG, Urteil vom 28.04.1988 – 2 AZR 623/87 = ZIP 1989, 326.
275 BAG, Urteil vom 30.10.1986 – 2 AZR 696/85 = BAGE 53, 267.
276 BAG, a.a.O.
277 ABl. Nr. L 82, S. 16.
278 EuGH, Urteil vom 14.04.1994 – C 392/92 = NJW 1994, 2343.

überträgt, hat er in der späteren Entscheidung Ayse Süzen[279] die Übernahme einer wirtschaftlichen Einheit im Rahmen eines Betriebsübergangs verneint, für den Fall, dass ein Auftraggeber, der die Reinigung von Räumlichkeiten einem Unternehmer übertragen hat, den Vertrag mit diesem kündigt und zur Durchführung ähnlicher Arbeiten einen neuen Vertrag mit einem anderen Unternehmer schließt, sofern dieser Vorgang weder mit einer Übertragung relevanter materieller oder immaterieller Betriebsmittel von dem einen auf den anderen Unternehmer noch mit der Übernahme eines nach Zahl und Sachkunde wesentlichen Teils des von dem einen Unternehmer zur Durchführung des Vertrages eingesetzten Personals durch den anderen Unternehmer verbunden ist.

Diese Auslegung der Richtlinie unter Zugrundelegung des Begriffes der wirtschaftlichen Einheit ist von dem Europäischen Gerichtshof seit 1986 angewendet worden. Zweck der Richtlinie ist es, die Kontinuität der im Rahmen einer wirtschaftlichen Einheit bestehenden Arbeitsverhältnisse unabhängig von einem Inhaberwechsel zu gewährleisten, so dass das entscheidende Kriterium für die Antwort auf die Frage, ob es sich um einen Übergang im Sinne der Richtlinie handelt, darin besteht, ob die fragliche Einheit ihre Identität bewahrt. Es muss nach EuGH somit um den Übergang einer auf Dauer angelegten wirtschaftlichen Einheit gehen, deren Tätigkeit nicht auf die Ausführung eines bestimmten Vorhabens beschränkt ist[280]. Bei der Prüfung, ob eine Einheit übergegangen ist, müssen sämtliche den betreffenden Vorgang kennzeichnenden Tatsachen berücksichtigt werden. Dazu gehören insbesondere die Art des betreffenden Unternehmens oder Betriebes, der etwaige Übergang der materiellen Betriebsmittel wie Gebäude und bewegliche Güter, der Wert der immateriellen Aktiva im Zeitpunkt des Übergangs, die etwaige Übernahme der Hauptbelegschaft durch den neuen Inhaber, der etwaige Übergang der Kundschaft sowie der Grad der Ähnlichkeit zwischen den vor und nach dem Übergang verrichteten Tätigkeiten und die Dauer einer eventuellen Unterbrechung dieser Tätigkeiten[281].

Das BAG hat in seiner Entscheidung vom 22.05.1997 diese Auslegung übernommen[282]:

> „Darüber hinaus erfordert ein Betriebsübergang nach der Rechtsprechung des EuGH, die von den nationalen Gerichten bei der Anwendung des § 613a BGB zu berücksichtigen ist, den Übergang einer auf Dauer angelegten wirtschaftlichen Einheit.
>
> Der mit dem „Betrieb" im Sinne von § 613a BGB gleichzusetzende Begriff „Einheit" wird vom EuGH definiert als eine organisierte Gesamtheit von Personen und Sachen zur Ausübung einer wirtschaftlichen Tätigkeit mit eigener Zielset-

279 EuGH, Urteil vom 11.03.1997 – C-13/95 = NJW 1997, 2039.
280 EuGH, Urteil vom 19.09.1995 – C-48/94 = NZA 1995, 1031.
281 EuGH, Urteil vom 18.03.1986 – C-24/85 = EuGHE 1986, 1119.
282 BAG, Urteil vom 22.05.1997 – 8 AZR 101/96 = NJW 1997, 3188.

zung. Die Einheit darf nicht als bloße Tätigkeit verstanden werden. Ihre Identität ergibt sich u.a. aus ihrem Personal, ihren Führungskräften, ihrer Arbeitsorganisation, ihren Betriebsmethoden und den ihr zur Verfügung stehenden Betriebsmitteln.

Hiermit hat der EuGH zum wiederholten Male die Bedeutung der Belegschaft für die Annahme einer Einheit im Sinne der Richtlinie betont. Dem hat die Rechtsprechung des Bundesarbeitsgerichts Rechnung zu tragen.

Das Bundesarbeitsgericht hat in seiner früheren Rechtsprechung angenommen, der Übergang der Arbeitsverhältnisse sei Rechtsfolge und nicht Tatbestandsvoraussetzung des § 613a BGB. Für das Vorliegen eines Betriebsübergangs sei es daher nicht rechtserheblich, ob ein Übergang der Arbeitsverhältnisse stattgefunden habe. (...) Der nunmehr für Rechtsfragen des Übergangs eines Arbeitsverhältnisses nach § 613a BGB einschließlich der Wirksamkeit damit im Zusammenhang stehender Kündigungen allein zuständige 8. Senat des Bundesarbeitsgerichts hält an dieser restriktiven Berücksichtigung des Übergangs von Arbeitsverhältnissen nicht fest und schließt sich der vom EuGH vertretenen Interpretation an. Es ist deshalb davon auszugehen, dass der Übernahme des Personals ein gleichwertiger Rang neben den anderen möglichen Kriterien eines Betriebsübergangs zukommt. Insbesondere in Branchen, in denen es im wesentlichen auf die menschliche Arbeitskraft ankommt, kann eine Gesamtheit von Arbeitnehmern, die durch ihre gemeinsame Tätigkeit dauerhaft verbunden ist, eine wirtschaftliche Einheit darstellen."

In einer späteren Entscheidung des BAG[283] heißt es dann auch:

„Der Begriff „Einheit" bezieht sich auf eine organisierte Gesamtheit von Personen und Sachen zur Ausübung einer wirtschaftlichen Tätigkeit mit eigener Zielsetzung. Er darf nicht als bloße Tätigkeit verstanden werden. Ihre Identität ergibt sich auch aus anderen Merkmalen, wie ihrem Personal, ihren Führungskräften, ihrer Arbeitsorganisation, ihren Betriebsmethoden und gegebenenfalls den ihr zur Verfügung stehenden Betriebsmitteln."

In der Entscheidung vom 11.09.1997[284] heißt es:

„Zur Prüfung der Wahrung der Identität der wirtschaftlichen Einheit sind sämtliche den betreffenden Vorgang kennzeichnenden Tatsachen zu berücksichtigen. Dazu gehören der etwaige Übergang der materiellen Betriebsmittel wie Gebäude und bewegliche Güter, der Wert der immateriellen Aktiva im Zeitpunkt des Übergangs, der etwaige Übergang der Kundschaft sowie der Grad der Ähnlichkeit zwischen den vor und nach dem Übergang verrichteten Tätigkeiten und die Dauer einer eventuellen Unterbrechung dieser Tätigkeit. Die

283 BAG, Urteil vom 26.06.1997 – 8 AZR 426/95 = ZIP 1997, 1975.
284 BAG, Urteil vom 11.09.1997 – 8 AZR 555/95 = DB 1997, 2540.

> Identität der wirtschaftlichen Einheit kann sich auch aus ihrer Arbeitsorganisation und ihren Betriebsmethoden ergeben. Bei einer Gaststätte hängt die Wahrung der Identität der wirtschaftlichen Einheit auch von ihrem kundenorientierten Leistungsangebot sowie der Übernahme der Führungskräfte oder des sonstigen Personals, insbesondere der Hauptbelegschaft ab. Eine Einheit oder Teileinheit ist nicht als bloße Betätigungsmöglichkeit zu verstehen."

In einer Entscheidung vom 11.12.1997[285] hat das BAG erneut über einen Betriebsübergang im Zusammenhang mit der Neuvergabe eines Reinigungsauftrages entschieden. Darin stellte es fest, dass die Voraussetzungen des § 613a BGB auch bei einem Auftragswechsel in einer Konkurrenzsituation erfüllt sein können, wenn der neue Auftragnehmer zwar keine sächlichen Betriebsmittel übernimmt, dafür aber kraft eigenen Willensentschlusses einen nach Zahl und Sachkunde wesentlichen Teil der bisher für die betreffenden Arbeiten eingesetzten Arbeitnehmer im wesentlichen unverändert weiterbeschäftigt. Gleichzeitig passte es die bisherige eigene Rechtsprechung richtlinienkonform an. Zwar entsprach es bereits ständiger Rechtsprechung, dass es für den rechtsgeschäftlichen Übergang nicht zwingend eines Vertrages zwischen dem alten und dem neuen Betriebsinhaber bedurfte, allerdings wurde bis dahin bei der Neuvergabe von Aufträgen an Fremdunternehmen ein rechtsgeschäftlicher Übergang verneint, weil die Fortbeschäftigung der Arbeitnehmer nicht auf der Tatbestandsseite des § 613a BGB berücksichtigt wurde und deshalb Rechtsgeschäfte mit den Arbeitnehmern ohne Bedeutung blieben. Nun entschied das BAG aber, dass ein Unternehmer eine vorhandene Arbeitsorganisation durch „Übernahme" der Arbeitnehmer weiter nutzen können müsse, ohne im Regelfall in Verhandlungen mit dem bisherigen Auftragnehmer treten zu müssen, wenn nach richtlinienkonformer Auslegung die Identität eines Betriebs oder eines Betriebsteils maßgeblich durch sein Personal und nicht durch materielle und immaterielle Betriebsmittel gewahrt wird.

Wesentlich für die Rechtsprechung des BAG seit 1997 ist, dass nicht mehr an den Begriff des Betriebes angeknüpft wird, sondern an den der wirtschaftlichen Einheit. Erfasst werden also alle wirtschaftlichen Betätigungen. Zu den Betrieben in diesem Sinn zählen auch Gewerbebetriebe[286], Praxen von Rechtsanwälten, Steuerberatern und Ärzten, Kliniken[287], Tendenzbetriebe[288] einschließlich der Betriebe von Religionsgemeinschaften i.S.v. § 118 II BetrVG[289].

Nach der früheren Rechtsprechung des BAG war der Übergang oder Nichtübergang der materiellen Aktiva eine Voraussetzung des Betriebsüberganges. Dieses ist nunmehr nur noch ein Merkmal des Betriebsüberganges neben anderen. Der Wert der immateriellen Aktiva ist bei dem Übergang zu schätzen.

---

285 BAG, Urteil vom 11.12.1997 – 8 AZR 729/96 = ZIP 1998, 666.
286 BAG, Urteil vom 14.10.1982 – 2 AZR 811/79 = DB 1984, 1306.
287 BAG, Beschluss vom 31.05.1990 – 2 AZR 13/90 (nicht veröffentlicht).
288 BAG, Beschluss vom 07.11.1975 – 1 ABR 78/74 = DB 1975, 2235.
289 BAG, Beschluss vom 09.02.1982 – 1 ABR 36/80 = NJW 1982, 1894.

Wenn nicht der gesamte Betrieb, sondern nur ein Betriebsteil übernommen wird, muss der Arbeitnehmer dem übertragenen Betriebsteil angehören, damit sein Arbeitsverhältnis gemäß § 613a BGB auf den Erwerber übergeht. Es genügt hierfür nicht, dass der Arbeitnehmer, ohne dem übertragenen Betriebsteil anzugehören, als Beschäftigter einer nicht übertragenen Abteilung Tätigkeiten für den übertragenen Betriebsteil verrichtete[290].

cc) Übergang durch Rechtsgeschäft

Der Übergang muss sich aufgrund eines Rechtsgeschäfts vollziehen. Fraglich war lange Zeit, ob das Rechtsgeschäft zwischen dem Betriebsveräußerer und dem Betriebserwerber abgeschlossen sein muss. Wie bereits oben angedeutet, hat sich in der Rechtsprechung die Auffassung durchgesetzt, dass der Gesetzgeber in § 613a I 1 BGB einen Auffangtatbestand geschaffen hat, der alle Fälle der rechtsgeschäftlichen Betriebsnachfolge mit Ausnahme der Gesamtrechtsnachfolge umfasst und somit die Betriebsnachfolge aufgrund Rechtsgeschäft auch dann gegeben ist, wenn das Rechtsgeschäft mit einem Dritten abgeschlossen wird. So tritt z.B. ein Pächter, der den Betrieb im Anschluss an die beendete Pacht eines früheren Pächters pachtet, in die Rechte und Pflichten der mit dem ersten Pächter bestehenden Arbeitsverhältnisse ein[291]. Dementsprechend liegt ein rechtsgeschäftlicher Betriebsübergang auch beim „Rückfall" eines Betriebes auf den Verpächter vor[292]. Ein Rechtsgeschäft i.S.d. § 613a I 1 BGB ist auch dann gegeben, wenn der Übergang des Betriebes oder Betriebsteils durch eine Vielzahl von Rechtsgeschäften vermittelt wird, der Erwerber also den Betrieb oder Betriebsteil über eine Kette oder ein Bündel von Rechtsgeschäften erlangt und wenn diese Rechtsgeschäfte auf den Übergang eines funktionsfähigen Betriebes gerichtet sind[293].

Eine Betriebsnachfolge kann auch im Falle der Betriebs- oder Unternehmensaufspaltung vorliegen, wenn ein bislang einheitliches Unternehmen in ein fortbestehendes Betriebsunternehmen und eine neu gegründete Produktionsgesellschaft aufgespaltet wird. Kennzeichen ist die Übertragung sämtlicher betrieblicher Aufgaben auf eine Betriebsgesellschaft, während das Anlagevermögen (überwiegend) im Eigentum einer zweiten Gesellschaft (Besitzgesellschaft) steht, von der es an die Betriebsgesellschaft vermietet bzw. verpachtet wird[294]. Die Trennung von Haftungsrisiko einerseits und Haftungsmasse andererseits birgt allerdings die Gefahr der Benachteiligung der Betriebsgesellschaft, ihrer (Minderheits-) Gesellschafter und ihrer Gläubiger.

Die Betriebsaufspaltung kann demnach zu einer starken Beeinträchtigung der Arbeitnehmerinteressen führen, wenn die Produktionsgesellschaft wie häufig in

---

290 BAG, Urteil vom 13.11.1997 – 8 AZR 375/96 = NZA 1998, 249.
291 BAG, Urteil vom 25.02.1981 – 5 AZR 991/78 = NJW 1981, 2212.
292 BAG, Urteil vom 27.04.1995 – 8 AZR 197/94 = BAGE 80, 74.
293 BAG, Urteil vom 22.05.1985 – 5 AZR 173/84 = NJW 1986, 448.
294 Henssler, ZRG 2000, 479 (480).

der Praxis festzustellen, unzureichend mit Kapital ausgestattet ist oder insolvent wird.

Wird die Betriebsaufspaltung nach den Vorschriften des UmwG vollzogen, bestimmt § 134 UmwG, dass die Anlagegesellschaft, gesamtschuldnerisch neben der Betriebsgesellschaft für betriebsverfassungsrechtliche Ansprüche aus §§ 111–113 BetrVG und für Versorgungsansprüche gem. BetrAVG haftet, die binnen fünf Jahren nach dem Wirksamwerden der Spaltung begründet werden.

Voraussetzung dafür ist, dass die zur Führung eines Betriebes notwendigen Vermögensteile im wesentlichen auf einen oder mehrere übernehmende oder neue Rechtsträger übertragen werden und die Tätigkeit dieses Rechtsträgers sich im wesentlichen auf die Verwaltung beschränkt, während dem übertragenden Rechtsträger diese Vermögensteile bei der Führung seines Betriebes zur Nutzung überlassen werden. Außerdem müssen an den an der Spaltung beteiligten Rechtsträgern im wesentlichen dieselben Personen beteiligt sein. Maßgebend sind hierbei die Beteiligungen nach Beteiligungsanteilen, nicht nach Köpfen[295]. Die Spaltung ist gem. §§ 125, 16 I UmwG in das jeweilige Register einzutragen. Für eine Betriebsaufspaltung im „herkömmlichen" Wege, also der einzelnen Übertragung von Aktiva und Passiva, ist § 134 UmwG aber ebenfalls analog anzuwenden[296].

Fraglich ist, ob die Gläubiger der Betriebsgesellschaft darüber hinaus durch Konzernhaftung geschützt sind.

Zum Teil wird bei der Betriebsspaltung ein qualifiziert faktischer Konzern angenommen[297]. Man bezeichnet mit diesem Begriff solche Abhängigkeitsverhältnisse, in denen das auf Einzeleingriff und Schadensersatz wegen Treuepflichtverletzung aufgebaute Haftungssystem deshalb nicht mehr funktionieren kann, weil wegen der Breite und Dichte der Einflussnahme des herrschenden Unternehmens auf die abhängige Gesellschaft einzelne Weisungen und deren Auswirkungen nicht mehr isoliert werden können[298]. Die wichtigsten Voraussetzungen des Haftungsdurchgriffs auf das „herrschende" Unternehmen entsprechend §§ 302, 303 AktG im qualifiziert faktischen Konzern sind der objektive Missbrauch der beherrschenden Gesellschafterstellung in Gestalt der fehlenden Rücksichtnahme auf die eigenen Belange der abhängigen Gesellschaft bei der Einflussnahme auf diese[299], sowie die Unmöglichkeit des Einzelausgleichs des zugefügten Nachteils. In seiner Entscheidung vom 8.9.1998[300] bejahte das BAG sogar einen konzernrechtlichen Durchgriff auf einen Schwesterkonzern.

---

295 Maier-Reimer/Vossen in Semler/Stengel, § 134, Rn. 25.
296 Veil in Theobald, S. 81 ff. (90 ff.).
297 Emmerich in Scholz, Anh. Konzernrecht, Rn. 124.
298 Emmerich in Scholz, Anh. Konzernrecht, Rn. 91.
299 BGH, Urteil vom 20.03.1993 – II ZR 265/91 = NJW 1993, 1200.
300 BAG Urteil vom 08.09.1998 – 3 AZR 185/97 = ZIP 1999, 723.

dd) Keine vorherige Betriebsstilllegung

Die Stilllegung eines Betriebes und dessen Übergang nach § 613a I BGB schließen sich einander aus, da sie unterschiedliche Schutzregelungen zugunsten der Arbeitnehmer auslösen[301]. Bei vollständiger Einstellung des Betriebes und späterem Verkauf der gesamten oder einzelner Maschinen nimmt die Rechtsprechung deshalb keinen Betriebsübergang auf den Käufer an[302].

Eine Betriebsstilllegung liegt vor, wenn die zwischen Arbeitgeber und Arbeitnehmer bestehende Betriebs- und Produktionsgemeinschaft aufgelöst wird, wenn also der Unternehmer die bisherige wirtschaftliche Betätigung in der ernstlichen Absicht einstellt, den bisherigen Betriebszweck dauernd oder für eine ihrer Dauer nach unbestimmte, wirtschaftlich nicht unerhebliche Zeitspanne nicht mehr weiterzuverfolgen[303]. Von einer Stilllegung des Betriebs kann nicht gesprochen werden, wenn diese nicht endgültig oder nur für eine Übergangsphase gelten soll, in der die Voraussetzungen für die Übernahme des Betriebs durch einen anderen Betriebsinhaber geschaffen werden sollen[304]. Deshalb spricht bei alsbaldiger Wiedereröffnung des Betriebs bzw. bei alsbaldiger Wiederaufnahme der Produktion durch einen Betriebserwerber eine tatsächliche Vermutung gegen eine ernsthafte Absicht, den Betrieb stillzulegen[305].

Ähnliche Gesichtspunkte haben zur Annahme einer Betriebsstilllegung und daher keiner Betriebsübernahme in einem Fall geführt, in dem im Rahmen einer Betriebsveräußerung eine nicht unerhebliche räumliche Verlegung des Betriebes vorgenommen, die alte Betriebsgemeinschaft tatsächlich und rechtsbeständig aufgelöst und der Betrieb an dem neuen Ort mit einer im wesentlichen neuen Belegschaft fortgeführt wurde[306].

Ein Betriebsübergang wurde auch verneint für den Fall, dass eine Kaufhauskette in ihren Verkaufsstätten ihre technischen Kundendienstabteilungen schließt und diesen Kundendienst zentral von einem Fremdunternehmen ausführen ließ, das weder Arbeitsmittel noch Personen übernahm[307].

ee) Zeitpunkt des Betriebsübergangs

Von erheblicher Bedeutung vor allem in Bezug auf die Geltendmachung von Ansprüchen gegenüber dem Veräußerer oder gegenüber dem Erwerber ist der Zeitpunkt des Betriebsübergangs.

301 BAG, Urteil vom 22.05.1985 – 5 AZR 173/84 = BAGE 48, 376.
302 BAG, Urteil vom 26.02.1987 – 2 AZR 768/85 = BB 1987, 972.
303 BAG, Urteil vom 14.10.1982 – 2 AZR 568/80 = BAGE 41, 72.
304 BAG, Urteil vom 27.09.1984 – 2 AZR 309/83 = BAGE 47, 13.
305 BAG, Urteil vom 22.05.1985 – 5 AZR 173/84 = DB 1985, 2407.
306 BAG, Urteil vom 12.02.1987 – 2 AZR 247/86 = NJW 1988, 990.
307 BAG, Urteil vom 22.01.1998 – 8 AZR 243/95 = NJW 1998, 2994.

Nach nahezu einhelliger Auffassung gehen die Rechte und Pflichten aus den bestehenden Arbeitsverhältnissen auch dann auf den Erwerber des Betriebes über, wenn das dem Betriebsübergang zugrundeliegende Rechtsgeschäft nicht wirksam ist[308]. Das in den Tatbestand des § 613a BGB aufgenommene Merkmal „durch Rechtsgeschäft" sollte den Anwendungsbereich der Vorschrift nicht einschränken, sondern ihn lediglich gegenüber den Fällen der Gesamtrechtsnachfolge abgrenzen, denn während bei der Gesamtrechtsnachfolge die Arbeitsverhältnisse ohnehin kraft Gesetzes auf den neuen Betriebsinhaber übergehen, war vor der Schaffung des § 613a BGB ein Betriebsübergang im Wege der Einzelrechtsnachfolge insbesondere für die Arbeitnehmer mit der Unsicherheit belastet, ob und unter welchen Voraussetzungen ihre Arbeitsverhältnisse auf den neuen Betriebsinhaber übergingen oder ob diesem ein Ablehnungsrecht zustand[309]. Entscheidend ist nach dieser Auffassung vielmehr, dass der Erwerber den Betrieb tatsächlich übernommen und im eigenen Namen fortgeführt hat.

Nach der ständigen Rechtsprechung des BAG[310] kommt es bei der Feststellung des Zeitpunktes, zu dem ein Betrieb übergeht, entscheidend darauf an, ob für den Erwerber bei objektiver Betrachtungsweise die Möglichkeit besteht, die bisherigen arbeitsorganisatorischen eigenständigen Leistungszwecke weiter zu verfolgen, die betriebliche Leitungs- und Organisationsgewalt zu übernehmen, da § 613a I BGB weder bei der Absicht des Erwerbers ansetze noch bei der tatsächlichen Realisierung der bisherigen oder der neuen Leistungszwecke des Betriebs.

Dieser Zeitpunkt unterliegt insoweit der vertraglichen Dispositionsfreiheit der Parteien, als die tatsächlichen Voraussetzungen – Übertrag der Betriebsmittel, Übergang der Leitungsmacht – vertraglich bestimmt werden können. Maßgeblich kommt es aber immer auf den Zeitpunkt an, in dem der Wechsel in der Person des Betriebsinhabers erfolgt[311].

So kann es z.B. für die Feststellung des Zeitpunktes des Betriebsübergangs bei einem Ferntransportunternehmen wesentlich auf die Nutzungsmöglichkeit der Fernverkehrskonzessionen ankommen[312].

ff) Widerspruch des Arbeitnehmers

Die Rechtsfolge des § 613a BGB setzt die Einwilligung der Arbeitnehmer nicht voraus. Trotzdem kann der Arbeitnehmer aber nicht verpflichtet werden, das Arbeitsverhältnis mit dem neuen Inhaber fortzuführen. Eine solche Verpflichtung verstieße gegen Grundrechte des Arbeitnehmers, der in der Wahl seines

308 Schaub, § 118, Rn. 57.
309 BAG, Urteil vom 06.02.1985 – 5 AZR 411/83 = NJW 1986, 453.
310 BAG, Urteil vom 23.07.1991 – 3 AZR 366/90 = ZIP 1992, 49.
311 Mestwerdt in Fiebig, § 613a BGB, Rn. 50.
312 LAG Köln, Urteil vom 04.02.1994 – 4 Sa 897/93 = DB 1994, 1628.

Arbeitgebers frei sein muss und nicht verpflichtet werden kann, für einen Arbeitgeber zu arbeiten, den er nicht frei gewählt hat[313].

Das Bundesarbeitsgericht hatte daher in ständiger Rechtsprechung eine Widerspruchsmöglichkeit angenommen[314]. Der EuGH hielt dem entgegen, dass nach richtiger Auslegung der Richtlinie der Veräußerer nach dem Zeitpunkt des Übergangs von seinen Pflichten aus dem Arbeitsvertrag oder dem Arbeitsverhältnis allein aufgrund des Übergangs befreit ist, selbst wenn die in dem Unternehmen beschäftigten Arbeitnehmer dem nicht zustimmen oder Einwände dagegen erheben, jedoch vorbehaltlich des Rechts der Mitgliedstaaten, die gesamtschuldnerische Haftung des Veräußerers und des Erwerbers ab dem Zeitpunkt des Übergangs vorzusehen[315]. Später musste der EuGH allerdings anerkennen, dass die Rechtsprechung des Bundesarbeitsgerichtes dem Europarecht genügt[316].

Im Zusammenhang mit der Änderung des Seemannsgesetzes vom 23.03.2002[317] sind die Absätze 5 und 6 dem § 613 a BGB angefügt worden.

Danach hat der bisherige Arbeitgeber oder der neue Inhaber die von einem Übergang betroffenen Arbeitnehmer vor dem Übergang in Textform (§ 126b BGB) zu unterrichten über:

- den Zeitpunkt oder den geplanten Zeitpunkt des Übergangs,
- den Grund für den Übergang,
- die rechtlichen, wirtschaftlichen und sozialen Folgen des Übergangs für die Arbeitnehmer und
- die hinsichtlich der Arbeitnehmer in Aussicht genommenen Maßnahmen.

Ist durch Gesetz Textform vorgeschrieben, so muss die Erklärung gem. § 126b BGB in einer Urkunde oder auf andere zur dauerhaften Wiedergabe in Schriftzeichen geeigneten Weise abgegeben, die Person des Erklärenden genannt und der Abschluss der Erklärung durch Nachbildung der Namensunterschrift oder anders erkennbar gemacht werden. Der Zweck der Textform besteht in erster Linie darin, den Empfänger der Erklärung über bestimmte Sachverhalte zu informieren, die ggf. eine rechtliche Reaktion erfordern, sie sollen ihm nicht nur flüchtig mündlich zugehen, sondern er soll die Möglichkeit der dauerhaften Verfügbarkeit haben[318]. Die Unterrichtung per E-Mail entspricht zum Beispiel diesem Formerfordernis, unzureichend wäre dagegen eine Unterrichtung auf einer Betriebsversammlung.

---

313 EuGH, Urteil vom 07.03.1996 – C-171/94 = JuS 1996, 836.
314 BAG, Urteil vom 15.02.1984 – 5 AZR 123/82 = DB 1984, 1403.
315 EuGH, Urteil vom 05.05.1988 – 144/87, C-144/87 = BB 1991, 208.
316 EuGH, Urteil vom 16.12.1992 – C-132/91 = BB 1993, 860.
317 BGBl. I, 1163.
318 BT-Drucks. 14/4987, S. 19.

Bei unterlassener Unterrichtung wird die Frist des § 613a VI BGB nicht in Gang gesetzt, mit der Folge, dass der Arbeitnehmer auch noch nach Betriebsübergang dem Übergang seines Arbeitsverhältnisses auf den neuen Inhaber widersprechen kann[319].

Der Arbeitnehmer kann dem Übergang seines Arbeitsverhältnisses innerhalb eines Monates nach Zugang der Unterrichtung schriftlich (§ 126 BGB) widersprechen. Widerspricht er form- und fristgemäß, bleibt das alte Dienstverhältnis zum bisherigen Arbeitgeber bestehen, d.h. der Veräußerer muss dem Arbeitnehmer entweder kündigen, oder er gerät in Annahmeverzug, wenn er den Arbeitnehmer nicht beschäftigt. Insbesondere wenn der gesamte Betrieb veräußert wird, muss der Widersprechende damit rechnen, betriebsbedingt gekündigt zu werden. Allenfalls im Falle der Veräußerung eines Betriebsteiles wird es darauf ankommen, ob in den übrigen Betriebsteilen noch ausreichend Arbeit vorhanden ist.

Durch den Widerspruch wird allerdings nicht der Betriebsübergang verhindert. Er bewirkt lediglich, dass die Rechtsfolge des § 613a BGB nicht für das individuelle Arbeitsverhältnis des widersprechenden Arbeitnehmers gilt. Er bleibt also dem alten Betriebsinhaber gegenüber berechtigt und verpflichtet, muss allerdings damit rechnen, wegen fehlender Beschäftigungsmöglichkeit betriebsbedingt gekündigt zu werden.

Für die Ausübung eines Widerspruchs nach § 613a VI BGB ist ein sachlicher Grund nicht erforderlich. Dies gilt auch im Falle der Ausübung des Widerspruchs durch eine Mehrheit von Arbeitnehmern. Ein kollektiver Widerspruch kann aber gemäß § 242 BGB rechtsmissbräuchlich und daher unwirksam sein, wenn er dazu eingesetzt wird, andere Zwecke als die Sicherung der arbeitsvertraglichen Rechte und die Beibehaltung des bisherigen Arbeitgebers herbeizuführen[320].

b) Folgen des Betriebsübergangs

aa) Haftung des Betriebserwerbers

Findet der Betriebsübergang statt und machen die Arbeitnehmer mit, so tritt der Betriebserwerber in das Arbeitsverhältnis anstelle des bisherigen Arbeitgebers, wird Schuldner aller bisher entstandenen Pflichten und Inhaber aller auf dem Arbeitsverhältnis beruhenden Rechte gegenüber dem Arbeitnehmer[321]. Der Erwerber haftet also für rückständige Entgeltforderungen, Provisionen, Tantiemen, Gratifikationen und Versorgungsanwartschaften. Bei bereits beendeten Arbeitsverhältnissen tritt er jedoch nicht in die Vergütungspflicht[322] oder in die Ruhegeldanwartschaften[323] ein.

319 Beseler in Anw.Hdb. ArbR., Teil 2 G, Rn. 66.
320 BAG, Urteil vom 30.09.2004 – 8 AZR 462/03 = NZA 2005, 43.
321 Weidenkaff in Palandt, § 613a, Rn. 23.
322 BAG, Urteil vom 11.11.1986 – 3 AZR 179/85 = NJW 1987, 3031.
323 BAG, Urteil vom 24.03.1977 – 3 AZR 649/76 = BAGE 29, 94.

Kraft Gesetzes gehen auch die beim Veräußerer bestehenden Altersteilzeitarbeitsverhältnisse über, unabhängig davon, ob sie sich (beim Blockmodell) in der Arbeits- oder Freistellungsphase befinden[324]. Zu den Rechten und Pflichten aus dem Arbeitsverhältnis, die im Falle der Betriebsveräußerung auf den Erwerber übergehen, zählen auch vom Veräußerer erteilte Versorgungszusagen und die daraus erwachsenen – verfallbaren und unverfallbaren – Anwartschaften[325].

Aus dem zugunsten der Arbeitnehmer zwingenden Schutzzweck des § 613a I 1 BGB folgt, dass die Regelungsbefugnis des Betriebsveräußerers und der betroffenen Arbeitnehmer beschränkt ist. Es macht, gemessen an dem Schutzzweck der Norm, keinen Unterschied, ob die bisher geltenden Arbeitsbedingungen aufgrund einer Abrede zwischen Veräußerer und Erwerber des Betriebs negativ verändert werden oder ob der Veräußerer mit seinen Arbeitnehmern Regelungen trifft, die dem Erwerber einen von den sog. Altlasten freien Betriebserwerb erlauben sollen[326]. Allerdings hat das BAG anerkannt, dass die Arbeitnehmer unter engen Voraussetzungen mit dem Betriebserwerber Arbeitsverträge mit ungünstigeren Bedingungen abschließen können, sofern die Einschränkungen durch sachliche Gründe gerechtfertigt sind[327].

Mit dem Übergang des Arbeitsverhältnisses auf den Erwerber endet das Arbeitsverhältnis zu dem bisherigen Arbeitgeber. Etwaige Ausschlussfristen beginnen mit dem Zeitpunkt des Überganges zu laufen[328].

Die sich aus der Dauer der Betriebszugehörigkeit zum Betrieb des früheren Arbeitgebers ergebenden Rechte bleiben dem Arbeitnehmer erhalten, wirken sich aber nur aus, wenn sie für die Rechtsstellung der Arbeitnehmer auch gegenüber dem neuen Inhaber von Bedeutung sind[329], so z.B. längere Kündigungsfristen gem. § 622 II BGB. Sagt aber erst der neue Betriebsinhaber den übernommenen Arbeitnehmern eine Leistung zu, bei der die Betriebszugehörigkeit eine Rolle spielen soll, ist es ihm nicht verboten, die beim Veräußerer zugebrachten Dienstjahre unberücksichtigt zu lassen[330].

bb) Haftung des Veräußerers

Nach § 613a II 1 BGB haftet der bisherige Arbeitgeber neben dem neuen Inhaber für Verpflichtungen, soweit sie vor dem Zeitpunkt des Übergangs entstanden sind und vor Ablauf von einem Jahr nach diesem Zeitpunkt fällig werden, als Gesamtschuldner. Er haftet allein für alle rückständigen Forderungen aus solchen

324 LAG Düsseldorf, Urteil vom 22.10.2003 – 12 Sa 1202/03 = ZIP 2004, 272.
325 BAG, Urteil vom 24.03.1977 – 3 AZR 649/76 = BAGE 29, 94.
326 BAG, Urteil vom 12.05.1992 – 3 AZR 247/91 = DB 1992, 2038.
327 BAG, Urteil vom 18.08.1976 – 5 AZR 95/75 = NJW 1977, 1168.
328 BAG, Urteil vom 10.08.1994 – 10 AZR 937/93 = BB 1995, 521.
329 Schliemann, § 613a, Rn. 64.
330 Edenfeld in Erman, § 613a, Rn. 63.

Arbeitsverhältnissen, die zum Zeitpunkt des Betriebsübergangs bereits beendet waren. Selbstverständlich haftet der bisherige Arbeitgeber nicht für solche Ansprüche aus dem Arbeitsverhältnis, die erst nach Betriebsübergang entstehen.

Soweit Verpflichtungen erst nach dem Betriebsübergang fällig werden, sie aber vorher entstanden waren, haftet der bisherige Arbeitgeber in dem Umfang, der dem im Zeitpunkt des Übergangs abgelaufenen Teil des Bemessungszeitraumes entspricht (§ 613a II 2 BGB).

Der Veräußerer haftet allein für Ansprüche aus dem Ruhestandverhältnis und für Ansprüche aus unverfallbaren Versorgungsanwartschaften ausgeschiedener Arbeitnehmer.

Der Wechsel des Arbeitgebers durch Betriebsübergang stellt kein Ende des Arbeitsverhältnisses zum Veräußerer dar, auf Grund dessen sich ein Anspruch auf Urlaub gesetzlich oder auf Grund vertraglicher Regelungen in einen Abgeltungsanspruch gegenüber dem Veräußerer umwandelt[331]. Der Urlaub kann und muss vielmehr im fortgesetzten Arbeitsverhältnis gewährt und genommen werden; dies führt dann auch zur Fälligkeit des Anspruchs auf Urlaubsentgelt[332].

Nach Meinung von Schaub hat der Arbeitgeber seinen Arbeitnehmern wegen Verletzung der Fürsorgepflicht Schadensersatz zu leisten für Ansprüche, die bis zum Ablauf der ordentlichen Kündigungsfrist erwachsen, wenn der bisherige Arbeitgeber den Betrieb an einen Erwerber veräußert, der nicht im Stande ist, die laufenden Verbindlichkeiten aus dem Arbeitsverhältnis zu erfüllen[333].

cc) Kündigung im Zusammenhang mit dem Betriebsübergang

Nach § 613a IV 1 BGB ist die Kündigung des Arbeitsverhältnisses eines Arbeitnehmers durch den bisherigen Arbeitgeber oder durch den neuen Inhaber **wegen des Übergangs** eines Betriebs oder eines Betriebsteiles unwirksam.

Streitig war, ob die Norm einen eigenen Unwirksamkeitsgrund festgelegt hat, oder ob eine solche Kündigung lediglich sozial ungerechtfertigt ist. Das BAG hat in seinem Grundsatzurteil vom 31. Januar 1985[334] entschieden, die Regelung des § 613a IV 1 BGB enthalte ein eigenständiges Kündigungsverbot i.S.v. § 13 III KSchG, § 134 BGB und stelle nicht die Sozialwidrigkeit einer Kündigung klar, die nach dem Maßstab des § 1 KSchG zu beurteilen sei. § 613a I 1 BGB findet deshalb unabhängig von der Betriebsgröße Anwendung und schützt auch Arbeitnehmer, deren Arbeitsverhältnisse im Zeitpunkt der Kündigung weniger als 6 Monate bestanden haben (§ 1 KSchG). Seit dem 1.1.2004 muss der Arbeitnehmer aber wegen

---

331 BAG, Urteil vom 18.11.2003 – 9 AZR 95/03 = AuR 2004, 276.
332 BAG, Urteil v. 02.12.1999 8 AZR 774/98 = NZA 2000, 480.
333 Schaub, § 118, Rn. 74.
334 BAG, Urteil vom 31.01.1985 – 2 AZR 530/83 = NJW 1986, 87.

§ 13 III KSchG dessen ungeachtet die dreiwöchige Kündigungsfrist des § 4 KSchG beachten, wenn er geltend machen will, dass die Kündigung wegen des Betriebsübergangs erfolgte und damit unwirksam ist. Wird die Klagefrist des § 4 KSchG nicht beachtet, können im Rahmen der Feststellungsklage Gründe der fehlenden sozialen Rechtfertigung und andere Unwirksamkeitsgründe nicht nachgeprüft werden. Das in dem Prozess gegen den Veräußerer ergehende Urteil wirkt nach § 325 I ZPO für und gegen den Erwerber, wenn der Betriebsübergang nach Rechtshängigkeit dieses Prozesses erfolgt.

Von dem Wortlaut des § 613a IV BGB nicht erfasst werden Aufhebungsverträge und Kündigungen der Arbeitnehmer selbst. In diesem Zusammenhang muss aber auf die Rechtsprechung des Bundesarbeitsgerichtes hingewiesen werden, wonach diese unwirksam sind, wenn sie vom Arbeitgeber veranlasst wurden und den Betriebsübergang ermöglichen sollen[335]. Unwirksam sind darüber hinaus Vertragsgestaltungen, deren objektive Zielsetzung in der Beseitigung der Kontinuität des Arbeitsverhältnisses bei gleichzeitigem Erhalt des Arbeitsplatzes besteht[336]. Hiervon zu unterscheiden sind Vereinbarungen, die zwischen dem Arbeitnehmer und dem alten oder neuen Betriebsinhaber geschlossen werden und auf ein endgültiges Ausscheiden des Arbeitnehmers aus dem Betrieb gerichtet sind. Solche Verträge werden in der Rechtsprechung des Bundesarbeitsgerichts ohne Rücksicht auf ihre sachliche Berechtigung als wirksam angesehen[337]. Zur Abgrenzung stellt das BAG seit dem angesprochenen Urteil vom 10. Dezember 1998 darauf ab, ob zum Zeitpunkt des Abschlusses des Aufhebungsvertrags Arbeitnehmer und Betriebserwerber bereits ein neues Arbeitsverhältnis begründet hatten oder dem Arbeitnehmer ein solches verbindlich in Aussicht gestellt war.

§ 613a IV BGB verbietet dem Arbeitgeber, das Arbeitsverhältnis aus solchen Gründen zu kündigen, die ihre Rechtfertigung allein in § 613a I BGB finden könnten. Ungeachtet der Regelung in § 613a BGB sind betriebsbedingte, personenbedingte und verhaltensbedingte Kündigungen zulässig. So liegt eine Kündigung wegen des Betriebsüberganges z. B. nicht vor, wenn die Kündigung der Rationalisierung (Verkleinerung) dient, um die Verkaufschancen zu verbessern, wobei ein Rationalisierungsgrund vorliegt, wenn der Betrieb ohne die Rationalisierung stillgelegt werden müsste[338].

Ein betriebsbedingter Grund zur Kündigung ist im Falle der Betriebsstilllegung gegeben. Allerdings muss der Unternehmer den ernstlichen und endgültigen Entschluss gefasst haben, die Betriebs- und Produktionsgemeinschaft zwischen Arbeitgeber und Arbeitnehmer für einen seiner Dauer nach unbestimmten, wirtschaftlich nicht unerheblichen Zeitraum aufzugeben[339]. Die Rechtsprechung

335 BAG, Urteil vom 28.04.1987 – 3 AZR 75/86 = ZIP 1988, 120.
336 BAG, Urteil vom 10.12.1998 – 8 AZR 324/97 = NJW 1999, 3577.
337 BAG, Urteil vom 11.12.1997 – 8 AZR 654/95 = ZInsO 1998, 191.
338 BAG, Urteil vom 18.07.1996 – 8 AZR 127/94 = NJW 1997, 611.
339 BAG, Urteil vom 27.09.1984 – 2 AZR 309/83 = NJW 1986, 91.

will nicht hinnehmen, dass der Betriebsveräußerer durch eine vorläufige Stilllegung die Wirkungen von § 613a I 1 BGB umgeht. Bei alsbaldiger Wiedereröffnung des Betriebes besteht eine tatsächliche Vermutung gegen die Stilllegungsabsicht[340].

Eine Kündigung wegen des Überganges eines Betriebes i.S.d. § 613a IV BGB liegt auch dann vor, wenn der Arbeitgeber zum Zeitpunkt der Kündigung den Betriebsübergang bereits geplant, dieser bereits greifbare Formen angenommen hat und die Kündigung aus der Sicht des Arbeitgebers ausgesprochen wird, um den geplanten Betriebsübergang vorzubereiten und zu ermöglichen[341].

Die Darlegungs- und Beweislast geht zu Lasten des gekündigten Arbeitnehmers für seine Behauptung, der Betriebsübergang sei alleiniges Motiv für die Kündigung gewesen. Macht der Arbeitnehmer die Unwirksamkeit einer Kündigung nur mit der Berufung auf das Kündigungsverbot des § 613a IV 1 BGB geltend, dann hat er darzulegen und – bei Bestreiten des Arbeitgebers – zu beweisen, dass die Kündigung wegen Übergang des Betriebs oder des Betriebsteils erklärt worden ist[342].

Die Klage ist gegen den Arbeitgeber zu richten, der die Kündigung ausgesprochen hat. Eine Klage gegen den Betriebserwerber ist damit nicht ausgeschlossen. Klagt ein Arbeitnehmer sowohl gegen den bisherigen Arbeitgeber auf Feststellung, dass das Arbeitsverhältnis durch die vom bisherigen Arbeitgeber ausgesprochene Kündigung nicht aufgelöst ist und gegen den Erwerber auf Feststellung, dass das Arbeitsverhältnis fortbesteht, so ergibt sich zwischen den beklagten Arbeitgebern keine notwendige Streitgenossenschaft nach § 62 ZPO, weil durch die rechtskräftige Feststellung, dass die Kündigung des früheren Arbeitgebers das Arbeitsverhältnis des Klägers nicht beendet hat, noch nicht rechtskräftig geklärt ist, dass dieses Arbeitsverhältnis zwischen dem Kläger und der Beklagten fortbesteht[343].

c) Beteiligung des Betriebsrates

Die Identität des Betriebes bleibt bei dem Betriebsübergang erhalten, es ändert sich nur die Zuordnung zu einem Rechtsträger, daher stellt ein Betriebsübergang grundsätzlich keine Betriebsänderung dar[344]. Allerdings kommt es in der Praxis sehr häufig vor, dass der Betrieb nicht unverändert übergeht.

---

340 BAG, Urteil vom 22.05.1985 – 5 AZR 173/84 = NJW 1986, 448.
341 BAG, Urteil vom 19.05.1988 – 2 AZR 596/87 = NZA 1989, 461.
342 BAG, Urteil vom 05.12.1985 – 2 AZR 3/85 = NJW 1986, 2008.
343 BAG, Urteil vom 04.03.1993 – 2 AZR 374/92 (nicht veröffentlicht).
344 HPOpro, Kommentar BetrVG, § 111, Rn. 25.

d) Personalreduzierung mittels Beschäftigungsgesellschaften

Bei der Übernahme eines Betriebes oder eines Betriebsteiles stellen die betroffenen Arbeitsverhältnisse oftmals den größten Kostenfaktor für den Erwerber dar. Die Vorschrift des § 613a BGB erweist sich in diesen Fällen als überaus sanierungsfeindlich. Der Erwerb eines Unternehmens ist infolgedessen wenig attraktiv, wenn nicht vorher umfangreiche Personalanpassungsmaßnahmen vorgenommen wurden.

In Zeiten hoher Sockelarbeitslosigkeit[345] und steigenden Qualifizierungsbedarfes der Beschäftigten wie Arbeitssuchenden erscheint allerdings ein bloßes Entlassen – häufig in die (Langzeit-)Arbeitslosigkeit – der Betroffenen unter politischen, gesellschaftlichen und volkswirtschaftlichen Gesichtspunkten kaum vertretbar[346]. Seit durch das Gesetz zum Einstieg in ein steuerliches Sofortprogramm vom 22. Dezember 2005[347] die Steuerfreiheit von Abfindungen vollständig weggefallen ist, haben auch Abfindungslösungen erheblich an Reiz verloren. Zudem haben Massenentlassungen in bekannten Unternehmen häufig negative Medienberichte zur Folge, die dem Unternehmensimage und dem Betriebsklima selten zuträglich sind.

Aus den §§ 216a und 216b SGB III ergeben sich Möglichkeiten, Personalreduzierungsmaßnahmen weitestgehend konfliktfrei durchzuführen. Eines der wichtigsten neuen Instrumente zur Vermeidung der genannten negativen Folgen ist deshalb die Beschäftigungs-, Qualifizierungs- oder Transfergesellschaft, in der die Arbeitnehmer, die infolge von Betriebsänderungen ihre Arbeitsplätze verlieren und deshalb von Arbeitslosigkeit bedroht sind, in einer sog. betriebsorganisatorisch eigenständigen Einheit zusammengefasst werden, mit der Aufgabe, ihre Eingliederungschancen zu verbessern, sie in ein Anschlussarbeitsverhältnis zu vermitteln oder in die Selbstständigkeit zu begleiten[348]. Der Begriff der Betriebsänderung erfasst hierbei gem. § 216a I 3 SGB III alle Betriebsänderungen i.S.v. § 111 BetrVG, allerdings unabhängig von der Größe des Unternehmens und der Anwendbarkeit des BetrVG. Die Arbeitnehmer gehen von ihrem bisherigen Arbeitgeber auf die Transfergesellschaft über, indem sie aufgrund eines dreiseitigen Vertrages mit dem bisherigen Arbeitgeber und der Transfergesellschaft aus ihrem bisherigen Arbeitsverhältnis ausscheiden und ein neues (regelmäßig befristetes) Beschäftigungsverhältnis mit der Transfergesellschaft eingehen[349]. Das neue Beschäftigungsverhältnis mit der Transfergesellschaft ist kein „echtes" Arbeitsverhältnis, insbesondere da sich der Arbeitnehmer nicht zur Arbeitsleistung verpflichtet. Er erklärt vielmehr ausdrücklich seine Bereitschaft, „Kurz-

---

345 Anteil der Arbeitslosigkeit, der mit wirtschaftspolitischen Maßnahmen nicht verringert werden kann.

346 Stück, MDR 2005, 361.

347 BGBl. I, S. 3682.

348 Stück, MDR 2005, 361.

349 Mengel/Ullrich, BB 2005, 1109.

arbeit Null" zu leisten und sich aktiv an Qualifizierungs- und Vermittlungsmaßnahmen zu beteiligen[350]. Die betriebsorganisatorisch eigenständige Einheit kann entweder unter dem Dach des Unternehmens, das die Betriebsänderung durchgeführt hat, als rechtlich unselbständige Einheit organisiert sein oder als ein vom Personal abgebenden Unternehmen gesonderter Rechtsträger, der aufgrund eines Dienstvertrages mit dem Personal abgebenden Unternehmen mit dem Ziel der Eingliederung der aufgenommenen Arbeitnehmer tätig wird[351].

In dem Vertrag zwischen Arbeitgeber und Transfergesellschaft ist insbesondere die Finanzierung der Überleitung der Arbeitnehmer in die Transfergesellschaft geregelt. Die Basis dafür ist die Zahlung von Transferkurzarbeitergeld nach § 216b SGB III. Der Anspruch auf Transferkurzarbeitergeld setzt allerdings gem. § 216b IV Nr. 4 SGB III voraus, dass der Arbeitnehmer vor der Überleitung in die betriebsorganisatorisch eigenständige Einheit aus Anlass der Betriebsänderung an einer arbeitsmarktlich zweckmäßigen Maßnahme zur Feststellung der Eingliederungsaussichten teilgenommen hat. Zudem muss der Arbeitgeber oder die Betriebsvertretung den dauerhaften Arbeitsausfall der Agentur für Arbeit schriftlich angezeigt haben. Die Höhe des Transferkurzarbeitergeldes entspricht gem. §§ 216b X i.V.m. 178 SGB III dem Arbeitslosengeld. Da dies für den Arbeitnehmer i.d.R. kein Anreiz ist, in die Transfergesellschaft einzutreten, wird häufig eine Aufstockung vereinbart, die dann vom Arbeitgeber zu tragen ist.

5. Außergerichtliche Sanierung

Vielfach wird im Vorfeld eines Insolvenzverfahrens versucht, sich mit den Gläubigern außergerichtlich zu vergleichen. Eine solche außergerichtliche Sanierung hat für das Schuldnerunternehmen und für die Gläubiger sowohl Vorteile als auch Nachteile.

Außergerichtliche Sanierungen können z.B. geräuschloser ablaufen als gerichtlich überwachte und regulierte Verfahren und deshalb die nachteiligen Publizitätswirkungen mindern[352].

Für die Gläubiger bringt die Sanierung Vorteile durch schnellere und kostengünstigere Abwicklung. Gesellschafterforderungen, die in einem Insolvenzverfahren nur nachrangige Forderungen gem. § 39 I Nr. 5 InsO sind, bleiben vollwertige Ansprüche[353].

Ein wesentlicher Nachteil ist allerdings, dass ein außergerichtlicher Sanierungsvergleich eine Bindungswirkung nur für diejenigen Gläubiger entfaltet, die ihn

---

350 Danko/Cramer, BB Beilage 14, 2004 S. 9.
351 HPOpro, Kommentar SGB III, § 216b, Rn. 9.
352 Drukarczyk/Brüchner in Gottwald, § 3, Rn. 1.
353 Uhlenbruck, BB 2001, 1641 (1644).

geschlossen haben. Sog. Akkordstörer sind grundsätzlich auch dann nicht gehindert, ihre Ansprüche gegen den Schuldner uneingeschränkt durchzusetzen, wenn eine ganz überwiegende Mehrheit der Gläubiger einen derartigen Vergleich befürwortet[354]. Jeder Arbeitnehmer kann also selbst entscheiden, ob er sich dem Vergleich anschließt und damit die darin ausgehandelten Rechtsfolgen in Kauf nimmt oder nicht.

6. Gratifikationen

Gratifikationen sind Sondervergütungen, die der Arbeitgeber seinen Arbeitnehmern über das für die Arbeitsleistung gezahlte Arbeitsentgelt hinaus aus bestimmten Anlässen (Weihnachten, Neujahr, Dienstjubiläum, Jahresabschluss etc) gewährt[355]. Der Zweck der Gratifikation im Einzelnen kann Anerkennung für geleistete Dienste (erwiesene Betriebstreue) und Anreiz für zukünftige Leistungen (zukünftige Betriebstreue) sein[356]. Rechtsgrundlage für die Gewährung einer Gratifikation können Tarifvertrag, Betriebsvereinbarung und der einzelne Arbeitsvertrag sein. Kraft betrieblicher Übung entsteht ein Gratifikationsanspruch, wenn der Arbeitgeber eine Gratifikation wiederholt und vorbehaltlos gewährt und hierdurch für die Arbeitnehmer ein Vertrauenstatbestand entsteht, dass der Arbeitgeber sich auch für die Zukunft binden wolle, was regelmäßig bei dreimaliger vorbehaltloser Zahlung anzunehmen ist.

Im Grunde werden Gratifikationen nicht anders behandelt als sonstige Forderungen. Möglicherweise sind die Arbeitnehmer aber aufgrund ihrer arbeitsvertraglichen Treuepflicht verpflichtet, in einer wirtschaftlichen Notlage des Arbeitgebers auf ihre Ansprüche wenigstens teilweise zu verzichten. Dies bejaht das Bundesarbeitsgericht[357] zumindest für Ansprüche, die auf Grund einer betrieblichen Übung entstanden sind. Auf tarifvertragliche und andere Ansprüche, die nicht auf Grund des Rechtsgedankens von Treu und Glauben erworben wurden, wendet das BAG den Grundsatz allerdings nicht an.

Zum Teil wird ein Verzicht auf Ansprüche auf Gratifikationen in einer wirtschaftlichen Notlage des Arbeitgebers auch generell abgelehnt, weil ohne besondere Anhaltspunkte das Wirtschaftsrisiko des Arbeitgebers nicht als Geschäftsgrundlage der Gratifikationszuwendung angesehen werden könne[358].

354 BGH, Urteil vom 12.12.1991 – IX ZR 178/91 = DB 1992, 675.
355 Erman, § 611, Rn. 453.
356 Schaub, § 78, Rn. 4.
357 BAG, Urteil vom 26.10.1961 – 5 AZR 470/58 = BAGE 11, 346.
358 LAG Hamm, Urteil vom 13.09.2004 – 8 Sa 721/04 = NZA-RR 2005, 237.

7. Land- und forstwirtschaftliche Arbeitnehmer

Im Allgemeinen haben Arbeitnehmer keine Chance, sich wie andere Gläubiger, wie z.B. Banken, wegen ihrer Ansprüche auf Arbeitsentgelt Sicherheiten durch Sicherungsübertragung oder Pfandbestellung zu verschaffen. Eine Ausnahme gilt hier für die „Ansprüche der zur Bewirtschaftung des Grundstücks oder zum Betrieb eines mit dem Grundstücke verbundenen land- oder forstwirtschaftlichen Nebengewerbes angenommenen, in einem Dienst- oder Arbeitsverhältnisse stehenden Personen, insbesondere des Gesindes, der Wirtschafts- und Forstbeamten, auf Lohn, Kostgeld und andere Bezüge wegen der laufenden und der aus dem letzten Jahre rückständigen Beträge", so der heute noch geltende Gesetzestext des § 10 I Nr. 2 ZVG. Den oben genannten steht bei der Zwangsversteigerung des betreffenden Grundstücks ein Vorrecht zu, das den auf dem Grundstück lastenden Steuern und Grundpfandrechten im Rang vorgeht. Sie haben also praktisch an erster Stelle ein Recht auf abgesonderte Befriedigung nach § 49 InsO. Die genannten Lohnansprüche haben heute allerdings kaum noch praktische Bedeutung. Es ist daher auch geplant, den Vorrang dieser Ansprüche aus § 10 ZVG zu streichen[359].

359 Rokitta-Liedmann, LNK ZVG, § 10, Rn. 9.

C. Die Rechtslage des Arbeitnehmers im gerichtlichen Insolvenzverfahren

I. Grundlagen

1. Die Einleitung des Verfahrens

Wie bereits in der Einführung ausführlich dargestellt, wird das Insolvenzverfahren über das Vermögen des Schuldners nur auf Antrag eingeleitet. Mit dem Antragserfordernis wird also die Verfahrenseinleitung zur Disposition der Beteiligten gestellt. Die Dispositionsbefugnis erfährt allerdings durch die bereits erörterte gesetzliche Insolvenzantragspflicht einige Einschränkungen.

Seit 1.1.1999 ist für den Schuldner durch die Einheitlichkeit des Verfahrens die Wahlmöglichkeit zwischen Vergleichs- und Konkursverfahren weggefallen, der Antrag ist nunmehr nur noch auf Eröffnung des Insolvenzverfahrens gerichtet.

Mit dem Antrag beginnt das Insolvenzeröffnungsverfahren.

a) Insolvenzfähigkeit

Zwingende Voraussetzung für die Eröffnung eines Insolvenzverfahrens ist die Insolvenzfähigkeit.

Insolvenzfähigkeit ist die Fähigkeit eines Schuldners oder Schuldnerunternehmens, mit seinem Vermögen als Sach- und Rechtsgesamtheit einer durch die Insolvenzordnung geregelten Gesamtvollstreckung im Interesse aller Verfahrensbeteiligten zu unterliegen[360].

Diese Fähigkeit haben gem. § 11 I 1 InsO natürliche und juristische Personen. Obwohl der nicht rechtsfähige Verein keine juristische Person ist, ist er gem. § 11 I 2 InsO insolvenzfähig. Für juristische Personen des öffentlichen Rechts enthält § 12 I InsO allerdings Einschränkungen. Danach sind der Bund und die Länder insolvenzunfähig. Außerdem kann durch Landesrecht bestimmt werden, dass das Insolvenzverfahren über das Vermögen einer juristischen Person des öffentlichen Rechts, die der Aufsicht eines Landes untersteht, unzulässig ist.

---

360 Uhlenbruck in Gottwald, § 5, Rn. 1.

Zudem ist das Insolvenzverfahren über das Vermögen einer Gesellschaft ohne Rechtspersönlichkeit (OHG, KG, PartG, GbR, Partenreederei, EWIV) gem. § 11 II Nr. 1 InsO zulässig.

b) Insolvenzgründe

Das Insolvenzverfahren unterwirft nicht nur das gesamte pfändbare Schuldnervermögen der Zwangsverwertung durch den Insolvenzverwalter, es greift auch in Rechtspositionen des Gläubigers ein, indem diesem z.B. untersagt wird, die Einzelzwangsvollstreckung in das Schuldnervermögen zu betreiben oder Prozesse fortzusetzen[361]. Ohne eine Rechtfertigung wäre dies ein Verstoß gegen Art. 14 GG. Die Rechtfertigung ist das Vorliegen eines Insolvenzgrundes, also die materielle Insolvenz, in Form der Zahlungsunfähigkeit, der drohenden Zahlungsunfähigkeit oder der Überschuldung.

aa) Zahlungsunfähigkeit

Zahlungsunfähigkeit ist gem. § 17 I InsO der allgemeine Eröffnungsgrund. Gem. § 17 II InsO ist ein Schuldner zahlungsunfähig, wenn er nicht in der Lage ist, die fälligen Zahlungspflichten zu erfüllen.

Nach früherem Recht setzte der Konkursgrund der Zahlungsunfähigkeit (§ 102 KO) voraus, dass der Schuldner dauernd unvermögend war, seine Zahlungsverpflichtungen im Wesentlichen zu erfüllen[362]. Im Schrifttum wurde dies angenommen, wenn 10 % bis 25 % der fälligen Forderungen ungedeckt waren[363]. Auf die Merkmale der „Dauer“ und der „Wesentlichkeit“ hat der Gesetzgeber der Insolvenzordnung also bei der Umschreibung der Zahlungsunfähigkeit verzichtet. Nach der Gesetzesbegründung[364] versteht es sich von selbst – und braucht deshalb nicht besonders zum Ausdruck gebracht zu werden –, dass eine vorübergehende Zahlungsstockung keine Zahlungsunfähigkeit begründet. Andererseits hielt man es für untunlich, das Erfordernis der andauernden Unfähigkeit zur Erfüllung der fälligen Zahlungspflichten zu betonen, weil dies als Bestätigung der verbreiteten Neigung hätte verstanden werden können, den Begriff der Zahlungsunfähigkeit stark einzuengen und damit eine etwa auch über Wochen oder sogar Monate fortbestehende Illiquidität zur rechtlich unerheblichen Zahlungsstockung zu erklären.

Nach Auffassung des BGH[365] ist daran festzuhalten, dass eine Zahlungsunfähigkeit, die sich voraussichtlich innerhalb kurzer Zeit beheben lässt, lediglich als

---

361 Uhlenbruck in Gottwald, § 6, Rn. 1.
362 Kuhn/Uhlenbruck, § 102, Rn. 2.
363 Kuhn/Uhlenbruck, § 102, Rn. 2a.
364 BT-Drucks. 12/2443 S. 114.
365 BGH, Urteil vom 24.05.2005 – IX ZR 123/04 = ZIP 2005, 1426.

Zahlungsstockung gilt und keinen Insolvenzeröffnungsgrund darstellt. Als Zahlungsstockung ist eine Illiquidität anzusehen, die den Zeitraum nicht überschreitet, den eine kreditwürdige Person braucht, um sich die benötigten Mittel zu leihen[366]. Als Zeitraum für die Kreditbeschaffung sind zwei bis drei Wochen erforderlich, aber auch ausreichend[367].

Die Zahlungsunfähigkeit ist in der Regel anzunehmen, wenn der Schuldner seine Zahlungen eingestellt hat.

bb) Drohende Zahlungsunfähigkeit

Um dem Schuldner die Chance zu geben, möglichst frühzeitig Maßnahmen zu ergreifen und sich unter den Schutz des Gesetzes und des Gerichtes zu begeben und damit die Zahl der Abweisungen mangels Masse zu verringern, hat der Gesetzgeber in § 18 I InsO für den Antrag des Schuldners selbst den Eröffnungsgrund der drohenden Zahlungsunfähigkeit eingeführt. Nach der Legaldefinition des § 18 II InsO droht der Schuldner zahlungsunfähig zu werden, wenn er voraussichtlich nicht in der Lage sein wird, die bestehenden Zahlungspflichten im Zeitpunkt der Fälligkeit zu erfüllen. Die Prüfung künftiger Zahlungsunfähigkeit erfordert die Gegenüberstellung von Ein- und Auszahlungen zukünftiger Perioden in einem Finanzplan (Liquiditätsplan), dessen Ergebnis entweder ein positiver oder negativer Einzahlungsüberschuss ist[368].

cc) Überschuldung

Bei einer juristischen Person ist gem. § 19 I InsO auch die Überschuldung Eröffnungsgrund. Überschuldung liegt gem. § 19 II 1 InsO vor, wenn das Vermögen des Schuldners die bestehenden Verbindlichkeiten nicht mehr deckt, sog. rechnerische Überschuldung. Bei der Bewertung des Vermögens des Schuldners ist jedoch gem. § 19 II 2 InsO die Fortführung des Unternehmens zugrunde zu legen, wenn diese nach den Umständen überwiegend wahrscheinlich ist. Selbstverständlich kann die Überschuldung nicht nur ein rein rechnerischer Begriff sein, vielmehr erfordert sie eine Prognose bezüglich der Ertragsfähigkeit des Unternehmens. Die Definition in § 19 II 1 InsO genügt daher nicht, um im Einzelfall die Überschuldung eines Unternehmens festzustellen.

Vor In-Kraft-Treten der InsO gab es zur Feststellung der konkursrechtlichen Überschuldung unterschiedliche Ansätze.

So wurde im Rahmen einer statischen Betrachtungsweise die Überschuldung alleine aus der Gegenüberstellung der vorhandenen Vermögenswerte mit den zu

---

366 BGH, a.a.O.
367 BGH, a.a.O.
368 Drukarczy/Schüler in Kölner Schrift, S. 95 ff. Rn. 40.

deckenden Schulden begründet. Dabei wurden die Werte zugrundegelegt, die durch die Einzelveräußerung zu erzielen waren, sog. Liquidationswerte.

Nachdem durch diese Betrachtungsweise auch möglicherweise überlebensfähige Unternehmen in die Zerschlagung gedrängt wurden, wurde teilweise auch ein prognostisches Element für erforderlich gehalten. Es sollte anhand einer teil- oder volldynamischen Methode die Ertragserwartung des Unternehmens maßgeblich sein.

Um dem prognostischen Element einen eigenständigen Charakter zuzuweisen, verlangte die Methode des alternativen zweistufigen Überschuldungsbegriffs vorab eine Entscheidung über die Chancen des Fortbestands des Unternehmens (sog. Fortführungsprognose), von der es dann abhing, ob die Geschäftsleitung bei der Aufstellung der Überschuldungsbilanz Fortführungswerte oder Liquidationswerte verwendete[369].

Daneben entwickelte sich eine Tendenz, die zusätzlich zu einer rechnerischen Überschuldung auch das Fehlen einer zumindest mittelfristigen Aussicht auf eine Überlebenschance verlangte, ohne die kein Konkurseröffnungsgrund vorlag[370].

Mit § 19 II 2 InsO hat der Gesetzgeber die Prognose deutlich in den Bereich der Bewertung zurückgeführt. Die Prognose soll nicht als Korrektiv die rechnerische Überschuldung irrelevant machen, sondern die Weiche stellen für die Frage des Ansatzes und der Bewertung in der dann erneut zu prüfenden rechnerischen Überschuldung[371].

c) Eigenantrag

Anders als in § 14 InsO hat der Gesetzgeber für den Eigenantrag des Schuldners keine speziellen Zulässigkeitsvoraussetzungen geregelt. Eine dem früheren § 104 KO entsprechende Vorschrift, wonach der Schuldner ein Verzeichnis der Gläubiger und Schuldner, sowie eine Übersicht der Vermögensmasse mit dem Antrag einzureichen hatte, ist in die Insolvenzordnung nicht aufgenommen worden. Zum Teil wird daraus gefolgert, dass der Insolvenzantrag des Schuldners daher grundsätzlich ohne weiteres zulässig ist, wenn die allgemeinen Zulässigkeitsvoraussetzungen (Zuständigkeit des Insolvenzgerichts, Insolvenzfähigkeit, passive Parteifähigkeit, Nachweis der Vertretungsberechtigung und Vollmacht, ordnungsgemäßer Antrag) vorliegen[372].

Nach fast allgemeiner Auffassung muss jedoch auch ein Eigenantrag sämtliche notwendigen Angaben zur Feststellung des Eröffnungsgrundes enthalten. Das Gericht hat sich dann gem. § 5 I 1 InsO aufgrund dieser Angaben im Wege der Amtsermittlung vom Vorliegen eines Insolvenzgrundes zu überzeugen.

---

369 Fromm GmbH-R 2004 S. 940 (942).
370 So BGH, Urteil vom 13.07.1992 – II ZR 269/91 = BGHZ 119, 201.
371 Fromm, GmbH-R 2004, 940 (943).
372 Jauernig, § 54 III 2.

d) Gläubigerantrag

Der Antrag des Gläubigers ist dagegen nur zulässig, wenn ihm ein rechtliches Interesse an der Eröffnung des Insolvenzverfahrens zusteht und er seine Forderung und den Eröffnungsgrund glaubhaft macht.

Wegen des staatlichen Vollstreckungsmonopols ist das rechtliche Interesse regelmäßig zu bejahen, wenn der Gläubiger eine Forderung gegen den Schuldner hat und bei diesem ein Eröffnungsgrund vorliegt[373]. Das rechtliche Interesse fehlt, wenn der Insolvenzantrag missbräuchlich gestellt wird, was z.B. der Fall ist, wenn der Gläubiger den Antrag nur stellt, um Zahlungen seines solventen, aber zahlungsunwilligen Schuldners zu erzwingen[374]. Nach ganz herrschender Meinung ist das rechtliche Interesse nicht von der Höhe der dem Antrag zugrunde liegenden Forderung abhängig[375]. Das Gericht kann also nicht das rechtliche Interesse mit der Begründung verneinen, die Höhe der Forderung stehe in keinem wirtschaftlich vernünftigen Verhältnis zum zu zerschlagenden Schuldnerunternehmen. Außerdem gibt es keinen generellen Vorrang der Einzelzwangsvollstreckung, der Antragsteller braucht sich also nicht darauf verweisen zu lassen, eine Einzelzwangsvollstreckung wäre der einfachere Weg[376].

Der Antragsteller hat seine Forderung und den Eröffnungsgrund glaubhaft zu machen. Dazu kann er sich gem. § 4 InsO i.V.m. § 294 ZPO aller Beweismittel bedienen und zur Versicherung an Eides statt zugelassen werden. Eine nicht titulierte Forderung ist nach Grund und Höhe schlüssig darzulegen; die Glaubhaftmachung hat sich auf die tatsächlichen Voraussetzungen der Forderung zu beziehen[377].

Zur Glaubhaftmachung des Insolvenzgrundes genügt u.a. die Vorlage einer Fruchtlosigkeitsbescheinigung des Vollstreckungsorgans oder auch eines Protokolls über die Abgabe einer eidesstattlichen Versicherung[378].

Gläubiger i.S.v § 13 I 2 InsO sind zweifellos auch Arbeitnehmer mit rückständigen Lohn- und Gehaltsansprüchen. Diese müssen bei Antragstellung jedoch damit rechnen, dass einmal die Kosten des Antragsverfahrens bei Abweisung mangels Masse ihnen zur Last fallen und zum anderen das Gericht wegen des Insolvenzgeldanspruchs ein rechtliches Interesse an der Eröffnung des Insolvenzverfahrens verneint und den Antrag folglich als unzulässig zurückweist[379].

---

373 Uhlenbruck in Uhlenbruck, § 14, Rn. 5.
374 Mönning in Nerlich/Römermann, § 14, Rn. 16.
375 BGH, Urteil vom 20.03.1986 – III ZR 55/85 = WM 1986, 652.
376 Uhlenbruck in Uhlenbruck, § 14, Rn. 8.
377 BGH, Beschluss vom 22.09.2005 – IX ZB 205/04 = NZI 2006, 34.
378 Uhlenbruck in Uhlenbruck, § 14, Rn. 51.
379 Uhlenbruck in Gottwald, § 8, Rn. 23.

e) Anordnung von Sicherungsmaßnahmen

So mancher Schuldner ist geneigt, die Zeit zwischen Insolvenzantrag und Verfahrenseröffnung zu nutzen, um noch schnell Vermögen beiseite zu schaffen, ebenso mancher Gläubiger, der von dem Insolvenzantrag erfährt, noch schnell Befriedigung zu erlangen. Das Gericht hat daher in dieser Zeit die Pflicht, sämtliche Maßnahmen zu treffen, die erforderlich erscheinen, um bis zur Entscheidung über die Eröffnung nachteilige Veränderungen in der Vermögenslage des Schuldners zu verhüten.

Das Gericht kann unter anderem:

- einen vorläufigen Insolvenzverwalter bestellen;
- dem Schuldner ein allgemeines Verfügungsverbot auferlegen oder anordnen, dass Verfügungen des Schuldners nur mit Zustimmung des vorläufigen Insolvenzverwalters wirksam sind;
- Maßnahmen der Zwangsvollstreckung gegen den Schuldner untersagen oder einstweilen einstellen, soweit nicht unbewegliche Gegenstände betroffen sind;
- eine vorläufige Postsperre anordnen;
- eine Kontensperre anordnen;
- Geschäftsunterlagen beschlagnahmen;
- Büro- und Betriebsräume schließen.

Der Gesetzgeber hat die Frage des Wirksamwerdens von Beschlüssen nach § 21 InsO nicht geregelt. Deshalb ist entsprechend der höchstrichterlichen Rechtsprechung zu § 2 IV GesO auch für das neue Recht in Analogie zu § 27 III InsO anzunehmen, dass der Beschluss, durch den Sicherungsmaßnahmen angeordnet werden, mit dem Zeitpunkt seines Erlasses wirksam wird[380].

2. Die Rechtsstellung des vorläufigen Insolvenzverwalters gegenüber den Arbeitnehmern und dem Betriebsrat

In konsequenter Umsetzung der bis 1999 von Rechtsprechung und Literatur zur Sequestration gem. § 106 KO entwickelten Grundsätze und in enger Anlehnung an die Regelung in § 11 VerglO hat der Gesetzgeber in der InsO für das einheitliche Insolvenzverfahren die Bestellung eines vorläufigen Insolvenzverwalters ausdrücklich geregelt. Die InsO kennt den vorläufigen Insolvenzverwalter mit unterschiedlich abgestuften Befugnissen.

Der Beschluss, durch den dem Schuldner ein allgemeines Verfügungsverbot auferlegt oder angeordnet wird, dass Verfügungen des Schuldners nur mit Zustim-

---

380 Uhlenbruck in Gottwald, § 14, Rn. 20.

mung des vorläufigen Insolvenzverwalters wirksam sind, sowie der Beschluss, durch den ein vorläufiger Insolvenzverwalter bestellt wird, ist gem. § 23 I 1 InsO öffentlich bekannt zu machen. Dies erfolgt gem. § 9 I 1 InsO durch Veröffentlichung in dem für amtliche Bekanntmachungen des Gerichts bestimmten Blatt oder Internet. Dem Schuldner, den Personen, die Verpflichtungen gegenüber dem Schuldner haben und dem vorläufigen Insolvenzverwalter selbst wird der Beschluss auch gesondert zugestellt.

a) Der vorläufige Insolvenzverwalter mit Verfügungsbefugnis

Legt das Gericht dem Schuldner ein allgemeines Verfügungsverbot gem. § 21 II Nr. 2 InsO auf, so geht die Verwaltungs- und Verfügungsbefugnis über das Vermögen des Schuldners gem. § 22 I 1 InsO auf den vorläufigen Insolvenzverwalter über, wir sprechen von einem starken vorläufigen Insolvenzverwalter. Dieser hat gem. § 22 I 2 Nr. 1 InsO in erster Linie die Aufgabe, das Vermögen des Schuldners zu sichern und zu erhalten. Mit dieser Regelung hat sich der Gesetzgeber grundsätzlich zunächst zur Beibehaltung der auch nach dem bis 31.12.1998 geltenden Recht regelmäßig angeordneten reinen Sicherungssequestration entschieden[381]. Durch die in § 22 I 2 Nr. 2 InsO geregelte Pflicht, „ein Unternehmen, das der Schuldner betreibt, bis zur Entscheidung über die Eröffnung des Insolvenzverfahrens fortzuführen, soweit nicht das Insolvenzgericht einer Stillegung zustimmt, um eine erhebliche Verminderung des Vermögens zu vermeiden", wurde das zugrunde gelegte gesetzliche Leitbild der bisherigen reinen Sicherungssequestration erweitert auf eine dynamische vorläufige Insolvenzverwaltung, früher als dynamische Sequestration oder Verwaltungssequestration bekannt[382]. In der Praxis wird diese Anordnung allerdings wegen hoher damit verbundener Risiken von den Insolvenzgerichten vermieden. Die Risiken bestehen insbesondere darin, dass der Verwalter mehr Masseverbindlichkeiten in dem Vorverfahren durch sein Verhalten auslöst, als die Masse ertragen kann. Das Gesetz hat gewisse Erleichterungen vorgesehen, wie z.B. das zeitlich beschränkte Vollstreckungsverbot des § 90 InsO für sechs Monate in Bezug auf die sog. oktroyierten Masseverbindlichkeiten, d.h. die Verbindlichkeiten des Schuldners, auf deren Entstehung der Insolvenzverwalter keinen Einfluss hat. Hierbei handelt es sich z.B. um Lohn- und Gehaltsforderungen der Arbeitnehmer, die während der Kündigungsfrist des § 113 InsO entstehen, obgleich der Insolvenzverwalter die Arbeitnehmer während der Kündigungsfrist nicht mehr beschäftigt hat[383].

Auch durch die Regelung des § 113 S. 3 InsO ist eine gewisse Entlastung von Masseverbindlichkeiten vorgesehen. § 90 InsO verschiebt nur die Zahlungsverbindlichkeiten der dort genannten Masseschulden. § 113 S. 3 InsO wandelt die

---

381 Blersch in Breutigam/Blersch/Goetsch, § 22, Rn. 12.
382 Blersch in Breutigam/Blersch/Goetsch, § 22, Rn. 13.
383 Uhlenbruck in Uhlenbruck, § 90, Rn. 2.

Forderungen der Arbeitnehmer in zur Tabelle anzumeldende Insolvenzforderungen um, die dem Arbeitnehmer dadurch entstehen, dass sein Arbeitsverhältnis wegen der auf drei Monate verkürzten Kündigungsfrist vorzeitig beendet wird.

Dennoch können die Ansprüche der Arbeitnehmer, die zwar unverzüglich vom Insolvenzverwalter (starken vorläufigen Insolvenzverwalter) freigestellt worden sind, noch einen solchen Umfang annehmen, dass sie im Ergebnis zu einer Masseunzulänglichkeit oder wenigstens dazu führen, dass über den gesetzlichen Vorbehalt des § 123 II 2 InsO keine oder nur eine geringe Quote auf die Sozialplanansprüche der Arbeitnehmer entfällt. Andererseits haben die Aussichten darauf, Zahlungen auf die Sozialplanansprüche und die sonstigen Masseansprüche der Arbeitnehmer zu erhalten, für eine erfolgreiche Betriebsfortführung erhebliche Bedeutung. Es muss daher gegen jegliche Versuche, die Masseverbindlichkeiten auszudehnen, vorgegangen werden. Hilfreich wäre z.B., wie Berscheid vorschlägt, wenn die Entgeltansprüche der freigestellten Arbeitnehmer für die Zeit nach Verfahrenseröffnung statt als Masseverbindlichkeiten (§ 55 I Nr. 2 InsO) wegen der Freistellung als einfache Insolvenzforderungen zu klassifizieren wären, wie dies für Forderungen aus der Kündigungszeit vor Verfahrenseröffnung nach 55 II 2 InsO der Fall ist[384].

aa) Stilllegungs- und Kündigungsbefugnis

Nach der ursprünglichen Konzeption des Gesetzgebers ist für die Arbeitnehmer der vorläufige Insolvenzverwalter mit Verfügungsbefugnis besonders von Bedeutung, weil er schon vor Eröffnung des Verfahrens in die Arbeitgeberstellung einrückt, die auch die Stilllegungs- und Kündigungsbefugnis umfasst[385]. In der Praxis wird, wie oben bereits dargestellt, diese Vorgehensweise von vielen Gerichten abgelehnt.

Sie bevorzugen aus haftungsrechtlichen Gründen die Nominierung eines sog. „schwachen Insolvenzverwalters", also ohne Verwaltungs- und Verfügungsbefugnis, der gegebenenfalls bei ausreichender Masse dem Gericht anzeigen kann, dass seine Stellung als sogenannter schwacher in eine solche als starker Insolvenzverwalter umgewandelt werden kann. In der Tat sollte dieses nicht ohne eine vorhergehende und gründliche Prüfung des vorläufigen Verwalters geschehen, um nicht größeren Schaden, letztlich auch für die Gläubiger, durch Begründung umfangreicher Masseverbindlichkeiten entstehen zu lassen.

Zur vorzeitigen Stilllegung des Schuldnerbetriebes ist der starke Insolvenzverwalter nur dann berechtigt, wenn sie erforderlich ist, um eine erhebliche Verminderung des Haftungsvermögens zu vermeiden und das Insolvenzgericht der Stilllegung zugestimmt hat (§ 22 I 2 Nr. 2 InsO).

---

384 Uhlenbruck/Berscheid in Uhlenbruck, § 55, Rn. 5.
385 Gallner in Fiebig, § 1, Rn. 701.

Für eine Kündigung durch den starken vorläufigen Insolvenzverwalter gelten keine anderen Regeln als für den Schuldner selbst. Insbesondere gilt hier die verkürzte Kündigungsfrist gem. § 113 InsO weder direkt noch analog[386]. Gegen eine direkte Anwendung auf den starken vorläufigen Insolvenzverwalter spreche der eindeutige Wortlaut, sowie die Systematik der Insolvenzordnung. Für eine analoge Anwendung fehle laut BAG schon eine planwidrige Regelungslücke. Zudem bestehe kein Bedarf nach einer analogen Anwendung, da die Erleichterungen der §§ 113 ff. InsO vor allem der Einstellung des Betriebes dienen, der vorläufige Insolvenzverwalter in erster Linie jedoch das Unternehmen fortführen soll.

bb) Rechtsfolge des § 55 II InsO

Eine der größten Schwächen des nach der Konkursordnung geltenden Rechtes war es, dass der Sequester keine Masseverbindlichkeiten begründen konnte. Gegen die damals in der Literatur vertretene Ansicht, den vom Sequester innerhalb seiner Befugnisse eingegangenen Verpflichtungen Masseschuldqualität zuzusprechen[387], hat der BGH[388] ausdrücklich Bedenken geäußert.

§ 55 II InsO bezieht die von einem vorläufigen Verwalter mit Verwaltungs- und Verfügungsbefugnis (§ 22 I InsO i.V.m. § 21 II Nr. 2, 1. Alt. InsO) begründeten Verbindlichkeiten in die Masseverbindlichkeiten ein. Gleiches soll nach § 55 II 2 InsO für Verbindlichkeiten aus einem Dauerschuldverhältnis gelten, soweit der vorläufige Insolvenzverwalter für das von ihm verwaltete Vermögen die Gegenleistung in Anspruch genommen hat. Das einschränkende „soweit" ergibt aber nur Sinn, wenn dem vorläufigen Insolvenzverwalter auch ein Wahlrecht über die Abrufung der Gegenleistung aus einem Dauerschuldverhältnis, also der Arbeitsleistung von Arbeitnehmern des Schuldners, zugestanden wird. Eine verbreitete Auffassung[389] nimmt deshalb im Falle des § 55 II 2 InsO (ähnlich § 90 III Nr. 3 und § 209 II Nr. 3 InsO) ein insolvenzspezifisches Freistellungsrecht an. Allerdings ist nicht erkennbar, dass der Gesetzgeber außer den insolvenzrechtlichen Rechtsfolgen, die an eine solche Freistellung geknüpft sind, auch ihre tatbestandlichen Voraussetzungen regeln wollte. Diese bestimmen sich während des Insolvenzverfahrens nach wie vor nach den allgemeinen arbeitsrechtlichen Grundsätzen[390]. Dass eine betriebsbedingte Freistellung von Arbeitnehmern unter bestimmten Voraussetzungen zulässig sein kann, ist im Arbeitsrecht unumstritten. Obwohl grundsätzlich der Arbeitnehmer während des Bestehens des Arbeitsvertrages im Hinblick auf den Persönlichkeitsschutz der Art. 1, 2 GG auch zu beschäftigen ist, ist eine Freistellung von der Arbeit unter Fortzahlung des Entgelts ohne Zustimmung des

---

386 BAG, Urteil vom 20.01.2005 – 2 AZR 134/04 = ZIP 2005, 1289.
387 Kilger in Festschrift KO, S. 189, 211; Gerhardt, ZIP 1982, 1, (8).
388 BGH, Urteil vom 30.01.1986 – IX ZR 79/85 = NJW 1986, 1496.
389 u.a. LAG Hamm, Urteil vom 27.09.2000 – 2 Sa 1178/00 = ZInsO 2001, 333.
390 Seifert, DZWIR 2002, 407 (409).

Arbeitnehmers nur vorübergehend, etwa nach Kündigung bis zum Ablauf des Vertrages, oder bei besonderem, schutzwürdigem Interesse des Arbeitgebers, dessen Vorliegen sorgfältig zu prüfen ist, zulässig[391]. Auch in einer berechtigten Freistellung von der Arbeit liegt aber die Ablehnung der geschuldeten Arbeitsleistung, so dass der Arbeitgeber damit in Annahmeverzug gem. §§ 293, 615 BGB gerät, ohne dass es eines erneuten Angebots der Arbeitsleistung durch den Arbeitnehmer bedarf[392]. Der vorläufige Insolvenzverwalter kann also durch die Freistellung nicht verhindern, dass überhaupt weitere Kosten entstehen, er kann aber verhindern, dass die Entgeltforderungen der Arbeitnehmer als Masseverbindlichkeiten zu qualifizieren sind, und damit die Masse u.U. erheblich schmälern können.

Es handelt sich bei § 55 II InsO somit um eine Ausweitung der Masseverbindlichkeiten durch eine Annäherung der Rechtsstellung des vorläufigen Insolvenzverwalters mit Verwaltungs- und Verfügungsbefugnis an die des endgültigen Insolvenzverwalters. In dieser Neuregelung wird zwar eine Erleichterung der Möglichkeiten einer Betriebsfortführung durch den vorläufigen Insolvenzverwalter gesehen, bei dem auf die von der Praxis entwickelten Treuhandlösungen verzichtet werden kann[393]. In der Mehrzahl der Fälle hat allerdings diese vom Gesetzgeber vorgesehene Möglichkeit keine praktische Bedeutung, da die Fälle einer Bestellung eines starken Insolvenzverwalters selten sind.

Die analoge Anwendung des § 55 II InsO auf die Fälle der Anordnung eines allgemeinen Zustimmungsvorbehaltes (§ 22 II 1 i.V.m. § 21 II Nr. 2, 2. Alt. InsO), also auf die in der Praxis weitaus häufigeren Fälle, scheidet nach der wohl herrschenden Meinung aus[394]. Laut BGH ist § 55 II 2 InsO grundsätzlich weder unmittelbar noch entsprechend auf Rechtshandlungen eines vorläufigen Insolvenzverwalters anzuwenden, auf den die Verfügungsbefugnis über das Vermögen des Schuldners nicht übergegangen ist[395]. Dies ergibt sich nicht nur aus dem eindeutigen Wortlaut der Vorschrift, sondern auch aus Entstehungsgeschichte und Zweck der Norm. So entsprach es unter der Geltung des § 106 I 2 und 3 KO ständiger Rechtsprechung, dass der während des Eröffnungsverfahrens bestellte Sequester keine Masseschulden begründen konnte, weil die Aufgaben und Befugnisse des Sequesters sich auf Maßnahmen der Sicherung und Erhaltung der Masse beschränkten; demgegenüber entstanden Masseschulden im Sinne von § 59 KO erst aufgrund der endgültigen Verwaltung und gegebenenfalls Abwicklung der Masse[396]. Daneben basiert die Ausweitung der Masseverbindlichkeiten auf der weitgehenden Gleichstellung der Rechtsstellung des vorläufigen Insolvenzverwalters mit Ver-

---

391 BAG, Urteil vom 10.11.1955 – 2 AZR 591/54 = BAGE 2, 221.
392 Schliemann, § 615 BGB, Rn. 119.
393 Uhlenbruck/Berscheid in Uhlenbruck, § 55, Rn. 80.
394 Uhlenbruck/Berscheid in Uhlenbruck, § 55, Rn. 81.
395 BGH, Urteil vom 18.07.2002 – IX ZR 195/01 = DZWIR 2002, 470.
396 BGH, Urteil vom 18.05.1995 – IX ZR 189/94 = BGHZ 130, 38.

waltungs- und Verfügungsbefugnis mit der des endgültigen Insolvenzverwalters[397]. Der Unterschied zum vorläufigen schwachen Insolvenzverwalter besteht gerade darin, dass dieser nicht umfassend für den Schuldner handeln kann. Er ist ferner nicht befugt, den Schuldner daran zu hindern, während des Eröffnungsverfahrens die Gegenleistung aus Dauerschuldverhältnissen im Sinne von § 55 II 2 InsO in Anspruch zu nehmen, soweit damit keine rechtsgeschäftliche Verfügung verbunden ist.

Bei dieser Rechtslage möchte es die Bundesregierung allerdings nicht belassen. Art. 2 Nr. 3 ihres Entwurfs eines Gesetzes zum Pfändungsschutz der Altersversorgung und zur Anpassung des Rechts der Insolvenzanfechtung[398] sieht folgende Neufassung des § 55 II InsO vor:

> „Verbindlichkeiten, die von einem vorläufigen Insolvenzverwalter oder mit dessen Zustimmung begründet worden sind, gelten nach der Eröffnung des Verfahrens als Masseverbindlichkeiten. Gleiches gilt für Verbindlichkeiten aus einem Dauerschuldverhältnis, soweit für das Vermögen des Schuldners die Gegenleistung mit Zustimmung des Insolvenzverwalters in Anspruch genommen wurde."

Aus der Begründung des Regierungsentwurfs zu § 55 InsO[399] geht nämlich hervor, dass man sich insbesondere für den Fiskus einen besonderen Schutz erwartete, indem nicht nur vertragliche, sondern auch gesetzliche Verbindlichkeiten, die der vorläufige Insolvenzverwalter im Zusammenhang mit seiner Tätigkeit begründet, nach Verfahrenseröffnung Masseverbindlichkeiten sein sollten. Diese Erwartung wurde nicht erfüllt, da die Gerichte regelmäßig vorläufige Insolvenzverwalter bestellen, auf die die Verfügungsbefugnis über das schuldnerische Vermögen nicht übergegangen ist. Durch die Gesetzesänderung soll die Rechtsfolge des § 55 II InsO zukünftig nicht mehr umgangen werden können.

Erwartungsgemäß stößt die geplante Änderung des § 55 II InsO in Wissenschaft und Praxis auf starke Kritik. Sie würde das Ziel der InsO, das Schuldnerunternehmen erst zu zerschlagen, wenn eine Sanierung des Unternehmens aussichtslos erscheint, erheblich in Frage stellen, indem sie zu einer starken Vermehrung von Masseverbindlichkeiten und damit zur Einschränkung von Fortführungs- und Sanierungsmöglichkeiten führen würde.

Die Justizministerinnen und Justizminister haben am 17.11.2005 auf ihrer Herbstkonferenz in Berlin entsprechend ihrem Beschlussvorschlag zum Reformvorhaben des Bundes im Recht der Insolvenzanfechtung gegen die Bestrebungen plädiert, bestimmten Gläubigergruppen in der Insolvenz Sondervorteile zu verschaffen. Dementsprechend wird das Bundesministerium der Justiz gebeten, die

397 Uhlenbruck/Bescheid in Uhlenbruck, § 55, Rn. 80.
398 BR-Drucks. 618/05.
399 BT-Drucks. 12/2443, S. 216.

insolvenzrechtlichen Regelungen des Gesetzesentwurfs zum Pfändungsschutz der Altersvorsorge und zur Anpassung des Rechts der Insolvenzanfechtung erst dann weiter zu verfolgen, wenn angemessene Lösungsvorschläge vorgelegt sind.

cc) Auswirkung auf die Beteiligung des Betriebsrats

Da die Arbeitgeberfunktion vom Schuldner auf den vorläufigen Verwalter übergeht, bedeutet das für die Mitbestimmung des Betriebsrats lediglich, dass dieser einen neuen Ansprech- und Verhandlungspartner erhält. So hat der vorläufige Insolvenzverwalter u.a. vor jeder Kündigung den Betriebsrat gem. § 102 I BetrVG ordnungsgemäß zu beteiligen.

dd) Prozessrechtliche Stellung

Die Bestellung eines starken vorläufigen Insolvenzverwalter hat außerdem zur Folge, dass bereits anhängige Prozesse gem. § 240 S. 2 ZPO unterbrochen werden und nur nach §§ 24 II, 86 InsO aufgenommen werden können, wobei aber das Rubrum auf den vorläufigen Insolvenzverwalter umzustellen ist[400].

Neue Rechtsstreite, insbesondere Kündigungsschutzprozesse, sind direkt gegen den vorläufigen Insolvenzverwalter zu richten.

b) Der vorläufige Insolvenzverwalter ohne Verfügungsbefugnis

Bestellt das Gericht einen vorläufigen Insolvenzverwalter, so kann es einerseits anordnen, dass Verfügungen des Schuldners nur mit Zustimmung des vorläufigen Insolvenzverwalters wirksam sind, andererseits kann es sich auch darauf beschränken, einen vorläufigen Insolvenzverwalter zu bestellen und dessen Pflichten im Anordnungsbeschluss festzulegen.

Das Gericht kann dem vorläufigen Insolvenzverwalter auch ohne allgemeine Verfügungsbeschränkung die Fortführung des schuldnerischen Unternehmens auftragen, wegen des Verbleibens der Verfügungsbefugnis beim Schuldner ist dann allerdings ein Zusammenwirken von Schuldner und Verwalter zwingend geboten[401].

Die vom Gericht bestimmten Pflichten des vorläufigen Insolvenzverwalters ohne Verfügungsbefugnis dürfen über die Pflichten nach § 22 I 2 InsO nicht hinausgehen. Im Übrigen stehen ihm sämtliche Rechte zu, die in § 22 III InsO geregelt sind, so kann er z.B. die Geschäftsräume betreten und dort Nachforschungen anstellen.

Er tritt indes nicht in die Position des Arbeitgebers ein.

---

400 Berscheid in Kölner Schrift, S. 1361 ff., Rn. 18.
401 Uhlenbruck in Kölner Schrift, S. 325 ff. Rn. 13.

c) Der vorläufige Insolvenzverwalter mit Zustimmungsbefugnis

Bei Anordnung eines Zustimmungsvorbehaltes verbleibt die Arbeitgeberfunktion in der Regel beim Schuldner, es sei denn, das Insolvenzgericht hat die kündigungsrechtlichen und betriebsverfassungsrechtlichen Befugnisse durch Einzelanordnung ausdrücklich dem vorläufigen Insolvenzverwalter übertragen[402]. Spricht der vorläufige Insolvenzverwalter mit Zustimmungsbefugnis eine Kündigung im eigenen Namen oder im Namen des Schuldners, aber ohne eine entsprechende Ermächtigung durch das Insolvenzgericht aus, dann ist die Kündigung nach § 180 S. 1 BGB unwirksam, wenn sie vom Empfänger beanstandet wird[403]. Dem Insolvenzverwalter ist allerdings zu raten, seinerseits die Zustimmung zu den vom Schuldner oder den Organen des schuldnerischen Unternehmens ausgesprochenen Kündigungen zu geben, um jegliche Zweifel an der Wirksamkeit der nur vom Schuldner erklärten Kündigung auszuräumen.

Für Neueinstellungen braucht der Arbeitgeber wegen der finanziellen Folgen die Zustimmung des vorläufigen Insolvenzverwalters[404].

3. Das Eröffnungsverfahren abschließende Entscheidung

Das Insolvenzeröffnungsverfahren endet i.d.R. mit einer dieses Verfahren abschließenden Entscheidung des Insolvenzgerichts.

So hat es den Antrag auf Eröffnung des Insolvenzverfahrens als unzulässig zurückzuweisen, wenn es an einer zwingenden Zulässigkeitsvoraussetzung fehlt und der Antrag trotz gerichtlichen Hinweises nicht zurückgenommen wurde.

Der Insolvenzantrag ist als unbegründet zurückzuweisen, wenn der Insolvenzgrund nicht vorliegt.

Das Insolvenzgericht weist den Antrag mangels Masse zurück, wenn das Vermögen des Schuldners voraussichtlich nicht ausreicht, um die Kosten des Verfahrens d.h. die Gerichtskosten, die Vergütung und die Auslagen des vorläufigen Insolvenzverwalters, des Insolvenzverwalters und der Mitglieder des Gläubigerausschusses, zu decken. Mangels Masse abgewiesen wird allerdings nicht, wenn ein ausreichender Betrag vorgeschossen wurde oder die Kosten nach § 4a InsO gestundet wurden.

Kommt das Gericht zu dem Ergebnis, dass alle Voraussetzungen vorliegen, so eröffnet es das Insolvenzverfahren durch Beschluss.

---

402 Griese in Kölner Schrift, S. 1513 ff. Rn. 8.
403 Meyer, DZWIR 2004, 58 (59).
404 Berscheid in Kölner Schrift, S. 1361 ff. Rn. 20.

4. Überblick über die Durchführung des Insolvenzverfahrens

Mit der Eröffnung des Insolvenzverfahrens wird ein endgültiger Insolvenzverwalter bestellt. Wurde ein vorläufiger Insolvenzverwalter bestellt, so wird dieser i.d.R. später auch endgültiger Insolvenzverwalter.

Dieser hat gem. § 156 I InsO im Berichtstermin über die wirtschaftliche Lage des Schuldners und ihre Ursachen zu berichten. Außerdem hat er darzulegen, ob Aussichten bestehen, das Unternehmen des Schuldners im ganzen oder in Teilen zu erhalten, welche Möglichkeiten für einen Insolvenzplan bestehen und welche Auswirkungen jeweils für die Befriedigung der Gläubiger eintreten würden. Auf der Grundlage dieser Informationen entscheidet schließlich die Gläubigerversammlung über den Fortgang des Verfahrens.

Um seinen Berichtspflichten nachkommen zu können, hat der Insolvenzverwalter zunächst das gesamte zur Insolvenzmasse gehörende Vermögen in Besitz und in Verwaltung zu nehmen, wenn er dies nicht schon als vorläufiger Insolvenzverwalter getan hat. Im Rahmen seiner Verwaltungsaufgabe hat er im Einzelnen ein Verzeichnis aller Massegegenstände, ein Verzeichnis über alle bekannten Gläubiger und eine Vermögensübersicht aufzustellen. Dabei kann er die Auskunft und Mitwirkung des Schuldners in Anspruch nehmen, die gegebenenfalls auch zwangsweise durchgesetzt werden kann.

Des weiteren ist die Klärung schwebender Rechtsverhältnisse von großer Bedeutung, also die Ausübung des Wahlrechts bei gegenseitigen, beiderseits nicht voll erfüllten Verträgen gem. §§ 103 ff. InsO, und gegebenenfalls die Kündigung von Miet- und Pachtverhältnissen gem. §§ 108 ff. InsO sowie Dienstverhältnissen gem. § 113 InsO.

Zudem ergänzt der Insolvenzverwalter die Masse, indem er Forderungen des Schuldners gegen Dritte gegebenenfalls im Prozessweg eintreibt oder von seinem Anfechtungsrecht nach §§ 129 ff. InsO Gebrauch macht.

Zu den Verwalteraufgaben zählt weiterhin die Bereinigung der Masse, indem er Gegenstände, die nicht zur Insolvenzmasse gehören, an die Berechtigten herausgibt oder nicht bzw. schwer verwertbare Massegegenstände freigibt.

Das Schuldnerunternehmen ist vom Verwalter i.d.R. einstweilen weiterzuführen, um die im Unternehmen verkörperten Vermögenswerte zumindest bis zur Grundentscheidung der Gläubigerversammlung über diese Frage im Berichtstermin zu erhalten[405].

Bevor es zu einer Gläubigerbefriedigung kommen kann, ist zunächst zu klären, welche Forderungen überhaupt zur Befriedigung in Betracht kommen. Die Gläubiger werden daher im Eröffnungsbeschluss, der ihnen gem. § 30 II InsO ge-

405 Klopp/Kluth in Gottwald, § 22, Rn. 46.

sondert zugestellt wird, aufgefordert innerhalb einer bestimmten Frist ihre Forderungen beim Insolvenzverwalter anzumelden. Wohlgemerkt die Insolvenzforderungen; der Arbeitnehmer kann nur die Forderungen zur Tabelle anmelden, die bereits vor Eröffnung des Insolvenzverfahrens entstanden sind, mit Ausnahme der Forderungen, die in der Eröffnungsphase dadurch entstanden sind, dass der vorläufige starke Insolvenzverwalter die Arbeitsleistung in Anspruch genommen hat. Masseforderungen sind nicht anzumelden, da sie vorweg berichtigt werden. Außerdem kann der Arbeitnehmer mangels Aktivlegitimation die Forderungen nicht anmelden, die wegen der Beanspruchung von Insolvenzgeld auf die Bundesagentur für Arbeit übergegangen sind.

In einer Gläubigerversammlung, dem Prüftermin, werden die angemeldeten Forderungen ihrem Betrag und Rang nach geprüft und, soweit sie vom Verwalter, vom Schuldner oder von einem Insolvenzgläubiger bestritten werden, einzeln erörtert (§§ 176, 177 InsO). Werden Forderungen bestritten, so kann im Prozessweg auf Feststellung geklagt werden. Ist gegen eine Forderung kein Widerspruch erhoben oder ein erhobener Widerspruch beseitigt worden, so gilt die Forderung als festgestellt. Die Eintragung in die Tabelle wirkt für die festgestellten Forderungen ihrem Betrag und ihrem Rang nach wie ein rechtskräftiges Urteil gegenüber dem Insolvenzverwalter und allen Insolvenzgläubigern.

Nach dem Berichtstermin hat der Insolvenzverwalter das zur Insolvenzmasse gehörende Vermögen zu verwerten. Die daraus erzielten Erlöse werden schließlich zur gleichmäßigen Befriedigung der Gläubiger verwendet.

5. Die Rechtsstellung des Insolvenzverwalters gegenüber den Arbeitnehmern und dem Betriebsrat

Mit der Eröffnung des Insolvenzverfahrens verliert der Schuldner gem. § 80 InsO sein Recht, das zur Insolvenzmasse gehörende Vermögen zu verwalten und darüber zu verfügen. Für die Dauer des Insolvenzverfahrens werden diese Rechte vom Insolvenzverwalter ausgeübt. Der Verlust dieser Rechte bedeutet, dass der Schuldner auch die aus seiner originären, weiterbestehenden Rechtsstellung als Arbeitgeber fließenden Rechte und Pflichten nicht mehr selbst wahrnehmen kann[406]. In die Stellung des Arbeitgebers rückt ebenfalls der Insolvenzverwalter ein. Umstritten war allerdings auch schon unter Geltung der KO, ob der Insolvenzverwalter eine eigene Arbeitgeberstellung i.S.d. materiellen Arbeitsrechts erlangte oder ob ihm kraft Gesetzes lediglich die Ausübung der nach wie vor beim Schuldner originär verbleibenden Arbeitgeberfunktionen mit allen damit zusammenhängenden Rechten und Pflichten zugewiesen war. Berscheid[407] vertritt

406 Heinze in Gottwald, § 102, Rn. 23.
407 Berscheid in Kölner Schrift, S. 1395, Rn. 2.

hierzu die Auffassung, dass der Insolvenzverwalter voll in die Arbeitgeberstellung einrückt, da der Schuldner den Anspruch der Arbeitnehmer auf tatsächliche Beschäftigung und den Vergütungsanspruch, die zusammen den Hauptanspruch des Arbeitnehmers aus dem Arbeitsverhältnis ausmachen und die im Umkehrschluss die Verpflichtungen des Arbeitgebers darstellen, schließlich nicht mehr erfüllen kann.

Praktisch wirkt sich dieser Meinungsstreit allerdings nur insoweit aus, als eine eigene Arbeitgeberstellung des Insolvenzverwalters dessen originäre Haftung begründen und dazu zwingen würde, den Insolvenzverwalter bei Einstellung neuer Arbeitnehmer während des Insolvenzverfahrens als alleinigen Arbeitgeber mit den entsprechenden Konsequenzen anzusehen, wenn das Insolvenzverfahren endet[408]. Seltsamerweise besteht allerdings gerade darüber weitgehend Einigkeit, dass der Insolvenzverwalter nicht Rechtsnachfolger des Gemeinschuldners ist und dass die Arbeitgeberfunktionen bei Verfahrensbeendigung an den Schuldner zurückfallen[409].

a) Ausübung des Direktionsrechts

Nunmehr hat der Insolvenzverwalter also die einzelvertraglichen Rechte und Pflichten ebenso wahrzunehmen wie diejenigen, die sich aus den arbeitsrechtlichen Gesetzen, den Betriebsvereinbarungen und Tarifverträgen ergeben[410]. Insbesondere steht ihm nunmehr die Ausübung des Weisungsrechtes des Arbeitgebers zu[411]. Als Direktionsrecht oder auch Weisungsrecht bezeichnet man das Recht des Arbeitgebers, die im Arbeitsvertrag nur rahmenmäßig umschriebene Leistungspflicht des Arbeitnehmers einseitig nach § 315 I BGB durch Weisungen zu konkretisieren[412]. Das Weisungsrecht erstreckt sich nicht auf die Übertragung einer anderen als der im Arbeitsvertrag vereinbarten Arbeit. Will der Arbeitgeber bzw. der Insolvenzverwalter eine Änderung dieser materiellen Arbeitsbedingungen herbeiführen, muss er grds. eine Änderungskündigung aussprechen oder einen Änderungsvertrag mit dem Arbeitnehmer abschließen. Allerdings kann mit der herrschenden Meinung angenommen werden, dass in außergewöhnlichen Fällen, insbesondere in Notfällen, der Arbeitnehmer aufgrund seiner Treuepflicht auf Verlangen des Arbeitgebers vorübergehend auch solche Arbeiten übernehmen muss, die nicht in seinen Tätigkeitsbereich fallen[413]. Dadurch entsteht aber keineswegs ein insolvenzspezifisches Direktionsrecht, vielmehr nimmt das Direktionsrecht – wie auch außerhalb der Insolvenz – durchaus realitätsbezogen die jeweiligen rechtlichen Rahmenbedingungen des Arbeitsverhältnisses in

408 Heinze in Gottwald, § 102, Rn. 24.
409 Uhlenbruck in Uhlenbruck, § 80, Rn. 63.
410 Heinze in Gottwald, § 102, Rn. 26.
411 Uhlenbruck in Uhlenbruck, § 80, Rn. 63.
412 Schliemann, § 611, Rn. 561.
413 Hess in Hess/Kropshofer, Anh. I, Rn. 28.

sich auf und ist somit innerhalb dieses Rahmens einer flexiblen Konkretisierung zugänglich[414].

Weigert sich der Arbeitnehmer zu Unrecht, der zulässigen Weisung des Arbeitgebers Folge zu leisten, so kann dies – nach vorheriger einschlägiger Abmahnung – grundsätzlich eine ordentliche, verhaltensbedingte Kündigung rechtfertigen[415].

b) Informationspflichten

Weiterhin ist der Insolvenzverwalter verpflichtet, nicht nur den Betriebsrat, sondern auch die Arbeitnehmer über das Verfahrensziel (Betriebsstilllegung, Betriebsteilstilllegung, übertragende Sanierung oder Unternehmensfortführung) zu informieren[416].

Zum Teil ergeben sich Informationspflichten aus dem BetrVG. So hat der Insolvenzverwalter gem. § 106 II BetrVG in Unternehmen mit in der Regel mehr als 100 ständig beschäftigten Arbeitnehmern den Wirtschaftsausschuss rechtzeitig und umfassend über die wirtschaftlichen Angelegenheiten des Unternehmens unter Vorlage der erforderlichen Unterlagen zu unterrichten, soweit dadurch nicht die Betriebs- und Geschäftsgeheimnisse des Unternehmens gefährdet werden, sowie die sich daraus ergebenden Auswirkungen auf die Personalplanung darzustellen. Zu den wirtschaftlichen Angelegenheiten gehören gem. § 106 III BetrVG insbesondere:

- die wirtschaftliche und finanzielle Lage des Unternehmens;
- die Einschränkung oder Stilllegung von Betrieben oder von Betriebsteilen;
- der Zusammenschluss oder die Spaltung von Unternehmen oder Betrieben;
- die Änderung der Betriebsorganisation oder des Betriebszwecks sowie
- sonstige Vorgänge und Vorhaben, welche die Interessen der Arbeitnehmer des Unternehmens wesentlich berühren können.

In Unternehmen mit in der Regel mehr als 20 wahlberechtigten ständig beschäftigten Arbeitnehmern hat der Unternehmer bzw. der Insolvenzverwalter gem. § 110 II BetrVG mindestens einmal in jedem Kalendervierteljahr nach vorheriger Abstimmung mit dem Betriebsrat und gegebenenfalls auch mit dem Wirtschaftsausschuss die Arbeitnehmer über die wirtschaftliche Lage und Entwicklung des Unternehmens zu unterrichten. In Unternehmen mit in der Regel mehr als 1000 ständig beschäftigten Arbeitnehmern muss dies gem. § 110 I BetrVG sogar schriftlich erfolgen.

---

414 Heinze in Gottwald, § 102, Rn. 27.
415 Schliemann, § 611, Rn. 567.
416 Wagner in Mohrbutter, Rn. IV.8.

c) Pflichten nach SGB III und BetrAVG

Der Insolvenzverwalter hat gem. § 314 I SGB III auf Verlangen der Arbeitsagentur die für die Erbringung von Insolvenzgeld erforderlichen Bescheinigungen zu erteilen (Insolvenzgeldbescheinigung). Er ist gem. § 316 I SGB III verpflichtet, der Agentur für Arbeit auf Verlangen alle Auskünfte zu erteilen, die für die Durchführung der §§ 183 bis 189, 208, 320 II, 327 III SGB III erforderlich sind. Eine entsprechende Pflicht hat er gem. § 11 BetrAVG auch gegenüber dem PSVaG zur Durchführung der Insolvenzsicherung der betrieblichen Altersversorgung. Außerdem muss er gem. § 320 II SGB III auf Verlangen der Agentur für Arbeit das Insolvenzgeld errechnen und auszahlen, wenn ihm dafür geeignete Arbeitnehmer des Betriebes zur Verfügung stehen und die Agentur für Arbeit die Mittel für die Auszahlung des Insolvenzgeldes bereitstellt.

d) Betriebsverfassungsrechtliche Pflichten

Die Eröffnung des Insolvenzverfahrens hat aber grundsätzlich keinen Einfluss auf die Tätigkeit und die Befugnisse des Betriebsrats. Da der Insolvenzverwalter in den gesamten Pflichtenkreis des Arbeitgebers eintritt, ist er konsequenterweise bei der Abwicklung des Insolvenzverfahrens auch verpflichtet, alle gesetzlichen Vorschriften einzuhalten, die eine Beteiligung des Betriebsrates vorschreiben[417].

Er ist an Betriebsvereinbarungen und Tarifverträge in gleicher Weise gebunden wie der Schuldner vor der Verfahrenseröffnung[418].

Insbesondere hat er aber die Mitbestimmungsrechte des Betriebsrats bei Betriebsänderungen gem. §§ 111–112a BetrVG zu beachten, um das Entstehen und die Geltendmachung von Nachteilsausgleichsansprüchen zu vermeiden[419]. Ein Ausgleichsanspruch nach § 113 III BetrVG ist nicht davon abhängig, dass der Betriebsrat einen Sozialplan hätte erzwingen können, da er kein Ersatz für einen Abfindungsanspruch aus einem Sozialplan ist, sondern den Arbeitgeber anhalten will, seiner Verpflichtung zu genügen, vor Durchführung einer Betriebsänderung einen Interessenausgleich über das Ob und Wie der Betriebsänderung mit dem Betriebsrat zu versuchen[420].

Mit Rücksicht auf das Bedürfnis nach einer zügigen Durchführung des Insolvenzverfahrens sind die Regelungen über die Mitbestimmung des Betriebsrates für den Insolvenzfall dahingehend abgeändert worden, dass der Vermittlungsversuch des Vorstands der Bundesagentur für Arbeit nur bei einem übereinstimmenden Ersuchen von Insolvenzverwalter und Betriebsrat stattfinden muss (§ 121 InsO) und der Insolvenzverwalter die Zustimmung des Arbeitsgerichts zur Be-

---

417 BAG, Urteil vom 20.11.1970 – 1 AZR 409/69 = BAGE 23, 62.
418 Berscheid in Uhlenbruck, §§ 121, 122, Rn. 2.
419 Griese in Kölner Schrift, S. 1513 ff. Rn. 14.
420 BAG, Urteil vom 08.11.1988 – 1 AZR 687/87 = BAGE 60, 87.

triebsänderung ohne vorherige Durchführung eines Einigungsstellenverfahrens nach § 112 II BetrVG beantragen kann, wenn nicht innerhalb von drei Wochen nach tatsächlichem Verhandlungsbeginn oder nach schriftlicher Aufforderung zur Aufnahme von Verhandlungen ein Interessenausgleich zustande kommt (§ 122 InsO).

Der Betriebsrat behält gem. § 21b BetrVG auch nach einer Stilllegung des Betriebes ein sog. Restmandat bis zur vollständigen Abwicklung aller mit der Betriebsänderung zusammenhängenden Aufgaben.

Außerdem hat der Insolvenzverwalter, wie der Schuldner vor Eröffnung des Insolvenzverfahrens, vor jeder Kündigung den Betriebsrat gem. § 102 BetrVG anzuhören und gem. § 17 II KSchG mindestens zwei Wochen vor Erstattung der Massenentlassungsanzeige den Betriebsrat über die beabsichtigte Massenentlassung schriftlich zu unterrichten.

e) Lohnzahlungspflichten

Natürlich hat der Arbeitnehmer, solange das Arbeitsverhältnis fortbesteht, auch nach wie vor seinen Anspruch auf Arbeitsentgelt. Da der Schuldner dieses ohne Verwaltungs- und Verfügungsbefugnis nicht mehr auszahlen kann, ist hierzu ebenfalls der Insolvenzverwalter verpflichtet. Soweit dem Insolvenzverwalter nicht ausreichende Mittel zur Verfügung stehen, muss er die Arbeitnehmer von ihrer Arbeitsverpflichtung freistellen und ihnen nahe legen, sich arbeitslos zu melden. Hierzu hat er den Arbeitnehmern ein entsprechendes Schreiben auszuhändigen.

f) Tarifrechtliche Pflichten

Es ist einhellige Auffassung, dass die Insolvenz die Tarifgebundenheit des Arbeitgebers nicht beseitigt, sondern der Tarifvertrag bis zur Liquidation fortgilt. Wird der fachliche Geltungsbereich eines Tarifvertrages von den Tarifvertragsparteien durch den Gegenstand der betrieblichen Tätigkeit bestimmt, so folgt daraus, dass alle Betriebe mit entsprechender Tätigkeit von deren Beginn bis zu ihrer Beendigung erfasst werden sollen, da die Tarifvertragsparteien üblicherweise nicht gesondert zum Ausdruck bringen, dass sowohl Betriebe unter den fachlichen Geltungsbereich des Tarifvertrages fallen, die ihre Tätigkeit, wie z.B. durch Einstellung von Arbeitnehmern und Anschaffung von Produktionsmitteln, erst vorbereiten, als auch solche, die nach Einstellung ihrer wirtschaftlich-werbenden Geschäftstätigkeit nur noch Abwicklungsarbeiten vornehmen[421].

421 BAG, Urteil vom 28.01.1987 – 4 AZR 150/86 = NZA 1987, 455.

g) Prozessrechtliche Fragen

Ist bei Eröffnung des Insolvenzverfahrens zwischen dem Schuldner und einem Dritten ein Rechtsstreit anhängig, der sich auf Vermögen bezieht, das zur Insolvenzmasse gehört, so wird der Rechtsstreit gem. § 240 ZPO durch die Verfahrenseröffnung unterbrochen.

Rechtsstreitigkeiten über das zur Insolvenzmasse gehörende Vermögen, die zur Zeit der Eröffnung des Insolvenzverfahrens für den Schuldner anhängig sind und der Vermehrung der Insolvenzmasse dienlich sind, können gem. § 85 InsO in der Lage, in der sie sich befinden, nur vom Insolvenzverwalter aufgenommen werden. Der Schuldner oder der Gegner können den Prozess erst aufnehmen, wenn der Insolvenzverwalter die Aufnahme ablehnt.

Rechtsstreitigkeiten, die zur Zeit der Eröffnung des Insolvenzverfahrens gegen den Schuldner anhängig sind, können zunächst nicht aufgenommen werden, da Insolvenzgläubiger ihre Forderungen nur nach den Vorschriften der InsO verfolgen, d.h. zur Tabelle anmelden können. Sie können aber sowohl vom Insolvenzverwalter als auch vom Gegner aufgenommen werden, wenn sie die Aussonderung eines Gegenstands aus der Insolvenzmasse, die abgesonderte Befriedigung oder eine Masseverbindlichkeit betreffen.

6. Arbeitnehmer als Insolvenzgläubiger oder Massegläubiger

Nach der Systematik der Insolvenzordnung muss die Darstellung der Rechtslage des Arbeitnehmers im Insolvenzverfahren in zwei Abschnitte unterteilt werden. Nach § 38 InsO sind Insolvenzgläubiger alle persönlichen Gläubiger, die einen zur Zeit der Eröffnung des Insolvenzverfahrens begründeten Vermögensanspruch gegen den Schuldner haben. Die Arbeitnehmer wären also wegen ihrer Forderungen für die Zeit bis zur Eröffnung des Verfahrens grundsätzlich Insolvenzgläubiger. Den Arbeitnehmern erwachsen aber auch nach Insolvenzeröffnung noch Forderungen, da das Arbeitsverhältnis ja nicht automatisch endet. Diese für die Zeit nach Insolvenzeröffnung entstehenden Forderungen sind Masseforderungen gem. §§ 53 ff. InsO. Insbesondere sind Arbeitnehmer Massegläubiger nach § 55 I Nr. 2, Alt. 2 InsO. Die Rechtslage des Arbeitnehmers als Insolvenzgläubiger und als Massegläubiger ist völlig verschieden.

a) Die Insolvenzgläubiger

Die Insolvenzgläubiger sind die wohl wichtigsten Beteiligten am Insolvenzverfahren, ihre Existenz hat das Verfahren ausgelöst. Sie haben neben dem Schuldner das Recht, einen Antrag auf Eröffnung des Insolvenzverfahrens zu stellen (§ 13 I 1 InsO). Sie können, wenn auch nicht als Einzelner, die Einberufung der Gläubigerversammlung beantragen (§ 75 I Nr. 3 und 4 InsO). Sie können an der

Beschlussfassung und der Feststellung des Stimmrechts in der Gläubigerversammlung mitwirken (§§ 76–78 InsO). Jeder Gläubiger kann beantragen, dass der Schuldner die Vollständigkeit der vom Verwalter erstellten Vermögensübersicht eidesstattlich versichert (§ 153 II InsO).

Er hat das Recht, bei der Beschlussfassung der Gläubigerversammlung über den Fortgang des Verfahrens im Berichtstermin mitzuwirken, (§ 157 InsO). Auch der Gesetzgeber der Insolvenzordnung hat den Grundsatz der Gläubigerautonomie ausdrücklich der Konzeption des Gesetzes zugrundegelegt[422]. Insolvenzgläubiger wirken bei der Zustimmung der Gläubigerversammlung zu besonders bedeutsamen Rechtshandlungen (§ 160 I 2 InsO) und zur Betriebsveräußerung an besonders Interessierte mit, (§ 162 I InsO). Sie melden ihre Forderungen an und nehmen am Prüftermin teil. Sie können Einwendungen gegen das Verteilungs- und Schlussverzeichnis erheben, (§§ 194, 197 InsO). Sie haben Auskunftsansprüche gegen den Schuldner und den Insolvenzverwalter und können in bestimmten geregelten Fällen sofortige Beschwerde einlegen. Schließlich sind sie antragsberechtigt bezüglich der Anordnung einer Nachtragsverteilung, (§ 203 InsO). Von der praktischen Bedeutung her haben allerdings Arbeitnehmerforderungen im Verhältnis zu den Forderungen anderer Gläubiger im Allgemeinen nur ein unbedeutendes Gewicht. Kaum ein Arbeitnehmer wird es heutzutage hinnehmen, mehr als drei Monate auf sein Gehalt zu warten. Er wird für diese Zeit abgesichert durch das Insolvenzgeld. Soweit der Arbeitnehmer Insolvenzgeld beantragt, geht der Anspruch von Gesetzes wegen auf die Bundesagentur über, (§ 183 SGB III).

Bei der Festlegung der Rechte der Beteiligten am Insolvenzplanverfahren trägt auch das Gesetz dieser geringen Bedeutung Rechnung, indem es in § 222 III InsO regelt, dass Arbeitnehmer (nur dann) eine besondere Gruppe bilden sollen, wenn sie als Insolvenzgläubiger mit nicht unerheblichen Forderungen beteiligt sind.

b) Die Massegläubiger

Massegläubiger werden aus der Masse vorweg und im Idealfall voll befriedigt. Da ihre Rechte also für gewöhnlich nicht beeinträchtigt werden, haben sie im Gegensatz zu den Insolvenzgläubigern ansonsten keinen Einfluss auf das Insolvenzverfahren.

aa) Masseunzulänglichkeit

Problematisch wird es, wenn die Insolvenzmasse nicht ausreicht, um die fälligen sonstigen Masseverbindlichkeiten zu erfüllen. Der Insolvenzverwalter hat in diesem Fall dem Insolvenzgericht anzuzeigen, dass Masseunzulänglichkeit vorliegt.

---

422 Balz/Landfermann, S. 43 f.

Anders als im Tabellenverteilungsverfahren mit seiner gleichmäßigen, quotalen Verteilung, werden die Masseverbindlichkeiten im Fall der Masseunzulänglichkeit nach einer Rangordnung berichtigt.

Zunächst sind die Kosten des Insolvenzverfahrens, danach die Masseverbindlichkeiten, die nach der Anzeige der Masseunzulänglichkeit begründet worden sind, zuletzt die sonstigen Masseverbindlichkeiten auszugleichen. Die Befriedigung erfolgt durch vollständige Befriedigung der jeweils höheren Rangklasse, nur der Rest steht den Gläubigern der nächst niedrigeren Rangklasse, gegebenenfalls nur anteilig, zu. Die Begründung der sog. Neumasseverbindlichkeiten und ihre hohe Rangklasse ist notwendig, um auch nach Anzeige der Masseunzulänglichkeit dem Insolvenzverwalter seine Handlungsfähigkeit zu erhalten. Schließlich wäre die Erfüllung seiner Aufgaben, die er auch nach Anzeige der Masseunzulänglichkeit beibehält, wesentlich erschwert, wenn er seinen Vertragspartnern nicht wenigstens eine rangbevorrechtigte Befriedigung in Aussicht stellen könnte.

Als Neumasseforderungen i.S.v. § 209 I Nr. 2 InsO werden auch folgende Verbindlichkeiten behandelt (§ 209 II InsO):

1) aus einem gegenseitigem Vertrag, dessen Erfüllung der Verwalter gewählt hat, nachdem er die Masseunzulänglichkeit angezeigt hatte;

2) aus einem Dauerschuldverhältnis für die Zeit nach dem ersten Termin, zu dem der Verwalter nach der Anzeige der Masseunzulänglichkeit kündigen konnte;

3) aus einem Dauerschuldverhältnis, soweit der Verwalter nach der Anzeige der Masseunzulänglichkeit für die Insolvenzmasse die Gegenleistung in Anspruch genommen hat.

Für den Arbeitnehmer kommt es also zunächst darauf an, ob zum Zeitpunkt der Masseunzulänglichkeitsanzeige bereits die Kündigung ausgesprochen war oder nicht. Ist der Arbeitnehmer noch nicht gekündigt worden und nutzt der Insolvenzverwalter nach der Anzeige der Masseunzulänglichkeit nicht die erste Möglichkeit, das Dauerschuldverhältnis zu kündigen, sind die danach entstehenden Verbindlichkeiten als Neumasseverbindlichkeiten i.S.v. §§ 209 II Nr. 2, 209 I Nr. 2 InsO einzustufen, unabhängig davon, ob der Insolvenzverwalter die Gegenleistung in Anspruch nimmt oder nicht[423].

Hat der Insolvenzverwalter dem Arbeitnehmer jedoch gekündigt, kommt es für diesen wiederum darauf an, ob er bis zum Ablauf der Kündigungsfrist dessen Arbeitsleistung weiterhin in Anspruch nimmt. Hat der Insolvenzverwalter nach der Anzeige der Masseunzulänglichkeit die Gegenleistung weiterhin in Anspruch genommen, so sind auch dann die Entgeltansprüche des Arbeitnehmers Neumasseverbindlichkeiten i.S.v. §§ 209 II Nr. 3, 209 I Nr. 2 InsO. Wie bereits im Teil C unter „Rechtsfolge des § 55 II" diskutiert, kann der Insolvenzverwalter den

423 Ferfer in LNK InsO, § 209, Rn. 20.

Arbeitnehmer daher freistellen, um die notleidende Masse nicht noch mehr zu schmälern.

Die gekündigten und freigestellten Arbeitnehmer behalten zwar ihre Arbeitsentgeltansprüche in voller Höhe, diese sind aber nur übrige Masseverbindlichkeiten i.S.v. § 209 I Nr. 3 InsO und werden, weil vorher die Kosten des Verfahrens und die Neumasseverbindlichkeiten voll befriedigt sein müssen, im besten Fall mit einer geringen Quote bedacht. I.d.R. fallen sie jedoch mit ihren Forderungen aus, d.h. sie bekommen gar nichts.

bb) Einstellung mangels Masse

Ist die Masse jedoch derart gering, dass sie nicht einmal die Kosten des Verfahrens abdeckt, wird das Insolvenzverfahren eingestellt, sofern nicht ein ausreichender Geldbetrag vorgeschossen wird oder die Kosten nach § 4a InsO gestundet werden. Der Insolvenzverwalter hat gem. § 207 III 1 InsO lediglich die in der Masse vorhandenen Barmittel zu verteilen und mit ihnen die Kosten des Verfahrens, von diesen zuerst die Auslagen, nach dem Verhältnis ihrer Beträge zu berichtigen. Zur Verwertung von Massegegenständen ist er nicht mehr verpflichtet, da das Gesetz ihm nicht zumutet, weiter tätig zu sein, ohne dass seine Vergütungsansprüche gedeckt sind[424]. Nach der Einstellung können sowohl Masse- als auch Insolvenzgläubiger ihre Forderungen wieder unbeschränkt gegen den Schuldner geltend machen. Ist dieser eine juristische Person, hat dieses „Recht“ aber wohl nur noch einen eingeschränkten theoretischen Wert. Durch die Eröffnung des Insolvenzverfahrens oder durch die Abweisung der Eröffnung mangels Masse wird die juristische Person von Gesetzes wegen in Liquidation versetzt, (z.B. § 60 I Nr. 4 GmbHG; §§ 262 I Nr. 3, 289 II Nr. 1 AktG)

7. Bedeutung der insolvenzrechtlichen Einordnung einer Forderung

a) Insolvenzforderungen

aa) Unterbrechung gerichtlicher Verfahren

Hatte der Arbeitnehmer bereits vor Insolvenzeröffnung z.B. wegen rückständiger Entgeltforderungen einen Rechtsstreit gegen den Arbeitgeber geführt, so wird dieser gem. §§ 46 II 1 ArbGG, 240 ZPO durch die Eröffnung des Insolvenzverfahrens unterbrochen.

Betrifft er eine Insolvenzforderung, kann der Rechtsstreit nicht aufgenommen werden. Vielmehr kann der Gläubiger gem. § 87 InsO seine Forderungen nur nach den Vorschriften der InsO geltend machen.

---

424 Uhlenbruck in Uhlenbruck, § 207, Rn. 11.

bb) Vollstreckungsverbote

Selbst, wenn aber der Rechtsstreit bereits vor Eröffnung des Insolvenzverfahrens beendet worden ist, der Arbeitnehmer also bereits einen Titel erlangt hat, nützt ihm dieser nach Eröffnung des Insolvenzverfahrens nichts mehr, weil § 89 InsO die Zwangsvollstreckung für einzelne Insolvenzgläubiger während des Insolvenzverfahrens verbietet.

cc) Geltendmachung

(1) Anmeldung der Forderungen

Die Geltendmachung von Insolvenzforderungen erfolgt ausschließlich durch die Anmeldung zur Tabelle. Anders als nach altem Recht wird die Insolvenztabelle nicht mehr vom Insolvenzgericht, sondern vom Insolvenzverwalter geführt, § 174 I 1 InsO. Bei diesem haben die Insolvenzgläubiger ihre Forderungen schriftlich unter Beifügung von Urkunden in Kopie anzumelden. Arbeitnehmerforderungen sind mit den Bruttobeträgen anzumelden[425]. Ein früheres Aufforderungsschreiben oder auch umfangreicher wechselseitiger Schriftverkehr mit dem Schuldner vor dem Zeitpunkt der Eröffnung des Insolvenzverfahrens ersetzt die Anmeldung nicht[426].

Die Anmeldung hat innerhalb der vom Gericht im Eröffnungsbeschluss festgesetzten Anmeldefrist von mindestens 2 Wochen und höchstens 3 Monaten (§ 28 I 2 InsO) zu erfolgen. Gem. § 177 InsO sind verspätet angemeldete Forderungen zwar ebenfalls zu prüfen, allerdings dann gegebenenfalls auf Kosten des Gläubigers. Zur Zeit bestehen die Kosten in einer Prüfungsgebühr von 15 €, Nr. 2340 GKG-KV.

Gem. § 175 I 1 InsO nimmt der Insolvenzverwalter jede angemeldete Forderung ungeprüft in die Tabelle auf, soweit die Anmeldung die erforderlichen Mindestdaten enthält. Im Folgenden ist dann die Tabelle mit den Anmeldungsschreiben und den beigefügten Urkunden in der Geschäftsstelle des Insolvenzgerichts zur Einsicht der Beteiligten niederzulegen, § 175 I 2 InsO.

(2) Prüfung der Forderungen

Im Prüfungstermin, der gem. § 29 I Nr. 2 InsO bereits im Eröffnungsbeschluss festgelegt wird und der frühesten eine Woche, spätestens jedoch 2 Monate nach Ablauf der Anmeldefrist stattfinden soll, werden alle angemeldeten Forderungen gem. § 176 InsO geprüft. Entgegen dem Wortlaut dient der Prüfungstermin allerdings nicht der Prüfung selbst, sondern nur der Darstellung und Begründung des

---

425 Eickmann in Gottwald, § 63, Rn. 8.
426 Steindorf in Steindorf/Regh, § 4, Rn. 15.

Ergebnisses einer bereits im Vorfeld vom Insolvenzverwalter vorgenommenen Prüfung.

(3) Bestreiten der Forderungen

Die Forderungen können im Prüfungstermin vom Insolvenzverwalter, von jedem Insolvenzgläubiger und vom Schuldner bestritten werden. Der Insolvenzgläubiger, der am Prüfungstermin nicht teilgenommen hat, erfährt nur im Falle des Bestreitens durch das Insolvenzgericht, das ihm einen beglaubigten Auszug aus der Tabelle erteilt, dass seine Forderung bestritten worden ist. Das Gesetz sieht ausdrücklich vor, dass Gläubiger, deren Forderungen festgestellt werden, hiervon nicht benachrichtigt werden. Allerdings sollen die Gläubiger hierauf vor dem Prüfungstermin hingewiesen werden (§ 179 III InsO).

Ein Widerspruch des Schuldners steht der Feststellung der Forderung nicht im Wege, hat allerdings zur Folge, dass die Titelfunktion der Eintragung nach Verfahrensaufhebung gem. § 201 II 1 InsO entfällt, es sei denn der Widerspruch des Schuldners kann durch Feststellungsklage beseitigt werden.

Beim Bestreiten einer Insolvenzforderung durch den Insolvenzverwalter oder einen Gläubiger ist ebenfalls der Klageweg zu beschreiten, wobei der Streitwert sich nach § 182 InsO auf den Betrag reduziert, der bei der Verteilung der Insolvenzmasse für die Forderung zu erwarten ist.

I.d.R. obliegt es dem Gläubiger, eine positive Feststellungsklage gegen den Bestreitenden zu erheben. Hat der Gläubiger allerdings bereits einen Titel für die Forderung erstritten, so obliegt es dem Bestreitenden, den Widerspruch mittels einer negativen Feststellungsklage zu betreiben. Wird eine bestrittene Forderung nicht weiterverfolgt, kommt dies einem Erlass gleich, d.h. die Forderung wird bei der Verteilung der Masse nicht berücksichtigt und nach Aufhebung des Insolvenzverfahrens kann der Gläubiger nicht aus der Eintragung in die Tabelle die Zwangsvollstreckung betreiben.

Das Feststellungsverfahren ist vor den Arbeitsgerichten durchzuführen, wenn dies auch für den festzustellenden Anspruch gegolten hätte (§ 185 InsO). Es läuft nach den allgemeinen Regeln, gegebenenfalls auch durch alle Instanzen.

Es kann also durchaus passieren, dass das Feststellungsverfahren länger dauert, als das Insolvenzverfahren selbst. Selbstverständlich kann aber das Insolvenzverfahren nicht so lange unterbrochen werden, bis alle Feststellungsverfahren beendet worden sind. Dem Insolvenzgläubiger obliegt es daher innerhalb von 2 Wochen nach der öffentlichen Bekanntmachung der Verteilung dem Insolvenzverwalter nachzuweisen, dass ein Feststellungsverfahren durchgeführt wird. In diesem Fall wird der auf die Forderung entfallende Anteil bei der Verteilung zurückbehalten (§ 189 II InsO). Unterliegt der Insolvenzgläubiger später dann doch, wird der Widerspruch also nicht beseitigt, so wird der zurückbehaltene Teil gegebenenfalls im Wege der Nachtragsverteilung an die übrigen Insolvenzgläubiger verteilt.

Wird der erhobene Widerspruch durch Feststellungsurteil beseitigt, so ist die Forderung festgestellt, der hinterlegte Betrag wird durch Vorlage des Urteils von der Hinterlegungsstelle ausgezahlt.

(4) Vorläufiges Bestreiten

Die InsO sieht als mögliches Ergebnis des Prüfungstermins nur das Bestreiten oder die Feststellung einer Forderung vor. In der Praxis hat sich allerdings noch die Zwischenstufe des vorläufigen Bestreitens herausgebildet. Dies ist zulässig, wenn der Insolvenzverwalter – etwa aus Zeitgründen – zur endgültigen Prüfung außerstande war[427]. Aus dem vorläufigen Bestreiten darf dem Gläubiger jedoch kein Nachteil erwachsen[428], es kann also keinen Einfluss auf das Stimmrecht in der Gläubigerversammlung und sein Antragsrecht aus § 75 I Nr. 3 InsO haben[429].

Häufig ist der Insolvenzverwalter gezwungen, zunächst die Forderung des Arbeitnehmers zu bestreiten, weil er noch nicht die Abgrenzung der Forderung des Arbeitnehmers von den auf die Agentur für Arbeit übergegangenen Forderungen vornehmen kann.

Teilweise erkennt der Insolvenzverwalter die Forderung auch auf den Ausfall an, wenn z.B. der bei Auszahlung anzuwendende Steuersatz noch unklar ist. Der Insolvenzverwalter muss im Falle der Auszahlung des anerkannten Betrages Lohnsteuern abführen. Der Lohnsteuersatz ändert sich aber von Jahr zu Jahr, während die Sozialabgaben in ihrer Höhe feststehen. Aus diesem Grunde wird der Insolvenzverwalter die Forderung zunächst bestreiten und dann bei Anstehen der Auszahlung die Arbeitnehmer informieren, dass die Auszahlung in der Lohnsteuerklasse 6 erfolgen wird. Es liegt dann am Arbeitnehmer, sofern er eine vorteilhaftere Lohnsteuerklasse in Anspruch nehmen kann, die zuviel gezahlte Lohnsteuer im Wege des Lohnsteuerjahresausgleiches zurückzuholen.

In jedem Falle sollte der Arbeitnehmer vor Klageerhebung versuchen, sich durch Nachfrage beim Insolvenzverwalter oder dessen Büro Klarheit zu verschaffen über die Gründe des Bestreitens. Andererseits muss der Arbeitnehmer selbstverständlich die vertraglichen oder tarifvertraglichen Ausschlussfristen für die Geltendmachung seiner Forderung beachten. Im Allgemeinen wird der Insolvenzverwalter mit dem Betriebsrat hierüber eine Vereinbarung getroffen haben, um nicht jeden einzelnen Arbeitnehmer in Zugzwang zu bringen, die Verfolgung seiner Ansprüche selbst in die Hand zu nehmen.

---

427 Uhlenbruckin Uhlenbruck, § 77, Rn. 15.
428 Uhlenbruck, a.a.O.
429 BGH, Beschluss vom 14.10.2004 – IX ZB 114/04 = ZIP 2004, 2339.

In der Praxis kommt es z.B. auch häufig zu einem vorläufigen Bestreiten, wenn bei der Forderungsanmeldung einer titulierten Forderung die Titel nicht im Original vorgelegt werden[430].

Ob das vorläufige Bestreiten einem endgültigen Bestreiten gleich kommt, ist umstritten. Ein Teil des Schrifttums sieht hierin nur einen Vorbehalt gegen die Feststellung der angemeldeten Forderung des Inhalts, dass der Insolvenzverwalter die Forderungen nicht endgültig geprüft, beschieden und bestritten habe[431]. Die h.M.[432] macht dagegen grundsätzlich keinen Unterschied zwischen Bestreiten und vorläufigem Bestreiten, wenn der Gläubiger den Insolvenzverwalter unter Fristsetzung vergeblich aufgefordert hat, zu erklären, ob er das Bestreiten als endgültig aufrecht erhalten will[433].

Deshalb ist eine Insolvenzfeststellungsklage (§ 179 InsO) auch dann zulässig, wenn der Insolvenzverwalter die zur Insolvenztabelle angemeldete Forderung nur vorläufig bestritten hat[434]. Das u.U. berechtigte Interesse des Verwalters, Zeit für die ihm obliegende sorgfältige Meinungsbildung zu gewinnen, wird nach Auffassung des LAG Niedersachsen durch das zivilprozessuale Kostenrecht (§§ 91a, 93 ZPO) hinreichend geschützt: War dem Anmelder, was nach den Umständen des Einzelfalls zu beurteilen ist, zuzumuten, noch länger auf den Abschluss der Meinungsbildung des Verwalters zu warten, oder hatte er deren Dauer durch Unterlassen zumutbarer eigener Mitwirkung (z.B. durch fehlende Beifügung von Beweisurkunden i.S.v. § 174 I 2 InsO) mitverschuldet, so hat er, wenn der Verwalter nunmehr prozessual anerkennt, trotz Obsiegens die Kosten zu tragen.

(5) Feststellung der Forderung

Wird weder vom Insolvenzverwalter noch von einem Insolvenzgläubiger ein Widerspruch erhoben, so ist die Forderung gem. § 178 InsO festgestellt. Die Feststellung der Forderung hat ihrem Betrag und ihrem Rang nach die Wirkung eines rechtskräftigen Urteils gegenüber dem Insolvenzverwalter und den übrigen Insolvenzgläubigern.

Da die Teilnahme am Prüfungstermin allerdings keine Pflicht und bei Insolvenzgläubigern mit kleinen Forderungen auch nicht üblich ist, teilt der Insolvenzverwalter häufig das Ergebnis des Prüfungstermins durch Übersendung eines Tabellenauszuges mit. Dass er dazu allerdings nicht verpflichtet ist, zeigt § 179 III 3 InsO.

---

430 Ferfer in LNK InsO, § 178, Rn. 17.
431 Robrecht, KTS 1969, 67 (68).
432 BAG, Urteil vom 10.08.1988 – 5 AZR 478/87 = BAGE 59, 197.
433 BGH, Urteil vom 28.11.2002 – VII ZR 136/00 = NJW 2003, 1038.
434 LAG Niedersachsen, Urteil vom 10.07.2003 – 4 Sa 3/03 = NZA-RR 2004, 317.

Während des laufenden Insolvenzverfahrens unterliegt die festgestellte Forderung aber weiterhin allen Vollstreckungsbeschränkungen, die Feststellung dient also lediglich der Teilnahme am (fast immer nur) quotalen Schlussverteilungsverfahren[435].

b) Masseforderungen

aa) Unterbrechung gerichtlicher Verfahren

Auch Verfahren, die Masseverbindlichkeiten betreffen, werden durch die Eröffnung des Insolvenzverfahrens unterbrochen.

Sie können allerdings gem. § 86 I Nr. 3 InsO nicht nur vom Insolvenzverwalter, sondern auch von dem Gläubiger aufgenommen werden.

bb) Vollstreckungsverbote

Für den Massegläubiger gilt das Vollstreckungsverbot des § 98 InsO nicht, es sei denn es handelt sich um eine Masseverbindlichkeit i.S.v. § 209 I Nr. 3 InsO und der Insolvenzverwalter hat die Masseunzulänglichkeit nach § 208 InsO angezeigt.

cc) Geltendmachung

Der Insolvenzverwalter ist kraft seiner Amtsbefugnis zur Masseverwaltung und Masseverwertung berechtigt und verpflichtet, Masseansprüche zunächst zu prüfen und, wenn sie berechtigt sind, anzuerkennen[436].

Sie sind von ihm ohne weiteres zu beachten, wenn sie sich aus der Verwaltung der Masse selbst ergeben, und darüber hinaus aufgrund formloser Geltendmachung der Massegläubiger gegenüber dem Verwalter[437].

II. Die Folgen der Eröffnung des Insolvenzverfahrens für die Forderungen aus Arbeitsverhältnissen aus der Zeit vor der Eröffnung

1. Forderungen gegenüber dem vorläufigen Insolvenzverwalter

Forderungen, die in der Zeit begründet wurden, in denen ein vorläufiger Insolvenzverwalter bestellt war, sind denknotwendig Forderungen aus der Zeit vor Eröffnung des Insolvenzverfahrens und damit nach der Systematik der InsO In-

---

435 Steindorf in Steindorf/Regh, § 4, Rn. 23.
436 Klopp/Kluth in Gottwald, § 58, Rn. 1.
437 Klopp/Kluth in Gottwald, § 58, Rn. 2.

solvenzforderungen. Eine Ausnahme ordnet hierzu der oben bereits erörterte § 55 II InsO an, der die vom starken vorläufigen Verwalter begründeten Verbindlichkeiten in den Kreis der Masseverbindlichkeiten einbezieht.

2. Forderungen aus Arbeitsverhältnissen

Hier sollen die Auswirkungen der Insolvenzeröffnung auf die Forderungen aus Arbeitsverhältnissen dargestellt werden. Der Begriff „Forderungen aus Arbeitsverhältnissen" kommt in § 304 I 2 InsO vor, wo er dazu dient, das Regelinsolvenzverfahren vom Verbraucherinsolvenzverfahren abzugrenzen. So ist das Verbraucherinsolvenzverfahren nämlich nur anwendbar, wenn der Schuldner eine natürliche Person ist und keine selbstständige wirtschaftliche Tätigkeit ausübt oder ausgeübt hat. Tut er dies doch, so findet das Verbraucherinsolvenzverfahren trotzdem Anwendung, wenn seine Vermögensverhältnisse überschaubar sind und gegen ihn keine Forderungen aus Arbeitsverhältnissen bestehen. Nach Auffassung des BGH sind, entsprechend dem Willen des Gesetzgebers und dem Zweck der Regelung, auch Forderungen auf Zahlung von Sozialversicherungsbeiträgen und Steuern Forderungen aus Arbeitsverhältnissen[438].

a) Rückständiges Arbeitsentgelt

Wie alle anderen Privilegierungen ist auch die frühere Privilegierung der Arbeitsentgeltforderungen gemäß §§ 61 KO, 17 GesO dem Bestreben nach einer größeren Verteilungsgerechtigkeit zum Opfer gefallen[439]. Lohnansprüche, deren Entstehungsgrund vor Insolvenzeröffnung liegt, sind deshalb wie bereits mehrmals erwähnt einfache Insolvenzforderungen nach § 38 InsO. Der Arbeitnehmer sollte diese also gem. § 174 I InsO schriftlich beim Insolvenzverwalter anmelden und die Urkunden, aus denen sich die Forderung ergibt, beifügen.

Wie oben unter C. I. 7. a) cc) (1) bereits dargestellt, hat der Insolvenzverwalter jede angemeldete Forderung in eine Tabelle einzutragen (§ 175 InsO).

In einem Prüftermin wird geprüft, ob die Forderung besteht (§ 176 InsO).

Bei Versäumung der Anmeldefrist sind weitere Anmeldungen bis zur Anberaumung des Schlusstermins möglich, aber mit besonderen Kosten verbunden (§ 177 InsO).

Häufig wird der Insolvenzverwalter in dem Prüftermin die von den Arbeitnehmern angemeldeten Forderungen (vorläufig) bestreiten. Dies beruht darauf, dass der Insolvenzverwalter bei Zahlung auf die Tabellenforderungen Lohnsteuern

---

438 BGH, Beschluss vom 22.09.2005 – IX ZB 55/04 = ZIP 2005, 2070.
439 Steindorf in Steindorf/Regh, § 4, Rn. 6.

und Sozialabgaben auf Arbeitnehmerforderungen berücksichtigen muss. Die genaue Höhe kann er aber erst ermitteln, wenn feststeht, welche Quote gezahlt wird.

Andere Insolvenzverwalter erkennen die Forderungen von Arbeitnehmern lediglich auf den Ausfall an. Das bedeutet, dass bei Abschluss des Verfahrens der einzelne Gläubiger seinen Ausfall mitteilen muss. Somit kann der Insolvenzverwalter zu diesem Zeitpunkt unter Berücksichtigung der dann geltenden Tarife die Nettoauszahlung ermitteln.

Gesondert zu behandeln sind die Ansprüche, die zwar vor Insolvenzeröffnung entstanden sind, bei denen aber der starke vorläufige Insolvenzverwalter die Gegenleistung für das von ihm verwaltete Vermögen in Anspruch genommen hat. Diese sind nach § 55 II 2 InsO Masseverbindlichkeiten.

b) Rückständige Steuern

Im Anschluss an die grundlegende Entscheidung des RFH[440] ist der Grundsatz „Konkursrecht geht vor Steuerrecht“ aufgestellt worden, welcher nach In-Kraft-Treten der InsO weiter gilt[441]. Dass dies freilich nicht bedeutet, dass das Insolvenzrecht schlechthin vorgeht, sondern nur an die Stelle des Verwaltungsverfahrensrechts tritt, zeigt § 251 II 1 AO. Dieser besagt, dass der Steuergläubiger, vertreten durch die Finanzbehörde, seine Ansprüche aus dem Steuerschuldverhältnis nach Eröffnung des Insolvenzverfahrens nur nach den Vorschriften des Insolvenzrechts als Insolvenzforderung geltend machen kann. Bei der Einordnung der zugrundeliegenden Steuerforderung kommt es also ebenfalls darauf an, ob sie gem. § 38 InsO vor oder nach der Eröffnung des Insolvenzverfahrens begründet worden ist. Dabei ist allerdings nicht entscheidend, ob der Anspruch zum Zeitpunkt der Insolvenzeröffnung i.S.v. § 38 AO entstanden war; maßgeblich ist gemäß § 38 InsO nicht die Vollrechtsentstehung, sondern der Zeitpunkt, in dem nach insolvenzrechtlichen Grundsätzen der Rechtsgrund für den Anspruch gelegt worden ist[442]. Bei der Frage des „Begründetseins“ geht es um eine insolvenzrechtliche Vermögenszuordnung, die allein nach insolvenzrechtlichen Kriterien zu entscheiden ist[443]. Dazu ist erforderlich, dass im Zeitpunkt der Eröffnung des Insolvenzverfahrens ein Tatbestand verwirklicht ist, durch den der steuerschuldrechtliche Grund für die Entstehung der Forderung gelegt ist[444].

Beispiel: Eine Umsatzsteuerforderung entsteht nach § 13 I Nr. 1a UstG erst mit Ablauf des Voranmeldungszeitraums, in dem die Leistungen ausgeführt worden sind. Sie ist allerdings bereits i.S.v. § 38 InsO begründet, wenn die Leistung er-

---

440 RFH, Urteil vom 25.10.1926 – Gr. S. 1/26 = RFHE 19, 355.
441 Bringewat/Waza, Rn. 143.
442 Ständige Rspr., vgl. BFH Urteil vom 22. Mai 1979 – VIII R 58/77 = BFHE 128, 146.
443 BFH, Urteil vom 21.09.1993 – VII R 119/91 = DStZ 1994, 160.
444 BFH, Urteil vom 13.11.1986 – V R 59/79 = BFHE 148, 346.

bracht worden ist, da zu diesem Zeitpunkt der steuerrechtliche Schuldrechtsorganismus bereits abgeschlossen ist[445].

Die Lohnsteuer entsteht gem. § 38 II 2 EStG in dem Zeitpunkt, in dem der Arbeitslohn dem Arbeitnehmer zufließt. Auf diesen Zeitpunkt kommt es allerdings auch für die Begründung i.S.v. § 38 InsO an, unabhängig davon für welchen Zeitraum die Lohnzahlung erfolgt[446].

War eine Steuerforderung zum Zeitpunkt der Verfahrenseröffnung bereits entstanden aber noch nicht fällig, so greift § 41 I InsO ein, wonach nicht fällige Forderungen als fällig gelten.

c) Rückständige Sozialversicherungsbeiträge

Die Arbeitgeber sind nicht nur dann zur Entrichtung von Sozialversicherungsbeiträgen verpflichtet, wenn sie Beiträge allein zu tragen haben, sondern auch dann, wenn Beiträge anteilig vom Versicherten und vom Arbeitgeber zu tragen sind[447].

Ansprüche auf rückständige Beiträge bilden vollrangige Insolvenzforderungen. Rückständige Pflichtbeiträge aus Zeiträumen, für die Insolvenzgeld zu zahlen ist, entrichtet die Agentur für Arbeit auf Antrag der zuständigen Einzugsstelle, die gem. § 208 II SGB III weiter zum Einzug gegenüber dem Insolvenzschuldner und zur Erstattung an die Agentur für Arbeit verpflichtet bleibt.

d) Sozialplanforderungen

Ein Sozialplan, der vor der Eröffnung des Insolvenzverfahrens, jedoch nicht früher als drei Monate vor dem Eröffnungsantrag aufgestellt worden ist, kann gem. § 124 I InsO sowohl vom Insolvenzverwalter als auch vom Betriebsrat widerrufen werden. Aufgrund seiner Pflicht zur Wahrnehmung der Gesamtinteressen der Gläubiger scheint der Insolvenzverwalter gezwungen, den Widerruf zu erklären, wenn die Höchstgrenzen des § 123 I InsO, nämlich 2,5 Monatsverdienste pro betroffenen Arbeitnehmer überschritten sind, da eine Anpassungsregelung entsprechend dem früheren § 3 S. 1 SozplKonkG fehlt[448]. Bei der Aufstellung eines neuen Sozialplanes im Insolvenzverfahren können die Arbeitnehmer, denen Forderungen aus dem widerrufenen Sozialplan zustanden, berücksichtigt werden (§ 124 II InsO). Leistungen vor der Eröffnung des Verfahrens auf Forderungen aus dem widerrufenen Sozialplan können nicht wegen des Widerrufs, wohl aber eventuell aus allgemeinen Anfechtungsgründen, zurückgefordert werden (§ 124 III 1 InsO).

---

445 Bringewat/Waza, Rn. 240.
446 Bringewat/Waza, Rn. 773.
447 Häsemeyer, Rn. 23.35.
448 Berscheid in Uhlenbruck, §§ 123, 124, Rn. 27.

Ist ein Sozialplan früher als drei Monate vor dem Eröffnungsantrag aufgestellt worden und sind Forderungen aus diesem Sozialplan im Zeitpunkt der Verfahrenseröffnung noch nicht berichtigt, so können diese Forderungen im Verfahren unstreitig nur als Insolvenzforderungen geltend gemacht werden[449]. Streitig ist dagegen die Einordnung von Forderungen aus dem Sozialplan, der in der Rückgriffszeit, also bis zu drei Monate vor dem Insolvenzeröffnungsantrag, aufgestellt und nach Verfahrenseröffnung nicht widerrufen wurde. Ein Teil der Literatur vertritt zu dieser Frage die Auffassung, die Ansprüche aus diesem Sozialplan seien wie Forderungen aus nach Insolvenzeröffnung abgeschlossenen Sozialplänen Masseverbindlichkeiten, die nach Maßgabe von § 123 II InsO zu berichtigen seien[450]. Begründet wird diese Auffassung damit, dass auch der Verzicht auf den Widerruf nach § 124 II InsO eine Masseschuld im Sinne von § 55 I Nr. 1 InsO begründen könne.

Mit der überwiegend vertretenen Auffassung[451] behandelt auch das BAG[452] Sozialplanansprüche aus nicht widerrufenen insolvenznahen Sozialplänen als Insolvenzforderungen nach § 38 InsO und begründet dies damit, dass die InsO abweichend von der KO nur zwischen Insolvenzforderungen, die vor der Eröffnung des Insolvenzverfahrens entstanden sind, und Masseforderungen, die nach Maßgabe von § 55 I InsO nach der Eröffnung des Insolvenzverfahrens begründet werden, differenziert. Folgerichtig bestimme § 123 II 1 InsO, dass Ansprüche aus Sozialplänen, die nach Eröffnung des Insolvenzverfahrens abgeschlossen werden, Masseverbindlichkeiten sind. Da für Ansprüche aus Sozialplänen, die vor der Eröffnung des Insolvenzverfahrens abgeschlossen wurden, eine entsprechende gesetzliche Anordnung in § 124 InsO fehle, könnten diese nur Insolvenzforderungen sein. Außerdem könne ein unterlassener Widerruf nach § 124 I InsO eine bereits entstandene Forderung nicht nochmals begründen.

Der Ansicht, dass Ansprüche aus nicht widerrufenen insolvenznahen Sozialplänen als Masseforderungen anzusehen sind, kann nicht gefolgt werden. Die Diskussion hierüber lässt meines Erachtens außer Acht, dass eine klare gesetzliche Regelung getroffen wurde. Ein Abweichen hiervon würde eine zusätzliche Belastung der Insolvenzmasse bedeuten. Eine solche zusätzliche Belastung kann nicht ohne gesetzliche Regelung durch die Rechtsprechung vorgenommen werden. Auch wenn dieses zu einer Widerrufsautomatik führt, um die vorher begünstigten Arbeitnehmer nach einem Widerruf nunmehr durch Berücksichtigung in einem mit dem Insolvenzverwalter abgeschlossenen Sozialplan zu Massegläubigern zu machen, kann insoweit keine Parallele zu den Masseverbindlichkeiten nach den Regelungen des § 55 II InsO gesehen werden.

---

449 Berscheid in Uhlenbruck, §§ 123, 124, Rn. 28.
450 Warrikoff, BB 1994, 2338, (2344).
451 Boemke/Tietze, DB 1999, 1389, (1394f.); Heinze in Gottwald, § 105, Rn. 67.
452 BAG, Urteil vom 31.07.2002 – 10 AZR 275/01 = BAGE 102, 82.

e) Sonstige Ansprüche aus dem Arbeitsverhältnis

aa) Gratifikationen

Entscheidend für die Frage, ob es sich bei einer Gratifikation um einen Anspruch vor oder nach Eröffnung des Insolvenzverfahrens handelt, ist nicht die Fälligkeit der Forderung, sondern der Zeitpunkt ihres Entstehens. Je nach Zeitraum, der vergütet wird, handelt es sich ganz oder teilweise um Insolvenz- oder Masseforderungen.

bb) Zeugnis

Die Rechtsgrundlage für die Erteilung eines Arbeitszeugnisses stellen § 630 BGB, § 109 GewO und § 16 BBiG dar. Für Arbeitnehmer gilt nach § 6 II GewO die Regelung in § 109 GewO. Danach hat jeder Arbeitnehmer bei Beendigung eines Arbeitsverhältnisses Anspruch auf ein schriftliches Zeugnis. Das Arbeitszeugnis hat der Arbeitgeber zu erteilen, der diese Stellung zum Zeitpunkt der Beendigung des Arbeitsverhältnisses innehatte. Wird ein Arbeitsverhältnis vor Insolvenzeröffnung beendet, bleibt der Schuldner als Arbeitgeber grundsätzlich zur Erteilung des Arbeitszeugnisses verpflichtet[453]. Das BAG weist damit auch darauf hin, dass ein vorläufiger Insolvenzverwalter, auf den die Verwaltungs- und Verfügungsbefugnis weder gem. § 22 I InsO noch aufgrund einer Einzelermächtigung gem. § 22 II InsO in Bezug auf die Arbeitsverhältnisse übergegangen ist, nicht zur Zeugniserteilung verpflichtet ist.

Nur soweit ein vorläufiger Insolvenzverwalter in vollem Umfang die Verfügungsbefugnis über die Arbeitsverhältnisse erlangt oder das Arbeitsverhältnis erst nach der Insolvenzeröffnung beendet wird, ist der Insolvenzverwalter zur Erteilung des Arbeitszeugnisses verpflichtet. Diese Verpflichtung trifft ihn unabhängig davon, ob und wie lange er den Arbeitnehmer beschäftigt hat oder eigene Kenntnisse über dessen Arbeitsleistung gewinnen konnte. Der Insolvenzverwalter kann insoweit seinen Auskunftsanspruch nach § 97 InsO gegenüber dem Schuldner geltend machen und sich auf diese Art und Weise die notwendigen Informationen zur Zeugniserteilung beschaffen[454].

Der gegen den Arbeitgeber eingeleitete Rechtsstreit über ein Zeugnis wird durch die Eröffnung des Insolvenzverfahrens nicht gem. § 240 ZPO unterbrochen.

cc) Urlaub

Der Anspruch auf Urlaub als Zeit der bezahlten Freistellung von der Arbeitsverpflichtung zum Zwecke der Erholung gehört zu den grundlegenden Ansprüchen

---

453 BAG, Urteil vom 23.06.2004 – 10 AZR 495/03 = InVo 2005, 182.
454 BAG, a.a.O.

eines jeden Arbeitsverhältnisses. Soweit keine anderslautenden tarifvertraglichen Regelungen vorhanden sind, ist bei der Berechnung des Urlaubsentgelts nach § 11 I BUrlG grundsätzlich der Betrag zugrunde zu legen, den der Arbeitnehmer durchschnittlich in den letzten 13 Wochen vor Urlaubsbeginn verdient hat. Da es sich hier also um eine Entgeltfortzahlung handelt, bestehen bezüglich der insolvenzrechtlichen Einordnung keine Unterschiede zum normalen Arbeitsentgelt.

Der Urlaubsanspruch eines Arbeitnehmers kann auch dadurch erfüllt werden, dass der Arbeitgeber den Arbeitnehmer bis zur Beendigung des Arbeitsverhältnisses unter Anrechnung auf den Urlaubsanspruch von der Arbeit freistellt[455].

3. Sozialleistungen

Die Voraussetzungen und Wirkungen der Ansprüche auf Sozialleistungen wurden zum größten Teil bereits in Teil B dargestellt. Darauf wird hier verwiesen. Dieser Abschnitt wird sich daher auf die Erörterung der Auswirkungen der Verfahrenseröffnung beschränken.

a) Insolvenzgeld

aa) Der Versicherungsfall

Wie oben unter B. I. 2. d) gesehen, stellt die Eröffnung des Insolvenzverfahrens einen der 3 Tatbestände dar, an die der Gesetzgeber in § 183 SGB III die Zahlungspflicht der Agentur für Arbeit knüpft.

Bei einer Aufeinanderfolge mehrerer Insolvenzereignisse ist im Grundsatz das zeitlich Erste für den Insolvenzgeldanspruch maßgeblich[456]. Ein erneutes Insolvenzereignis i.S.v. § 183 I Nr. 1–3 SGB III ist nur dann für die Gewährung des Insolvenzgeldes maßgebend, wenn sich nach dem ersten Insolvenzereignis die wirtschaftlichen Verhältnisse des Arbeitgebers wieder so weit gebessert haben, dass die damals vorliegende Insolvenz beseitigt war und diese erst durch spätere Ereignisse erneut herbeigeführt wurde[457]. Von einem Wiedereintritt der Zahlungsfähigkeit ist nicht bereits dann auszugehen, wenn die Betriebstätigkeit für mehrere Monate wieder aufgenommen wird und der Arbeitgeber seiner Lohnzahlungspflicht wieder nachkommt[458]. Im Übrigen ist aber zweifelhaft, inwieweit von einem Wiedereintritt der Zahlungsfähigkeit, insbesondere bei Einhaltung eines Insolvenzplans, die Rede sein kann. Das BSG hat dazu entschieden, dass

---

455 BAG, Urteil vom 18.12.1986 – 8 AZR 481/84 = ZIP 1987, 798.

456 Peters-Lange in Gagel, § 183, Rn. 52.

457 Ständige Rspr., zuletzt: LSG Bayern, Urteil v. 06.09.2005 – L 11 AL 38/05 (nicht veröffentlicht).

458 LSG Rheinland-Pfalz, Urteil vom 25.04.2002 – L 1 AL 171/01 = DZWIR 2002, 384.

allein wegen der Aufhebung des Insolvenzverfahrens und Durchführung des Insolvenzplanverfahrens nicht von einer Wiedererlangung der Zahlungsfähigkeit des Schuldners auszugehen ist, hauptsächlich weil die Wirkungen des Plans nicht endgültig sind, sondern nur solange anhalten, bis der Schuldner mit der Erfüllung des Plans erheblich in Rückstand gerät[459].

bb) Besonderheiten des Verfahrens nach Eröffnung des Insolvenzverfahrens

Im Übrigen ergeben sich für das Verfahren einige Besonderheiten. Die Insolvenzgeldbescheinigung, in der auf Verlangen der Agentur für Arbeit für jeden Arbeitnehmer, für den ein Anspruch auf Insolvenzgeld in Betracht kommt, die Höhe des Arbeitsentgelts für die letzten der Eröffnung des Insolvenzverfahrens vorausgehenden drei Monate des Arbeitsverhältnisses sowie die Höhe der gesetzlichen Abzüge und der zur Erfüllung der Ansprüche auf Arbeitsentgelt erbrachten Leistungen bescheinigt wird und inwieweit die Ansprüche auf Arbeitsentgelt gepfändet, verpfändet oder abgetreten sind, ist nun vom Insolvenzverwalter zu erbringen. Dazu kann er gem. § 316 II SGB III von Arbeitgeber, Arbeitnehmer und sonstigen Personen, die Einblick in die Arbeitsentgeltunterlagen hatten, die erforderlichen Auskünfte verlangen.

§ 320 II SGB III verpflichtet den Insolvenzverwalter, in Insolvenzverfahren das Insolvenzgeld auszurechnen und auszuzahlen, wenn die Arbeitsagentur dies von ihm verlangt und ihm die erforderlichen Geldmittel zur Verfügung stellt. Die Regelung gewährleistet, dass einerseits öffentliche Gelder nicht veruntreut werden und andererseits die betroffenen Arbeitnehmer das Insolvenzgeld zügig erhalten[460]. Der Insolvenzverwalter braucht dem Verlangen der Agentur für Arbeit allerdings nicht nachzukommen, wenn ihm dafür kein ausreichend qualifiziertes Personal in ausreichendem Umfang zur Verfügung steht.

Außerdem kann die Agentur für Arbeit jetzt gem. § 186 SGB III einen Vorschuss auf das Insolvenzgeld erbringen, wenn die Eröffnung des Insolvenzverfahrens über das Vermögen des Arbeitgebers beantragt ist, das Arbeitsverhältnis beendet ist und die Voraussetzungen für den Anspruch auf Insolvenzgeld mit hinreichender Wahrscheinlichkeit erfüllt werden.

cc) Rechtsübergang

Die nach § 187 SGB III auf die Bundesagentur für Arbeit übergegangenen Ansprüche auf Arbeitsentgelt sind nach Eröffnung des Insolvenzverfahrens grundsätzlich als Insolvenzforderungen, § 38 InsO, beim Insolvenzverwalter anzumel-

459 BSG, Urteil vom 21.11.2002 – B 11 AL 35/02 R = BSGE 90, 157.
460 HPOpro Kommentar, § 320 SGB III, Rn. 10.

den[461]. Auch die Verbindlichkeiten aus einem Dauerschuldverhältnis, soweit der vorläufige Insolvenzverwalter für das von ihm verwaltete Vermögen die Gegenleistung in Anspruch genommen hat, die für den Arbeitnehmer Masseforderungen sind, kann die Bundesagentur für Arbeit gem. § 55 III InsO nach Übergang nur als Insolvenzgläubiger geltend machen. Nach dem Gesetzeswortlaut des § 55 II 2 InsO hätte man zwar nach §§ 412, 401 II BGB i.V.m. § 187 SGB III davon ausgehen können, dass es sich bei den übergehenden Ansprüchen um Masseverbindlichkeiten handelt. Jedoch wurde bereits höchstrichterlich[462] entschieden, dass der in § 55 II 2 InsO geregelte Vorrang nicht auf die auf die Bundesagentur für Arbeit wegen der Gewährung von Insolvenzgeld übergegangenen Ansprüche anzuwenden ist. Laut Gesetzesbegründung[463] ist Ziel der Regelung der Schutz der Vertragspartner, die von dem vorläufigen Insolvenzverwalter mit Verfügungsbefugnis zur Erbringung von Leistungen zugunsten der Insolvenzmasse in Anspruch genommen werden. Ihr Vertrauen in die Gegenleistung soll durch das Vorzugsrecht geschützt werden. Diese Erwägungen treffen auf das Verhältnis des vorläufigen Insolvenzverwalters zur Bundesagentur nicht zu.

Mit der Regelung des § 55 III InsO[464] hat der Gesetzgeber diese Regelung übernommen. Damit wurde sowohl im Interesse der Sanierung erhaltenswerter Unternehmen und im Interesse der betroffenen Arbeitnehmer eine Gleichstellung zwischen den Regelungen über Kurzarbeitergeld und Insolvenzgeld hergestellt. Beide Leistungen der Bundesagentur für Arbeit sind nur als einfache Insolvenzforderungen anzumelden.

Mit der Stellung des Antrags auf Insolvenzgeld werden also Ansprüche, die vorher Masseforderungen gem. § 55 II InsO waren, zu Insolvenzforderungen herabgestuft. Damit werden Forderungen, die sonst vorab und i.d.R. voll zu befriedigen sind, nur noch quotenmäßig nach den Massegläubigern befriedigt. Der Arbeitnehmer beeinflusst also mit dem Antrag auf Insolvenzgeld das Schicksal anderer Gläubiger.

dd) Steuer- und Sozialversicherungsabgaben

Insolvenzgeld nach §§ 183, 185 SGB III ist steuerfrei (§ 3 Nr. 2 EStG) und beitragsfrei; es unterliegt aber dem Progressionsvorbehalt nach § 32b EStG. Steuerfrei sind auch die Arbeitslohnzahlungen und die Sozialversicherungsbeitragszahlungen, die der Insolvenzverwalter oder der ehemalige Arbeitgeber nach § 187 SGB III an die Agentur bzw. nach § 208 II SGB III an die Einzugsstelle zu leisten hat (R 4 Abs. 2 LStR).

---

461 Roeder in Niesel, § 187, Rn. 6.

462 BAG Urteil vom 03.04.2001 – 9 AZR 301/00 = NJW 2002, 1364.

463 BT-Drucks. 12/2443, S. 126.

464 In Kraft getreten am 01.12.2001 durch Gesetz zur Änderung der Insolvenzordnung und anderer Gesetze vom 26.10.2001, BGBl. I, S. 2710.

b) Die Insolvenzsicherung der betrieblichen Altersversorgung

Die nach der Eröffnung des Insolvenzverfahrens fällig werdenden Versorgungsansprüche bilden Insolvenzforderungen, weil sie vor der Eröffnung begründet worden sind. Um der dadurch drohenden Entwertung entgegenzuwirken, ist die Eröffnung des Insolvenzverfahrens nach § 7 I 1 BetrAVG der Hauptsicherungsfall für die Insolvenzsicherung der betrieblichen Altersversorgung.

Die Pflicht gem. § 11 I 2 BetrAVG, dem Träger der Insolvenzsicherung alle Auskünfte zu erteilen, die zur Durchführung der Vorschriften dieses Abschnittes erforderlich sind, sowie Unterlagen vorzulegen, aus denen die erforderlichen Angaben ersichtlich sind, trifft nun den Insolvenzverwalter. Außerdem hat der Insolvenzverwalter gem. § 11 III BetrAVG dem Träger der Insolvenzsicherung die Eröffnung des Insolvenzverfahrens, Namen und Anschriften der Versorgungsempfänger und die Höhe ihrer Versorgung sowie zugleich Namen und Anschriften der Personen, die bei Eröffnung des Insolvenzverfahrens eine nach § 1 unverfallbare Versorgungsanwartschaft haben, sowie die Höhe ihrer Anwartschaft unverzüglich mitzuteilen. Der Arbeitgeber, der sonstige Träger der Versorgung und die Berechtigten sind verpflichtet, dem Insolvenzverwalter Auskünfte über alle Tatsachen zu erteilen, auf die sich diese Mitteilungspflicht bezieht.

c) Insolvenzanfechtung im Zusammenhang mit der betrieblichen Altersversorgung

Mit der Übertragung der Rechte aus einer zum Zweck der betrieblichen Altersversorgung abgeschlossenen, vom Arbeitgeber finanzierten Direktversicherung vor dem Eintritt der Unverfallbarkeit der Anwartschaft des Arbeitnehmers gewährt der Arbeitgeber diesem eine Befriedigung, auf die er keinen Anspruch hat[465]. Sie unterliegt daher ohne weitere Voraussetzung der Insolvenzanfechtung, wenn die Übertragung innerhalb des letzten Monats vor dem Antrag auf Eröffnung des Insolvenzverfahrens über das Vermögen des Arbeitgebers erfolgte[466]. Die Ansprüche des Insolvenzverwalters auf Rückübertragung zur Insolvenzmasse oder Wertersatz verjähren grundsätzlich innerhalb von zwei Jahren seit der Eröffnung des Insolvenzverfahrens; tarifvertragliche Ausschlussfristen finden auf diese Ansprüche keine Anwendung[467].

Ansonsten ergeben sich gegenüber der bereits erörterten Insolvenzsicherung der betrieblichen Altersversorgung ohne gerichtliches Regelungsverfahren keine Besonderheiten.

---

465 BAG, Urteil vom 19.11.2003 – 10 AZR 110/03 = DB 2004, 494.
466 BAG, a.a.O.
467 BAG, a.a.O.

4. Ansprüche aus Altersteilzeit

a) Insolvenzrechtliche Einordnung

Was Altersteilzeitverhältnisse sind und warum daraus entstehende Forderungen eine besondere Bedeutung in der Insolvenz des Arbeitgebers haben, wurde bereits in Teil B eingehend erläutert. Die Tatsache, dass im Blockmodell in der Arbeitsphase neben dem Teilzeitentgelt für den laufenden Abrechnungszeitraum auch das Teilzeitentgelt für die Entlohnung in der Freizeitphase erarbeitet wird, erschwert allerdings auch die Einordnung der rückständigen Forderungen als Insolvenzforderungen oder Masseforderungen.

Unproblematisch ist der Fall, in dem der Arbeitnehmer sich zur Zeit der Eröffnung des Verfahrens in der Arbeitsphase des Blockmodells befindet und noch Arbeitsentgelt aus der Zeit davor rückständig ist. Hierbei handelt es sich erkennbar um Insolvenzforderungen i.S.v. § 38 InsO.

Etwas schwieriger ist da schon die Frage nach der Einordnung der Ansprüche des bereits in der Freistellungsphase befindlichen Arbeitnehmers, also ob es für die Einordnung darauf ankommt, wann die Vergütung gezahlt wird, oder wann sie verdient worden ist. Für letzteres hat sich das BAG[468] mittlerweile höchstrichterlich entschieden. Der Arbeitnehmer tritt während der Arbeitsphase mit seinen vollen Arbeitsleistungen im Hinblick auf die anschließende Freistellungsphase in Vorleistung, wodurch er Entgelte erarbeitet, die nicht im Monat der Arbeitsphase ausgezahlt, sondern für die spätere Freistellungsphase angespart werden. Er erarbeitet sich damit im Umfang seiner Vorleistungen zum einen Ansprüche auf die spätere Zahlung der Bezüge und zum anderen einen entsprechenden Anspruch auf Freistellung von der Arbeitsleistungspflicht. Das während der Freistellungsphase ausgezahlte Entgelt ist daher im insolvenzrechtlichen Sinne Gegenleistung „für“ die bereits während der Arbeitsphase geleistete, über die verringerte Arbeitszeit hinausgehende Arbeit.

b) Konsequenzen für den Arbeitnehmer

aa) Vorzeitige Beendigung

Arbeitet der Arbeitnehmer in Altersteilzeit in der Arbeitsphase des Blockmodells dagegen nach Insolvenzeröffnung weiter, ist das für die Zeit der Weiterarbeit nach Insolvenzeröffnung erarbeitete Wertguthaben konsequenterweise Masseverbindlichkeit i.S.d. § 55 I Nr. 2, Alt. 2 InsO. In der Regel wird deshalb der Insolvenzverwalter das Altersteilzeitverhältnis nach Verfahrenseröffnung so schnell wie möglich beenden, um keine weiteren Masseverbindlichkeiten entstehen zu lassen. Die Kündigung eines Arbeitsverhältnisses in der Arbeitsphase der Alters-

468 BAG, Urteil vom 19.10.2004 – 9 AZR 645/03 u. 9 AZR 647/03 = AuR 2005, 459.

teilzeit nach dem Blockmodell ist zulässig[469], weil das primäre Interesse des Arbeitnehmers an einer Aufrechterhaltung des Altersteilzeitarbeitsverhältnisses mit dem Insolvenzverwalter – nämlich der gleitende Übergang in den Ruhestand – auch auf andere Weise erreicht werden könne. So könne er z.B. als Alternative zur Altersrente nach Altersteilzeit auch Altersrente wegen Arbeitslosigkeit beziehen.

In der Freistellungsphase stellt die Stilllegung des Betriebes hingegen kein dringendes betriebliches Erfordernis dar, das nach § 1 II KSchG die Kündigung eines Arbeitnehmers, mit dem Block-Altersteilzeit vereinbart ist, sozial rechtfertigen kann[470]. Die vom Arbeitgeber während der Freistellungsphase zu erbringende Leistung besteht allein noch in der Gehaltszahlung. Für die Erfüllung dieser Verpflichtung spielt es keine Rolle, ob der Betrieb weiter läuft oder stillgelegt wird. Das Fehlen hinreichender finanzieller Mittel kann den Schuldner, wegen der Verpflichtung zur Insolvenzsicherung (siehe unter B. I. 4. b)) grundsätzlich nicht entlasten.

bb) Sozialversicherungsrechtliche Auswirkungen

Je nach Dauer der Altersteilzeit und des im Zeitpunkt des Insolvenzereignisses erreichten Lebensalters muss im Falle der vorzeitigen Beendigung die Zeit bis zu einem möglichen Renteneintritt durch den Bezug von Arbeitslosengeld überbrückt werden[471].

Einen Anspruch auf Altersrente für Arbeitslose haben diese gem. § 237 SGB VI aber erst, wenn sie:

- vor dem 1.1.1952 geboren sind (§ 237 I Nr. 1 SGB VI),
- das 60. Lebensjahr vollendet haben (§ 237 I Nr. 2 SGB VI),
- arbeitslos sind und nach Vollendung des Lebensalters von 58 Jahren und sechs Monaten insgesamt 52 Wochen arbeitslos waren oder Anpassungsgeld für entlassene Arbeitnehmer des Bergbaus bezogen haben oder ab dem 55. Geburtstag mindestens 24 Kalendermonate in Altersteilzeitarbeit nach dem Altersteilzeitgesetz beschäftigt waren (§ 237 I Nr. 3 SGB VI),
- in den letzten zehn Jahren vor Beginn der Rente acht Jahre Pflichtbeiträge für eine versicherte Beschäftigung oder Tätigkeit entrichtet haben. Der Zeitraum von zehn Jahren verlängert sich um Anrechnungszeiten und Zeiten des Bezugs einer Rente aus eigener Versicherung, die nicht auch Pflichtbeitragszeiten aufgrund einer versicherten Beschäftigung oder Tätigkeit sind (§ 237 I Nr. 4 SGB VI),

---

469 BAG, Urteil vom 16.6.2005 – 6 AZR 476/04 = DB 2005, 2303.
470 BAG, Urteil vom 5.12.2002 – 2 AZR 571/01 = BB 2003, 1339.
471 Nimscholz, ZinsO, 522 (524).

- die Wartezeit von 15 Jahren erfüllt haben (§ 237 I Nr. 5 SGB VI) und
- keine Beschäftigung oder selbstständige Tätigkeit ausüben, die die zulässige Hinzuverdienstgrenze überschreitet (§ 34 II SGB VI).

Die Altersgrenze wurde gem. § 237 IV SGB VI in monatlichen Schritten von der Vollendung des 60. Lebensjahres auf die Vollendung des 65. Lebensjahres angehoben. Eine vorzeitige Inanspruchnahme ist frühestens ab Vollendung des 60. Lebensjahres möglich. Für Versicherte, die nach dem 31.12.1945 geboren sind, wird die Altersgrenze auch hier vom 60. Lebensjahr stufenweise auf das 63. Lebensjahr angehoben. Bei Erfüllung bestimmter Voraussetzungen sieht § 237 V SGB VI Vertrauensschutzregelungen vor, die weiterhin eine Inanspruchnahme der Altersrente nach Vollendung des 60. Lebensjahres zulassen. Für jeden Monat des vorzeitigen Altersrentenbezugs ergibt sich eine Rentenminderung im Umfang von 0,3 % des Rentenzahlbetrags.

Außerdem wurde durch dass Gesetz für Reformen am Arbeitsmarkt vom 24. Dezember 2003[472] die Dauer des Anspruchs auf Arbeitslosengeld, der ab dem 1. Februar 2006 entstanden ist, für Personen ab 55 Jahren auf höchstens 18 Monate (§§ 127 II i.V.m. 434j III SGB III) gesenkt.

Wenn das Wertguthaben wegen vorzeitiger Beendigung des Beschäftigungsverhältnisses durch Kündigung ausgezahlt wird, weil es nicht mehr für eine Zeit der Freistellung verwendet werden kann, tritt ein sozialversicherungsrechtlicher Störfall ein. Ist der Arbeitnehmer bei einer Arbeitsagentur als Arbeit Suchender gemeldet und bezieht eine öffentlich-rechtliche Leistung (z.B. Arbeitslosengeld) oder ist er bei einer Arbeitsagentur als Arbeit Suchender gemeldet, bezieht allerdings keine Leistung, auf Grund eines zu berücksichtigenden Einkommens oder Vermögens, so tritt dieser sog. Störfall gem. § 23b III SGB IV nicht unmittelbar ein. Der nun Arbeitslose hat bis zu 6 Monate Zeit, mit einem späteren (neuen) Arbeitgeber die Übernahme der bislang erarbeiteten Wertguthaben für eine Freistellungsphase zu vereinbaren. Gelingt ihm dies nicht, so tritt spätestens im 7. Monat der Störfall ein.

Im Störfall ist für die Kranken-, Pflege- und Arbeitslosenversicherung und für die Rentenversicherung ein besonderes Beitragsberechnungsverfahren vorgesehen.

5. Arbeitnehmererfindung

Mit der Insolvenzrechtsreform hat der Gesetzgeber über Art. 56 EGInsO die Bestimmung des § 27 ArbnErfG neu gefasst. Im Unterschied zum früheren Recht erstreckt sich der Anwendungsbereich des § 27 ArbnErfG nur auf die vor Eröffnung des Insolvenzverfahrens unbeschränkt in Anspruch genommenen Diensterfin-

472 BGBl. I, S. 3002.

dungen, einschließlich der sog. betriebsgeheimen Diensterfindungen i.S.v. § 17 ArbnErfG, allerdings nicht auf freie Erfindungen i.S.v. § 4 III ArbnErfG, frei gewordene Erfindungen i.S.v. § 8 ArbnErfG und technische Verbesserungsvorschläge i.S.v. §§ 3, 20 I ArbnErfG[473]. Die Inanspruchnahme erfolgt gem. § 6 II ArbnErfG durch schriftliche Erklärung gegenüber dem Arbeitnehmer und bewirkt gem. § 7 I ArbnErfG, dass alle Rechte an der Diensterfindung auf den Arbeitgeber übergehen. Der Arbeitnehmer erhält dafür einen Vergütungsanspruch nach den §§ 9 ff. ArbnErfG.

Veräußert der Insolvenzverwalter die Diensterfindung mit dem Geschäftsbetrieb, so sieht § 27 Nr. 1 ArbnErfG den Eintritt des Erwerbers in diese Vergütungspflicht für die Zeit von der Eröffnung des Insolvenzverfahrens an vor.

Veräußert der Insolvenzverwalter die Diensterfindung allerdings ohne den Geschäftsbetrieb, so gewährt § 27 Nr. 2 ArbnErfG dem Arbeitnehmer ein Vorkaufsrecht. Dadurch soll dem Arbeitnehmer die Möglichkeit eröffnet werden, seine Erfindung wieder zu übernehmen und selbst eine vorteilhaftere Verwertung zu versuchen[474]. Häufig wird der Arbeitnehmer aber von der Ausübung des Vorkaufsrechts absehen. Für diesen Fall kann der Insolvenzverwalter mit dem Erwerber vereinbaren, dass sich dieser verpflichtet, dem Arbeitnehmer eine angemessene Vergütung für die weitere Verwertung der Diensterfindung zu zahlen. Tut der Insolvenzverwalter das nicht, so erhält der Arbeitnehmer gem. § 27 Nr. 2 ArbnErfG eine angemessene Abfindung aus dem Verwertungserlös.

Verwertet der Insolvenzverwalter die Diensterfindung im Unternehmen des Schuldners, so hat er dem Arbeitnehmer gem. § 27 Nr. 3 ArbnErfG eine angemessene Vergütung für die Verwertung aus der Insolvenzmasse zu zahlen. Der Begriff der Verwertung erfasst hierbei insbesondere die Fortführung der erfindungsgemäßen Produktion und des Vertriebs erfindungsgemäß hergestellter Waren im Unternehmen des Schuldners, ferner die Herstellung durch Drittunternehmen als sog. verlängerte Werkbank[475].

Will der Insolvenzverwalter die Diensterfindung weder im Unternehmen des Schuldners verwerten noch veräußern, so hat er dies gem. §§ 27 Nr. 4 i.V.m. 16 I ArbnErfG dem Arbeitnehmer mitzuteilen und ihm auf dessen Verlangen und Kosten das Recht zu übertragen sowie die zur Wahrung des Rechts erforderlichen Unterlagen auszuhändigen. Sofern der Arbeitnehmer nicht innerhalb von drei Monaten nach Zugang der Mitteilung die Übertragung des Rechts verlangt, ist der Insolvenzverwalter gem. §§ 27 Nr. 4 i.V.m. 16 II ArbnErfG berechtigt, das Recht aufzugeben.

Im Übrigen kann der Arbeitnehmer seine Vergütungsansprüche gem. § 27 Nr. 5 ArbnErfG nur als Insolvenzgläubiger geltend machen.

---

473 Bartenbach/Volz, § 27, Rn. 41.
474 Bartenbach/Volz, § 27, Rn. 66.
475 Bartenbach/Volz, § 27, Rn. 107.

III. Die Wirkung der Eröffnung des Insolvenzverfahrens auf den Bestand des Arbeitsverhältnisses

1. Fortbestand des Arbeitsverhältnisses

Dienstverhältnisse des Schuldners bestehen gem. § 108 I InsO mit Wirkung für die Insolvenzmasse fort. Die Vorschriften der InsO berühren also weder den Bestand des Arbeitsverhältnisses, noch ändern sie die Grundsätze des Arbeitsrechts. Als Grund zur Beendigung des Arbeitsverhältnisses kommen alle dem Arbeitsrecht bekannten Möglichkeiten, also Kündigung, Todesfall oder Ablauf der vereinbarten Dauer bei einem befristeten Arbeitsvertrag, Aufhebungsvertrag, Anfechtung des Arbeitsvertrags sowie ein Vergleich im Kündigungsschutzprozess vor dem Arbeitsgericht, in Betracht.

Durch die Eröffnung des Insolvenzverfahrens geht das Recht des Schuldners, das zur Insolvenzmasse gehörende Vermögen zu verwalten und über es zu verfügen gem. § 80 I InsO auf den Insolvenzverwalter über. Grundsätzlich verliert daher der Schuldner bzw. das Schuldnerunternehmen auch die Eigenschaft, Arbeitgeberfunktionen wahrzunehmen.

Der Insolvenzverwalter hat außerdem auch im eröffneten Verfahren sämtliche Rechte des Betriebsrates in personellen und wirtschaftlichen Angelegenheiten zu beachten[476].

2. Begründung neuer Arbeitsverhältnisse

Der Insolvenzverwalter kann in der Insolvenz auch Arbeitnehmer neu einstellen. Es muss allerdings unterschieden werden, ob der Insolvenzverwalter durch die Neueinstellung sich selbst oder die Insolvenzmasse verpflichten will. Stellt er neue Arbeitnehmer als Arbeitnehmer für das insolvente Unternehmen ein, so schließt er auf Grund seiner Arbeitgeberfunktion einen Arbeitsvertrag zu Lasten der Insolvenzmasse[477]. Diese Arbeitsverhältnisse können nach § 113 InsO gekündigt werden. Werden sie allerdings nicht befristet oder nicht gekündigt, bleiben sie auch nach Insolvenzbeendigung als normales Arbeitsverhältnis zum früheren Arbeitgeber weiter bestehen[478].

Demgegenüber stehen die Arbeitnehmer, die der Insolvenzverwalter für sich selbst in Wahrnehmung der Insolvenzverwalteraufgaben als Hilfskräfte anstellt, in einem Arbeitsverhältnis zum Insolvenzverwalter persönlich. Die Löhne und Gehälter dieser Arbeitnehmer gehören zu den durch die Verwaltervergütung ab-

476 Uhlenbruck in Uhlenbruck, § 80, Rn. 63.
477 Regh in Steindorf/Regh, § 3, Rn. 42.
478 Heinze in Gottwald, § 102, Rn. 82.

gegoltenen allgemeinen Geschäftskosten des Insolvenzverwalters und sind daher nicht (unmittelbar) aus der Masse zu begleichen[479].

Um Unklarheiten zu vermeiden sollte der vom Insolvenzverwalter eingestellte Arbeitnehmer von seinem Anspruch nach § 2 NachwG Gebrauch machen und einen Nachweis der wesentlichen Vertragsbedingungen verlangen.

3. Auswirkung der Insolvenzeröffnung auf bereits gekündigte Arbeitsverhältnisse

Auf Arbeitsverhältnisse, die vor Insolvenzeröffnung beendet und vollständig abgewickelt sind, hat die Eröffnung des Insolvenzverfahrens grundsätzlich keine Auswirkungen. Etwas anderes gilt jedoch, wenn noch Forderungen offen sind. Geldforderungen können ehemalige Arbeitnehmer wie alle anderen Gläubiger nach Eröffnung des Insolvenzverfahrens nur noch als Insolvenzforderungen zur Tabelle anmelden. Aus dem Arbeitsverhältnis können aber auch Forderungen nicht unmittelbar finanzieller Art noch nicht erfüllt sein. So hat ein Arbeitnehmer nach Beendigung seines Arbeitsverhältnisses z.B. einen Anspruch auf Erteilung eines Zeugnisses gem. § 630 BGB. Dieser richtet sich, wenn der Arbeitnehmer bereits vor Insolvenzeröffnung ausgeschieden ist, gegen den Schuldner[480]. Ein vor Insolvenzeröffnung anhängiger Zeugnisrechtsstreit wird auch nicht nach § 240 ZPO unterbrochen und ist deshalb gegen den Gemeinschuldner fortzusetzen[481].

Klagt ein Arbeitnehmer gegen die Wirksamkeit einer vor Insolvenzeröffnung ausgesprochenen Kündigung, so wird das noch rechtshängige Kündigungsschutzverfahren gem. § 240 I 1 ZPO i.V.m. § 46 II ArbGG unterbrochen, weil die Klage einen Zahlungsanspruch vorbereitet und damit die Masse betrifft[482].

4. Auswirkung der Insolvenzeröffnung auf nicht in Vollzug gesetzte Arbeitsverhältnisse

Unter Geltung der KO war die Kündigung eines Arbeitsverhältnisses wegen § 22 I KO, der ein angetretenes Dienstverhältnis voraussetzte, dann überflüssig, wenn mit der Dienstleistung noch nicht begonnen wurde oder der Dienstverpflichtete dem Schuldner seine Dienste noch nicht zur Verfügung gestellt hatte[483]. Bei einem noch nicht angetretenen Dienstverhältnis hatte der Konkursverwalter das

---

479 Berscheid, ZInsO 1998, 115 (117).
480 BAG, Urteil vom 30.01.1991 – 5 AZR 32/90 = ZIP 1991, 744.
481 LAG Nürnberg, Beschluss vom 05.12.2002 – 2 Ta 137/02 = NZI 2003, 336.
482 Heinze in Gottwald, § 103, Rn. 6.
483 Kuhn/Uhlenbruck, § 22, Rn. 6.

Wahlrecht nach § 17 KO[484]. Er konnte also den Vollzug des noch nicht angetretenen Arbeitsverhältnisses ablehnen, mit der Folge des Erlöschens der wechselseitigen Erfüllungsansprüche und des Entstehens eines Schadensersatzanspruches wegen Nichterfüllung zugunsten des Arbeitnehmers[485].

Der heute geltende § 113 InsO setzt im Vergleich dazu nicht mehr voraus, dass das Dienstverhältnis bereits angetreten ist. Insofern können heute alle Dienst- bzw. Arbeitsverhältnisse nur noch durch Kündigung beendet werden.

5. Die Kündigung durch den Insolvenzverwalter

An die Stelle des Wahlrechts nach § 103 InsO bei gegenseitigen Verträgen tritt bei Arbeitsverhältnissen die Kündigungsmöglichkeit durch den Insolvenzverwalter nach § 113 InsO.

a) Jederzeitiges Recht zur Beendigungs- und Änderungskündigung

Schon unter Geltung der KO herrschte Einigkeit darüber, dass beide Arbeitsvertragsparteien während der gesamten Dauer des Konkursverfahrens von ihrem Kündigungsrecht Gebrauch machen konnten und kein Verzicht auf das Kündigungsrecht darin zu sehen war, wenn der Konkursverwalter nicht sofort nach Eröffnung des Konkursverfahrens davon Gebrauch machte[486].

Eine Frist zur Ausübung des Kündigungsrechts gibt es auch im heutigen Insolvenzverfahren nicht. Eine Kündigung ist daher auch dann noch möglich, wenn zunächst davon abgesehen wurde[487].

§ 113 InsO ist auch nicht nur auf die Beendigungskündigung beschränkt[488]. Der allgemeine Kündigungsschutz gilt auch für eine Kündigung durch den Verwalter in der Insolvenz, wenn der Arbeitnehmer in demselben Betrieb oder Unternehmen länger als 6 Monate tätig ist (§ 1 I KSchG) und die sonstigen betrieblichen Voraussetzungen vorliegen (§ 23 I 2, 3 KSchG). Der Kündigungsschutz gilt sowohl für Vollzeitkräfte wie auch Teilzeitkräfte bei Vorliegen einer ordentlichen Beendigungskündigung nach § 1 II KSchG oder einer Änderungskündigung nach § 2 KSchG.

Will der Insolvenzverwalter also bei Fortführung des Betriebes oder zum Zweck der Abwicklung von Restaufträgen Arbeitnehmer mit anderen als vertraglich vorgesehenen Aufgaben betrauen oder übertarifliche Löhne und Gehälter nicht fort-

---

484 Berscheid, ZInsO 1998, 115 (116).
485 Regh in Steindorf/Regh, § 3, Rn. 80.
486 Hess in Hess/Kropshofer, Anh. I zur KO, Rn. 93.
487 Berscheid, ZInsO 1998, 115 (118).
488 Düwell in Kölner Schrift, S. 1433, Rn. 58.

zahlen, so kann er nach § 113 InsO mit gesetzlicher Frist auch eine Änderungskündigung aussprechen, die allerdings sozial gerechtfertigt sein muss, § 2 KSchG.

b) Vertretung durch Bevollmächtigte

Die Kündigung muss nicht notwendig vom Insolvenzverwalter selbst ausgesprochen werden. Bei nicht insolvenzspezifischen Geschäften, wie der Kündigung, kann sich der Insolvenzverwalter ebenso durch Bevollmächtigte vertreten lassen, wie es der Schuldner vor Eintritt seiner Verfügungsbeschränkung gekonnt hätte[489].

c) Formerfordernis

Der Insolvenzverwalter hat bei der Kündigung ebenfalls das oben unter B. II. 3. a) aa) bereits ausführlich erläuterte Schriftformerfordernis zu beachten.

d) Vorrang gesetzlicher Kündigungsbeschränkungen

§ 113 InsO regelt zwar die Kündigungsmöglichkeit trotz bestehender Kündigungsbeschränkungen, gemeint sind damit allerdings in erster Linie einzel- und tarifvertragliche Kündigungsbeschränkungen[490]. An gesetzliche Kündigungsbeschränkungen (siehe oben unter: B. II. 5.) hat sich auch der Insolvenzverwalter zu halten.

Eine Besonderheit gilt allerdings bei der Zustimmung des Integrationsamtes zur Kündigung eines Schwerbehinderten. Im Falle eines Insolvenzverfahrens kann das Ermessen des Integrationsamtes nämlich u.U. eingeschränkt sein. Gem. § 89 III SGB IX ist das der Fall, wenn:

1) der schwerbehinderte Mensch in einem Interessenausgleich namentlich als einer der zu entlassenden Arbeitnehmer bezeichnet ist (§ 125 InsO),

2) die Schwerbehindertenvertretung beim Zustandekommen des Interessenausgleichs gemäß § 95 II SGB IX beteiligt worden ist,

3) der Anteil der nach dem Interessenausgleich zu entlassenden schwerbehinderten Menschen an der Zahl der beschäftigten schwerbehinderten Menschen nicht größer ist als der Anteil der zu entlassenden übrigen Arbeitnehmer an der Zahl der beschäftigten übrigen Arbeitnehmer und

4) die Gesamtzahl der schwerbehinderten Menschen, die nach dem Interessenausgleich bei dem Arbeitgeber verbleiben sollen, zur Erfüllung der Beschäftigungspflicht nach § 71 SGB IX ausreicht.

---

489 BAG, Urteil vom 21.07.1988 – 2 AZR 75/88 = EWiR 1989, 613.
490 BAG, Urteil vom 19.01.2000 – 4 AZR 70/99 = NZI 2000, 339.

Liegen diese Voraussetzungen vor, so „soll" das Integrationsamt die Zustimmung erteilen.

e) Ausschluss des ordentlichen Kündigungsrechts

Insbesondere für ältere Arbeitnehmer mit längerer Betriebszugehörigkeit sehen Tarifverträge, Betriebsvereinbarungen oder Individualarbeitsverträge häufig vor, dass das Recht zur ordentlichen Kündigung durch den Arbeitgeber ausgeschlossen ist.

aa) Einzelvertragliche Unkündbarkeit

Bereits unter Geltung der KO wurden einzelvertragliche Unkündbarkeitsklauseln vom BAG wie unendlich lange Kündigungsfristen behandelt[491]. In der Literatur ist dabei umstritten, ob der Insolvenzverwalter bei einem ordentlich nicht kündbaren Arbeitsverhältnis eine dreimonatige Kündigungsfrist einzuhalten hat[492] oder ob die gesetzliche Kündigungsfrist des § 622 II BGB gilt, wenn sie kürzer ist als die dreimonatige Kündigungsfrist des § 113 S. 2 InsO[493]. Das BAG[494] hat sich für die erste Lösung entschieden. Dies sei schon aus dem Wortlaut zu schließen. Nach dem Wortlaut des Gesetzes kommt es darauf an, ob eine kürzere Kündigungsfrist als die in § 113 S. 2 InsO genannte Frist von drei Monaten zum Monatsende maßgeblich ist. Die gesetzliche Kündigungsfrist hat in dem befristeten Arbeitsverhältnis aber zu keinem Zeitpunkt Anwendung gefunden, sie war also für dieses Arbeitsverhältnis nie maßgeblich.

bb) Tarifvertragliche Unkündbarkeit

Ebenso wie unter Geltung der KO die tarifvertraglichen zu den gesetzlichen Kündigungsfristen im Sinne von § 22 KO gehörten, so war der Konkursverwalter an eine tarifvertragliche Unkündbarkeitsklausel gebunden. Dies hatte vielfach sanierungsschädliche Folgen, weil zunächst alle nicht altersgeschützten Arbeitnehmer entlassen werden mussten, wodurch automatisch eine personelle Überalterung des zu sanierenden Betriebes eintrat.

Außerhalb der Insolvenz des Arbeitgebers entspricht es der ständigen Rechtsprechung des BAG, dass gegenüber einem tariflich unkündbaren Arbeitnehmer unter Einhaltung der ordentlichen Kündigungsfrist die außerordentliche Kündigung aus betriebsbedingten Gründen nur ausnahmsweise zulässig ist, wenn der Arbeitsplatz des Arbeitnehmers weggefallen ist und der Arbeitgeber den Arbeit-

---

491 BAG, Urteil vom 09.10.1997 – 2 AZR 586/96 = ZInsO 1998, 142.
492 Warrikoff, BB 1994, 2338
493 Berscheid, ZInsO. 1998, 115, (123).
494 BAG, Urteil vom 06.07.2000 – 2 AZR 695/99 = ZIP 2000, 1941.

nehmer auch unter Einsatz aller zumutbaren Mittel, ggf. durch Umorganisation seines Betriebes, nicht weiterbeschäftigen kann[495].

Geht man von einer Insolvenzfestigkeit aus, kann der Insolvenzverwalter zwar bei Betriebsstilllegung kündigen, muss dabei aber die gesetzliche oder tariflich längste Kündigungsfrist einhalten. Von einer Insolvenzfestigkeit kann aber nach dem eindeutigen Wortlaut des § 113 InsO nur dann ausgegangen werden, wenn man das Wort „vereinbart“ nur auf einzelvertragliche Kündigungsbeschränkungen bezieht. Zu Recht gehen aber die Rechtsprechung[496] und auch die herrschende Literatur[497] davon aus, dass auch eine tarifvertragliche Unkündbarkeit „vereinbart“ und damit in der Insolvenz unbeachtlich ist.

f) Kündigungsfristen und -termine in der Insolvenz

Wo unter Geltung der KO ein angetretenes Arbeitsverhältnis noch von jedem Teil jederzeit unter Einhaltung der gesetzlichen Kündigungsfrist, also § 622 BGB, gekündigt werden konnte, beträgt die Kündigungsfrist der InsO maximal 3 Monate zum Monatsende. Es handelt sich hierbei um eine Höchstfrist, sie kommt daher nur zur Anwendung, wenn außerhalb des Insolvenzverfahrens keine kürzere einzelvertragliche, tarifliche oder gesetzliche Kündigungsfrist maßgeblich ist. Im Rahmen der gesetzlichen Kündigungsfristen nach § 622 BGB wirkt sich § 113 InsO nach derzeitigem Stand also erst aus, wenn das Arbeitsverhältnis nach dem 25. Lebensjahr des Arbeitnehmers bereits 10 Jahre bestanden hat. Über die Frage, ob einzelvertragliche Vereinbarungen längerer als der in § 622 BGB genannten Kündigungsfristen für den Insolvenzverwalter beachtlich sind, herrscht in Rechtsprechung und Literatur keine Einigkeit. Einerseits wird § 113 S. 2 InsO nämlich dahingehend verstanden, dass einzelvertragliche Vereinbarungen bis zur Erreichung der Höchstfrist von drei Monaten bei Kündigungen in der Insolvenz stets beachtlich wären oder längere Kündigungsfristen lediglich auf drei Monate zu reduzieren seien[498]. Andererseits wird darin ein Wertungswiderspruch gesehen; es wäre nicht einzusehen, dass die Kündigungsfristen von langjährig beschäftigten Arbeitnehmern auf drei Monate zum Monatsende beschnitten würden, während einzelvertraglich vereinbarte Kündigungsfristen im Rahmen der Höchstfrist von 3 Monaten auch bei erst kurzzeitig bestehenden Arbeitsverhältnissen unangetastet blieben. Es ist daher Berscheid zuzustimmen, dass § 113 S. 2 InsO eine eigene Kündigungsfrist von **höchstens** 3 Monaten zum Monatsende eingeführt hat, um die Insolvenzmasse von oktroyierten Masseverbindlichkeiten zu entlasten. Die Gegenmeinung des BAG führt zu einer zusätzlichen Belastung der Masse, die vom Gesetzgeber nicht gewollt ist[499].

---

495 BAG, Urteil vom 05.02.1998 – 2 AZR 227/97 = ZInsO 1998, 191.
496 BAG, Urteil vom 19.01.2000 – 4 AZR 70/99 = ZIP 2000, 985.
497 Düwell in Kölner Schrift, S. 1433, Rn. 42; Berscheid, ZInsO 1998, 115 (124).
498 So z.B. BAG, Urteil vom 03.12.1998 – 2 AZR 425/98 = EWiR 1999, 267; Heinze in Gottwald, § 103, Rn. 63.
499 Berscheid in Uhlenbruck, § 113, Rn. 90 m.w.N.

Der Insolvenzverwalter kann ein Arbeitsverhältnis auch dann mit der kurzen Kündigungsfrist des § 113 S. 2 InsO kündigen, wenn er zuvor als vorläufiger Insolvenzverwalter unter Einhaltung der ordentlichen Kündigungsfrist zu einem späteren Zeitpunkt gekündigt hat[500]. Bei dieser sog. „Nachkündigung" des Insolvenzverwalters handelt es sich nämlich nicht um eine unzulässige Wiederholungskündigung, weil der Insolvenzverwalter erst nach Insolvenzeröffnung mit der kurzen Kündigungsfrist des § 113 InsO kündigen konnte. Insofern wird die Kündigung nicht lediglich wiederholt, sondern auf weitere, neue Tatsachen gestützt, die den bisherigen Kündigungssachverhalt verändern oder ergänzen.

Dem Arbeitnehmer steht für die Verkürzung seiner Kündigungsfrist ein Schadenersatzanspruch nach § 113 S. 3 InsO für die vorzeitige Beendigung des Arbeitsverhältnisses zu. Dieser Schadenersatzanspruch ist auf die Brutto-Lohnansprüche zwischen Ablauf der Dreimonatsfrist und Ablauf der vertraglich geschuldeten Kündigungsfrist gerichtet und als einfache Insolvenzforderung zur Insolvenztabelle anzumelden. Seit dem 1.1.2004 ist die Einhaltung der vertraglichen, gesetzlichen oder tariflichen Kündigungsfrist ein sonstiger Unwirksamkeitsgrund i.S.d. KSchG, was für die Durchsetzung eines Verfrühungsschadens nach § 113 S. 3 InsO zur Folge hat, dass bei Nichtanwendung der Höchstkündigungsfrist des § 113 S. 1 InsO immer fristgerecht Klage vor dem Arbeitsgericht auf Feststellung einer ansonsten längeren Kündigungsfrist zu erheben ist, wenn die Kündigungsfrist (vertragliche) drei Monate und kürzer ist und diese nicht eingehalten wurde. Wird die Klagefrist des § 4 S. 1 KSchG versäumt, wird die Kündigung insgesamt (und damit auch die verkürzte Kündigungsfrist des § 113 S. 1 InsO) als wirksam fingiert und der Arbeitnehmer kann die für einen Verfrühungsschaden als Voraussetzung des Schadenersatzanspruches erforderliche Feststellung hinsichtlich der Nichteinhaltung der ordentlichen Kündigungsfrist nicht mehr vor dem Arbeitsgericht einklagen oder feststellen lassen[501].

6. Kündigung durch den Insolvenzverwalter bei Vereinbarung eines Interessenausgleichs, § 125 InsO

Im Rahmen eines Insolvenzverfahrens sind häufig Betriebsänderungen, verbunden mit Entlassungen von Arbeitnehmern, notwendig. Ihre zügige Durchführung könnte, ohne eine spezielle Regelung, dadurch in Frage gestellt werden, dass der Insolvenzverwalter zahlreiche Kündigungsschutzprozesse führen muss bis zur Klärung der Frage, ob die von ihm vorgenommenen Kündigungen rechtswirksam sind. Auf der anderen Seite sollen die Arbeitnehmer aber auch in der Insolvenz nicht ohne Rechtsschutz sein.

---

500 BAG, Urteil vom 22. 5. 2003 – 2 AZR 255/02 = DZWIR 2003, 465.

501 Meixner, Formularbuch Arbeitsgerichtsprozess, 1. Auflage 2004, Insolvenz – Kündigungsschutzklage/Verfrühungsschaden.

Die Insolvenzordnung hat im § 125 einen Ausgleich zwischen diesen widerstreitenden Interessen gesucht und gefunden. § 125 InsO setzt voraus, dass zwischen Insolvenzverwalter und Betriebsrat in einem Interessenausgleich Einigkeit darüber erzielt worden ist, welche Arbeitnehmer im Zusammenhang mit der geplanten Betriebsänderung entlassen werden. Die Rechtsfolge des § 125 InsO ist, dass bei einem Interessenausgleich mit Namensliste die Betriebsbedingtheit der Kündigung vermutet wird und die Sozialauswahl nur noch eingeschränkt überprüft werden kann. Das Gesetz geht hierbei davon aus, dass der Betriebsrat seine Verantwortung gegenüber den Arbeitnehmern wahrnimmt, nur unvermeidbaren Entlassungen zustimmt und darauf achtet, dass bei der Auswahl der ausscheidenden Arbeitnehmer soziale Gesichtspunkte ausreichend berücksichtigt werden[502]. Die Voraussetzungen dieser „Arbeitserleichterung" im Rahmen des Insolvenzverfahrens ergeben sich aus § 125 InsO.

a) Wirksames Zustandekommen eines Interessenausgleichs

aa) Anwendbarkeit von § 112 I bis III BetrVG

Zunächst muss also ein Interessenausgleich wegen einer bestimmten Betriebsänderung i.S.d. § 111 BetrVG wirksam zustande gekommen sein. In diesem Interessenausgleich müssen die Arbeitnehmer, denen gekündigt werden soll, namentlich bezeichnet sein.

Dabei beinhaltet § 125 InsO keinen Interessenausgleich eigener Art. Vielmehr lässt die Verweisung auf § 111 BetrVG erkennen, dass es sich um einen Interessenausgleich i.S.v. § 112 BetrVG handeln soll.

Für das Zustandekommen eines wirksamen Interessenausgleiches gelten also § 112 I bis III BetrVG[503]. Lediglich für den Vermittlungsversuch durch den Vorstand der Bundesagentur für Arbeit gilt die Sonderregelung, dass eine solche Vermittlung im Vorfeld des Verfahrens vor der Einigungsstelle nur stattfindet, wenn der Insolvenzverwalter und der Betriebsrat gemeinsam darum ersuchen, § 121 InsO.

bb) Schriftform gemäß § 112 I 1 BetrVG

Für den Interessenausgleich schreibt das Gesetz Schriftform vor, § 112 I 1 BetrVG. In diesem Zusammenhang muss noch einmal darauf hingewiesen werden, dass das Schriftformerfordernis nur dann gewahrt ist, wenn der Interessenausgleich **und** die Namensliste in einer Urkunde enthalten sind. Es muss eine feste Verbindung der Namensliste mit dem Interessenausgleich gegeben sein, z.B. müssen diese Urkunden zusammen geheftet werden. Besteht der Text des Interessenaus-

502 Balz/Landfermann, S. 220.
503 Balz/Landfermann, a.a.O.

gleichs selbst aus mehreren Blättern, so liegt eine einheitliche Urkunde i.S.d. § 126 II 1 BGB aber bereits dann vor, wenn aus dem Inhalt der Blätter und deren Einheit sich deren Zusammenhang zu einem einheitlichen Ganzen ergibt (z.B. fortlaufende Nummerierung der einzelnen Bestimmungen, fortlaufende Paginierung mit Unterschrift auf dem letzten Blatt der Vertragsurkunde)[504].

Zwischen dem Text des Interessenausgleichs und der Namensliste muss eine dauernde Verbindung hergestellt werden, z.B. durch Heften mit Faden, Anleimen oder Zusammenfügung mittels Heftmaschine[505]. Wenn dies nicht der Fall ist, deckt nach der Rechtsprechung die Unterschrift unter die Haupturkunde nicht den gesamten Inhalt der damit verbundenen Anlagen. Zur Wahrung der Schriftform nach den §§ 125, 126 BGB ist es ausreichend, dass die Namensliste und der Interessenausgleich eine einheitliche Urkunde bilden und eine Lösung nur durch Gewaltanwendung möglich ist[506].

Wird die Namensliste getrennt vom Interessenausgleich erstellt, reicht es aus, wenn sie von den Betriebsparteien unterzeichnet und in ihr auf den Interessenausgleich oder im Interessenausgleich auf sie Bezug genommen worden ist[507]. Ein Hinweis zum Interessenausgleich auf eine „lose" beigefügte Anlage, die von den Vertragsparteien nicht unterzeichnet ist, genügt dagegen nicht den Erfordernissen. Ausreichend ist auch nicht die Verwahrung der nichtgehefteten Blätter des Interessenausgleiches und der Namensliste in einer Plastikhülle innerhalb eines Ordners, weil die Namensliste unter solchen Umständen problemlos ausgetauscht werden könnte[508].

cc) Zeitpunkt des Zustandekommens des Interessenausgleichs

Der Interessenausgleich mit Namensliste muss bereits vor Ausspruch der Kündigungen zustande gekommen sein, denn die zwischen Insolvenzverwalter und Betriebsrat vorzunehmende Sozialauswahl bei der Aufstellung der Namensliste kann ihren sozialen Schutzzweck nur dann erfüllen, wenn die Kündigung des einzelnen Arbeitnehmers noch aussteht[509].

Der Wortlaut des § 125 I 1 InsO schließt nicht aus, dass der Interessenausgleich mit Namensliste erst nach dem Beginn der Betriebsänderung abgeschlossen wird, wenn sich das Erfordernis eines (weitergehenden) Personalabbaus ergibt. Es bleibt den Parteien unbenommen, etwa einen neuen Interessenausgleich mit geänderter Namensliste zu vereinbaren[510].

504 BGH, Urteil vom 24.09.1997 – XII ZR 234/95 = BGHZ 136, 357.
505 BAG, Urteil vom 07.05.1998 – 2 AZR 55/98 = ZIP 1998, 1885.
506 LAG Hamm, Urteil vom 25.02.2000 – 10 Sa 1843/99 = InVo 2000, 349.
507 BAG, Urteil vom 21.02.2002 – 2 AZR 581/00 = ZInsO 2002, 1103.
508 BAG, Urteil vom 20.05.1999 – 2 AZR 278/98 = ZInsO 2000, 351.
509 Oetker/Friese, DZWIR 2001, 177 (178).
510 LAG Düsseldorf, Urteil vom 25.02.1998 – 17 (4) Sa 1788/97 = BB 1998, 2268.

b) Gerichtliche Zustimmung

Der Insolvenzverwalter kann die Zustimmung des Arbeitsgerichts zur Betriebsänderung vor Abschluss des Interessenausgleichsverfahrens, also ohne vorherige Durchführung eines Einigungsstellenverfahrens nach § 112 II BetrVG beantragen, wenn nicht:

- innerhalb von drei Wochen nach tatsächlichem Verhandlungsbeginn oder
- innerhalb von drei Wochen nach schriftlicher Aufforderung zur Aufnahme von Verhandlungen ein Interessenausgleich nach § 112 BetrVG zustande kommt (§ 122 I InsO).

Für den Antrag an das Arbeitsgericht müssen neben den allgemeinen Voraussetzungen für das Beschlussverfahren (§ 80 ff. ArbGG) die besonderen Verfahrensvoraussetzungen des § 122 I InsO gegeben sein:

1) rechtzeitige und umfassende Unterrichtung des Betriebsrates über die beabsichtigte Betriebsänderung und ihrer Auswirkungen,
2) Nichtzustandekommen eines Interessenausgleiches innerhalb von drei Wochen nach tatsächlichem Verhandlungsbeginn oder innerhalb von drei Wochen nach schriftlicher Aufforderung zur Aufnahme von Verhandlungen.

Soweit der Betriebsrat vom Insolvenzverwalter über die beabsichtigte Betriebsänderung bis zum Abschluss der möglichen Verhandlung noch nicht umfassend informiert worden ist, muss der Antrag als unbegründet zurückgewiesen werden[511].

Der Insolvenzverwalter darf mit den Betriebsänderungen noch nicht begonnen haben, da ansonsten das erforderliche Rechtsschutzinteresse für die begehrte Entscheidung fehlt[512].

Kommt also bei einer geplanten Betriebsänderung im Sinne des § 111 BetrVG ein Interessenausgleich nach § 112 BetrVG innerhalb der verkürzten Frist von drei Wochen nicht zustande, obwohl der Insolvenzverwalter den Betriebsrat rechtzeitig und umfassend unterrichtet hat, so kann der Insolvenzverwalter gem. § 122 II 1 InsO die Zustimmung des Arbeitsgerichts dazu beantragen, dass die Betriebsänderung durchgeführt wird, ohne dass das Verfahren nach § 112 II BetrVG vorangegangen ist. Nach früherem Recht war der Insolvenzverwalter bei einem Scheitern der Einigungsbemühungen mit dem Betriebsrat gezwungen, zur Vermeidung von Ansprüchen auf Zahlung eines Nachteilsausgleichs gem. § 113 III BetrVG, das für den Versuch einer Einigung über den Interessenausgleich vorgesehene Verfahren (§ 112 I–III BetrVG) voll auszuschöpfen und von sich aus die Einigungsstelle anzurufen. Nunmehr kann der Insolvenzverwalter nach Ablauf

511 Berscheid, ZInsO 1999, 52 (53).
512 HK-Irschlinger, § 122, Rn. 12

der dreiwöchigen Beratung- und Verhandlungsfrist um gerichtliche Zustimmung zur vorzeitigen Durchführung der beabsichtigten Betriebsänderung ersuchen. Das angerufene Arbeitsgericht hat nicht darüber zu befinden, ob die geplante Betriebsänderung sinnvoll oder wirtschaftlich zweckmäßig ist, sondern nur, ob die wirtschaftliche Lage des Unternehmens auch unter Berücksichtigung der sozialen Belange der Arbeitnehmer die alsbaldige Durchführung der Betriebsänderung erfordert. Es hat in einem ersten Schritt zu prüfen, ob die sofortige Durchführung der Betriebsänderung nach der wirtschaftlichen Lage des Schuldnerunternehmens isoliert betrachtet erforderlich ist, und bei Bejahung in einem zweiten Schritt die wirtschaftliche Lage des insolventen Unternehmens gegen die sozialen Belange der betroffenen Arbeitnehmer abzuwägen[513].

Soweit der Insolvenzverwalter das Unternehmen des Schuldners mit Zustimmung des Gläubigerausschusses bereits vor dem Berichtstermin nach § 156 InsO stilllegen will, kann das Insolvenzgericht auf Antrag des Schuldners dem Insolvenzverwalter die Durchführung der Maßnahmen untersagen (§ 158 II InsO).

Nach § 122 I 3 InsO bleibt das Recht des Insolvenzverwalters unberührt, schon während des Beschlussverfahrens einen Interessenausgleich mit Namensliste nach § 125 InsO zustande zu bringen oder einen Feststellungsantrag im sog. präventiven Kündigungsverfahren nach § 126 InsO zu stellen. Berscheid weist darauf hin, dass bei alsbaldiger Anrufung der Einigungsstelle dieses Verfahren vor der Einigungsstelle wegen der Terminlage bei den meisten Arbeitsgerichten schneller sein kann, als das arbeitsgerichtliche Beschlussverfahren nach § 126 I InsO[514].

c) Sachlicher Zusammenhang zwischen Betriebsänderung und Kündigung

Bereits der Wortlaut des § 125 InsO legt nahe, dass zwischen der geplanten Betriebsänderung und den beabsichtigten Kündigungen ein sachlicher Zusammenhang bestehen muss, es sich also um betriebsbedingte Kündigungen aufgrund der geplanten Betriebsänderung handelt. Die Regelung des § 125 I InsO gilt deshalb auch dann nicht, wenn es nur um die Kündigung einzelner Arbeitnehmer geht, ohne dass die Voraussetzungen für eine Betriebsänderung durch reinen Personalabbau gegeben sind[515].

d) Inhalt des Interessenausgleichs

Die Anforderungen an den Umfang der namentlichen Bezeichnung ergeben sich aus dem Zweck dieses Erfordernisses, nämlich der eindeutigen Individualisierbarkeit der betroffenen Arbeitnehmer. Neben dem Vor- und Zunamen kann deshalb auch die Angabe weiterer Unterscheidungsmerkmale (Anschrift, Geburts-

---

513 ArbG Lingen, Beschluss v. 09.07.1999 – 2 BV 4/99 = ZInsO 1999, 656.
514 Berscheid in Uhlenbruck, §§ 121, 122, Rn. 79.
515 Berscheid in Uhlenbruck, § 125, Rn. 17.

datum, betriebsbezogene Daten) notwendig sein. Aufgrund des klaren Wortlautes des § 125 I InsO reicht es hingegen nicht aus, eine sog. Negativliste aufzustellen, die die Namen der von den Kündigungen ausgenommenen Arbeitnehmern beinhaltet[516]. Vielmehr muss dem Interessenausgleich selbst entnommen werden können, welche Arbeitnehmer von den beabsichtigten Kündigungen betroffen sind[517]. Umstritten sind die Anforderungen an die namentliche Individualisierung bei einer Betriebsstilllegung, wenn also überhaupt kein Arbeitsplatz mehr aufrecht erhalten wird. Teilweise wird hier von einer sinnlosen Förmelei gesprochen. Es solle in diesem Fall genügen, dass der Interessenausgleich den Satz enthält, dass alle Arbeitnehmer des Betriebes entlassen würden[518]. Teilweise wird auch hier eine solche Negativliste nicht für ausreichend gehalten, da die Betriebszugehörigkeit einiger Arbeitnehmer problematisch sein kann[519].

Bei den von § 125 InsO erfassten Kündigungen kann es sich sowohl um Beendigungskündigungen als auch um Änderungskündigungen handeln[520]. Deshalb ist neben den Arbeitnehmern jeweils die Kündigungsart anzugeben.

e) Die Rechtsfolgen des Interessenausgleichs

aa) Die gesetzliche Vermutung der Betriebsbedingtheit

Hat der Insolvenzverwalter bzw. haben die Parteien der Betriebsvereinbarung diese Voraussetzungen beachtet, gelten die daraufhin ausgesprochenen Kündigungen als sozial gerechtfertigt. Es gilt die gesetzliche Vermutung gem. § 125 I Nr. 1 InsO, was bedeutet, dass in einem Kündigungsschutzprozess nicht mehr der Arbeitgeber, hier also der Insolvenzverwalter, beweispflichtig ist, sondern dass die gekündigten Arbeitnehmer die Vermutung durch den Beweis des Gegenteils widerlegen müssen. Sie müssen darlegen, dass es an einem dringenden betrieblichen Erfordernis für die Kündigung fehlt und eine Weiterbeschäftigung möglich ist. Vorab hat der Insolvenzverwalter dazulegen, dass die Voraussetzungen des § 125 I InsO vorliegen.

bb) Die beschränkte Überprüfbarkeit der Sozialauswahl

Die gerichtliche Nachprüfung einer derart zu Stande gekommenen Beendigungs- oder Änderungskündigung ist beschränkt auf die drei im Gesetz angegebenen Kriterien, nämlich Dauer der Betriebszugehörigkeit, Lebensalter und die Unterhaltspflichten.

---

516 Weyand/Düwell, S. 176.
517 ArbG Stralsund, Urteil vom 13.02.1997 – 1 Ca 647/96 = AuA 1998, 27.
518 Oetker/Friese, DZWIR 2001, 177 (179).
519 Hamacher in Nerlich/Römermann, § 125, Rn. 25.
520 BT-Drucks. 12/7302, S. 172.

Selbstverständlich können der Insolvenzverwalter und der Betriebsrat sich auch über die Berücksichtigung weiterer Kriterien einigen. Allerdings darf die Berücksichtigung anderer Kriterien nicht dazu führen, dass es zu einer grob fehlerhaften und damit angreifbaren Gewichtung der erwähnten gerichtlich nachprüfbaren drei Kriterien kommt.

Zur Sozialauswahl gehört des Weiteren die Bestimmung des Kreises der vergleichbaren Arbeitnehmer.

Bei Vorliegen eines Interessenausgleichs mit Namensliste ist die soziale Auswahl gem. § 125 I 1 Nr. 2 InsO grob fehlerhaft, wenn die Betriebsparteien den auswahlrelevanten Personenkreis der austauschbaren und damit vergleichbaren Arbeitnehmer willkürlich bestimmt oder nach unsachlichen Gesichtspunkten eingegrenzt haben, unsystematische Altersgruppen mit wechselnden Zeitsprüngen (z.B. in 12-er, 8-er und 10-er Jahresschritten) gebildet haben, eines der sozialen Grundkriterien überhaupt nicht berücksichtigt oder zusätzlichen Auswahlkriterien eine überhöhte Bewertung beigemessen haben, die der Auswahl nach sozialen Gesichtspunkten entgegenstehenden Gründe nicht nach sachlichen Gesichtspunkten konkretisiert haben[521]. § 125 I 2 Nr. 2 HS 2 InsO bestimmt, dass es nicht als grob fehlerhaft anzusehen ist, wenn eine ausgewogene Personalstruktur nicht nur „erhalten“, sondern auch wenn sie erst „geschaffen“ wird. Dabei geht es nicht um den „Ausschluss“ oder um die „Herausnahme“ einzelner Arbeitnehmer aus der Sozialauswahl, gemeint ist vielmehr, dass die soziale Auswahl von vornherein nur innerhalb von abstrakten Altersgruppen vorgenommen wird[522]. Die Altersgruppen sind nicht für den gesamten Betrieb ohne Rücksicht auf die Vergleichbarkeit der Arbeitnehmer, sondern innerhalb des jeweils auswahlrelevanten Personenkreises zu bilden[523].

Im Übrigen verbleibt es bei der regulären Beweislast gem. § 1 III 3 KSchG. Der Arbeitnehmer hat die grobe Fehlerhaftigkeit der Sozialauswahl entsprechend den oben erwähnten nachprüfbaren Kriterien zu beweisen. Zur Erleichterung kann allerdings der Arbeitnehmer vom Insolvenzverwalter verlangen, dass dieser ihm die Gründe angibt, die zu der getroffenen Auswahl geführt haben, § 1 III 1, 2. HS KSchG.

f) Ergänzung des § 125 InsO durch § 128 InsO bei einer Betriebsveräußerung

Eine weitere Erleichterung für den Insolvenzverwalter ergibt sich aus § 128 II InsO. Die Vorschrift erleichtert Betriebsübergänge und dient damit dem Erhalt von Arbeitsplätzen; dem Insolvenzverwalter wird die Möglichkeit eröffnet, einen Interessensausgleich nach § 125 InsO zu schließen bzw. das Verfahren nach § 126

521 LAG Hamm, Urteil vom 5. 6. 2003 – 4 (16) Sa 1976/02 = DZWIR 2004, 153.
522 LAG Hamm, a.a.O.
523 LAG Hamm, Urteil vom 28.05.1998 – 8 Sa 76/98 = ZInsO 1998, 236.

InsO zu betreiben, auch wenn die betriebsändernden Maßnahmen erst beim Erwerber vollzogen werden sollen[524]. Im Falle des Betriebsüberganges erstreckt sich die Vermutung nach § 125 I 1 Nr. 1 InsO oder die gerichtliche Feststellung nach § 126 I 1 InsO auch darauf, dass die Kündigung der Arbeitsplätze nicht wegen des Betriebsüberganges erfolgt.

g) Das präventive Kündigungsverfahren

In den §§ 126, 127 InsO ist das sogenannte präventive Kündigungsverfahren geregelt, das im bisherigen Vergleichs-, Konkurs- und Gesamtvollstreckungsrecht kein Vorbild hatte.

Soweit der Insolvenzverwalter eine Betriebsänderung im Sinne des § 111 BetrVG plant, die auch in einer erheblichen Personalreduzierung, wie im § 17 I KSchG geregelt, besteht, mindestens aber 5 % der Belegschaft des Betriebes betrifft, hat er nach § 125 I InsO die Möglichkeit, zusammen mit dem Betriebsrat einen Interessenausgleich zustande zu bringen, in dem die von der geplanten Betriebsänderung durch Beendigungs- oder Änderungskündigung betroffenen Arbeitnehmer namentlich bezeichnet sind. Bei Zustandekommen einer solchen Vereinbarung nach § 125 InsO wird vermutet, dass die Kündigung der Arbeitsverhältnisse der in ihm benannten Arbeitnehmer betriebsbedingt ist und eine Weiterbeschäftigungsmöglichkeit nicht besteht (§ 125 I 1 Nr. 1 InsO), und dass die Kündigung nicht wegen eines Betriebsübergangs erfolgt, § 128 II InsO.

Kommt bei einer geplanten Betriebsänderung im Sinne des § 113 BetrVG innerhalb von drei Wochen nach Verhandlungsbeginn oder schriftlicher Aufforderung zur Aufnahme von Verhandlungen ein Interessenausgleich mit Namensliste nach § 125 I InsO nicht zustande oder hat der Betrieb keinen Betriebsrat, so kann der Insolvenzverwalter gem. § 126 I 1 InsO beim Arbeitsgericht im Beschlussverfahren eine Entscheidung zum Kündigungsschutz mit dem Ziel herbeiführen, festzustellen, dass die Kündigung der Arbeitsverhältnisse bestimmter, im Antrag bezeichneter Arbeitnehmer durch dringende betriebliche Erfordernisse bedingt und sozial gerechtfertigt ist. § 126 InsO gibt also dem Insolvenzverwalter die Möglichkeit, wenn der Betrieb keinen Betriebsrat hat oder der Betriebsrat sich trotz schriftlicher Aufforderung weigert, mit dem Insolvenzverwalter in Verhandlungen zu treten, die Wirkungen eines Interessenausgleiches herzustellen. Die Vorschriften über das präventive Kündigungsverfahren werden im Falle einer Betriebsveräußerung noch durch die Regelungen des § 128 I InsO ergänzt. Sie sollen der Beschleunigung der Durchführung von Betriebsänderungen im Zeitraum der Insolvenz dienen und die Wirksamkeit der Kündigungen möglichst rasch und einheitlich klären und langwierige Kündigungsschutzprozesse vermeiden helfen.

---

524 Mestwerdt in Fiebig, § 613a BGB, Rn. 206.

Sieht der Insolvenzverwalter von dem Gebrauch der ihm vom Gesetz gebotenen Möglichkeiten ab, unterliegen die vom Insolvenzverwalter ausgesprochenen Kündigungen den allgemeinen Regelungen und Grundsätzen des Kündigungsschutzgesetzes. Der Insolvenzverwalter unterliegt insoweit den Darlegungs- und Beweislastregeln des § 1 II 4 KSchG.

Allerdings setzt die Anwendung des § 126 I InsO voraus, dass der Insolvenzverwalter den Betriebsrat rechtzeitig und umfassend nach § 111 S. 1 BetrVG über die beabsichtigte Betriebsänderung unterrichtet hat und zweitens dass innerhalb von drei Wochen nach tatsächlichem Verhandlungsbeginn oder schriftlicher Aufforderung zur Aufnahme von Verhandlungen kein Interessenausgleich nach § 125 I InsO zustande gekommen ist. Unter diesen Voraussetzungen kann der Insolvenzverwalter beim Arbeitsgericht im Beschlussverfahren eine Entscheidung zum Kündigungsschutz mit dem Ziel herbeiführen, festzustellen, dass die Kündigung der Arbeitsverhältnisse bestimmter, im Antrag bezeichnetet Arbeitnehmer durch dringende betriebliche Erfordernisse bedingt und sozial gerechtfertigt ist (§ 126 I 1 InsO).

In Ergänzung hierzu regelt § 128 I 1 InsO, dass die Anwendung der Regelungen des § 126 I InsO nicht dadurch ausgeschlossen ist, dass die Betriebsänderung, die dem Feststellungsantrag zu Grunde liegt, erst nach einer Veräußerung des Betriebes oder Betriebsteils durch den Insolvenzverwalter von dem Betriebserwerber durchgeführt werden soll.

Im Einzelnen hat der Insolvenzverwalter zu folgenden Punkten entsprechenden Tatsachenvortrag zu bringen:

- Dringendes betriebliches Erfordernis für die beabsichtigte Beendigungskündigung;
- Sanierungskonzept, falls der Betrieb verkaufsfähig gemacht werden soll;
- Auswahlrelevanter Personenkreis (Vergleichbarkeit bzw. Austauschbarkeit);
- Sozialdaten im Hinblick auf Betriebszugehörigkeit, Lebensalter und Unterhaltspflichten sämtlicher Arbeitnehmer;
- Kriterien der Sozialauswahl;
- Grundsätze einer eventuellen Altersgruppenbildung.

Die soziale Auswahl der Arbeitnehmer kann vom Arbeitsgericht nur im Hinblick auf die Dauer der Betriebszugehörigkeit, das Lebensalter und Unterhaltspflichten nachgeprüft werden (§ 126 I 2 InsO).

Das Beschlussverfahren des § 126 InsO tritt an die Stelle des nicht zustande gekommenen Interessenausgleichs mit Namensliste im Sinne des § 125 I InsO und soll nachträglich dessen Wirkungen herbeiführen.

Für das präventive Kündigungsverfahren gelten die Vorschriften des Arbeitsgerichtsgesetzes über das Beschlussverfahren (§§ 80 ff. ArbGG i.V.m. § 126 II 1 HS 1

InsO). An diesem Beschlussverfahren sind gem. § 126 II 1 HS 2 InsO der Insolvenzverwalter, der Betriebsrat und die im Antrag bezeichneten Arbeitnehmer, soweit sie nicht ihr Einverständnis mit der Beendigungs- oder Änderungskündigung kundgetan haben, beteiligt[525]. Über § 128 I 2 InsO ist auch der Erwerber des Betriebes Beteiligter.

Jeder Arbeitnehmer hat es daher in der Hand, ob er an dem Beschlussverfahren beteiligt wird. Auch im Rahmen des Beschlussverfahrens selbst kann sich der Arbeitnehmer noch mit der Kündigung einverstanden erklären. Der Arbeitnehmer kann über den Streitgegenstand verfügen. Damit kann auch das Beschlussverfahren bezüglich der einzelnen Arbeitnehmer unterschiedlich ausgehen[526]. Hinsichtlich der Gerichtskosten gilt § 12 V ArbGG, wonach Auslagen und Gebühren nicht erhoben werden. Die Kostenregelungen des § 126 III InsO lassen aber § 40 I BetrVG unberührt, wonach der Betriebsrat gegen den Insolvenzverwalter einen Erstattungs- und Freistellungsantrag für die Anwaltskosten und die sonstigen Kosten hat, die ihm durch die Teilnahme an dem Beschlussverfahren entstehen. Der Anspruch ist Masseschuld im Sinne des § 55 I InsO[527].

Jeder der beteiligten Arbeitnehmer kann selbstständig Rechtsbeschwerde einlegen. Soweit das Arbeitsgericht Rechtsbeschwerde zugelassen hat, wird der Beschluss nach § 126 I InsO mit Ablauf der Rechtsbeschwerdefrist der §§ 74 I, 92 II ArbGG rechtskräftig, wenn kein Beteiligter das Rechtsmittel eingelegt hat. Hat das Arbeitsgericht die Rechtsbeschwerde nicht zugelassen, wird der Beschluss mit seiner Verkündung rechtskräftig, weil das Gesetz für das arbeitsgerichtliche Beschlussverfahren in der Insolvenz im Fall der Nichtzulassung keine Nichtzulassungsbeschwerde vorsieht[528].

Die Folge des Vorgehens des Insolvenzverwalters für die Arbeitnehmer ist, dass sie sich bei einer dem Antrag des Insolvenzverwalters stattgebenden Entscheidung im Kündigungsschutzprozess nur noch darauf berufen können, dass:

- die Anhörung des Betriebsrates vor Ausspruch der Beendigungs- bzw. Änderungskündigung (§ 102 I BetrVG bzw. § 99 I BetrVG) nicht ordnungsgemäß war,
- der Insolvenzverwalter gesetzliche oder tarifliche Formvorschriften für die Kündigungserklärung nicht beachtet hat,
- der Insolvenzverwalter die Massenentlassungsvorschriften (§§ 17, 18 KSchG) nicht beachtet hat,
- der Insolvenzverwalter den gesetzlichen Sonderkündigungsschutz nicht beachtet hat,

---

525 BAG, Beschluss vom 29.06.2000 – 8 ABR 44/99 = ZIP 2000, 1588.
526 Ascheid in Erfurter Kommentar, § 126 InsO, Rn. 10.
527 Lakies, BB 1999, 206 (209).
528 Berscheid in Uhlenbruck, §§ 126, 127, Rn. 39.

- der Insolvenzverwalter den Arbeitsplatzschutz bei Arbeitnehmern, welche ersatz- oder vergleichbare Dienste ableisten nicht beachtet hat,
- der Insolvenzverwalter den amtsbezogenen Kündigungsschutz zugunsten bestimmter Personengruppen nicht beachtet hat,
- sich die Sachlage seit der letzten mündlichen Verhandlung im Beschlussverfahren wesentlich geändert hat (§ 127 I 2 InsO).

Nach dem Willen des Gesetzgebers steht es dem Insolvenzverwalter zwar frei, die Entscheidung gem. § 122 I InsO über die gerichtliche Zustimmung zur vorzeitigen Durchführung der Betriebsänderung nicht abzuwarten, sondern gleichzeitig mit dem Antrag nach § 122 I InsO auch den Feststellungsantrag nach § 126 I InsO zu stellen, womit er Zeitverluste vermeidet, jedoch muss dieses präventive Kündigungsverfahren des § 126 InsO erfolglos bleiben, wenn der Antrag des Insolvenzverwalter nach § 122 I 1 InsO zurückgewiesen wird, denn dann darf die Betriebsänderung erst vorgenommen werden, wenn der Interessenausgleich zustande gekommen ist[529].

7. Die Kündigung durch den vorläufigen Insolvenzverwalter

Wie schon in Teil C. I. 2. herausgearbeitet, geht die Arbeitgeberfunktion und die damit verbundene Kündigungsbefugnis nur auf den starken vorläufigen Insolvenzverwalter über. Selbst für diesen ist aber § 113 InsO aus den oben genannten Gründen weder unmittelbar noch mittelbar anwendbar. Für ihn gelten also, wie zuvor für den Schuldner, die allgemeinen arbeitsrechtlichen Regeln.

8. Die Kündigung durch den Arbeitnehmer

Für die Kündigung des Arbeitsverhältnisses durch den Arbeitnehmer gelten, abgesehen von der Kündigung nach § 113 InsO, keine insolvenzspezifischen Besonderheiten. Schadenersatzpflichtig macht er sich dadurch nicht, § 113 S. 3 InsO gilt nur für den Insolvenzverwalter.

Wie bereits in Teil B. II. 2. a) erörtert kann es für den Arbeitnehmer zum Teil durchaus sinnvoll sein, das Arbeitsverhältnis selbst, unter Umständen auch außerordentlich zu kündigen.

---

529 Ennemann in Kölner Schrift, S. 1473 ff. Rn. 80.

IV. Die Folgen der Eröffnung des Insolvenzverfahrens für die Forderungen aus Arbeitsverhältnissen aus der Zeit nach der Eröffnung

1. Forderungen aus Arbeitsverhältnissen

a) Entgeltforderungen

Entgeltforderungen aus der Zeit nach Verfahrenseröffnung sind Masseverbindlichkeiten nach § 55 I Nr. 2 InsO.

Hierunter fallen auch Gehaltsansprüche eines GmbH-Geschäftsführers, der nicht als Unternehmer anzusehen ist (s.o.).

Das Gesetz unterscheidet nicht danach, ob der Arbeitnehmer von der Arbeit freigestellt wird oder nicht. Dieses spielt nur eine Rolle, wenn der Insolvenzverwalter Masseunzulänglichkeit angezeigt hat.

b) Lohnsteuer

Gem. § 38 II 1 EStG ist Schuldner der Lohnsteuer der Arbeitnehmer, während gem. § 38 III 1 EStG der Arbeitgeber als Dritter verpflichtet ist, bei jeder Lohnzahlung für Rechnung des Arbeitnehmers vom Bruttolohn die Lohnsteuer einzubehalten und an die Finanzbehörde als Steuergläubiger abzuführen. Die Insolvenzeröffnung bewirkt den Eintritt des Insolvenzverwalters in die steuerrechtlichen Dienstleistungspflichten des Arbeitgebers (§ 34 III AO). Zahlt der Insolvenzverwalter Arbeitslohn für den Zeitraum nach Insolvenzeröffnung, erfüllt er gegenüber dem Arbeitnehmer eine Masseverbindlichkeit, indem er dem Arbeitnehmer den Nettolohn auszahlt und an die Finanzbehörde die einbehaltene Lohnsteuer abführt.

Gegenüber der Finanzbehörde hat der Insolvenzverwalter also keine Geldzahlungspflicht, sondern eine Pflicht dahingehend, die Lohnsteuer einzubehalten und abzuführen. Erst bei einer Verletzung dieser Dienstleistungspflicht entsteht der Finanzbehörde gegenüber dem Insolvenzverwalter der Lohnsteuerhaftungsanspruch gem. § 69 AO. Da hier aber nicht die Auszahlung des Arbeitslohns, sondern die Pflichtverletzung den Anspruch begründet, handelt es sich um eine Masseverbindlichkeit nach § 55 I Nr. 1 InsO[530].

c) Sozialabgaben

Der Insolvenzverwalter hat dafür zu sorgen, dass Abgaben und Sozialabgaben aus den von ihm verwalteten Mitteln entrichtet werden[531].

---

530 Bringewat/Waza, Rn. 774.
531 Uhlenbruck in Uhlenbruck, § 80, Rn. 116.

Ist der Arbeitnehmer freigestellt, so ist der Insolvenzverwalter allerdings nicht verpflichtet, Beiträge zur gesetzlichen Unfallversicherung zu zahlen[532].

Wie bereits oben unter B. I. 1. d) dargelegt hat der Arbeitgeber bei Beendigung eines Beschäftigungsverhältnisses nach § 312 I SGB III auf einem von der Bundesagentur für Arbeit herausgegebenen Vordruck alle Tatsachen zu bescheinigen, die für die Entscheidung über den Anspruch auf Arbeitslosengeld, Arbeitslosenhilfe, Unterhaltsgeld oder Übergangsgeld erheblich sein können. Dazu gehören Angaben zur Art der Tätigkeit, Beginn, Ende und Unterbrechungen, der Grund für die Beendigung, das Arbeitsentgelt und sonstige Geldleistungen, die der Arbeitnehmer erhalten hat. Die Bescheinigung ist im Zeitpunkt der tatsächlichen – nicht der rechtlichen – Beendigung des Beschäftigungsverhältnisses auszustellen, wenn über diesen Zeitpunkt hinaus kein Arbeitsentgelt gezahlt wird[533]. So wird sichergestellt, dass die Ansprüche auch im Fall der Gleichwohlgewährung nach § 143 III SGB III zügig berechnet werden können. Die Bundesagentur für Arbeit berechnet dann die Höhe des Arbeitslosengeldes, das sich aus dem Bruttoentgelt ergibt, das der Arbeitslose im Bemessungszeitraum erzielt hat und die darauf anfallenden Sozialversicherungsabgaben.

Obwohl die Ansprüche des Arbeitnehmers mit der Leistung durch die Arbeitsagentur gem. § 115 SGB X auf die Bundesagentur für Arbeit übergehen, kann der Arbeitgeber mit befreiender Wirkung an den Arbeitnehmer (z.B. auch, indem er bei einem Gläubiger des Arbeitslosen dessen Schulden tilgt) zahlen (§ 407 I BGB), wenn die Arbeitsagentur diesem den Anspruchsübergang nicht angezeigt hat. Deshalb erfährt der Insolvenzverwalter in der Praxis recht früh von dem Anspruchsübergang und der Höhe der von der Arbeitsagentur abgeführten Sozialversicherungsbeiträge. Die Differenzbeträge sind dann vom Insolvenzverwalter abzuführen.

d) Sonstige Ansprüche aus dem Arbeitsverhältnis

aa) Urlaub

Urlaubsansprüche sind nicht von einer Arbeitsleistung im Kalenderjahr abhängig und werden damit nicht monatlich verdient; damit verbietet sich auch eine rechnerische Zuordnung bestimmter Urlaubstage auf Zeitpunkte vor und nach Eröffnung der Insolvenz[534].

Kann der gesetzliche Erholungsurlaub wegen Beendigung des Arbeitsverhältnisses ganz oder teilweise nicht mehr gewährt werden, so ist er gemäß § 7 IV BUrlG abzugelten. Für die Einordnung dieses sog. Urlaubsabgeltungsanspruches kommt es darauf an, wann das Arbeitsverhältnis beendet worden ist. Da Urlaubsabgel-

---

532 BSG, Urteil vom 30.07.1981 – 8/8a RU 48/80 = ZIP 1981, 1106.
533 Steinmeyer in Gagel, § 312, Rn. 23.
534 BAG, Urteil vom 18.11.2003 – 9 AZR 95/03 = DB 2004, 1267.

tungsansprüche erst mit Beendigung des Arbeitsverhältnisses entstehen und nicht einem früheren Zeitraum zugeordnet werden können, ist der Urlaubsabgeltungsanspruch Masseverbindlichkeit i.S.v. § 55 I Nr. 2, Alt. 2 InsO, wenn das Arbeitsverhältnis nach Eröffnung des Insolvenzverfahrens beendet worden ist[535].

bb) Zeugnis

Wird das Arbeitsverhältnis erst nach der Insolvenzeröffnung beendet, schuldet der Insolvenzverwalter das Arbeitszeugnis, unabhängig davon, ob und wie lange er den Arbeitnehmer beschäftigt hat oder eigene Kenntnisse über dessen Arbeitsleistung gewinnen konnte[536]. Zur Erfüllung dieser Verpflichtung hat der Insolvenzverwalter einen Auskunftsanspruch nach § 97 InsO gegenüber dem Schuldner.

cc) Wettbewerbsverbot

Während des rechtlichen Bestehens eines Arbeitsverhältnisses ist dem Arbeitnehmer grundsätzlich jede Konkurrenztätigkeit zum Nachteil seines Arbeitgebers untersagt, auch wenn der Einzelarbeitsvertrag keine ausdrückliche Regelung enthält[537]. Gegen die nachvertragliche Konkurrenz durch einen ehemaligen Arbeitnehmer kann sich der Arbeitgeber also nur schützen, wenn er mit ihm ein nachvertragliches Wettbewerbsverbot ausdrücklich vereinbart. Damit ein nachvertragliches Wettbewerbsverbot wirksam ist, muss die Karenzentschädigung gem. § 74 II HGB mindestens die Hälfte der vom Arbeitnehmer zuletzt bezogenen Vergütung ausmachen. Die Karenzentschädigung ist das Entgelt, das der Arbeitgeber dem Arbeitnehmer dafür zu zahlen hat, dass er nach Beendigung des Arbeitsverhältnisses seinem bisherigen Arbeitgeber keine Konkurrenz macht und auch nicht für einen Konkurrenten arbeitet[538].

Das Wettbewerbsverbot ist ein gegenseitiger Vertrag, so dass der Insolvenzverwalter gem. § 103 InsO wählen kann, ob er auf Einhaltung der Wettbewerbsabrede besteht oder die Erfüllung ablehnt[539]. Verlangt der Insolvenzverwalter Erfüllung, so ist der Anspruch des Arbeitnehmers auf die Karenzentschädigung als Masseschuld nach § 55 I Nr. 2 InsO zu tilgen, soweit er sich auf die Zeit nach Eröffnung des Insolvenzverfahrens bezieht. Dem Arbeitnehmer steht allerdings ein außerordentliches Kündigungsrecht zu, wenn sein Anspruch auf Karenzentschädigung durch Massearmut gefährdet ist[540]. Lehnt der Insolvenzverwalter dagegen die Erfüllung ab, so erlöschen die wechselseitigen Verbindlichkeiten und der Anspruch

535 BAG, Urteil vom 25.03.2003 – 9 AZR 174/02 = NZA 2004, 43.
536 BAG, Urteil vom 23.06.2004 – 10 AZR 495/03 = InVo 2005, 182.
537 Schliemann, § 611, Rn. 679.
538 HPOpro, Lexikon/Karenzentschädigung.
539 Regh in Steindorf/Regh, § 3, Rn. 27.
540 Hess in Hess/Kropshofer, Anh. I, Rn. 582.

des Arbeitnehmers verwandelt sich gem. § 103 I 1 InsO in einen Schadenersatzanspruch wegen Nichterfüllung, der einfache Insolvenzforderung ist.

2. Die sozialen Insolvenzsicherungen

a) Insolvenzgeld

Schon der Wortlaut des § 183 SGB III macht deutlich, dass Insolvenzgeld nur für diejenigen Ansprüche auf Arbeitsentgelt als Ersatzleistung beantragt werden kann, die im Zeitpunkt des Insolvenzereignisses noch nicht erfüllt waren. Für Forderungen aus Arbeitsverhältnissen für die Zeit nach der Eröffnung des Insolvenzverfahrens kann Insolvenzgeld also nur unter der oben bereits erläuterten Voraussetzung beantragt werden, dass sich nach dem ersten Insolvenzereignis die wirtschaftlichen Verhältnisse des Arbeitgebers wieder so weit gebessert haben, dass die damals vorliegende Insolvenz beseitigt war und diese erst durch spätere Ereignisse erneut herbeigeführt wurde.

b) Arbeitslosengeld

Dass ein Arbeitsloser i.d.R. einen Anspruch auf Arbeitslosengeld hat, wenn er sich bei der Agentur für Arbeit arbeitslos gemeldet und die Anwartschaftszeit erfüllt hat, wurde bereits klargestellt.

Da die Arbeitsverhältnisse ja durch die Eröffnung des Insolvenzverfahrens nicht automatisch beendet werden, arbeiten auch normalerweise die Arbeitnehmer, die der Insolvenzverwalter sofort wirksam gekündigt hat, noch bis zum Ablauf der Kündigungsfrist, also bis zu 3 Monate, für die Masse weiter, was zur Folge hat, dass die entstehenden Arbeitsentgeltforderungen Masseverbindlichkeiten i.S.v. § 55 I Nr. 2, Alt. 2 InsO sind. Wenn genügend Masse vorhanden ist, werden also sowohl die gekündigten als auch die nicht gekündigten Arbeitnehmer vorweg voll befriedigt. Im Falle der Masseunzulänglichkeit fallen die Arbeitnehmer mit ihren Entgeltforderungen allerdings wie oben bereits dargestellt i.d.R. aus, wenn der Insolvenzverwalter sie rechtzeitig freigestellt hat.

Hier greift das Arbeitsförderungsrecht helfend ein. Trotz des bestehenden Entgeltanspruchs, der grds. das Ruhen des Arbeitslosengeldanspruches zur Folge hat, können die Betroffenen nämlich gem. § 143 III SGB III Arbeitslosengeld erhalten, soweit ihnen das ihnen zustehende Arbeitsentgelt **tatsächlich** nicht gezahlt wird. Die Leistung von Arbeitslosengeld bewirkt den Übergang des Anspruches vom Arbeitslosen auf die Bundesagentur für Arbeit gem. § 115 SGB X.

3. Betriebsvereinbarungen in der Insolvenz

Eine Betriebsvereinbarung ist das durch schriftliche Vereinbarung der Organe der Betriebsverfassung (Arbeitgeber und Betriebsrat) geschaffene Gesetz des Betriebes, das der generellen Regelung der betrieblichen und betriebsverfassungsrechtlichen Ordnung sowie der Gestaltung der individuellen Rechtsbeziehungen zwischen Arbeitgeber und Arbeitnehmer dient[541].

Die Betriebsvereinbarungen enden durch Zeitablauf, Zweckerreichung, Aufhebungsvertrag oder Kündigung. Ohne Rücksicht auf gesetzliche oder anderweitig vereinbarte Kündigungsfristen kann stets fristlos aus wichtigem Grund gekündigt werden, wenn Gründe vorliegen, die unter Berücksichtigung aller Umstände und unter Abwägung der Interessen der Betroffenen ein Festhalten an der Betriebsvereinbarung bis zum Ablauf der Kündigungsfrist nicht zumutbar erscheinen lassen[542]. Allein der Unstand, dass zur Erfüllung der Verpflichtungen aus der Betriebsvereinbarung keine ausreichenden Finanzmittel zur Verfügung stehen, ist aber kein Grund zur außerordentlichen Kündigung[543].

Die ansonsten maßgebliche Kündigungsfrist beträgt gem. § 77 V BetrVG 3 Monate. Die Vereinbarung längerer Kündigungsfristen ist sowohl zulässig als auch allgemein verbreitet[544].

Insbesondere in freiwilligen Betriebsvereinbarungen gem. § 88 BetrVG können allerdings Regelungen getroffen sein, die das Unternehmen des Schuldners mit erheblichen Verbindlichkeiten belasten. § 120 I 2 InsO gibt dem Insolvenzverwalter daher die Möglichkeit, Betriebsvereinbarungen auch dann mit einer Frist von 3 Monaten zu kündigen, wenn eine längere Frist vereinbart ist. Zunächst sind aber gem. § 120 I 1 InsO der Insolvenzverwalter und der Betriebsrat aufgefordert, über eine einvernehmliche Herabsetzung (gegebenenfalls auf Null) der Leistungen zu beraten. Zwar handelt es sich hierbei lediglich um eine Soll-Vorschrift, dies bedeutet aber nicht zwingend, dass die Missachtung der Aufforderung zu Verhandlungen sanktionslos bleibt. Entgegen einer teilweise vertretenen Auffassung[545] hat der Gesetzgeber mit § 120 I 1 InsO keinen bloßen Appell an Insolvenzverwalter und Betriebsrat normiert. Entgegen der anderslautenden Normüberschrift betrifft § 120 InsO nicht allein die Kündigung von Betriebsvereinbarungen in der Insolvenz, sondern gibt den Betriebsparteien ein Verfahren vor, um die Entlastung der Insolvenzmasse von belastenden Betriebsvereinbarungen zu erreichen[546]. § 120 I 1 InsO enthält damit eine Konkretisierung der allgemeinen betriebsverfassungsrechtlichen Einlassungs- und Erörterungspflicht in § 74

541 Fitting, § 77, Rn. 12.
542 BAG, Urteil vom 19.07.1957 – 1 AZR 420/54 = BAGE 4, 232.
543 BAG, Beschluss vom 10.08.1994 – 10 ABR 61/93 = NZA 1995, 314.
544 Berscheid in Uhlenbruck, § 120, Rn. 14.
545 Schaub, § 93, Rn. 130.
546 Oetker/Friese, DZWIR 2000, S. 397 (403).

I 2 BetrVG[547], an die auch der Insolvenzverwalter gebunden ist[548]. Eine wiederholte Verweigerung von Verhandlungen durch den Insolvenzverwalter oder Betriebsrat kann daher einen groben Verstoß gegen betriebsverfassungsrechtliche Pflichten im Sinne des § 23 I, III BetrVG darstellen, wobei die Grobheit des Verstoßes aber nur in Ausnahmefällen in Betracht kommen wird[549]. Voraussetzung für eine Kündigung ist die vorherige Beratung hingegen nicht[550]; die Kündigung ist daher jederzeit möglich. § 77 V BetrVG macht die Wirksamkeit der Kündigung auch nicht von dem Vorliegen bestimmter Kündigungsgründe abhängig[551].

Der Ablauf der Kündigungsfrist bedeutet aber noch nicht, dass die Betriebsvereinbarung ohne jede Wirkung wäre. Vielmehr ordnet § 77 VI BetrVG an, dass Betriebsvereinbarungen in Angelegenheiten, in denen ein Spruch der Einigungsstelle die Einigung zwischen Arbeitgeber und Betriebsrat ersetzen kann, weitergelten, bis sie durch eine andere Abmachung ersetzt werden. Durch das Sonderkündigungsrecht werden die Grundsätze über die Nachwirkung von Betriebsvereinbarungen nach § 77 VI BetrVG nicht angetastet[552].

Um keine Frage der Weitergeltung geht es im Falle der Beendigung betrieblicher Versorgungsregelungen, weil es sich hier um eine freiwillige Leistung handelt. Andererseits führt die Kündigung nicht ohne weiteres zum Wegfall der Aussicht, durch weitere Betriebstreue eine höhere Betriebsrente verdienen zu können, vielmehr sind nach der Kündigung einer Betriebsvereinbarung die Versorgungsbesitzstände der Arbeitnehmer kraft Gesetzes in einem nach den Maßstäben der Verhältnismäßigkeit und des Vertrauensschutzes zu bestimmenden Umfang geschützt[553].

4. Interessenausgleich in der Insolvenz

Wie bereits erwähnt, bleiben die betriebsverfassungsrechtlichen Mitwirkungsrechte des Betriebsrates von der Eröffnung des Insolvenzverfahrens unberührt. Auch auf insolvenzbedingte Betriebsänderungen, die nicht in der Kündigung von Arbeitsverhältnissen bestehen, finden daher die §§ 111 ff. BetrVG uneingeschränkt Anwendung, wenn nicht die InsO abweichende Regelungen enthält.

Zunächst einmal hat auch der Insolvenzverwalter den Betriebsrat über geplante Betriebsänderungen, die wesentliche Nachteile für die Belegschaft oder erhebliche Teile der Belegschaft zur Folge haben können, rechtzeitig und umfassend zu

547 Oetker/Friese, a.a.O.
548 BAG, Urteil vom 06.05.1986 – 1 AZR 553/84 = BAGE 52, 24.
549 Wiese/Oetker, GK-BetrVG, § 23, Rn. 35.
550 Berscheid in Uhlenbruck, § 120, Rn. 15.
551 BAG, Beschluss vom 10.03.1992 – 3 ABR 54/91 = EWiR 1992, 737.
552 BT-Drucks. 12/2443, S. 30.
553 BAG, Urteil vom 18.04.1989 – 3 AZR 688/87 = ZIP 1990, 122.

unterrichten und sie mit dem Betriebsrat zu beraten. Im Idealfall kommt bereits in dieser Phase ein Interessenausgleich zustande, der dann gem. § 112 I 1 BetrVG schriftlich niederzulegen ist und vom Insolvenzverwalter und dem Betriebsrat unterschrieben werden muss.

Kommt ein solcher Interessenausgleich allerdings in dieser Phase nicht zustande, so können gem. § 112 II 1 BetrVG der Unternehmer oder der Betriebsrat den Vorstand der Bundesagentur für Arbeit um Vermittlung ersuchen. Innerhalb des Insolvenzverfahrens gilt hier aber die Besonderheit, dass dieser Vermittlungsversuch nur dann stattfindet, wenn der Insolvenzverwalter und der Betriebsrat gemeinsam darum ersuchen. Wenn der Vermittlungsversuch nicht stattfindet oder stattfindet, aber erfolglos bleibt, so können der Betriebsrat oder Insolvenzverwalter die Einigungsstelle anrufen. Diese besteht gem. § 76 II BetrVG aus einer gleichen Anzahl von Beisitzern, die vom Arbeitgeber, in diesem Fall dem Insolvenzverwalter, und dem Betriebsrat bestellt werden und einem unparteiischen Vorsitzenden, auf den sich beide Seiten einigen müssen.

Die Parteien sollen der Einigungsstelle gem. § 112 III BetrVG Vorschläge zur Beilegung der Meinungsverschiedenheiten machen. Diese hat dann einen sachlichen Gedankenaustausch zwischen dem Insolvenzverwalter und dem Betriebsrat zu fördern und die eigentlichen Streitpunkte darzulegen, insbesondere also die Missverständnisse zu bereinigen, die etwa entstanden sind und die Einigung erschweren[555]. Kommt es vor der Einigungsstelle zu einer Einigung, ist auch diese wieder schriftlich niederzulegen und sowohl vom Vorsitzenden der Einigungsstelle als auch von den Parteien zu unterschreiben. Der Insolvenzverwalter darf die Betriebsänderung dann nur insoweit vornehmen, wie es im Interessenausgleich festgelegt ist.

Kommt es jedoch zu keinem Interessenausgleich, so kann der Insolvenzverwalter die Betriebsänderung durchführen, muss gegebenenfalls aber einen Sozialplan aufstellen.

Vor Geltung der Insolvenzordnung musste der Verwalter, der Ansprüche auf Nachteilsausgleich (§ 113 III BetrVG) vermeiden will, das für den Versuch einer Einigung über den Interessenausgleich vorgesehene Verfahren voll ausschöpfen[554]. Er muss, falls keine Einigung mit dem Betriebsrat möglich ist und dieser nicht selbst die Initiative ergreift, die Einigungsstelle anrufen, um dort einen Interessenausgleich zu versuchen.

Da das beschriebene Verfahren unter Umständen aber sehr lange dauern und damit zur unnötigen Masseschmälerung führen kann, hat der Insolvenzverwalter wie schon erläutert gem. § 122 InsO die Möglichkeit, das Verfahren zu beschleunigen. Ist nämlich innerhalb von 3 Wochen nach Verhandlungsbeginn oder

---

554 BAG Urteil vom 18.12.1984 – 1 AZR 176/82 = ZIP 1985, 633.
555 Fitting, §§ 112, 112a, Rn. 43.

schriftlicher Aufforderung zur Aufnahme von Verhandlungen kein Interessenausgleich zustande gekommen, obwohl der Insolvenzverwalter den Betriebsrat rechtzeitig und umfassend unterrichtet hat, kann er die Zustimmung des Arbeitsgerichts dazu beantragen, dass die geplante Betriebsänderung durchgeführt werden kann, ohne dass der Vermittlungsversuch und das Verfahren vor der Einigungsstelle stattgefunden haben. Das Arbeitsgericht hat nach § 122 II InsO den Antrag vorrangig zu erledigen und die Zustimmung zu erteilen, wenn die wirtschaftliche Lage des Unternehmens unter Berücksichtigung der sozialen Belange der Arbeitnehmer die Durchführung der Betriebsänderung ohne vorheriges Verfahren nach § 112 II BetrVG erfordert. Die Entscheidung des Arbeitsgerichts kann gem. § 122 III 1 und 2 InsO nur ausnahmsweise angefochten werden.

5. Sozialplan in der Insolvenz

a) Begriff: Sozialplan

Die aufgrund von Betriebsänderungen den Arbeitnehmern zu gewährenden Überbrückungsleistungen werden in einem zwischen dem Insolvenzverwalter und dem Betriebsrat ausgehandelten Sozialplan festgesetzt (§§ 111, 112 I, 112a BetrVG).

Das in den §§ 123, 124 InsO geregelte Rechtsinstitut eines Insolvenzsozialplanes ist nicht aus sich heraus zu verstehen, sondern knüpft an die Regelungen über die Beteiligung des Betriebsrates bei Betriebsänderungen in den §§ 111 bis 113 BetrVG an, die nach der Rechtsprechung schon früher auch in der Insolvenz des Unternehmens angewandt wurden[556]. Nur die Höhe der Sozialplanansprüche und ihr Rang werden in den §§ 123, 124 InsO einer Sonderregelung unterworfen. Regelungsgegenstand der §§ 123, 124 InsO ist der Sozialplan, also die Einigung über den Ausgleich oder die Milderung der wirtschaftlichen Nachteile, die dem Arbeitnehmer infolge der geplanten Betriebsänderung entstehen, § 112 I 2 BetrVG. Begriffliche Voraussetzung ist also auch das Vorliegen einer Betriebsänderung i.S.d. BetrVG.

aa) Bestehen eines Betriebsrates

Vorausgesetzt ist zunächst die Existenz eines Betriebsrates[557]. Nur wenn die Betriebsänderung das gesamte Unternehmen betrifft, kann der Sozialplan mit dem Gesamtbetriebsrat gem. §§ 50 I, 112 BetrVG vereinbart werden[558]. Zwar erstreckt sich die Zuständigkeit des Gesamtbetriebsrates seit der Betriebsverfassungs-

---

556 BAG, Urteil vom 17.09.1974 – 1 AZR 16/74 = NJW 1975, 182.
557 Fitting, § 111, Rn. 33.
558 BAG, Urteil vom 17.02.1981 – 1 AZR 290/78 = NJW 1982, 60.

reform vom 23.07.2001[559] nunmehr auch auf Betriebe ohne Betriebsrat. Fehlt es allerdings im ganzen Unternehmen an einem Betriebsrat, kann selbst in einem Betrieb mit in der Regel mehr als 20 wahlberechtigten Arbeitnehmern ein Sozialplan durch eine Vereinbarung zwischen dem Insolvenzverwalter und allen Arbeitnehmern des Betriebes nicht rechtswirksam zustande kommen[560]. Eine Vereinbarung über sonstige Abfindungsleistungen des Insolvenzverwalters in betriebsratlosen Betrieben kennt die InsO nicht. Der Insolvenzverwalter braucht in betriebsratlosen Betrieben keine Interessenausgleichs- und Sozialplanverhandlungen zu führen. Dafür trägt er aber bei Stilllegungen von Betriebsteilen (§ 111 S. 3 Nr. 1 BetrVG) und einem anzeigepflichtigen Personalabbau nach § 17 I KSchG sowohl im Bezug auf die Betriebsbedingtheit der Kündigungen als auch hinsichtlich der Richtigkeit der getroffenen Sozialauswahl die volle Verantwortung[561].

bb) Vorliegen einer Betriebsänderung

Weitere Voraussetzung ist, dass der Arbeitgeber, in unserem Zusammenhang der Insolvenzverwalter, eine Betriebsänderung durchführt, an der der Betriebsrat nach den §§ 111 ff. BetrVG zu beteiligen ist.

§ 111 S. 3 BetrVG zählt folgende Betriebsänderungen auf, die interessenausgleichspflichtige Maßnahmen darstellen und unter Umständen zu anzeigepflichtigen Massenentlassungen führen (wobei streitig ist, ob die Aufzählung des § 111 S. 3 BetrVG abschließend ist oder nicht):

- Einschränkung und Stilllegung des ganzen Betriebes oder von wesentlichen Betriebsteilen,
- Verlegung des ganzen Betriebes oder von wesentlichen Betriebsteilen,
- Zusammenschluss zu einem neuen Betrieb, Eingliederung in einen anderen Betrieb oder Teilung von Betrieben,
- grundlegende Änderungen der Betriebsorganisation, des Betriebszwecks oder der Betriebsanlagen,
- Einführung grundlegend neuer Arbeitsmethoden und Fertigungsverfahren.

cc) Sozialplanpflichtigkeit

Eine Betriebsänderung in der Form der Betriebseinschränkung nach § 111 S. 2 Nr. 1 BetrVG kann laut BAG auch ein bloßer Personalabbau unter Beibehaltung der sächlichen Betriebsmittel sein, wenn es sich um einen erheblichen Perso-

---

559 BGBl. I, 1852.
560 BAG, Urteil vom 21.09.1999 – 9 AZR 912/98 = ZIP 2000, 846.
561 Berscheid in Uhlenbruck, §§ 123, 124, Rdn. 7.

nalabbau handelt[562]. Bei der Frage, ob eine Personalreduzierung erheblich ist, sollen die Zahlen- und Prozentangaben des § 17 I KSchG als Richtschnur dienen, jedoch mit der Maßgabe, dass von dem Personalabbau mindestens 5 % der Belegschaft des Betriebs betroffen sein müssen[563]. Bei jeder Betriebsänderung muss gem. § 111 BetrVG ein Interessenausgleich versucht werden.

Zu einem Sozialplan führt dagegen nicht jede Betriebsänderung. § 112a BetrVG enthält hierzu Einschränkungen.

Soweit sich die Betriebänderung in der Entlassung von Arbeitnehmern erschöpft, so ist ein Sozialplan nämlich nur erzwingbar, wenn die Grenzwerte des § 112a I 1 BetrVG überschritten werden. Nur dann sind die Personalreduzierungen auch sozialplanpflichtig.

Betriebsgröße nach Anzahl der Arbeitnehmer	Interessenausgleichs-pflichtige Betriebs-änderung bei Entlassung von ... Arbeitnehmern	Sozialplanpflichtige Betriebsänderung bei Entlassung von ... Arbeitnehmern
21–59	**mindestens 6**	**20 %, mindestens 6**
60–249	**10 %, mindestens 26**	**20 %, mindestens 37**
250–499	**10 %, mindestens 26**	**15 %, mindestens 60**
>500	**5 %, mindestens 30**	**10 %, mindestens 60**

§ 112a II 1, 3 BetrVG lässt die Sozialplanpflicht entfallen, soweit es sich um Betriebsänderungen in Betrieben handelt, die in den ersten vier Jahren seit ihrer Neugründung erfolgen.

dd) Entlassungssozialpläne

Die Höhe des Sozialplanvolumens ist gem. § 123 I InsO von der Anzahl der von einer Entlassung betroffenen Arbeitnehmer abhängig. Sozialplanpflichtig sind außer der in § 112a BetrVG geregelten Ausnahme aber alle Betriebsänderungen. Auch in der Insolvenz sind Betriebsänderungen denkbar, die zunächst keine Entlassungen zur Folge haben, z.B. Betriebsverlegung, Betriebszusammenschlüsse. Es stellt sich daher die Frage, ob die §§ 123, 124 InsO lediglich für sog. Entlassungssozialpläne gelten, so dass Sozialpläne, die aufgrund einer Betriebsänderung ohne Personalabbau geschlossen werden, insbesondere nicht den Einschränkungen des § 123 InsO unterliegen. Teilweise wird dies unter Hinweis auf den Wortlaut des § 123 InsO bejaht[564]. Gleichzeitig wird aber darauf hingewiesen,

562 BAG, Urteil vom 22.05.1979 – 1 AZR 848/76 = BB 1979, 1501.
563 BAG, Urteil vom 02.08.1983 – 1 AZR 516/81 = DB 1983, 2776.
564 Boemke/Tietze, DB 1999, 1389 (1392).

dass der Insolvenzverwalter in der Praxis kaum einem solchen Insolvenzplan zustimmen wird, der den nicht von einer Entlassung betroffenen Arbeitnehmern eine höhere Abfindung gewährt als denen, die von einer Entlassung betroffen sind, so dass sich die Höchstgrenzen hier indirekt ebenfalls auswirken.

Zum anderen wird die Auffassung vertreten, die §§ 123, 124 InsO enthalten abschließende, vom Inhalt des Sozialplans unabhängige Regelungen, was dazu führe, dass wirtschaftliche Nachteile, die auf anderen Gründen als Entlassungen beruhen, nicht ausgeglichen werden könnten, wenn kein Arbeitnehmer entlassen werde[565]. Dabei wird überwiegend auf den Normzweck abgestellt. Mit § 123 InsO solle ein Ausgleich zwischen den Belangen der Arbeitnehmer und den Interessen der Gläubiger an der Erhaltung der Insolvenzmasse und der Beschränkung der Masseverbindlichkeiten hergestellt werden, die unabhängig davon betroffen seien, ob die mit dem Sozialplan auszugleichenden wirtschaftlichen Nachteile auf einer Entlassung oder sonstigen Veränderungen beruhen.

b) Das Sozialplanverfahren

Das Verfahren zum Abschluss des Sozialplans richtet sich auch nach der Eröffnung des Insolvenzverfahrens nach den §§ 111 ff. BetrVG, mit der Einschränkung, dass der Vorstand der Bundesagentur für Arbeit zwecks Vermittlung gem. § 121 InsO nur auf gemeinsames Ersuchen des Insolvenzverwalters und des Betriebsrates eingeschaltet wird. § 121 InsO dient insoweit einer Beschleunigung des Verfahrens im Interesse der Insolvenzabwicklung.

c) Inhalt des Sozialplans

aa) Die „absolute“ Obergrenze

Sozialpläne, die nach Eröffnung des Insolvenzverfahrens aufgestellt werden, können mit Wirkung gegenüber den Insolvenzgläubigern nur Überbrückungsleistungen mit einem Gesamtbetrag von maximal 2,5 Monatsverdiensten aller betroffenen Arbeitnehmer vorsehen (§ 123 I InsO). Es handelt sich dabei um eine das Gesamtvolumen des Sozialplanes betreffende – also absolute – Begrenzung, sodass den einzelnen Arbeitnehmern nach ihren sozialen Verhältnissen unterschiedliche Leistungen gewährt werden können[566].

Als Monatsverdienst gilt gem. § 10 III KSchG, den § 123 I InsO in Bezug nimmt, was dem Arbeitnehmer bei der für ihn maßgebenden regelmäßigen Arbeitszeit in dem Monat, in dem das Arbeitsverhältnis endet, an Geld und Sachbezügen zusteht. Problematisch ist, dass bei der Aufstellung des Sozialplans häufig noch nicht feststeht, wann das jeweilige Arbeitsverhältnis endet. Teilweise wird des-

565 Oetker in GK-BetrVG, §§ 112, 112a, Rn. 290.
566 Häsemeyer, Rn. 23.15.

halb vorgeschlagen, abweichend von § 10 III KSchG die Verdienste des Monats zugrunde zu legen, in dem der Sozialplan abgeschlossen wird, und lediglich bei bereits ausgeschiedenen Arbeitnehmern auf den Zeitpunkt des Endes des Arbeitsverhältnisses abzustellen[567]. Stehen die zu kündigenden Arbeitnehmer bei Abschluss des Sozialplans noch nicht fest, so soll die Ermittlung des Sozialplanvolumens unmittelbar dann vorzunehmen sein, wenn die Arbeitnehmer bestimmt werden können[568]. Ein weiterer Vorschlag geht dahin, auf den Monat abzustellen, in dem die Betriebsänderung durchgeführt wird, was der Fall sei, wenn die Mehrzahl der Arbeitnehmer entlassen werde[569].

Von einer Entlassung i.S.d. Bestimmung betroffen sind neben denjenigen Arbeitnehmern, denen der Insolvenzverwalter betriebsbedingt gekündigt hat oder zu kündigen beabsichtigt auch Arbeitnehmer, die auf Veranlassung des Insolvenzverwalters einen Aufhebungsvertrag geschlossen oder von selbst gekündigt haben[570].

Soweit das Arbeitsverhältnis auf sonstige Weise, z.B. Fristablauf, Bedingungseintritt, Anfechtung, Kündigung aus personen- oder verhaltensbedingten Gründen endet, liegt keine Entlassung aufgrund der geplanten Betriebsänderung vor[571]. Diese Arbeitnehmer bzw. die entsprechenden 2,5 Monatsverdienste sind nicht anzusetzen.

Überschreitet die Summe alle Einzelleistungen den gesetzlich zulässigen Gesamtbetrag, ist der Sozialplan gegenüber jedermann nichtig[572]. Damit lebt die ursprüngliche Pflicht zur Durchführung von Sozialplanverhandlungen wieder auf, es sei denn es wurde für den Fall des Überschreitens der Höchstgrenze eine anteilige Kürzung vereinbart.

Außerdem wird unter Rückgriff auf § 139 bzw. § 140 BGB überwiegend eine geltungserhaltende Reduktion im Wege der anteiligen Kürzung aller Sozialplanforderungen z.T. generell, z.T. nur dann, wenn die Verteilungsmaßstäbe aus dem Sozialplan eindeutig erkennbar sind und durch eine anteilige Kürzung nicht berührt werden, befürwortet[573].

bb) Die Bemessung der Sozialplanleistungen

Nach der ständigen Rechtsprechung des Bundesarbeitsgerichts sind die Betriebspartner und im Grundsatz auch die Einigungsstelle bei der Aufstellung eines Sozialplans frei in ihrer Entscheidung, welche Nachteile der von einer Betriebsän-

---

567 Heinze in Gottwald, § 105, Rn. 51; Schwerdtnder in Kölner Schrift, S. 1605 ff., Rn. 57.
568 Schwerdtner, a.a.O. Rn. 58.
569 Fitting, §§ 112, 112a, Rn. 265.
570 BAG, Urteil vom 23.08.1988 – 1 AZR 276/87 = DB 1988, 2413.
571 Oetker/Friese, DZWIR 2001, S. 265 (270).
572 Boemke/Tietze, DB 1999, S. 1389 ff. (1392).
573 Oetker/Friese, DZWIR 2001, S. 265 (271).

derung betroffenen Arbeitnehmer sie in welchem Umfang ausgleichen oder mildern wollen[574]. In welcher Weise der Kreis der anspruchsberechtigten Arbeitnehmer abgegrenzt werden soll, steht im Ermessen der Betriebspartner bzw. der Einigungsstelle[575]. Sie müssen gem. § 75 BetrVG aber alle Arbeitnehmer nach den Grundsätzen von Recht und Billigkeit behandeln. Dabei ist der allgemeine Gleichbehandlungsgrundsatz der wichtigste Unterfall der Behandlung von Recht und Billigkeit[576]. Dieser verbietet eine sachfremde Schlechterstellung einzelner Arbeitnehmer gegenüber anderen Arbeitnehmern in vergleichbarer Lage. Eine Differenzierung ist aber nach ständiger Rechtsprechung des Bundesarbeitsgerichts nur dann sachfremd, wenn es für die unterschiedliche Behandlung keine billigenswerten Gründe gibt[577]. Nach der Rechtsprechung ist es sachlich gerechtfertigt und verstößt nicht gegen § 75 BetrVG, wenn ein Sozialplan Arbeitnehmer von seinem Geltungsbereich ausnimmt, die vor dem Scheitern des Interessenausgleichs ihr Arbeitsverhältnis im Hinblick auf eine vom Arbeitgeber angekündigte Betriebsstilllegung selbst gekündigt haben[578]. Das gleiche soll gelten für Arbeitnehmer, die im Zeitpunkt des Inkrafttretens des Sozialplans, der in einem zeitlich nahen Zusammenhang zum Abschluss des Interessenausgleichs steht, ihr Arbeitsverhältnis im Hinblick auf eine vom Arbeitgeber angekündigte Betriebsstilllegung selbst beendet haben[579]. Etwas anderes gilt allerdings dann, wenn die Eigenkündigung oder der Aufhebungsvertrag vom Arbeitgeber veranlasst worden ist, dann sind gekündigte Arbeitnehmer und Arbeitnehmer, die auf Grund einer Eigenkündigung oder eines Aufhebungsvertrages ausgeschieden sind, gleich zu behandeln[580].

Gem. § 112 IV, V BetrVG müssen sowohl die sozialen Belange der betroffenen Arbeitnehmer, wie auch die wirtschaftliche Vertretbarkeit der Leistungen für das Unternehmen beachtet werden. Insbesondere ist bei der Bemessung des Gesamtbetrages der Sozialplanleistungen darauf zu achten, dass der Fortbestand des Unternehmens oder die nach Durchführung der Betriebsänderung verbleibenden Arbeitsplätze nicht gefährdet werden. Problematisch ist, inwieweit an die Stelle der Interessen des Unternehmens in der Insolvenz die Interessen der Insolvenzgläubiger treten und deshalb das maximale Sozialpanvolumen unterschritten werden darf. Dem Interesse der Insolvenzgläubiger an der Erhaltung der Insolvenzmasse zum Zwecke einer möglichst umfassenden Befriedigung hat der Gesetzgeber durch die Festlegung der Höchstgrenzen bereits genügend Rechnung getragen. Allerdings kann auch die Fortführung des Unternehmens im Interesse der Insolvenzgläubiger sein. Da dieses vom Gesetzgeber allerdings nicht berück-

574 BAG, Beschluss vom 28.09.1988 – 1 ABR 23/87 = NJW 1989, 290.
575 BAG, Urteil vom 30.11.1994 – 10 AZR 578/93 = BB 1995, 620.
576 BAG, Urteil vom 24.11.1993 – 10 AZR 311/93 = NZA 1994, 716.
577 BAG, Urteil vom 28.10.1992 – 10 AZR 129/92 = NZA 1993, 717.
578 BAG, Urteil vom 30.11.1994 – 10 AZR 578/93 = BB 1995, 620.
579 BAG, Urteil vom 24.01.1996 – 10 AZR 155/95 = ZIP 1996, 685.
580 BAG, Beschluss vom 06.05.2003 – 1 ABR 11/02 = NZA 2004, 108.

sichtigt wurde, kann es die Unterschreitung des maximalen Sozialplanvolumens rechtfertigen[581].

d) Erfüllung der Sozialplanverbindlichkeiten

aa) Sozialplanansprüche als Masseverbindlichkeiten

Die Verbindlichkeiten aus einem solchen Sozialplan sind gem. § 123 II 1 InsO Masseverbindlichkeiten. Dafür kann aus diesen Forderungen keine Vollstreckung in die Insolvenzmasse vorgenommen werden (§ 123 III 2 InsO).

Durch diese Regelung werden auch nach der InsO letztlich bevorrechtigte Gläubiger „geschaffen", wobei es sich nur um eine quotale Bevorrechtigung handelt.

bb) Die „relative" Obergenze

Zur Berichtigung sämtlicher Sozialplanforderungen darf nämlich nicht mehr als ein Drittel der für die Verteilung an die Insolvenzgläubiger zur Verfügung stehenden Masse verwendet werden. Soweit dieser Wert nicht ausreicht, werden sämtliche Sozialplanforderungen verhältnismäßig gekürzt (§ 123 II 2, 3 InsO). Daraus schließt Häsemeyer auf die Letztrangigkeit dieser Masseverbindlichkeiten[582]. Die Forderungen der Arbeitnehmer bleiben in voller Höhe bestehen, sodass der nicht gezahlte Teil des Sozialplananspruches nach Abschluss des Insolvenzverfahrens gegen den Insolvenzschuldner gem. §§ 215 II, 201 I InsO weiterverfolgt werden kann[583].

In der Praxis kommt es durch die Erhebung der Sozialplanansprüche zu sonstigen Masseverbindlichkeiten allerdings nur selten zu einer beschleunigten Auszahlung, denn der Umfang der Insolvenzmasse kann sehr häufig erst bei Abschluss der Verwertungshandlungen des Insolvenzverwalters festgestellt werden. Dann stellt sich aber die Frage, ob zu diesem Zeitpunkt für die betroffenen Arbeitnehmer überhaupt noch ein Bedürfnis im Sinne des Überbrückungs- und Vorsorgecharakters[584] der Sozialplan- und Nachteilsausgleichsregelung besteht. Der Insolvenzverwalter soll aus den vorhandenen Barmitteln mit Zustimmung des Insolvenzgerichts Abschlagszahlungen leisten (§ 123 III 1 InsO). Eine gewisse Hilfe für den Insolvenzverwalter stellt die gesetzliche Regelung dar, wonach eine Zwangsvollstreckung in die Masse wegen einer Sozialplanforderung unzulässig ist (§ 123 III 2 InsO).

Die einer Beschäftigungs- und Qualifizierungsgesellschaft, sog. Transfergesellschaft, zur Verfügung gestellten Mittel sind auf die Quote gem. § 123 II 2 InsO

581 Oetker/Friese, DZWIR 2001, 265 (271).
582 Häsemeyer, Rn. 23.16.
583 Schwerdtner in Kölner Schrift, S. 1605, Rn. 79.
584 Häsemeyer. Rn. 23.14.

nicht anzurechnen, da die Einschaltung einer Beschäftigungs- und Qualifizierungsgesellschaft kein notwendiger Bestandteil eines Sozialplanes ist[585]. Ihre Einschaltung kann aber bei Festsetzung des Sozialplanvolumens unter der Drittelgrenze des § 123 II 2 InsO berücksichtigt werden.

e) Nachteilsausgleich

Wenn der Insolvenzverwalter seine Verpflichtung zur Unterrichtung des Betriebsrats und zum Versuch eines Interessenausgleichs verletzt, haben die betroffenen Arbeitnehmer nach § 113 III, I BetrVG einen Anspruch auf Nachteilsausgleich. Der Nachteilsausgleich nach § 113 III BetrVG ist in der Insolvenz nicht etwa auf 2 1/2 Monatsverdienste begrenzt[586]. Der Fall des unterbliebenen Versuchs eines Interessenausgleichs ist hinsichtlich der Höhe des Nachteilsausgleichs durch § 113 III, I HS 2 BetrVG i.V.m. § 10 KSchG ausdrücklich geregelt. Hätte der Gesetzgeber für die Insolvenz andere als die in § 10 I und II KSchG normierten Höchstgrenzen vorsehen wollen, hätte es sich aufgedrängt, eine entsprechende Regelung in §§ 121 ff. InsO zu treffen. § 123 InsO ist daher auch nicht analog anwendbar. Die Ansprüche entstehen durch Handlungen des Insolvenzverwalters und sind somit Masseverbindlichkeiten i.S.v. § 55 I Nr. 1 InsO.

Das Abweichen vom Sozialplan löst einen solchen Nachteilsausgleichanspruch nicht aus, da die Arbeitnehmer die Erfüllung dieser Ansprüche gegebenenfalls im Klageweg geltend machen können.

6. Betriebsübergang in der Insolvenz

a) Haftung des Betriebserwerbers

Nach der Rechtsprechung des Bundesarbeitsgerichts ist bei einer Betriebsveräußerung im Rahmen eines Insolvenzverfahrens § 613a BGB insoweit nicht anwendbar, wie diese Vorschrift die Haftung des Betriebserwerbers für bei Insolvenzeröffnung bereits entstandene Ansprüche vorsieht[587].

Begründet wird dies damit, dass für die Abwicklung aller Ansprüche, die zur Zeit der Verfahrenseröffnung bereits entstanden sind, die InsO ein Verfahren vorsieht, das von dem Grundsatz der gleichmäßigen Gläubigerbefriedigung beherrscht wird. Würde die bei der Veräußerung eines Betriebes übernommene Belegschaft einen neuen zahlungskräftigen Haftungsschuldner für bereits entstandene Ansprüche erhalten, wäre sie im Vergleich zu anderen Gläubigern und vor allem gegenüber den ausgeschiedenen Arbeitnehmern unangemessen bevorzugt. Die-

585 Berscheid in Uhlenbruck, §§ 123, 124, Rn. 22.
586 BAG, Urteil vom 22.07.2003 – 1 AZR 541/02 = ZInsO 2004, 107.
587 BAG, Urteil vom 17.01.1980 – 3 AZR 160/79 = NJW 1980, 1124.

ser Vorteil müsste von den übrigen Gläubigern insoweit finanziert werden, als der Betriebserwerber den Kaufpreis mit Rücksicht auf die übernommene Haftung mindern könnte. Eine so ungleiche Verteilung der Lasten wäre mit dem geltenden Insolvenzrecht nicht vereinbar.

Diese Einschränkung gilt auch für Versorgungsanwartschaften, unabhängig davon, ob sie bereits verfallbar sind oder nicht. Der Grundsatz der gleichmäßigen Gläubigerbefriedigung greift auch ein, wenn der Pensionssicherungsverein noch nicht für Forderungen einzustehen hat, weil die Versorgungsanwartschaft noch nicht unverfallbar ist[588].

Besondere Verteilungsgrundsätze bestehen aber nur hinsichtlich der Forderungen, die ein Gläubiger als Insolvenzgläubiger geltend zu machen hat (§§ 38, 174 ff. InsO). Dagegen sind Forderungen, die sich als Masseverbindlichkeiten gegen die Insolvenzmasse richten, aus dieser ohne irgendwelche Beschränkungen vorweg zu berichtigen (§ 53 InsO). Die insolvenzrechtliche Beschränkung des Eintritts der Haftung nach § 613a I 1 BGB ergreift deshalb lediglich Insolvenz-, nicht jedoch Masseforderungen[589].

Urlaubsansprüche sind auf Freistellung von der Arbeitsleistung bei Fortzahlung der Bezüge gerichtet, nicht von einer Arbeitsleistung im Kalenderjahr abhängig und werden damit nicht monatlich verdient. Soweit sie noch nicht zeitlich festgelegt sind, können sie keinem bestimmten Zeitraum zugeordnet werden. Damit verbietet sich auch eine rechnerische Zuordnung bestimmter Urlaubstage auf Zeitpunkte vor und nach Eröffnung der Insolvenz. Der Anspruch des Arbeitnehmers auf Freistellung bleibt vielmehr von der Eröffnung des Insolvenzverfahrens unberührt und geht deshalb auf den Betriebserwerber über[590].

b) Kündigung wegen Betriebsübergang

Gem. § 613a IV 1 BGB ist eine Kündigung wegen des Betriebsübergangs unwirksam. Dieses Kündigungsverbot richtet sich sowohl gegen den Insolvenzverwalter als Betriebsveräußerer als auch gegen den Betriebserwerber als neuen Arbeitgeber. Gerade in der Insolvenz stellt sich daher die Frage, ob sanierungsfähige aber überbesetzte Betriebe vor oder nach dem Betriebsübergang personell überhaupt reduziert werden können.

Bei der Anwendung des § 613a IV BGB ist stets zu prüfen, ob es neben dem Betriebsübergang einen „sachlichen Grund" gibt, der „aus sich heraus" die Kündigung zu rechtfertigen vermag, so dass der Betriebsübergang nur äußerlicher Anlass, nicht aber der tragende Grund für die Kündigung gewesen ist[591].

---

588 BAG, Urteil vom 29.10.1985 – 3 AZR 485/83 = DB 1986, 1779.
589 BAG, Urteil vom 19.10.2004 – 9 AZR 647/03 = DB 2005, 779.
590 BAG, Urteil vom 18.11.2003 – 9 AZR 95/03 = DB 2004, 1267.
591 BAG, Urteil vom 05.12.1985 – 2 AZR 3/85 = ZIP 1986, 795.

Von der Rechtsprechung wurde anerkannt, dass ein solcher sachlicher Grund z.B. vorliegt, wenn der Betrieb bereits vor der Veräußerung überbesetzt ist oder sonst der Rationalisierung bedarf und auch der Erwerber nur einen Teil der Belegschaft beschäftigen kann oder will[592]. Dagegen liegt eine Kündigung durch den bisherigen Arbeitgeber wegen des Betriebsübergangs aber dann vor, wenn sie damit begründet wird, der neue Betriebsinhaber habe die Übernahme eines bestimmten Arbeitnehmers, dessen Arbeitsplatz erhalten bleibt, deswegen abgelehnt, weil er „ihm zu teuer sei". Der Schutzzweck des § 613a BGB liegt nämlich darin, den Erwerber daran zu hindern, bei der Übernahme der Belegschaft eine Auslese zu treffen, er sich insbesondere nicht von den besonders schutzbedürftigen älteren, schwerbehinderten, unkündbaren oder sonst sozial schwächeren Arbeitnehmern trennen soll. Sinn und Zweck der Regelungen in § 613a I 1, IV BGB ist es aber nicht, den Erwerber auch bei einer auf Grund betriebswirtschaftlicher Gesichtspunkte voraussehbar fehlenden Beschäftigungsmöglichkeit zu verpflichten, das Arbeitsverhältnis mit einem Arbeitnehmer noch einmal künstlich zu verlängern, bis er selbst die Kündigung aussprechen kann.

Aus diesen Gründen wird von der Rechtsprechung auch die Veräußererkündigung wegen Rationalisierungsmaßnahmen auf Grund eines Sanierungskonzepts des Erwerbers anerkannt.

Streitig ist allerdings, ob die Kündigungsmöglichkeit des Veräußerers davon abhängt, dass er selbst das Erwerberkonzept bei Fortführung des Betriebes hätte durchführen können. Weil das Kündigungsrecht des Veräußerers nicht um Gründe erweitert werden dürfe, die allein in der Sphäre des Erwerbers liegen und die Kündigung von diesem erst mit dem Betriebsübergang auf Grund einer weitergehenden, betriebsübergreifenden unternehmerischen Planung verwirklicht werden könnte, bejahte der 2. Senat des BAG[593] diese Frage. Dieser Auffassung folgt der 8. Senat des BAG in seiner Entscheidung vom 20.03.2003[594] allerdings nicht. Das Wesen der Sanierungsfälle läge häufig gerade darin, dass der Betrieb aus sich heraus nicht mehr sanierungsfähig ist, deshalb bestehe zur Stilllegung des Betriebs oft nur die Alternative der Umstrukturierung durch die finanziellen und/oder organisatorischen Möglichkeiten des Erwerbers.

Eine Kündigung wegen Betriebsübergang liegt deswegen auch dann nicht vor, wenn der Betriebserwerber nach dem Betriebsübergang dem Arbeitnehmer selbst im Rahmen der oben genannten Sanierungsmaßnahmen kündigt.

c) Interessenausgleich

Ist eine Betriebsänderung geplant und kommt zwischen Insolvenzverwalter und Betriebsrat ein Interessenausgleich zustande, in dem die Arbeitnehmer, denen

592 BAG, Urteil vom 26.05.1983 – 2 AZR 477/81 = ZIP 1983, 1377.
593 BAG, a.a.O.
594 BAG, Urteil vom 20.03.2003 – 8 AZR 97/02 = DZWIR 2003, 374.

gekündigt werden soll, namentlich bezeichnet sind, so wird vermutet, dass die Kündigung der Arbeitsverhältnisse der bezeichneten Arbeitnehmer i.S.v. § 1 KSchG durch dringende betriebliche Erfordernisse, die einer Weiterbeschäftigung in diesem Betrieb oder einer Weiterbeschäftigung zu unveränderten Arbeitsbedingungen entgegenstehen, bedingt ist. Im Falle eines Betriebsübergangs erstreckt sich diese Vermutung oder die gerichtliche Feststellung nach § 126 I 1 InsO auch darauf, dass die Kündigung der Arbeitsverhältnisse nicht wegen des Betriebsübergangs erfolgt. Der Arbeitnehmer muss also im Streitfall den vollen Beweis des Gegenteils erbringen.

d) Wiedereinstellungsanspruch bei nachträglich geänderten Verhältnissen

Wie bereits oben unter B. II. 4. dargestellt, ist eine Kündigung die der Insolvenzverwalter ausspricht in der ernsthaften und endgültigen Absicht, den ganzen Betrieb oder einen wesentlichen Betriebsteil stillzulegen, dann sozial gerechtfertigt, wenn die betrieblichen Umstände bereits greifbare Formen angenommen haben und eine vernünftige, betriebswirtschaftliche Betrachtung die Prognose rechtfertigt, dass bis zum Auslaufen der Kündigungsfrist der Arbeitnehmer entbehrt werden kann[595].

Fraglich ist nun, was passiert, wenn sich die Verhältnisse ändern und der Insolvenzverwalter doch noch einen Betriebsübergang plant. Hat dann der gekündigte Arbeitnehmer einen Anspruch darauf, wieder eingestellt zu werden?

Die Rechtsprechung bejaht einen sog. Wiedereinstellungsanspruch außerhalb eines Insolvenzverfahrens, wenn eine betriebsbedingte Kündigung auf der Prognose des Arbeitgebers beruht, bei Ablauf der Kündigungsfrist könne er den Arbeitnehmer (z.B. wegen Betriebsstilllegung) nicht mehr weiterbeschäftigen, und sich die Prognose noch während des Laufs der Kündigungsfrist als falsch erweist (z.B. weil es doch zu einem Betriebsübergang kommt), und wenn der Arbeitgeber mit Rücksicht auf die Wirksamkeit der Kündigung noch keine Dispositionen getroffen hat und ihm die unveränderte Fortsetzung des Arbeitsverhältnisses zumutbar ist[596].

Die Anerkennung eines Wiedereinstellungs-/Fortsetzungsanspruchs des wirksam gekündigten Arbeitnehmers gegenüber dem Betriebserwerber bei einem Betriebsübergang in der Insolvenz des bisherigen Betriebsinhabers ist in der Rechtsprechung und im Schrifttum allerdings umstritten. Nach einer Auffassung besteht kein Bedürfnis, einen Wiedereinstellungsanspruch gegen den Betriebserwerber zu bejahen, wenn kein Verstoß gegen das Kündigungsverbot vorliegt, weil die Kündigung auf einem vernünftigen Sanierungskonzept beruht[597]. Hanau und

595 BAG, Urteil vom 19.06.1991 – 2 AZR 127/91 = ZIP 1991, 1374.
596 BAG, Urteil vom 27.02.1997 – 2 AZR 160/96 = NJW 1997, 2257.
597 Hanau/Berscheid in Kölner Schrift, S. 1541 ff., Rn. 74.

Berscheid begründen dies damit, dass sich die Rechtslage gerade in diesem Punkt nicht gegenüber dem Zeitpunkt des Zugangs der Kündigung geändert hat, ansonsten würden die Regelungen der §§ 125 I, 128 II InsO leer laufen und wäre die durch § 4 KSchG erstrebte Rechtssicherheit beseitigt, wenigstens gefährdet, wenn Wirksamkeit und Unangreifbarkeit von Kündigungen durch den Insolvenzverwalter dem Erwerber gar nichts nützen würden, weil er sich auch und gerade nach wirksamen Kündigungen Wiedereinstellungsansprüchen gegenübersähe. Die überwiegende Ansicht vertritt jedoch die Auffassung, dass einem wirksam gekündigten Arbeitnehmer ein Wiedereinstellungs-/Fortsetzungsanspruch gegenüber dem Betriebserwerber bei einem Betriebsübergang vor Ablauf der Kündigungsfrist auch im Insolvenzverfahren zustehe, das Bestehen eines Wiedereinstellungs-/Fortsetzungsanspruchs im Insolvenzverfahren jedoch nicht anzuerkennen sei, wenn der Betrieb erst nach Ablauf der Kündigungsfrist auf den Betriebserwerber übergehe[598].

598 BAG, Urteil vom 28.10.2004 – 8 AZR 199/04 = NZA 2005, 405.

D. Das Insolvenzplanverfahren

I. Allgemeines

1. Gesetzgeberisches Ziel

Mit der Insolvenzordnung wird erstmals im deutschen Recht zumindest der Erhalt des Unternehmens als Ziel des Insolvenzverfahrens angegeben. So heißt es im § 1 InsO:

> *„Das Insolvenzverfahren dient dazu, die Gläubiger eines Schuldners gemeinschaftlich zu befriedigen, indem das Vermögen des Schuldners verwertet und der Erlös verteilt oder in einem Insolvenzplan eine abweichende Regelung insbesondere* ***zum Erhalt des Unternehmens*** *getroffen wird. Dem redlichen Schuldner wird Gelegenheit gegeben sich von seinen restlichen Verbindlichkeiten zu befreien."*

§ 1 KO bestimmte lediglich den gegenständlichen Umfang des Konkurses. Nach allgemeiner Auffassung war (ausschließliches) Ziel des Konkursverfahrens die **Haftungsverwirklichung.**

Als Ziel der Insolvenzordnung wird u. a. die Deregulierung angegeben. Sie soll zu einer Stärkung der Gläubigerautonomie führen. Anders als in den früheren Verfahren, insbesondere Vergleichsordnung und Konkursordnung, gibt es nicht mehr starre Quoten für die Annahme eines Vergleiches. Vielmehr sollen die Gläubiger im Rahmen des Insolvenzplanes frei aushandeln, in welcher Form ihre Befriedigung, wenn nicht durch Liquidation des Schuldnervermögens, erfolgt. Die Gläubiger können entscheiden, ob sie eine Perspektive für die Sanierung des Schuldners sehen, oder die Liquidation den besseren Weg zu ihrer optimalen Befriedigung bietet. Dabei sind die Marktchancen von den Gläubigern selbst zu beurteilen. Der gerichtliche Einfluss beschränkt sich auf die Bestätigung des von den Gläubigern beschlossenen Planes.

Von Beginn an waren zahlreiche Autoren skeptisch, ob Insolvenzverfahren mit Insolvenzplan künftig neben dem allgemeinen Insolvenzverfahren eine nennenswerte Rolle spielen werden. Diese Skepsis dürfte sich bewahrheitet haben.

Die Erarbeitung eines Insolvenzplanes setzt erhebliche Vorarbeiten voraus. Es geht bei weitem nicht nur um die Darstellung der Lage des Schuldners sowie die „Lösung des Falles" im gestaltenden Teil durch Darstellung der Verwertung und Verteilung des Vermögens an die einzelnen Gläubigergruppen.

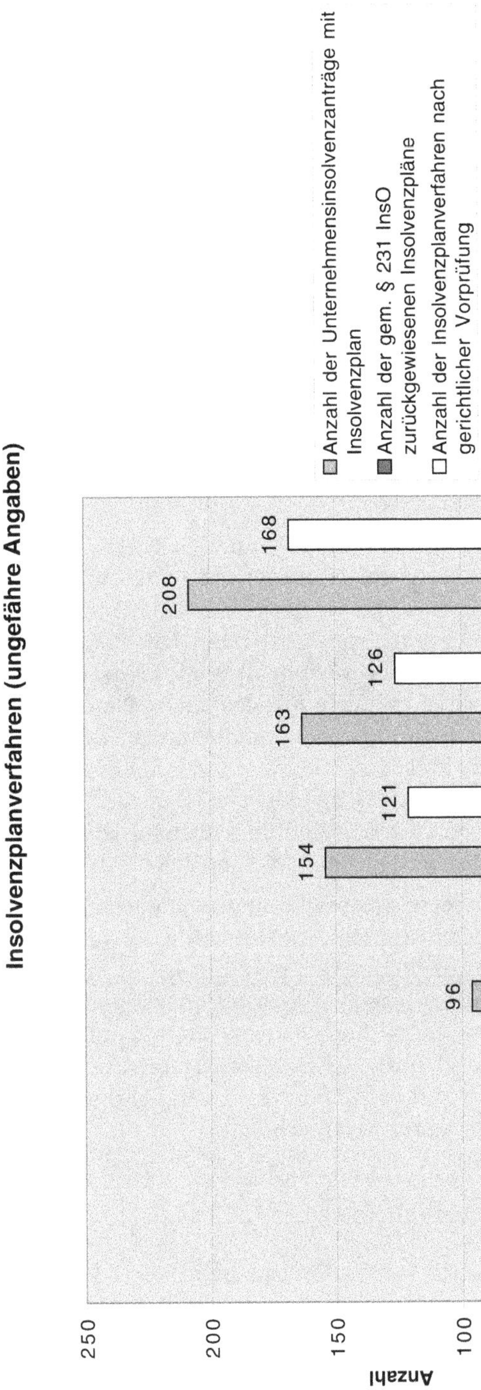

Insolvenzplanverfahren (ungefähre Angaben)
Anzahl
250
200
150
100
50
0
47
9
24
76
4
56
96
6
79
154
7
121
163
3
126
208
16
168
1999
2000
2001
2002
2003
2004
Jahr
Anzahl der Unternehmensinsolvenzanträge mit Insolvenzplan
Anzahl der gem. § 231 InsO zurückgewiesenen Insolvenzpläne
Anzahl der Insolvenzplanverfahren nach gerichtlicher Vorprüfung

In Fällen der Betriebsfortführung und/oder übertragenden Sanierung sind umfangreiche betriebswirtschaftliche Berechnungen (Vermögensstatus, Plan-, Gewinn- und Verlustrechnung, Liquiditätspläne) zu erstellen. Um Abstimmung und Prüfung zu erleichtern, sind darüber hinaus alternative Darstellungen erforderlich, die den Schutz der gesetzlich garantierten Mindestrechte von Insolvenzgläubigern und Schuldner aufzeigen und eine Prüfung des Obstruktionsverbots ermöglichen. In einem eröffneten Insolvenzverfahren größeren Umfanges lässt sich derartiges in kurzer Zeit nicht erstellen, zumal wenn der Insolvenzverwalter das Geschäft des Schuldners weiterführt.

Die Chance des Insolvenzplanes liegt daher im Vorfeld des Insolvenzverfahrens selbst: Er ist geeignetes Instrument des vorausschauenden Schuldners oder seiner Hauptgläubiger, in wirtschaftlicher Krise eine planmäßige Schuldenregulierung vorzubereiten, die in einem nicht vermeidbaren Insolvenzverfahren durchgeführt wird. Dabei steht der Insolvenzplan mit einer Vielfalt gestaltender, nicht an einen Typenzwang gebundener Regelungen zur Verfügung. Angesichts dessen ist die Bedeutung des Planinitiativrechts relativ.

Der Aufwand des Planes lässt ihn darüber hinaus auch nur als geeignetes Instrument zur Bewältigung größerer Insolvenzverfahren oder sog. Großverfahren erscheinen. Der Insolvenzplan ist daher während der Krise des Schuldners für seine Berater und seine Hauptgläubiger ein geeignetes Instrument, eine durchaus genehme Schuldenregulierung vorzubestimmen. Kommt allein die Liquidation des Schuldnervermögens in Betracht, bedarf es hierzu nur dann eines Planes, wenn durch eine vorübergehende Aufrechterhaltung seines Unternehmens für die beteiligten Gläubigergruppen ein besseres Ergebnis erzielt wird, als wenn mit dem Insolvenzverfahren sofort in die Verwertung des Schuldnervermögens eingetreten wird. Der Insolvenzplan wird daher praktische Bedeutung insbesondere in größeren Verfahren erlangen, in denen eine übertragende Sanierung Ziel des Planes ist.

Für die Arbeitnehmer kann dieses Insolvenzplanverfahren von immenser Bedeutung für den Fortbestand ihrer Arbeitsplätze sein. Die Beschäftigung mit diesem Rechtsinstitut hat aber gezeigt, dass die Rechte der Arbeitnehmer nicht im Vordergrund stehen. Sie sind als **Gläubiger** beteiligt. Nach der Konzeption des Gesetzes entspricht die Bedeutung ihrer Mitwirkung an dem Verfahren mehr oder weniger dem Gewicht der von ihnen geltend gemachten Forderungen. Die Bedeutung der Mitwirkung der Belegschaft für das Gelingen der beabsichtigten Fortführung des Unternehmens erscheint kaum berücksichtigt.

2. Insolvenzplan bei Masseunzulänglichkeit

Fraglich ist, ob ein Insolvenzplan auch bei Masseunzulänglichkeit i.S.v. § 207 InsO vorgelegt werden kann. Das Gesetz lässt die Frage ausdrücklich offen.

Bei Masseunzulänglichkeit hat der Verwalter die Verpflichtung, die Masseunzulänglichkeit dem Gericht anzuzeigen. Der Verwalter bleibt aber weiterhin zur

Verwaltung und Verwertung der Masse verpflichtet, § 208 III InsO. Aus der letztgenannten Verpflichtung könnte geschlossen werden, dass trotz Masseunzulänglichkeit, § 208 III InsO, auch eine Verwertung und Verteilung nach Plan zulässig sein muss. Die Frage ist im Gesetz nicht geregelt worden. § 323 II des Regierungsentwurfes, der diese Frage regelte, ist nicht in das Gesetz übernommen worden.

Eine Verwertung und Verteilung der Masse nach Plan kann durchaus wirtschaftlich sinnvoll sein. Trotz Masseunzulänglichkeit kann gegebenenfalls der Fortführungswert des Unternehmens höher sein als der Liquidationswert. Meines Erachtens wird zurecht in der Literatur[599] darauf hingewiesen, dass bei Masseunzulänglichkeit die Massegläubiger ohne die Massekostengläubiger, deren Forderungen voll erfüllt werden müssen, an der Abstimmung über den Plan zu beteiligen sind. Auch insoweit können Abstimmungsgruppen gebildet werden entsprechend dem Rang der jeweiligen Massegläubiger und sind insoweit an dem Verwertungsergebnis zu beteiligen. Jedenfalls ist der Meinung von Smid[600] nicht zu folgen, Masseunzulänglichkeit begründe von vornherein die Zurückweisung des Insolvenzplanes als unzulässig.

II. Ablauf eines Insolvenzverfahrens nach Insolvenzplan

1. Planinitiative

a) Keine konkurrierenden Pläne

Nach § 218 I InsO sind der Insolvenzverwalter und der Schuldner zur Vorlage des Plans berechtigt. Ursprünglich sollten nach §§ 254, 255 RegE nur Gläubigergruppen und Anteilseigner juristischer Personen mit einer Beteiligung von mindestens 20 % zur Vorlage eines Planes berechtigt sein, hingegen der Insolvenzverwalter kein eigenes Planinitiativrecht haben. Die geltende Fassung vermeidet konkurrierende Insolvenzpläne verschiedener Verfahrensbeteiligter und der Gesellschafter. Bei Eigenverwaltung sind der Sachverwalter und der Schuldner, beraten durch den Sachwalter, vorlageberechtigt, § 284 I 1 InsO.

Die Folge hiervon ist: Wünscht ein Gläubiger oder eine Gläubigergruppe eine Abwicklung des Insolvenzverfahrens abweichend von den Vorschriften der InsO auf Grundlage eines bestimmten Insolvenzplans, müssen sie Verwalter und/oder Schuldner zu einer entsprechenden Initiative veranlassen. Darin liegen Chancen und Risiken des Planes. Nach dem Gesetzeswortlaut kann der Insolvenzverwalter auch ohne Auftrag der Gläubigerversammlung einen Plan vorlegen[601].

---

599 Maus in Kölner Schrift, S. 931 ff. Rn. 123.
600 Smid, § 231, Rn. 46.
601 Lüer in Uhlenbruck, § 218, Rn. 4 m.w.N.

Da er bereits mit dem Eröffnungsantrag, § 218 I 2 InsO, vorgelegt werden kann, ist er ein geeignetes Instrument interessierter Gläubiger, den Schuldner zu veranlassen, einen bestimmten Insolvenzplan vorzulegen. In diesem Fall sind Prüfungs- und Beteiligungsrechte des Planverfahrens mit besonderer Aufmerksamkeit auszuüben bzw. wahrzunehmen.

b) Planinitiativrecht des Verwalters

Nach dem Gesetzestext, § 218 I 1 InsO, kann der Insolvenzverwalter ab Verfahrenseröffnung jederzeit einen Plan vorlegen. Er kann dies von sich aus tun. Wird er aber von der Gläubigerversammlung dazu beauftragt, so hat er den Plan innerhalb einer angemessenen Frist dem Gericht vorzulegen.

2. Inhalt des Plans

a) § 217 InsO

Im Insolvenzplan kann abweichend von den Vorschriften der InsO geregelt werden:

- die Befriedigung der absonderungsberechtigten Gläubiger,
- die Befriedigung der Insolvenzgläubiger,
- die Verwertung der Insolvenzmasse,
- deren Verteilung an die Beteiligten,
- die Haftung des Schuldners nach Beendigung des Insolvenzverfahrens.

Die Vorschrift eröffnet ein breites Spektrum materieller Planinhalte. Sämtliche Formen der Sanierung wie auch die Liquidation des Schuldnervermögens können in dem Plan geregelt werden. Unternehmensfortführung und Tilgung langfristig gestundeter Insolvenzforderungen können ebenso vorgesehen sein wie die Sanierung des Schuldnervermögens durch Übertragung auf einen Dritten mit dem Ziel, aus entsprechenden Erlösen die Gläubiger in der beschriebenen Weise zu befriedigen.

b) Haftung des Schuldners und persönlich haftenden Gesellschafters

Ebenso wenig wie das Planinitiativrecht von Gesellschaftern, § 255 I Nr. 2 RegE, Gesetz geworden ist, darf der Planinhalt in Rechte persönlich haftender Gesellschafter eingreifen; diese werden – bei Gesellschaften ohne eigene Rechtspersönlichkeit – vielmehr von der Haftung frei. Diese Enthaftung entspricht den früheren §§ 211 II KO, 109 I 3 VerglO und knüpft an die in § 227 I InsO vorgesehene Enthaftung des Schuldners an. Legt der Plan dem Schuldner eine weitergehende Haftung auf, als er ohne den Plan hätte, dürfte das Gericht den Plan nicht bestätigen, §§ 247, 248 InsO. Hätte er ohne den Plan einen Anspruch auf Restschuldbefreiung, darf er durch den Plan nicht in geringerem Maße von seinen restlichen Verbindlichkeiten befreit werden.

c) Gliederung des Planes §§ 219–221 InsO

§§ 219 bis 221 InsO ergeben, dass der Plan aus einem darstellenden und einem gestaltenden Teil besteht.

aa) Darstellender Teil

Im darstellenden Teil sind alle nach Eröffnung des Insolvenzverfahrens getroffenen und für die Grundlagen der geplanten Gestaltung noch zu treffenden Maßnahmen zu beschreiben. Darüber hinaus hat der Plan den Gläubigern sämtliche erheblichen Informationen zur Beurteilung des gestaltenden Planinhaltes zu vermitteln. Wer den Plan aufstellt und die Zustimmung der Gläubiger erreichen will, muss von sich aus daran interessiert sein, im darstellenden Teil alle erforderlichen Entscheidungsgrundlagen den Gläubigern anzugeben.

Die Vorschrift kann nicht ernst genug genommen werden. Daher sei auf die Regelungen im Regierungsentwurf verwiesen, die auch für Arbeitnehmer des schuldnerischen Unternehmens von großem Interesse sind.

§ 258 InsO   Darstellender Teil

(1) Im darstellenden Teil des Insolvenzplanes wird beschrieben, welche Maßnahmen nach der Eröffnung des Insolvenzverfahrens getroffen worden sind oder noch getroffen werden sollen, um die Grundlagen für die geplante Gestaltung der Rechte der Beteiligten zu schaffen.

(2) Insbesondere sind anzugeben und zu erläutern:

1. *Betriebsänderungen und andere organisatorische und personelle Maßnahmen innerhalb des Unternehmens.;*
2. *der Gesamtbetrag der Sozialplanforderungen sowie eine für künftige Sozialpläne getroffene Vereinbarung, § 143 InsO;*
3. *die Höhe und die Bedingungen der Darlehen, die während des Insolvenzverfahrens aufgenommen worden sind oder noch aufgenommen werden sollen.*

§ 259 InsO   Vergleichsrechnung

Im darstellenden Teil ist anzugeben, in welchem Umfang die Gläubiger voraussichtlich bei einer Verwertung der Insolvenzmasse ohne einen Insolvenzplan befriedigt werden könnten.

§ 260 InsO   Insolvenzstraftaten

(1) Soll der Schuldner das Unternehmen fortführen und ist gegen den Schuldner wegen einer Straftat nach den §§ 283 bis 283c des Strafgesetzbuches eine gerichtliche Untersuchung oder ein wiederaufgenommenes Verfahren anhängig oder der Schuldner wegen einer solchen Straftat rechtskräftig verurteilt worden, so ist im darstellenden Teil darauf hinzuweisen.

(2) Ist der Schuldner keine natürliche Person, so gilt Absatz 1 entsprechend für die organschaftlichen Vertreter des Schuldners.

§ 261 InsO Beteiligungen der Gläubiger

Ist der Schuldner keine natürliche Person, so ist im darstellenden Teil anzugeben, inwieweit dem Vorlegenden bekannt ist, dass absonderungsberechtigte Gläubiger oder Insolvenzgläubiger am Schuldner beteiligt sind. Ein Gläubiger ist auch insoweit im Sinne des Satzes 1 am Schuldner beteiligt, als ein von dem Gläubiger abhängiges Unternehmen oder ein Dritter für Rechnung des Gläubigers oder des abhängigen Unternehmens am Schuldner beteiligt ist.

§ 262 InsO Sanierung des Schuldners

Soll der Schuldner das Unternehmen fortführen, so ist im darstellenden Teil auf Änderungen der Rechtsform, des Gesellschaftsvertrages oder der Satzung sowie der Beteiligungsverhältnisse hinzuweisen, wenn solche Änderungen nach der Eröffnung des Insolvenzverfahrens vorgenommen worden sind oder noch vorgenommen werden sollen.

§ 272 InsO Behördliche Genehmigung. Erklärung Dritter

Ist zur Wirksamkeit einer Maßnahme, die im Insolvenzplan vorgesehen ist, die Genehmigung einer Behörde oder die Erklärung eines Dritten erforderlich, so ist im Plan anzugeben ob die Genehmigung oder die Erklärung vorliegt, ob sie verbindlich zugesagt ist oder aus welchen Gründen mit ihr gerechnet werden kann".

bb) Gestaltender Teil

Der gestaltende Teil legt fest, wie die Rechtsstellung der Beteiligten durch den Plan geändert werden soll.

Zentraler Begriff dieser Bestimmung ist derjenige der „Rechtsstellung". Die Darstellung der Änderung der Rechtsstellung der Beteiligten durch den Plan setzt voraus, dass deren Rechte nach einem Insolvenzverfahren ohne Insolvenzplan und deren Rechte nach dem gestaltenden Teil des Insolvenzplans dargestellt werden. Die Anforderungen an den gestaltenden Teil dürfen daher nicht unterschätzt werden. Er setzt streng genommen die Darstellung des Insolvenzverfahrens ohne und mit dem vorgesehenen Insolvenzplan voraus.

Die Beteiligten, deren Rechtsstellung durch den Plan geändert werden kann, sind die absonderungsberechtigten Gläubiger, die Insolvenzgläubiger und der Schuldner. Ein Eingriff in die Rechtsstellung am Schuldner beteiligter Personen, soweit der Schuldner keine natürlich Person ist, ist im Gegensatz zu § 253 RegE nicht vorgesehen.

d) Bildung von Gruppen

Bei der Festlegung der Rechte der Beteiligten im gestaltenden Teil des Planes sind Gläubigergruppen zu bilden.

aa) Mindeststandard

Dabei sieht das Gesetz als Mindeststandard vor je eine Gruppe absonderungsberechtigter Gläubiger, nicht nachrangiger Insolvenzgläubiger, Gruppen nachrangiger Insolvenzgläubiger, soweit deren Forderungen nicht nach § 225 InsO als erlassen gelten.

Kriterium für diese Mindestgruppen ist die unterschiedliche Rechtsstellung der Gläubiger. Unterschiedliche wirtschaftliche Interessen zwingen nicht zur Gruppenbildung.

bb) Insolvenzplan ohne Gruppen

Dabei kann von dieser Gruppenbildung abgesehen werden, wenn im Vergleich zum Insolvenzverfahren ohne Insolvenzplan in die Rechte der Mitglieder dieser gesetzlichen „Mindestgruppen" nicht eingegriffen wird. Insoweit träte keine Änderung der „Rechtsstellung" ein. In diesem Fall beschränkte sich der gestaltende Planteil auf abweichende Verwertungsregelungen ohne Auswirkungen auf die Rechtsstellung der Gläubiger.

cc) Gruppenmerkmal „Rechtsstellung"

Eine erhebliche Erleichterung der nach § 222 InsO erforderlichen Gruppenbildung ist dadurch eingetreten, dass aufgrund Empfehlung des Rechtsausschusses die Gruppenbildung lediglich an die unterschiedliche Rechtsstellung der Gläubiger anknüpft und nicht – wie in § 265 I RegE zunächst vorgesehen – auch an gleichartige wirtschaftliche Interessen. Damit orientiert sich die im Plan erforderliche Gruppenbildung an der gesetzlichen Rangordnung der beteiligten Gläubiger und erleichtert die Abstimmung über den Plan. Eine Aufteilung gleichrangiger Gläubiger unterschiedlicher wirtschaftlicher Interessen in weitere Gruppen ist als Option in § 222 II InsO vorgesehen. Die Gesetzesfassung gewährleistet damit eine Gleichbehandlung von Gläubigern gleicher Rangklasse.

dd) Weitere Gruppen

Fakultativ sieht das Gesetz in § 222 II, III InsO die Bildung von Gruppen von Gläubigern mit gleicher Rechtsstellung und die **Zusammenfassung von Arbeitnehmern** als besonderer Gruppe vor.

Gruppen innerhalb von Gläubigern mit gleicher Rechtsstellung müssen sachgerecht voneinander abgegrenzt werden; die Kriterien der Abgrenzung sind im Plan zu benennen. Fehlen sie und wird der Fehler nicht fristgemäß behoben, ist der Plan nach § 231 I Nr. 1 InsO durch das Gericht zurückzuweisen. Das Gesetz nennt in Anlehnung an § 265 RegE wirtschaftliche Interessen als Kriterium der Gruppenbildung innerhalb gleichrangiger Gläubiger.

ee) Arbeitnehmergruppen

Die Bildung einer Arbeitnehmergruppe setzt voraus, dass die Arbeitnehmer als Insolvenzgläubiger mit nicht unerheblichen Forderungen am Verfahren beteiligt sind. Aus der Begründung des insoweit wortgleichen § 265 III RegE ergibt sich, dass bei der Bemessung dieses nicht unerheblichen Forderungsvolumens rückständige, durch Insolvenzgeld gedeckte Ansprüche außer Betracht bleiben müssen. Auch der Umstand, dass Arbeitsverhältnisse über den Zeitpunkt der Eröffnung des Verfahrens hinaus fortbestehen, erfordert für sich genommen nicht die Bildung einer Gruppe nach § 222 III InsO, da im Verfahren über die Erhaltung der Arbeitsplätze zu entscheiden ist. Aus § 222 III InsO kann auch die Bundesagentur für Arbeit nicht die Bildung einer gesonderten Gruppe aufgrund der nach § 187 SGB III auf sie übergegangenen Lohn- und Gehaltsansprüche wegen gezahlten Insolvenzgeldes verlangen. Sie nimmt – wegen der Abschaffung der Konkursvorrechte – mit diesen übergegangenen Ansprüchen lediglich als Insolvenzgläubiger am Verfahren teil.

ff) Absonderungsberechtigte

§ 223 I InsO bestimmt, dass Absonderungsrechte mangels anderweitiger Regelung im Insolvenzplan unberührt bleiben.

Die Vorschrift ist im Zusammenhang mit § 251 I Nr. 2 InsO zu sehen, wonach der Gläubiger, der durch diesen Plan schlechter gestellt wird, als er ohne ihn stünde, Antrag auf Versagung der Bestätigung des Insolvenzplanes stellen kann.

Sieht der Insolvenzplan die Fortführung des schuldnerischen Unternehmens vor, wird der Fortführungswert der Sicherheiten hierdurch gestützt:

> „Soweit der Wert der Sicherheiten bei einer Fortführung des insolventen Unternehmens höher ist als bei einer Einzelverwertung, sind die Absonderungsberechtigten als „potentiell gesicherte Gläubiger“ an einer Fortführung interessiert, und sie werden bereit sein, in einem Sanierungsplan Zugeständnisse zu machen. Solange jedem Gläubiger der Einzelveräußerungswert seiner Sicherheit erhalten bleibt, sind die Minderheitsrechte gewahrt.“[602]

Mit Blick auf § 251 I Nr. 2 InsO kommt es daher für den Minderheitenschutz der Absonderungsberechtigten auf den Wert ihres Rechts ohne Insolvenzplan bei Einzelverwertung der Sicherheit an. Dabei sind das Verwertungsrecht des Insolvenzverwalters und dem folgend die Verfahrensbeiträge der Absonderungsberechtigten mit zu berücksichtigen, §§ 166, 170, 171 InsO.

gg) Nicht nachrangige Insolvenzgläubiger

Hauptgegenstand des Insolvenzplanes dürften Regelungen betreffend die Rechte der nicht nachrangigen Insolvenzgläubiger sein. Hierzu bestimmt § 224 InsO, dass im gestaltenden Teil Angaben dazu gemacht werden müssen, um welchen

602 Balz/Landfermann, S. 337.

Bruchteil deren Forderungen gekürzt, für welchen Zeitraum sie gestundet, wie sie gesichert oder welchen sonstigen Regelungen sie unterworfen werden. Dabei muss zwischen verschiedenen Gruppen dieser Gläubiger genau differenziert werden, wenn im Plan solche Gruppen gebildet wurden[603].

hh) Nachrangige Insolvenzgläubiger

§ 225 InsO regelt schließlich die Rechte der nachrangigen Insolvenzgläubiger.

Forderungen nachrangiger Insolvenzgläubiger sind nach § 39 I InsO:

- die seit Eröffnung des Verfahrens laufenden Zinsen der Forderungen der Insolvenzgläubiger,
- die Kosten der Insolvenzgläubiger durch Teilnahme am Verfahren,
- Geldstrafen, Geldbußen etc.,
- Forderungen auf eine unentgeltliche Leistung des Schuldners,
- Forderungen auf Rückgewähr kapitalersetzender Darlehen oder gleichgestellter Forderungen.

§ 225 I InsO lässt diese Forderungen ausnahmslos erlöschen, wenn der Plan keine andere Regelung enthält. Er bezieht damit aber auch die nachrangigen Insolvenzgläubiger als Verfahrensbeteiligte ein und ermöglicht auch bezüglich dieser Gläubiger Regelungen im Insolvenzplan. Dabei dürfte im Regelfall kein Anlass bestehen, Gläubigern von Forderungen aus Schenkungsversprechen oder Gläubigern kapitalersetzender Darlehen wirtschaftliche Werte im Plan zuzuweisen. Gedacht ist hierbei an Fälle, dass alle nicht nachrangigen Gläubiger voll befriedigt werden, also nach der Verteilung an die – nicht nachrangigen – Insolvenzgläubiger ein „Überschuss“ besteht oder dass dem Schuldner durch den Plan wirtschaftliche Werte zugewiesen werden, z. B. die Fortführung des Unternehmens zu günstigeren Bedingungen als im Fall der übertragenden Sanierung auf einen Dritten, mit der Folge, dass auch für Kapitalersatzgeber Leistungen vorgesehen werden können.

Geldstrafen stehen indes nicht zur Disposition der Gläubigergesamtheit, was durch § 225 III InsO ausdrücklich klargestellt wird.

e) Grenzen materieller Regelungen

Sämtliche Regelungen müssen eine **Gleichbehandlung** der Beteiligten beinhalten. Das gilt für die Beteiligten innerhalb einer Gruppe, aber auch für unterschiedliche Gruppen gleichen Ranges. Abweichende Regelungen innerhalb einer

---

603 Balz/Landfermann, S. 338.

Gruppe erfordern die Zustimmung des Beteiligten, die durch Beifügung von dessen Zustimmungserklärung zum Insolvenzplan dokumentiert werden muss, § 226 II 2 InsO. Als betroffen ist bei unterschiedlichen Leistungen innerhalb einer Gruppe grundsätzlich jeder Gruppenangehörige anzusehen; nur wenn einige Beteiligte eindeutig besser gestellt werden als andere, bedarf es lediglich der Zustimmung der Benachteiligten (so ausdrücklich die Begründung zum RegE)[604].

Zulässig ist damit aber auch, eine Barabfindung von Gläubigern im Insolvenzplan vorzusehen, die dem Plan nicht zustimmen. Dabei ist mit Blick auf den Minderheitenschutz (kein Gläubiger darf schlechter gestellt werden, als er im Verfahren ohne den Plan stünde, § 251 I Nr. 2 InsO) die Barabfindung in Höhe des Liquidationswertes des Rechtes des nicht zustimmenden Gläubigers zu bemessen, anderenfalls eine Versagung der Bestätigung des Planes von Amts wegen nach § 250 Nr. 1 InsO in Betracht kommt.

f) Stellung des Schuldners

Bestimmt der Plan nichts anderes, wird der Schuldner mit der im gestaltenden Planteil vorgesehenen Befriedigung der Insolvenzgläubiger von seinen restlichen Schulden befreit, § 227 I InsO.

Auch der Schuldner genießt indes einen entsprechenden Schutz: er darf nämlich auch nach dem Plan nicht schlechter gestellt werden, als er ohne den Plan stünde, §§ 247 II Nr. 1, 248 InsO. Wird dies nicht gewährleistet, hat er ein Widerspruchsrecht. Kann der Schuldner Restschuldbefreiung nach §§ 286 bis 303 InsO verlangen, darf er durch den Plan nicht in geringerem Maße von seinen restlichen Verbindlichkeiten befreit werden.

§ 227 II InsO erstreckt die Enthaftung auf persönlich haftende Gesellschafter einer Gesellschaft ohne Rechtspersönlichkeit oder einer Kommanditgesellschaft auf Aktien.

g) Verfügungen

Treten durch den Plan sachenrechtliche Veränderungen ein, so können die hierauf gerichteten Willenserklärungen in den gestaltenden Teil des Planes aufgenommen werden. Eingetragene Rechte sind unter Beachtung von § 28 GBO genau zu bezeichnen.

---

604 Balz/Landfermann, S. 340.

h) Fortführung des Unternehmens

Für den Fall, dass der Insolvenzplan die Fortführung des Unternehmens des Schuldners durch diesen oder einen Dritten vorsieht, ist § 229 InsO für den Planinhalt von zentraler Bedeutung.

aa) Vermögensübersicht

In diesem Fall ist dem Insolvenzplan eine Vermögensübersicht beizufügen, in der die Vermögensgegenstände und die Verbindlichkeiten, die sich bei einem Wirksamwerden des Planes gegenüberstünden, mit ihren Werten aufgeführt werden. Damit muss ein Status bezogen auf den bei Vorlage des Planes fiktiven Zeitpunkt seines Wirksamwerdens vorgelegt werden. Hat der Plan die Fortführung des Unternehmens zum Inhalt, sind going-concern-Werte im Gegensatz zu Liquidationswerten bei den Aktiva anzusetzen.

bb) Plan-, Gewinn- und Verlustrechnung

Darüber hinaus ist darzustellen, welche Aufwendungen und Erträge für den Zeitraum der Planerfüllung zu erwarten und welche Einnahmen und Ausgaben die Zahlungsfähigkeit des Unternehmens während dieses Zeitraumes sicherstellen sollen. Damit ist für den Zeitraum der Planerfüllung die Vorlage einer Plan-, Gewinn- und Verlustrechnung erforderlich. In diese sind einzustellen:

- sämtliche Einnahmen aus der Fortführung des Unternehmens,
- außerordentliche Einnahmen aus der Veräußerung nicht betriebsnotwendigen Vermögens,
- sämtliche Ausgaben aus dem Zeitraum der Planerfüllung,
- der planmäßige Aufwand zur Befriedigung der beteiligten Insolvenzgläubiger,
- die Verfahrenskosten.

Um die Erfüllbarkeit des Planes zu dokumentieren, muss die Plan-, Gewinn- und Verlustrechnung wenigstens mit einer schwarzen Null enden.

cc) Plan-Liquiditätsrechnung

Damit aber nicht genug:

Die durch Plan-, Gewinn- und Verlustrechnung zu dokumentierende Erfüllbarkeit des Planes muss auch während der Verfahrensdauer gewährleistet sein. Hierzu ist eine Darstellung erforderlich, durch welche Abfolge von Einnahmen und Ausgaben die Zahlungsfähigkeit des Unternehmens während dieses Zeitraums gewährleistet sein soll, § 229 S. 2 InsO.

Dies erfordert die Vorlage einer Plan-Liquiditätsrechnung für den gesamten Planzeitraum, die wenigstens monatsbezogen, besser noch: Woche für Woche, die in diesen Zeiträumen zu erwartenden Einnahmen und Ausgaben gegenüberstellt, um stets ausreichende Liquidität während des Planzeitraums zu dokumentieren.

Für den Fall der Fortführung des Unternehmens, sei es durch den Schuldner, sei es durch Dritte, erfordert damit der Insolvenzplan erhebliche, nicht zu unterschätzende betriebswirtschaftliche Vorarbeiten, um nicht bereits im Prüfungsverfahren, das sich nach Vorlage des Planes anschließt, §§ 231 bis 234 InsO, abgewiesen zu werden.

i) Sonstige Erklärungen

§ 230 InsO sieht schließlich als weitere Anlagen zum Plan für den Fall der Fortführung des Unternehmens entsprechende Erklärungen des Schuldners bzw. des persönlich haftenden Gesellschafters vor, soweit er bzw. die Gesellschaft ohne Rechtspersönlichkeit den Plan nicht vorgelegt hat. Übernimmt ein Dritter Verpflichtungen im Rahmen der Planerfüllung gegenüber den Gläubigern, so ist dem Plan die Erklärung des Dritten beizufügen.

3. Prüfungs- und Abstimmungsverfahren

a) Zuständigkeit

Das Prüfungsverfahren ist nach § 18 RPflG keine dem Insolvenzrichter zwingend vorbehaltene Entscheidung, sondern kann durch den Rechtspfleger erledigt werden. Dem Richter steht vielmehr das allgemeine Eintrittsrecht nach § 18 II RPflG zu.

b) Gerichtliche Vorprüfung

Der Vorlage des Planes schließt sich zunächst ein gerichtliches Prüfungsverfahren an, das in den §§ 231 bis 234 InsO geregelt ist. Es dient der Überprüfung des Planes von Amts wegen auf seine Rechtmäßigkeit bezüglich der Planinitiative, sowie des zuvor dargestellten Planinhalts, § 231 I Nr. 1 InsO. Vor einer Entscheidung hat das Gericht dem Vorlegenden eine Frist zur Beseitigung – behebbarer – Mängel zu setzen. Darüber hinaus ist das Gericht aber zu einer ersten materiellen Prüfung berechtigt, die den Zweck hat, offensichtlich nicht annahmefähige Pläne von dem weiteren procedere auszuschließen. Im Einzelnen weist das Insolvenzgericht den Insolvenzplan von Amts wegen zurück, wenn:

- ein vom Schuldner vorgelegter Plan offensichtlich keine Aussicht auf Annahme durch die Gläubiger oder auf Bestätigung durch das Gericht hat, § 231 I Nr. 2 InsO, oder
- die Ansprüche, die den Beteiligen nach dem gestaltenden Teil eines vom Schuldner vorgelegten Planes zustehen, offensichtlich nicht erfüllt werden können, § 231 I Nr. 3 InsO.

Damit werden Pläne erfasst, die objektiv nicht erbringbare Leistungen an Gläubiger vorsehen oder aber dem Schuldner nicht einmal das Existenzminimum lassen.

Der Gesetzgeber sieht die Justiz im Übrigen als grenzenlos belastungsfähig an:

Aus § 231 II InsO ergibt sich, dass der Schuldner durchaus berechtigt ist, das Gericht nacheinander mit mehreren Insolvenzplänen zu befassen. Wurde allerdings der erste Plan von den Gläubigern abgelehnt, vom Gericht nicht bestätigt oder vom Schuldner nach öffentlicher Bekanntmachung des Erörterungstermins zurückgezogen, so kann ein neuer Plan des Schuldners auf Antrag des Insolvenzverwalters (mit Zustimmung des Gläubigerausschusses, wenn ein solcher bestellt ist) zurückgewiesen werden, § 232 II InsO.

Gegen Beschlüsse nach § 231 InsO steht dem Vorlegenden die sofortige Beschwerde zu, § 231 III InsO.

c) Verfahren zwischen Vorprüfung und Erörterungs- und Abstimmungstermin

aa) Stellungnahmen

Liegen Zurückweisungsgründe nicht vor, holt das Insolvenzgericht die in § 232 InsO vorgesehenen Stellungnahmen zum Plan vom Gläubigerausschuss, Betriebsrat und Sprecherausschuss der leitenden Angestellten, dem Schuldner bzw. dem Insolvenzverwalter – je nachdem, wer den Plan vorgelegt hat, ein. Nicht zwingend müssen Stellungnahmen der zuständigen amtlichen Berufsvertretung des Schuldners (Industrie- und Handelskammer, Handwerks-, Landwirtschafts- oder berufsständige Kammern) eingeholt werden, § 232 II InsO. Zur Abgabe der Stellungnahme kann das Gericht Fristen setzen, § 232 III InsO.

bb) Aussetzung der Verwertung

In vielen Fällen wird der Insolvenzplan eine vom Gesetz abweichende Verwertung des Vermögens des Schuldners (im Falle der Liquidation) oder aber einen Ausschluss der Verwertung – jedenfalls betriebsnotwendigen – Vermögens des Schuldners (im Falle der Fortführung des Unternehmens) vorsehen. Für diesen Fall setzt das Gericht nach § 233 InsO die Verwertung und Verteilung des Vermögens des Schuldners aus, da anderenfalls die Durchführung des vorgelegten Insolvenzplanes gefährdet würde. Ohne diese Bestimmung würde das Recht der Planinitiative des Schuldners ausgehöhlt. Dem Plan könnte durch den Fortgang der Verwertung die tatsächliche Grundlage entzogen werden, bevor die Gläubiger Gelegenheit zur Entscheidung über die Annahme des Planes hatten.

Auf der anderen Seite muss Verfahrensverzögerungen durch Vorlage eines Insolvenzplanes begegnet werden (Beispiel: der Schuldner legt einen Insolvenzplan vor, um eine ausgehandelte und für die Gläubiger günstige Unternehmensveräußerung zu verhindern). Die Aussetzung der Verwertung ist daher nicht regelmäßig zu beschließen. Ist sie mit der Gefahr erheblicher Nachteile für die Masse verbunden oder stellt der Verwalter mit Zustimmung des Gläubigerausschusses oder der Gläubigerversammlung einen entsprechenden Antrag, sieht das Gericht von der Aussetzung ab oder hebt sie auf, § 233 S. 2 InsO.

Für den Fall der Zwangsvollstreckung durch einen absonderungsberechtigten Gläubiger in unbewegliches Vermögen des Schuldners ergeben sich entsprechende Möglichkeiten der Einstellung der Zwangsvollstreckung aus §§ 30d ff. ZVG. In diesen Fällen entscheidet indes das Vollstreckungsgericht und nicht das Insolvenzgericht über die entsprechenden Anträge.

cc) Niederlegung, Einsicht

Der Insolvenzplan ist schließlich mit seinen Anlagen und den eingegangenen Stellungnahmen den Verfahrensbeteiligten in der Geschäftsstelle zur Einsicht niederzulegen, § 234 InsO. Von einer Verpflichtung zur Übersendung des vollständigen Planes an alle Verfahrensbeteiligten wurde aus Gründen des unverhältnismäßigen Aufwandes abgesehen.

d) Erörterungs- und Abstimmungstermin

aa) Terminsbestimmung und Ladung

Ist die Vorprüfung abgeschlossen, bestimmt das Insolvenzgericht einen Erörterungs- und Abstimmungstermin, der in einem Termin, § 235 I InsO, oder aber – was sich in größeren Insolvenzverfahren anbietet – in getrennten Terminen, § 241 InsO, stattfinden kann. Die Ansetzung eines einheitlichen oder der getrennten Termine soll jeweils nicht über einen Monat hinaus erfolgen. Der Termin ist öffentlich bekannt zu machen, wobei darauf hinzuweisen ist, dass der Plan und die eingegangenen Stellungnahmen auf der Geschäftsstelle des Insolvenzgerichts eingesehen werden können, § 235 II InsO.

Die öffentliche Bekanntmachung kann unterbleiben, wenn in einer Gläubigerversammlung die Verhandlung vertagt wird, § 74 II 2 InsO. Bezüglich der öffentlichen Bekanntmachung gilt § 9 InsO. Am 01.03.2002 ist die Verordnung zu öffentlichen Bekanntmachungen in Insolvenzverfahren im Internet in Kraft getreten.

Erörterungs- und Abstimmungstermin dürfen nicht vor dem Prüfungstermin stattfinden, können mit diesem aber verbunden werden, § 236 InsO.

Zu dem Termin sind besonders zu laden:

- Insolvenzgläubiger, die Forderungen angemeldet haben,
- absonderungsberechtigte Gläubiger,
- Insolvenzverwalter,

- Schuldner,
- Betriebsrat,
- Sprecherausschuss der leitenden Angestellten, § 235 III 1 InsO.

Der Ladung ist ein Abdruck des Planes oder eine (auf Verlangen vom Vorlegenden zu erstellende) Zusammenfassung des wesentlichen Inhaltes des Planes beizufügen, § 235 III 2 InsO.

Der Erörterungstermin kann zu Planänderungen führen, zu der der Vorlegende aufgrund der Erörterungen im Termin berechtigt ist, § 240 S. 1 InsO. Gleichwohl kann noch im gleichen Termin über den so geänderten Plan abgestimmt werden.

bb) Stimmrechte der Gläubiger

(1) Insolvenzgläubiger

Für das Stimmrecht der Insolvenzgläubiger verweist § 237 I 1 InsO weitestgehend auf die Feststellung des Stimmrechts der Insolvenzgläubiger in der Gläubigerversammlung. Stimmrecht haben daher die angemeldeten und weder vom Verwalter noch von einem stimmberechtigten Gläubiger bestrittenen Forderungen. In jedem Fall ist es bei der Bestimmung der Stimmrechte unbeachtlich, wenn der Schuldner die Forderungen ganz oder teilweise bestreitet.

§ 237 II InsO stellt in Übernahme des Grundsatzes von § 72 I VerglO klar, dass Gläubiger durch den Plan nicht beeinträchtigter Forderungen kein Stimmrecht haben.

Bei bestrittenen Forderungen hängt die Stimmberechtigung davon ab, ob eine Einigung zwischen Verwalter und den erschienenen stimmberechtigten Gläubigern über das Stimmrecht erfolgt oder aber das Stimmrecht aufgrund Entscheidung des Insolvenzgerichts gewährt wird, §§ 237 I 1, 77 II InsO.

(2) Absonderungsberechtigte Gläubiger

Abweichend von den Bestimmungen zur Gläubigerversammlung ist das Stimmrecht absonderungsberechtigter Gläubiger in § 237 I 2 InsO geregelt: Sie sind zur Abstimmung als Insolvenzgläubiger mit einem Stimmrecht insoweit zugelassen, als ihnen der Schuldner persönlich haftet und sie auf abgesonderte Befriedigung verzichten oder bei ihr ausfallen. Steht der Ausfall nicht fest, richtet sich das Stimmrecht nach dem mutmaßlichen Ausfall. Kurz: Nur die Ausfallforderung gewährt ein Stimmrecht.

Nicht als Insolvenzgläubiger sondern als absonderungsberechtigter Gläubiger nimmt derjenige an der Abstimmung teil, in dessen Absonderungsrecht durch den Plan eingegriffen wird, § 238 InsO. Nicht bestrittene Absonderungsrechte gewähren ein Stimmrecht. Die Ausfallforderungen der absonderungsberechtigten Gläubiger bleiben hier außer Betracht.

(3) Nachrangige Gläubiger

Auch nachrangige Insolvenzgläubiger sind stimmberechtigt, da § 237 I 1 InsO nur auf § 77 I 1 InsO verweist (§ 77 I 2 InsO schließt für den Prüfungstermin ein Stimmrecht nachrangiger Insolvenzgläubiger aus). Eine Abstimmung dieser Gläubiger kommt jedoch nur in Betracht, wenn durch den Plan in deren Rechtsstellung eingegriffen wird. In diesem Fall richtet sich der Umfang des Stimmrechtes nach den allgemeinen Vorschriften, wie sich aus der Verweisung von § 237 I 1 InsO auf § 77 I 1 InsO ergibt. Im Übrigen – soweit also in die Rechtsstellung nachrangiger Insolvenzgläubiger durch den Insolvenzplan nicht eingegriffen wird – gilt bezüglich deren Abstimmung § 246 InsO (s.u.), der bestimmte Zustimmungsfiktionen enthält.

(4) Stimmliste, § 239 InsO

Die Stimmrechte sind schließlich vom Urkundsbeamten der Geschäftsstelle in der Stimmliste nach dem Ergebnis der Erörterung im Termin einzutragen.

cc) Abstimmungen

§ 243 InsO sieht eine Abstimmung nach Gruppen vor: Jede Gruppe der stimmberechtigten Gläubiger stimmt gesondert über den Insolvenzplan ab.

Die erforderlichen Quoten sind in § 244 InsO genannt. Innerhalb jeder Gruppe muss die Mehrzahl der Gläubiger nach Köpfen und nach Beträgen für den Insolvenzplan stimmen, damit dieser angenommen wird.

Damit ist nicht gleichzeitig gesagt, dass alle Gruppen zustimmen müssen. Aus den Regelungen zum sog. Obstruktionsverbot folgt, dass die Zustimmung einer Abstimmungsgruppe als erteilt gilt, wenn die Mehrheit der abstimmenden Gruppen zugestimmt hat, § 245 I Nr. 3 InsO.

Schließlich eröffnet § 242 InsO die Möglichkeit, dass in gesondertem Abstimmungstermin das Stimmrecht schriftlich ausgeübt werden kann. Dies erfolgt durch Übermittlung des vom Gericht zur Verfügung gestellten Stimmzettels, auf dem das Stimmrecht eingetragen ist. Der Stimmzettel muss spätestens am Tag vor dem Abstimmungstermin dem Gericht zugegangen sein.

dd) Obstruktionsverbot

Zentrale Bestimmung bei der Annahme des Insolvenzplanes ist das in § 245 InsO in Anlehnung an das US-amerikanische Recht geregelte sog. Obstruktionsverbot. Die Zustimmung einer ablehnenden Gläubigergruppe gilt als erteilt, wenn (kumulativ):

- die Gruppe durch den Plan nicht schlechter gestellt würde, als sie ohne den Plan stünde,

- die Gruppe aufgrund des Planes an dem wirtschaftlichen Wert des Schuldners angemessen beteiligt wird und
- die Mehrheit der abstimmenden Gruppen dem Plan mit den erforderlichen Mehrheiten zugestimmt hat.

Was eine angemessene Beteiligung der Gläubiger einer Gruppe am wirtschaftlichen Wert ist, wird in § 245 II InsO näher erläutert:

- Kein Gläubiger darf mehr erhalten, als ihm zusteht.
- Weder ein Gläubiger schlechterer Rangklasse noch der Schuldner oder eine an ihm beteiligte Person erhalten einen wirtschaftlichen Wert.
- Kein gleichrangiger Gläubiger der Gruppe wird bessergestellt als der ablehnende Gläubiger.

Damit ist das Gericht vor die nicht einfache Prüfung gestellt, ob der ablehnende Gläubiger ohne den Plan besser stünde. Spätestens hier wird deutlich, dass der Plan auch eine Darstellung über die den Gläubigern einer Gruppe ohne den Plan zufließende Quote enthalten sollte, um im Abstimmungstermin eine Überprüfung durch Ablehnung eines Gläubigers am Maßstab von § 245 InsO zu ermöglichen.

Die Fortführung des Unternehmens nach dem Inhalt des Plans führt nicht zwangsläufig zu einer Zuwendung eines wirtschaftlichen Wertes an den Schuldner im Sinne von § 245 II Nr. 2 InsO. Dies ist in der Begründung des RegE klargestellt. Wiegen die Leistungen, die der Schuldner nach dem Plan an die Gläubiger insgesamt zu erbringen hat, den noch vorhandenen Wert des Unternehmens auf, ist die Annahme einer Zuwendung an den Schuldner im Sinne dieser Vorschrift ausgeschlossen. Ist ein Dritter anstelle des Schuldners zur Fortführung des Unternehmens nicht bereit, kann im Zweifel nicht angenommen werden, dass der Schuldner durch den Plan „einen wirtschaftlichen Wert“ erhält.

§ 245 I Nr. 3 InsO geht schließlich auf die Empfehlung des Rechtsausschusses zurück, nachdem der RegE die Fiktion der Zustimmung einer Gruppe bereits annahm, wenn lediglich eine weitere Gläubigergruppe dem Plan zugestimmt hat. Der Rechsausschuss sah dies als eine unzureichende Grundlage für die Annahme des Planes an.

ee) Zustimmung der nachrangigen Insolvenzgläubiger

Deren Zustimmung wird weitestgehend fingiert. Hinsichtlich Zins- und Kostenforderungen seit Eröffnung des Insolvenzverfahrens oder der Forderungen wegen Kosten infolge Teilnahme am Insolvenzverfahren sind Insolvenzgläubiger nachrangige Insolvenzgläubiger nach § 39 I Nr. 1 und 2 InsO.

Nach § 246 Nr. 1 InsO gilt die Zustimmung als erteilt, wenn schon die vorrangigen Forderungen der Insolvenzgläubiger nicht voll gedeckt sind. Dies ist sachgerecht. Für Forderungen aus Schenkungsversprechen des Schuldners und aus kapitalersetzenden Darlehen gilt – insoweit ebenfalls sachgerecht – die Zustimmungsfiktion, wenn bereits kein Insolvenzgläubiger nach dem Plan besser gestellt wird als diese nachrangigen Gläubiger.

Das Abstimmungsverhalten dieser nachrangigen Gläubiger ist daher im Termin unbeachtlich, wenn die Zustimmungen unter den genannten Voraussetzungen als erteilt gelten. Dies ist im Abstimmungstermin zu prüfen.

ff) Zustimmung des Schuldners

Auch hier grenzt die InsO negativ aus:

Die Zustimmung gilt als erteilt, wenn der Schuldner dem Plan nicht spätestens im Abstimmungstermin schriftlich oder zu Protokoll der Geschäftsstelle widerspricht, § 247 I InsO.

Wesentlich ist, dass ein Widerspruch des Schuldners aber unbeachtlich ist, wenn:

- der Schuldner durch den Plan nicht schlechter gestellt wird, als er ohne den Plan stünde, und
- kein Gläubiger einen wirtschaftlichen Wert erhält, der den vollen Betrag seines Anspruchs übersteigt, § 247 II InsO.

4. Bestätigung des Planes

a) Bestätigung

Mit Annahme des Planes durch die Gläubiger und Zustimmung des Schuldners bedarf der Plan der gerichtlichen Bestätigung, der nach der Sollvorschrift von § 248 II InsO eine nochmalige Anhörung des Insolvenzverwalters, des Gläubigerausschusses, wenn ein solcher bestellt ist und des Schuldners vorausgehen soll. Diese findet zweckmäßigerweise im Abstimmungstermin nach Feststellung des Abstimmungsergebnisses statt.

aa) Versagung von Amts wegen

Vor der Bestätigung prüft das Insolvenzgericht, ob die Bestätigung von Amts wegen zu versagen ist. Die Versagung kommt in Betracht, wenn Vorschriften über Inhalt und Verfahren des Planes sowie über die Annahme durch die Gläubiger und die Zustimmung des Schuldners in wesentlichen Punkten nicht beachtet worden sind und der Mangel nicht behoben werden kann oder die Annahme des Planes unlauter, insbesondere durch Begünstigung eines Gläubigers herbeigeführt wurde, § 250 InsO.

bb) Bestätigung durch Beschluss

Die Bestätigung des Planes erfolgt durch Beschluss im Abstimmungstermin oder in einem alsbald zu bestimmenden besonderen Termin, § 252 I InsO. Die Geschäftsstelle des Insolvenzgerichts wird sodann ein weiteres Mal erheblich belastet, da nach Bestätigung des Planes den Insolvenzgläubigern mit angemeldeten Forderungen und den absonderungsberechtigten Gläubigern unter Hinweis auf die Bestätigung nochmals ein Abdruck des Planes oder aber eine Zusammenfassung seines wesentlichen Inhaltes zu übersenden ist. Diese Aufgabe kann das Gericht auch nicht gem. § 8 III InsO dem Verwalter übertragen, da es sich diesmal nicht um eine Zustellung handelt[605].

cc) Rechtsbehelfe

§ 253 InsO eröffnet schließlich den Gläubigern und dem Schuldner das Rechtsmittel der sofortigen Beschwerde. Es ist allerdings nicht auf die stimmberechtigten Gläubiger beschränkt. Auch Gläubiger streitiger Forderungen, denen ein Stimmrecht nicht zuerkannt wurde, sind beschwerdeberechtigt[606].

b) Planwirkungen und Folgen

aa) Planwirkungen

Die Wirkungen des Planes sind umfassend in § 254 InsO beschrieben. Sämtliche in den Plan aufgenommenen Erklärungen, die schuldrechtliche oder sachenrechtliche Änderungen zum Gegenstand haben, gelten mit Rechtskraft der Bestätigung des Insolvenzplanes als abgegeben und eingetreten. Dies gilt auch für Insolvenzgläubiger, die ihre Forderungen nicht angemeldet haben, sowie für dem Plan widersprechende Beteiligte, § 254 I 3 InsO.

Unberührt bleiben Rechte der Insolvenzgläubiger gegenüber Mitschuldnern und Bürgen des Schuldners. Der Schuldner wird jedoch seinerseits durch den Plan gegenüber Mitschuldnern, Bürgen und anderen Rückgriffsberechtigten in gleicher Weise befreit wie gegenüber dem Gläubiger, § 254 II InsO.

bb) Register-Publizität

§ 254 I 2 InsO beschränkt sich auf die Wirksamkeit von Willenserklärungen zu den entsprechenden Verpflichtungs- und Verfügungsgeschäften. Soweit über die Willenserklärung hinaus allerdings weitere tatsächliche Vorgänge wie Besitzeinräumung oder -übertragung oder Eintragungen in entsprechende Register notwendig sind, so werden diese nicht ersetzt. Diese Handlungen sind vielmehr

---

605 Lüer in Uhlenbruck, § 252, Rn. 2.
606 Braun in Nerlich/Römermann, § 253, Rn. 1.

außerhalb des Plans zu vollziehen und sind Teil der weiteren Planerfüllung und Überwachung gem. §§ 260 ff., wenn sie im Zeitpunkt der Aufhebung des Verfahrens noch nicht erfüllt sind[607].

cc) Rückgewähransprüche

In § 254 III InsO ist klargestellt, dass Gläubiger von nach dem Plan erlassener Ansprüche nicht auf Rückgewähr in Anspruch genommen werden können, wenn sie vom Schuldner nach Verfahrensaufhebung gleichwohl voll befriedigt werden (Beispiel: durch Schuldner nach Verfahrensaufhebung; Kleingläubiger durch Zahlung des Insolvenzverwalters).

dd) Aufhebung des Insolvenzverfahrens

Weitere Folge der rechtskräftigen Bestätigung des Planes ist die Aufhebung des Insolvenzverfahrens durch Beschluss des Insolvenzgerichts. Zuvor hat der Verwalter die unstreitigen Masseansprüche zu berichtigen und für die streitigen Masseforderungen Sicherheit zu leisten. Auch dieser Beschluss unter Einschluss des Grundes der Aufhebung des Verfahrens ist öffentlich bekannt zu machen, vgl. im einzelnen § 258 InsO.

Die Aufhebung des Verfahrens hat das Erlöschen der Ämter des Insolvenzverwalters und der Mitglieder des Gläubigerausschusses zur Folge. Das Verfügungsrecht über die Insolvenzmasse geht auf den Schuldner über, § 259 I InsO.

5. Planerfüllung und Überwachung

a) Planerfüllung

Stundungen oder Forderungserlasse gem. Insolvenzplan werden hinfällig, wenn der Schuldner mit der Planerfüllung erheblich in Rückstand gerät. Dies setzt eine schriftliche Mahnung des Gläubigers einer fälligen Forderung unter mindestens zweiwöchiger Nachfristsetzung voraus, § 255 I 2 InsO. Abweichende Regelungen können im Insolvenzplan vorgesehen werden, § 255 III InsO. Die erneute Eröffnung eines Insolvenzverfahrens vor vollständiger Planerfüllung macht die Stundung oder den Erlass für alle Insolvenzgläubiger in dem bestätigten Insolvenzplan endgültig hinfällig, § 255 II InsO.

Bei streitig gebliebenen Forderungen oder noch nicht feststehendem Ausfall ist Planerfüllung durch Berücksichtigung des für das Stimmrecht maßgeblichen Betrages zu erbringen, um die Planerfüllung nicht zu gefährden, § 256 I InsO.

§ 257 InsO eröffnet den Gläubigern die Möglichkeit der Zwangsvollstreckung aus einem Tabellenauszug über die gem. dem Insolvenzplan festgestellte Forderung.

---

607 Lüer in Uhlenbruck, § 254, Rn. 7.

b) Überwachung

aa) Allgemeines

Die Überwachung der Planerfüllung ist gesetzlich nicht zwingend vorgeschrieben. Sie kann nach § 260 I InsO im gestaltenden Teil des Insolvenzplanes vorgesehen werden. Ist dies der Fall, ist die Überwachung Aufgabe des Insolvenzverwalters, dessen Amt insoweit abweichend von § 259 I InsO fortbesteht, § 261 I InsO. Das gleiche gilt für die Ämter der Mitglieder des Gläubigerausschusses. Während der Überwachung unterliegt der Insolvenzverwalter der Aufsicht des Insolvenzgerichts und ist berichtspflichtig, § 261 II InsO.

Er unterliegt zusätzlich einer Anzeigepflicht gegenüber Gericht, Gläubigerausschuss bzw. nach dem Plan berechtigten Gläubigern, wenn er feststellt, dass die Ansprüche nach dem Plan nicht erfüllt werden oder nicht erfüllt werden können. Die Anzeigepflicht gegenüber dem Gericht ist eine Konkretisierung der allgemeinen Berichtspflicht, wie sie aus § 261 InsO erfolgt. Sinn der Anzeigepflicht gegenüber den nach dem Plan berechtigten Gläubigern ist es, diesen damit umgehend die Möglichkeit der Beantragung eines erneuten Insolvenzverfahrens zu eröffnen.

Die Überwachung soll darüber hinaus dadurch effektiv gestaltet werden, dass im gestaltenden Teil des Insolvenzplanes der Abschluss bestimmter Rechtsgeschäfte des Schuldners oder des Übernehmers von der Zustimmung des Insolvenzverwalters abhängig gemacht werden kann.

bb) Kredite

Für die Kreditwirtschaft ist § 264 InsO von besonderer Bedeutung während der Planerfüllungsphase:

Im gestaltenden Teil des Insolvenzplanes kann vorgesehen werden, dass Insolvenzgläubiger nachrangig gegenüber Gläubigern von Forderungen aus Darlehen oder Krediten sind, die während der Planerfüllungs- und Überwachungsphase plangemäß zur Finanzierung der Fortführung des Unternehmens aufgenommen werden oder die Massegläubiger in dieser Phase stehen lassen. Dies setzt voraus, dass im Insolvenzplan der Kreditrahmen festgelegt wird. Er ist der Höhe nach auf den Wert des vorhandenen Vermögens gemäß dem Bestandteil des Planes bildenden Vermögensstatus beschränkt. Der Vorrang dieser sog. Erfüllungs- oder Fortführungskredite bedarf der genauen Darstellung im Insolvenzplan und im Übrigen der schriftlichen Bestätigung durch den Insolvenzverwalter, § 264 II InsO.

Der Insolvenzplan kann in Fällen der Fortführung des Unternehmens des Schuldners – durch diesen oder durch einen Dritten – vielfach nur mit Hilfe zusätzlicher Kreditmittel realisiert werden. Da die gängigen Kreditsicherheiten in der Planerfüllungsphase dem Schuldner oder auch übernehmenden Dritten nicht zur Verfügung stehen, können solche Kredite nur dann gewährt werden, wenn die Kreditgeber einigermaßen sicher sein können, dass sie auch im Fall des Scheiterns der Sanierung und der Eröffnung eines Insolvenzverfahrens ihren Rückzahlungsanspruch durchsetzen können. Daher genießen die Insolvenzplankredite nach § 264 InsO Vorrang vor den Forderungen der anderen Insolvenzgläubiger.

Auch gegenüber diesen Erfüllungs- oder Fortführungskrediten bestimmt § 265 InsO darüber hinaus den Nachrang von Gläubigern sonstiger, während der Erfüllungsphase aufgenommener Kredite.

cc) Aufhebung der Überwachung

Das Insolvenzgericht beschließt die Aufhebung der Überwachung, wenn die Ansprüche, deren Erfüllung überwacht wird, erfüllt sind oder deren Erfüllung gewährleistet ist oder wenn seit der Aufhebung des Insolvenzverfahrens 3 Jahre verstrichen sind und kein neuer Insolvenzantrag vorliegt.

dd) Kosten

Die Kosten der Überwachung trägt der Schuldner, § 269 InsO. Zu den Kosten zählen eine angemessene Vergütung des Insolvenzverwalters und der Mitglieder des Gläubigerausschusses. Gesonderte Gerichtskosten fallen durch die Überwachungsphase nicht an. Kostenschuldner ist der Schuldner oder – soweit eine übertragende Sanierung stattgefunden hat aufgrund des Insolvenzplanes – der Übernehmer.

E. Einstellung des Insolvenzverfahrens bei mangelnder Deckung der Kosten und bei Masseunzulänglichkeit

Nach der KO und GesO war im Einzelnen nicht geregelt, wie das Verfahren abzuwickeln war, wenn sich herausstellte, dass die vorhandene oder zu erzielende Masse nicht zur vollständigen Befriedigung aller Massegläubiger ausreicht.

§ 60 KO enthielt lediglich Vorschriften zur Berichtigung der Massekosten und Masseschulden nach Eintritt der Masseunzulänglichkeit. Der Gesetzgeber der InsO war bemüht, eine Regelung auch in dieser Frage zu treffen, die geeignet war, die Eröffnung eines Insolvenzverfahrens in möglichst vielen Fällen zu ermöglichen[608]. Soweit eine Verfahrenseröffnung und Durchführung darstellbar ist, soll eine geordnete, staatlich beaufsichtigte Haftungsrealisierung gegenüber dem Schuldner gewährleistet werden.

Die Regelungen über die Einstellung des Verfahrens wegen Masselosigkeit in den §§ 26, 54 ff. und § 207 ff. InsO müssen als integraler Bestandteil der Neukonzeption des Gesetzes, abzielend auf eine frühzeitige und umfassende Verfahrenseröffnung verstanden werden. Dazu gehören also die Neugestaltung der Eröffnungsgründe, § 17 ff. InsO, die Einbeziehung des Neuerwerbs, die Regelungen zum Gesamtschaden und Gesellschafterhaftungsrealisierung, § 92 ff. InsO, sowie die Erweiterung der Insolvenzanfechtungstatbestände, § 129 ff. InsO. Weist man allerdings auf den Gedanken der gesellschaftsrechtlichen Vollliquidierung, der auch vom Gesetzgeber herausgestellt wurde, hin, so findet diese bei fehlender Kostendeckung nach § 207 InsO gerade nicht statt, da Handelsgesellschaften vom Verfahren und von den Wirkungen des § 207 InsO nicht ausgenommen worden sind. In diesem Zusammenhang ist der gesetzgeberische Wille zur insolvenzrechtlichen Vollliquidation als Lippenbekenntnis bezeichnet worden, da versäumt worden sei, auch für diesen Fall die Vollbeendigung der Gesellschaft als Pflicht des Verwalters festzuschreiben[609].

608 BT-Drucks. 12/2443.
609 Haarmeyer/Wutzke/Förster, Kap. 8, Rn. 147.

I. Einstellung mangels kostendeckender Masse

1. Massearmut

Eine besonders starke Massedürftigkeit liegt vor, wenn die Insolvenzmasse nicht einmal zur Deckung der Verfahrenskosten ausreicht. Sie führt nach § 207 I 1 InsO grundsätzlich zur Einstellung des Verfahrens. Nur durch Zahlung eines ausreichenden Vorschusses kann die Einstellung abgewendet werden, § 207 I 2 InsO. Der Verwalter hat lediglich die in der Masse vorhandenen Barmittel zu verteilen und mit ihnen die Kosten des Verfahrens (§ 54 InsO), von diesen zuerst die Auslagen, nach dem Verhältnis ihrer Beträge zu berichtigen.

Der Verwalter ist zur Verwertung von Massegegenständen nicht mehr verpflichtet. Das führt auch dazu, dass er nicht mehr dafür verantwortlich ist, schwebende Prozesse, welche die Insolvenzmasse betreffen, weiterzuführen.

Das Verfahren wird von Amts wegen durch Beschluss des Insolvenzgerichts eingestellt. Gem. § 207 II InsO sind vor der Einstellung die Gläubigerversammlung, der Insolvenzverwalter und die Massegläubiger zu hören. Von besonderer Bedeutung ist sicher die Anhörung des Insolvenzverwalters, der im Allgemeinen umfassender informiert ist als die sonstigen Verfahrensbeteiligten. Er ist in seiner Eigenschaft als Insolvenzverwalter zur Anzeige der Massearmut verpflichtet. Das Gericht hat zu prüfen, ob Kostendeckung gegeben ist.

2. Feststellung der fehlenden Kostendeckung

Festzustellen ist die mangelnde Kostendeckung durch das Insolvenzgericht, allein die Mitteilung des Verwalters, die Verfahrenskosten könnten nicht vollständig befriedigt werden, reicht für den Einstellungsbeschluss nicht aus[610].

Da der Insolvenzverwalter aber immer unter der Haftungsandrohung für nicht erfüllte Masseverbindlichkeiten gem. § 61 InsO steht, und somit den Stand der Kostendeckung nie aus dem Blick verlieren darf, geht die Initiative zur Einstellung des Verfahrens i.d.R. von ihm aus. Der Insolvenzverwalter ist in dem Zusammenhang verpflichtet, im Fall von Zweifeln einen Status anzufertigen, aus dem sich ergibt, ob die bereits angefallenen und noch anfallenden Kosten des Verfahrens weiterhin befriedigt werden können, und dem Insolvenzgericht gegebenenfalls Anzeige zu erstatten[611].

Wie bereits erwähnt entfällt die Prüfungspflicht des Gerichts deswegen aber nicht. Dies zeigt sich schon daran, dass die Rechtsfolgen im Gegensatz zur Masse-

---

610 Pape/Hauser, Rn. 176.
611 Pape/Hauser, Rn. 189.

unzulänglichkeit hier nicht an die Anzeige des Insolvenzverwalters geknüpft sind, sondern an eine Handlung des Gerichts, nämlich der Einstellung des Verfahrens.

Die Bestimmung der Kostendeckung richtet sich nach den Kosten des Verfahrens, wie sie in § 54 InsO vom Gesetz definiert werden, nämlich:

1) die Gerichtskosten für das Insolvenzverfahren und

2) die Vergütungen und Auslagen des vorläufigen Insolvenzverwalters, des Insolvenzverwalters und der Mitglieder des Gläubigerausschusses.

Dabei ist eine Bewertung der vorhandenen Masse erforderlich. Schwierigkeiten bei der Bewertung der vorhandenen Masse dürften allenfalls laufende oder geplante Prozesse machen, die der Masseanreicherung dienen können. Hier muss eine Erfolgseinschätzung vorgenommen werden, wobei auch die Möglichkeiten der Prozesskostenhilfe mit berücksichtigt werden müssen, die jedoch heutzutage eingeschränkt sind, siehe § 116 ZPO.

Problematisch ist außerdem, dass die früher in § 58 Nr. 2 KO für die Verwaltung, Verwertung und Verteilung der Masse geregelten Aufwendungen nicht mehr unter den Begriff der Verfahrenskosten fallen. Hinsichtlich der unausweichlichen Verwaltungskosten, wie z.B. Stromkosten, Versicherungskosten, Bewachungskosten oder die Aufarbeitung der schuldnerischen Buchhaltung, kann es für den Insolvenzverwalter aber zu einer Haftungsfalle kommen. Deckt die Masse lediglich die Verfahrenskosten, und geht der Verwalter weitere Masseverbindlichkeiten z.B. für benötigte Energie ein, haftet er für die Erfüllung der Verbindlichkeit nach § 61 InsO. Wenn der Verwalter jedoch in dem Beispiel der Energielieferung die Verbindlichkeit nicht eingeht und der Masse hieraus ein Schaden entsteht, haftet er ebenfalls, aber diesmal nach § 60 InsO.

Nach der herrschenden Meinung sind daher die unausweichlichen Verwaltungskosten bei der Auslegung des § 207 InsO zu berücksichtigen[612]. Dieses widerspricht zwar dem Gesetzeswortlaut, eine andere Auslegung würde aber das Haftungsrisiko des Insolvenzverwalters im Hinblick auf § 61 InsO ins Unerträgliche steigern. Der Auffassung von Landfermann ist daher zu folgen.

Nach der Rechtsprechung des BFH hat der Insolvenzverwalter auch im masseunzulänglichen Verfahren die sich aus dem Steuerrechtsverhältnis ergebenden Pflichten zu erfüllen, wie die zur Buchführung, Erstellung von Jahresabschlüssen und Abgabe von Steuererklärungen[613]. Kann der Insolvenzverwalter allerdings diese Pflichten nicht selbst erfüllen, so darf er auch nicht gezwungen werden, hierfür einen Steuerberater oder Buchhalter zu beauftragen, wenn der Masse die zur Begleichung der damit verbundenen Kosten erforderlichen Mittel fehlen; das

612 Landfermann in HK-InsO, § 207, Rn. 5.
613 BFH, Beschluss vom 8.8.1995 – VII R 25/94 = ZIP 1996 S. 430.

Finanzamt hat sich gegebenenfalls mit der Schätzung der Besteuerungsgrundlagen zu begnügen[614].

Da bei der Kostendeckung nur die Insolvenzmasse berücksichtigt wird, bleibt in Bezug auf eventuell notwendig werdende Prozesse, insbesondere Anfechtungsprozesse, weiterhin die Frage bestehen, ob es dem Verwalter zuzumuten ist, das Verfahren auf eigenes Risiko über längere Zeit hinweg trotz mangelnder Liquidität fortzuführen.

In diesem Zusammenhang ist auch die moralische Grundeinstellung in berufsrechtlicher Hinsicht sowohl des Insolvenzverwalters wie auch des Gerichts von erheblicher Bedeutung. Z. B. spielt auch die Frage eine Rolle, ob der Insolvenzverwalter üblicherweise von dem Gericht bestellt wird und somit damit rechnen kann, in anderen Fällen mit günstigeren Vergütungsaussichten bestellt zu werden oder nicht.

Die Eröffnung einer möglichst großen Zahl von Insolvenzverfahren ist auch im Interesse der Arbeitnehmer, um überhaupt einen Ansprechpartner bei Insolvenz ihres Arbeitgebers vorzufinden.

3. Ausschluss der Verfahrenseinstellung bei Kostenstundung

Ebenso wie die Abweisung nach § 26 I 1 InsO unterbleibt die Einstellung nach § 207 InsO, wenn ein ausreichender Geldbetrag vorgeschossen wird oder die Kosten nach § 4a InsO gestundet werden. Durch diese erst 2001 eingeführte Neuregelung soll verhindert werden, dass dem Schuldner der Zugang zu einem Restschuldbefreiungsverfahren versagt bleibt, weil er mittellos ist. Allerdings kann der Antrag nach § 4a I 1 InsO nur gestellt werden, wenn ein Antrag auf Erteilung der Restschuldbefreiung vorliegt.

Dieser Antrag soll wiederum gem. § 287 I InsO grundsätzlich zusammen mit dem Eröffnungsantrag gestellt werden. Wird er nicht mit dem Eröffnungsantrag gestellt, kann er nur innerhalb von zwei Wochen nach dem Hinweis gem. § 20 II InsO noch gestellt werden.

Hat somit der Schuldner einen Insolvenzantrag mit Antrag auf Restschuldbefreiung gestellt, so kann er, wenn im eröffneten Verfahren die Verfahrenskosten (§ 54 InsO) nicht mehr gedeckt sind, noch nachträglich einen Antrag auf Stundung der Kosten des Insolvenzverfahrens bis zur Erteilung der Restschuldbefreiung stellen. Wird der Antrag positiv beschieden, unterbleibt die Einstellung des Verfahrens, solange die Stundung nicht vom Insolvenzgericht nach § 4c oder nach § 4d II InsO vom Beschwerdegericht aufgehoben wird.

614 MüKo-Hefermehl, § 208, Rn. 71.

Allerdings stehen weder die Anzeige der Masseunzulänglichkeit, noch die Verteilung nach § 209 InsO, noch die Verfahrenseinstellung nach § 211 InsO einer Restschuldbefreiung entgegen.

Ist das Verfahren auf Gläubigerantrag eröffnet worden und hat der Schuldner nicht rechtzeitig den Antrag auf Restschuldbefreiung gestellt, kommt eine Restschuldbefreiung für den Schuldner nach Einstellung gem. § 207 InsO ebenso wenig in Betracht wie bei fehlendem Stundungsantrag oder Ablehnung der Stundung[615].

4. Abwendung der Verfahrenseinstellung durch Vorschussleistung

Eine Einstellung kommt ebenfalls nicht in Betracht, wenn jemand bereit ist, die Verfahrenskosten durch einen Vorschuss zu finanzieren.

Die Höhe des ausreichenden Betrages ist nach den oben genannten Grundsätzen zu ermitteln.

Festzusetzen ist die Höhe vom Insolvenzgericht, das für die Einzahlung des Vorschusses auch eine Frist setzen kann.

Durch die Einzahlung des Vorschusses übernimmt der Vorschussleistende die Position des Kostengläubigers. Niemand wird allerdings einen Kostenvorschuss erbringen, wenn er nicht davon überzeugt ist, dass die Insolvenzmasse später umfangreicher sein wird, als es zunächst den Anschein hat. Reicht die Insolvenzmasse doch aus, um alle Massegläubiger zu befriedigen, so kann der Vorschussleistende seine Kosten als Massegläubiger geltend machen, also gegebenenfalls klagen und vollstrecken. Im Falle der wahrscheinlich häufigeren Masseunzulänglichkeit ist er ein erstrangiger Massegläubiger i.S.v. § 209 I Nr. 1 InsO. Der Vorschussleistende geht also nur leer aus, wenn er mit seiner Erwartung falsch lag und die Masse tatsächlich so gering ausfällt, wie es den ersten Anschein hatte.

5. Einstellungsverfahren

Vor einer Entscheidung, für die das Gericht nach § 5 InsO zuständig ist, hat der Verwalter die Kosten des Verfahrens, von diesen zuerst die Auslagen, nach dem Verhältnis ihrer Beträge zu berichtigen, § 207 III 1 InsO.

Zur Verwertung von Massegegenständen ist er nicht mehr verpflichtet, § 207 III 2 InsO. Der Einstellungsbeschluss und der Grund der Einstellung (mangels Masse) sind nach § 215 I 1 InsO öffentlich bekannt zu machen (§ 9 InsO). Die Register-

615 Uhlenbruck in Uhlenbruck, § 207, Rn. 16.

gerichte und Grundbuchämter sind zwecks Löschung von Sperrvermerken zu informieren (§§ 215 I 3, 200 II 3, 31–33 InsO).

Vor der öffentlichen Bekanntmachung sind der Schuldner, der Insolvenzverwalter und die Mitglieder des Gläubigerausschusses über den Zeitpunkt des Wirksamwerdens der Einstellung zu unterrichten (§ 215 I 2 InsO). Das bedeutet, dass die Verfahrensbeteiligten sich auf den Zeitpunkt des Wirksamwerdens der Einstellung, nämlich Tag der Veröffentlichung zuzüglich zwei weiterer Tage (§ 9 I 3 InsO) einstellen können. Eine unmittelbare Benachrichtigung der Arbeitnehmer oder z.B. des Betriebsrates ist in dem Gesetz nicht vorgesehen. Umso dringender erscheint auf der anderen Seite, dass die Arbeitnehmer und, soweit ein Betriebsrat besteht, die Mitglieder des Betriebsrates sich um Informationen über die beabsichtigte und dann realisierte Einstellung des Verfahrens bemühen. Zwar hat die Einstellung des Verfahrens keine unmittelbaren Auswirkungen auf die Rechte der Arbeitnehmer bezüglich des Insolvenzgeldes. Da die Einstellung des Verfahrens logischerweise erst nach Eröffnung des Verfahrens erfolgen kann, das Insolvenzgeld aber u.a. auf den Tatbestand der Eröffnung abstellt, hat die Einstellung keine unmittelbaren Wirkung. Jedoch sind die Pflichten des Insolvenzverwalters z.B. zur Ausstellung von Arbeitsbescheinigungen, Insolvenzgeldbescheinigungen etc. hiervon berührt. Im Gegensatz zu der nachstehend behandelten Masseunzulänglichkeit macht es bei Massearmut nach § 207 InsO wenig Sinn, das Verfahren auch nur einige Zeit fortzuführen oder eine weitere Masseverwertung durch den Verwalter vorzusehen. Das Verfahren soll möglichst rasch zur Einstellung gebracht und eine weitere Schädigung der Beteiligten vermieden werden. Bei natürlichen Personen unterbleibt allerdings die Einstellung nicht nur bei Zahlung eines Kostenvorschusses gem. § 207 I 2 InsO, sondern auch, wenn dem Schuldner durch gerichtlichen Beschluss die Verfahrenskosten einschließlich der Vergütung und Auslagen des Verwalters/Treuhänders gestundet werden. Damit wollte der Gesetzgeber verhindern, dass Schuldner, die nicht einmal die Kosten des Verfahrens aufbringen können, automatisch von der Restschuldbefreiung ausgeschlossen sind.

Eine Einstellung nach § 207 InsO kommt somit nur in Betracht, wenn die Gerichtskosten für das Insolvenzverfahren, die Vergütungen und die Auslagen des vorläufigen Insolvenzverwalters, des Insolvenzverwalters und der Mitglieder des Gläubigerausschusses nicht mehr gedeckt sind oder keine Kostenstundung gewährt wird.

6. Folgen der Einstellung

a) Folgen für das Verwaltungs- und Verfügungsrecht

Mit der Verfahrenseinstellung kann der Schuldner wieder frei über sein Vermögen verfügen. Der Gegner eines vom Insolvenzverwalter geführten Rechtsstreits muss nach Einstellung gem. § 207 InsO seine Kosten gegen den Schuldner, nicht gegen den Insolvenzverwalter festsetzen lassen.

Der Schuldner bzw. das schuldnerische Unternehmen, und nicht der Insolvenzverwalter bleiben zur Zahlung sowohl der vor Verfahrenseröffnung bereits bestehenden, wie auch der vom Insolvenzverwalter begründeten Masseverbindlichkeiten verpflichtet. Dabei beschränkt sich die Haftung nicht auf das insolvenzbefangene Vermögen, sondern erstreckt sich auch auf das Neuvermögen des Schuldners[616].

Mit der Wirksamkeit des Einstellungsbeschlusses endet die Unterbrechungswirkung des § 240 ZPO für im Zeitpunkt der Verfahrenseröffnung anhängige und gem. § 240 ZPO zwar unterbrochene, aber vom Insolvenzverwalter nicht aufgenommene Rechtsstreite.

Das Prozessführungsrecht geht auf den Schuldner über. Streitig ist, ob bei einem vom Insolvenzverwalter nach den §§ 85, 86 InsO aufgenommenen oder neuen Rechtsstreiten für die Masse oder bei Passivprozessen der Masse, die der Verwalter aufgenommen hatte, der Rechtsstreit entsprechend § 239 ZPO unterbrochen wird. Die herrschende Meinung bejaht dies[617].

b) Zulässigkeit von Nachtragsverteilungen

Ob im Falle der Einstellung mangels Masse in entsprechender Anwendung des § 211 III InsO die Anordnung einer Nachtragsverteilung zulässig ist, wird im Schrifttum kontrovers diskutiert. So wird zum Teil trotz fehlender ausdrücklicher Regelung, wie für die Masseunzulänglichkeit in § 211 III InsO, eine Anordnung der Nachtragsverteilung für zulässig erachtet, weil gerade dann, wenn die Masse noch nicht einmal ausreiche, die Kosten des Verfahrens zu decken, die Möglichkeit eingeräumt werden solle, den Ausfall der Insolvenzgläubiger zu verringern. Andernfalls bliebe nur die Möglichkeit, ein neues Insolvenzverfahren einzuleiten, was wieder höhere Kosten auslösen und zu wirtschaftlich nicht sinnvollen Ergebnissen führen würde[618]. Entgegengehalten wird dieser Auffassung, für eine Nachtragsverteilung sei bei der Einstellung nach § 207 InsO kein Raum, da hier – anders als im Fall des § 211 InsO – in Kauf genommen werde, dass der Schuldner Teile der Insolvenzmasse unverwertet zurückerhält[619]. Werde neues Vermögen aufgefunden, komme daher nur die Eröffnung eines neuen Verfahrens in Betracht. Zudem fehle es an einer vergleichbaren Rechtslage, weil hier regelmäßig nicht auf einen erzielten Verfahrensstand, etwa eine gefertigte Masseschuldtabelle, als Verteilungsgrundlage zurückgegriffen werden könne[620].

---

616 Streitig, anderer Ansicht Pape ZInsO 2001, 60, 63.
617 Pape/Hauser, Rn. 255; Kuhn/Uhlenbruck, § 192, Rn. 3.
618 Kübler in Kölner Schrift, S. 967, Rn. 50.
619 Landfermann in HK-InsO, § 207 Rn. 10.
620 Dinstühler, ZIP 1998, S. 1697 (1707).

c) Verpflichtung zur Aufbewahrung der Geschäftsunterlagen

Wichtig für den Arbeitnehmer ist die Frage der Aufbewahrung von Geschäftsunterlagen. Nach Verfahrenseinstellung gem. § 207 InsO treffen die Aufbewahrungspflichten hinsichtlich der Geschäftsunterlagen, also auch der Arbeitnehmerunterlagen des Insolvenzschuldners grundsätzlich diesen bzw. bei Handelsgesellschaften die organschaftlichen Vertreter. Auch wenn in einzelnen gesellschaftsrechtlichen gesetzlichen Regelungen (§ 157 II, III HGB; § 273 II, III AktG; 74 GmbHG; 93 GenG) Aufbewahrungspflichten vorgesehen sind, ist oftmals wegen der Löschung der Gesellschaft im Handelsregister niemand vorhanden, der die Aufbewahrung übernimmt.

Zwar sind nach § 74 II GmbHG die Liquidatoren einer GmbH verpflichtet, für die vorgeschriebene Aufbewahrung zu sorgen. Die Gesellschaft wird durch den Eröffnungsbeschluss des Insolvenzverfahrens aufgelöst, während der Dauer des Insolvenzverfahrens ist aber der Insolvenzverwalter dafür zuständig.

Die Gesellschaft kann von Amts wegen oder auf Antrag der Steuerbehörde gelöscht werden, wenn sie kein Vermögen besitzt, § 141a FGG. Sie ist von Amts wegen zu löschen, wenn das Insolvenzverfahren über das Vermögen der Gesellschaft durchgeführt worden ist und keine Anhaltspunkte dafür vorliegen, dass die Gesellschaft noch Vermögen besitzt, § 141a I 2 FGG.

Vor der Löschung sind die in § 126 FGG bezeichneten Organe, nämlich IHK, Handwerkskammer etc., zu hören. Häufig fragen diese wiederum beim Insolvenzverwalter an, ob diesem relevante Tatsachen bekannt sind.

Der Insolvenzverwalter ist berechtigt, bei fehlender satzungsmäßiger Regelung der Aufbewahrung eine registergerichtliche Bestimmung hinsichtlich der Aufbewahrung nach den §§ 157 II 2 HGB, 74 I 2, 7 GmbHG, 273 II AktG herbeizuführen. Der Insolvenzverwalter hat dann die Bücher und Schriften des Schuldners an den nach Gesellschaftsvertrag, Gesellschafterbeschluss oder gerichtlicher Anordnung (§ 145 FGG) bestellten Verwahrer herauszugeben.

Soweit weder ein Geschäftsführer noch ein Gesellschafter noch ein Liquidator vorhanden ist, entscheidet das Insolvenzgericht, ob und in welchem Umfang die Geschäftsunterlagen des Schuldnerunternehmens zu vernichten sind, nachdem der Insolvenzverwalter der Staatsanwaltschaft und dem zuständigen Finanzamt Anzeige gemacht hat und diese mitgeteilt haben, dass sie die Akten nicht mehr benötigen.

Soweit die Geschäftsunterlagen notwendige Belege, z.B. für den Nachweis von Pensionsansprüchen der Arbeitnehmer enthalten oder Personalunterlagen, die den Arbeitnehmern des insolventen Unternehmens nicht ausgehändigt werden konnten, sind diese bei der Hinterlegungsstelle des zuständigen Amtsgerichts zu hinterlegen, bis die gesetzlichen Aufbewahrungsfristen abgelaufen sind.

Diese angedeuteten Regelungen sind umso schwieriger zu verstehen, als aus der registergerichtlichen Bestimmung des Verwahrers keine Verpflichtung des Bestellten zur Verwahrung abgeleitet werden kann[621].

Der durch das Gericht bestellte Verwahrer muss somit sein Einverständnis zu der Bestellung erklären. Dieses wird er nur tun, wenn sichergestellt ist, dass seine Kosten bezahlt werden. Insoweit empfehlen Haarmeyer/Wutzke/Förster, die Archivierung vor Abschluss des Verfahrens durch eine entsprechende Kostenrücklage zu regeln oder bereits einen Archivierungsauftrag für die Laufzeit der Aufbewahrungsfristen zu erteilen und kostenmäßig abzusichern[622]. Es werden daher in der Schlussbilanz entsprechende Rückstellungen für die Aufbewahrungskosten gebildet. In den meisten Fällen hat sich allerdings am effektivsten der Druck auf die ehemaligen Organe durch den an die Staatsanwaltschaft und das Finanzamt zu machenden Hinweis erwiesen, dass die genannten Personen nicht bereit sind, die Unterlagen zu übernehmen.

II. Die Masseunzulänglichkeit

Nach § 208 InsO unterscheidet sich die Masseunzulänglichkeit von der vorstehend erwähnten Massearmut im Sinne von § 207 InsO dadurch, dass zwar die Masse ausreicht, die Massekosten nach § 54 InsO zu decken, nicht aber sämtliche Masseverbindlichkeiten nach § 55 InsO.

1. Definition der Masseunzulänglichkeit

a) Eingetretene Masseunzulänglichkeit

Masseunzulänglichkeit ist die Unfähigkeit des Schuldners oder schuldnerischen Unternehmens, die im Vorverfahren durch einen „starken vorläufigen Insolvenzverwalter" und später im eröffneten Verfahren durch den Insolvenzverwalter begründeten Masseverbindlichkeiten im Sinne von § 55 InsO zu befriedigen[623].

Masseunzulänglichkeit liegt vor, wenn die Masse zwar noch ausreicht, die Massekosten im Sinne von § 54 InsO abzudecken, jedoch nicht oder nicht in voller Höhe die Masseverbindlichkeiten i.S.v. § 55 InsO. Zur Durchführung sind also die Kosten der Verwaltung, Verwertung oder Verteilung der Insolvenzmasse, Verbindlichkeiten aus gegenseitigen Verträgen, soweit diese zur Masse zu erfüllen sind, Ansprüche aus Massebereicherung (§ 55 I Nr. 3 InsO), Verbindlichkeiten, die von einem vorläufigen Insolvenzverwalter begründet worden sind (§ 55 II InsO), Un-

---

621 OLG Stuttgart, Beschluss vom 3.1.1984 – 8 W 477/83 = ZIP 1984, 1385.
622 Haarmeyer/Wutzke/Förster, Kap. 5, Rn. 180.
623 Uhlenbruck, § 209, Rn. 2.

terhaltsleistungen, die dem Schuldner oder einem persönlich haftenden Gesellschafter des Schuldnerunternehmens nach §§ 100, 101 InsO zu gewähren sind, und ebenfalls Sozialplanansprüche der Arbeitnehmer nach § 123 InsO zu ermitteln. Die Sozialplanansprüche können allerdings gleichwohl unberücksichtigt bleiben, wenn feststeht, dass auf Insolvenzgläubiger keine Quote entfällt, da dann der Gesetzesvorbehalt des § 123 InsO (nicht mehr als ein Drittel der freien Masse) seine Wirkungen zeigt. Bei der Bewertung ist nicht nur die Insolvenzmasse den bestehenden Masseverbindlichkeiten gegenüber zu stellen, sondern es sind auch Realisierungschancen mit zu berücksichtigen.

b) Drohende Masseunzulänglichkeit

Wegen der Schwierigkeiten hinsichtlich der Feststellung der konkreten Masseunzulänglichkeit lässt das Gesetz eine Anzeige auch bei drohender Masseunzulänglichkeit zu. § 208 I 2 InsO verpflichtet den Insolvenzverwalter zur Anzeige der Masseunzulänglichkeit auch dann, wenn die Masse voraussichtlich nicht ausreichen wird, um die bestehenden sonstigen Masseverbindlichkeiten im Zeitpunkt der Fälligkeit zu erfüllen. Dadurch wird der Insolvenzverwalter vor dem Haftungsrisiko des § 61 InsO geschützt, wonach er dem Massegläubiger zum Schadensersatz verpflichtet ist, wenn eine Masseverbindlichkeit, die durch eine Rechtshandlung des Verwalters begründet worden ist, aus der Insolvenzmasse nicht voll erfüllt werden kann[624]. Er trägt damit als Verwalter die volle Darlegungs- und Beweislast dafür, dass er die im Verkehr gebotene Sorgfalt beachtet hat und nicht erkennen konnte, dass die Masse voraussichtlich unzulänglich werden würde[625].

2. Feststellung der Masseunzulänglichkeit

§ 208 InsO legt die Verantwortung für die Feststellung der Masseunzulänglichkeit ebenfalls ausschließlich auf die Schultern des Insolvenzverwalters. Das Insolvenzgericht braucht die angezeigte Masseunzulänglichkeit nicht nachzuprüfen, sondern darf sich auf die Angaben des Verwalters verlassen und die Masseunzulänglichkeit veröffentlichen[626]. Der Insolvenzverwalter wird nach Verfahrenseröffnung unverzüglich prüfen, ob die vorhandene Masse ausreicht, die bisher entstandenen und durch die Weiterbeschäftigung von Arbeitnehmern weiter entstehenden Masseverbindlichkeiten zu decken. Der Verwalter hat in einer geordneten Aufstellung zu prüfen, welche Masse- bzw. Verwertungserlöse nach Durchführung der Aussonderungen, Absonderungen und der Aufrechnungen zur Verfügung stehen werden, welche Ansprüche von welchen Massegläubigern geltend gemacht werden und welche Massegläubiger bislang schon befriedigt wor-

624 Ferfer in LNK InsO, § 208, Rn. 14.
625 Kübler in Kölner Schrift, S. 967 ff., Rn. 27.
626 Uhlenbruck in Uhlenbruck, § 208, Rn. 4.

den sind. In diesem Fall wird es eine der ersten Amtshandlungen des Verwalters sein, dem Gericht die Masseunzulänglichkeit anzuzeigen; er kann damit erreichen, dass die Ansprüche aus fortbestehenden Dauerschuldverhältnissen für die Zeit nach dieser Anzeige bis zum Wirksamwerden der Kündigung nur anteilig zu erfüllen sind[627].

Der Verwalter hat des Weiteren im Laufe des Verfahrens ständig zu prüfen, ob die nicht nur von ihm begründeten so genannten gewillkürten Masseverbindlichkeiten, sondern auch die oktroyierten Masseverbindlichkeiten des Schuldners, auf deren Entstehung der Insolvenzverwalter keinen Einfluss hat, wie z. B. Lohn- und Gehaltsansprüche der Arbeitnehmer, die während der Kündigungsfrist des § 113 InsO entstehen, gedeckt sind.

Zur Feststellung der drohenden Masseunzulänglichkeit hat der Verwalter eine Finanzplanrechnung aufzustellen, wobei die Prognose ergeben muss, dass der Eintritt der Masseunzulänglichkeit wahrscheinlicher ist, als ihr Ausbleiben[628]. Die noch nicht fälligen Masseverbindlichkeiten werden dabei ebenso erfasst, wie die noch nicht begründeten Verbindlichkeiten, deren Entstehen aber vorhersehbar ist, insbesondere bei den Löhnen und Gehältern der Arbeitnehmer.

3. Anzeigepflicht des Verwalters

Die Anzeigepflicht trifft den Insolvenzverwalter. Die Gläubiger haben keinerlei Mitwirkungsrechte.

Sowohl bei verspäteter Feststellung der Masseunzulänglichkeit als auch bei verspäteter Anzeige an das Insolvenzgericht haftet der Insolvenzverwalter persönlich nach den §§ 60, 61 InsO auf Schadenersatz, wenn Massegläubiger mit ihrer Forderung ausfallen oder nur eine geringe Quote erhalten, weil der Insolvenzverwalter trotz Eintritts der Masseunzulänglichkeit noch andere Masseverbindlichkeiten in voller Höhe befriedigt hat.

Die Anzeige der Masseunzulänglichkeit ist durch das Insolvenzgericht gem. § 208 II 1 InsO i. V. m. § 9 InsO öffentlich bekannt zu machen. Es genügt nicht, dass die Massegläubiger auf andere Art und Weise Kenntnis von der Masseunzulänglichkeit erlangt haben.

Neben der öffentlichen Bekanntmachung ist die Masseunzulänglichkeitsanzeige den Massegläubigern zuzustellen. Die Zustellungen können vom Gericht durch Aufgabe zur Post oder durch den Insolvenzverwalter vorgenommen werden (§ 8 InsO). Die Einzelzustellung dient dazu, die alten Massegläubiger davon in Kennt-

627 HK-Landfermann, § 208, Rn. 6.
628 Kübler in Kölner Schrift, S. 967, Rn. 26.

nis zu setzen, dass die Vollstreckung wegen ihrer Masseverbindlichkeiten nach § 210 InsO ausgeschlossen ist. Sie ändert aber nichts dran, dass die Rechtsfolgen der §§ 209 ff. InsO bereits mit der Anzeige an das Gericht eintreten.

4. Weiteres Verfahren nach der Anzeige

a) Pflicht zur weiteren Verwertung

Nach § 208 III InsO besteht die Pflicht des Verwalters zur Verwaltung und Verwertung der Masse auch nach Anzeige der Masseunzulänglichkeit fort. Die Vergütungs- und Auslagenerstattungsansprüche gem. § 209 I Nr. 1 InsO sind vorrangig vor den übrigen Masseverbindlichkeiten zu befriedigen.

Allerdings birgt diese Regelung für den Verwalter auch ein erhebliches Haftungsrisiko. Dem Verwalter wird daher in der Literatur geraten, seine Verwertungsbemühungen auf solche Geschäfte zu beschränken, die für die Masse vorteilhaft sind[629]. Wie von Kluth[630] dargestellt, gerät der Insolvenzverwalter bei besonders bedeutsamen Rechtshandlungen i.S.v. § 160 InsO regelmäßig in die Zwickmühle, weil das Interesse der Insolvenzgläubiger i.d.R. nach Anzeige der Masseunzulänglichkeit sehr gering bis nicht vorhanden ist. Trotzdem ist § 160 InsO auch für das Verfahren bei Masseunzulänglichkeit zu beachten. Der Insolvenzverwalter sollte daher bei besonders bedeutsamen Rechtshandlungen in jedem Falle die Einberufung einer Gläubigerversammlung beantragen.

Die Haftungsgefahren sind nicht unerheblich dadurch reduziert, dass in § 209 I Nr. 2 InsO die Neumasseverbindlichkeiten gegenüber den sonstigen Masseverbindlichkeiten privilegiert sind. Die Vorschriften der §§ 208 ff. InsO dienen dem Zweck, das Verfahren möglichst zügig zu Ende zu bringen und den Erlös aus der Restverwertung dazu zu verwenden, die Masseverbindlichkeiten zu befriedigen und damit die Haftungsgefahr für den Verwalter nach § 61 InsO zu reduzieren[631]. Der Verwalter sollte zur Vermeidung einer Haftung nach § 61 InsO bei Eingehung von Neuverbindlichkeiten den Vertragspartner darauf aufmerksam machen, dass die Masseunzulänglichkeit beim Insolvenzgericht angezeigt worden ist[632].

Die Anzeige der Masseunzulänglichkeit führt letztlich zu einer Änderung des Verfahrenszwecks. Der Verwalter muss bemüht sein, die nach § 208 InsO gebotene Liquidation möglichst rasch durchzuführen und eine weitere Verkürzung der Ansprüche der Altmassegläubiger zu verhindern.

---

629 Uhlenbruck in Uhlenbruck, §208, Rn. 19.
630 Kluth, ZInsO 2000, 177 (184).
631 Uhlenbruck in Uhlenbruck, § 208, Rn. 19.
632 MüKo-Hefermehl, § 208, Rn. 32.

b) Neuordnung des Verteilungsschlüssels

Die Anzeige hat eine Änderung des Verteilungsschlüssels für die Massegläubiger gem. § 209 InsO zur Folge. Hat der Verwalter prophylaktisch oder zu Unrecht Masseunzulänglichkeit angezeigt, entsteht den Massegläubigern durch den Eintritt des Verteilungsschlüssels des § 209 InsO kein Schaden, da die Ansprüche der Altmassegläubiger hier nur verspätet erfüllt werden[633]. Allerdings will Uhlenbruck bei prophylaktischer oder missbräuchlicher Anzeige der Masseunzulänglichkeit die Anwendung der Vorschrift des § 60 InsO zugunsten der Altmassegläubiger bejahen[634].

aa) Masseverbindlichkeiten i.S.v. § 209 I Nr. 1 InsO

Gem. § 209 I Nr. 1 InsO sind zunächst einmal die Verfahrenskosten zu berichtigen. Zu den Kosten des Insolvenzverfahrens gehören die Gerichtskosten (§ 54 Nr. 1 InsO) und die Vergütungen und die Auslagen des vorläufigen Insolvenzverwalters, des Insolvenzverwalters und der Mitglieder des Gläubigerausschusses (§ 54 Nr. 2 InsO). Diese Kosten werden auch bei Masseunzulänglichkeit immer voll befriedigt, ansonsten läge keine Masseunzulänglichkeit vor, vielmehr müsste das Verfahrens mangels Masse eingestellt werden.

bb) Masseverbindlichkeiten i.S.v. § 209 I Nr. 2 InsO

Direkt hinter den Kosten des Verfahrens stehen die Masseverbindlichkeiten, die nach der Anzeige der Masseunzulänglichkeit begründet worden sind (§ 209 I Nr. 2 InsO), die sog. Neumasseverbindlichkeiten. § 209 II InsO präzisiert, welche weiteren Masseverbindlichkeiten zu den Neumasseverbindlichkeiten gehören. Neumasseverbindlichkeiten sind danach auch Masseverbindlichkeiten aus einem gegenseitigen Vertrag, dessen Erfüllung der Verwalter gewählt hat, nachdem er die Masseunzulänglichkeit angezeigt hatte (Abs. 2 Nr. 1).

Arbeitnehmeransprüche können entweder als vorrangig zu befriedigende Neumasseverbindlichkeiten oder als nachrangig berechtigte Altmasseverbindlichkeiten zu qualifizieren sein. Bei Dauerschuldverhältnissen, zu denen auch die Arbeitsverhältnisse zählen, begründet die Anzeige der Masseunzulänglichkeit kein außerordentliches Kündigungsrecht des Insolvenzverwalters nach § 626 I BGB. Er ist an die Kündigungsfristen und Termine des § 622 I, II Nr. 1–3 BGB bis zur Höchstfrist von drei Monaten zum Monatsende gebunden. Es wird darauf abgestellt, ob der Insolvenzverwalter nach Verfahrenseröffnung zum frühestmöglichen Kündigungstermin gekündigt hat oder nicht. Ist dies nicht der Fall, dann sollen die Ansprüche der Arbeitnehmer für die Zeit nach dem ersten möglichen

633 Uhlenbruck in Uhlenbruck, § 208, Rn. 14.
634 Uhlenbruck, a.a.O.

Kündigungstermin als Neumasseverbindlichkeiten nach § 209 II Nr. 2 InsO zu behandeln sein, selbst wenn die Arbeitnehmer vom Insolvenzverwalter von der Arbeit freigestellt wurden[635]. Hat der Insolvenzverwalter dagegen rechtzeitig gekündigt, sind nach Insolvenzrecht Lohn- und Gehaltsansprüche dann als sog. Neumasseverbindlichkeiten nach § 209 I Nr. 2 InsO einzustufen, soweit der Insolvenzverwalter **nach** der Anzeige der Masseunzulänglichkeit der Insolvenzmasse die Gegenleistung in Anspruch genommen hat (§ 209 II Nr. 3 InsO).

cc) Masseverbindlichkeiten i.S.v. § 209 I Nr. 3 InsO

Erst danach sind die übrigen Masseverbindlichkeiten zu berichtigen (gem. § 209 I Nr. 3). Hierbei handelt es sich um sog. Altmasseverbindlichkeiten. Insbesondere gehören zu den Altmasseverbindlichkeiten der dem Schuldner und seiner Familie aus der Insolvenzmasse gewährte Unterhalt (§§ 100 I, 209 I Nr. 3 InsO). Ist die Insolvenzmasse zur vollständigen Befriedigung der Altmasseverbindlichkeiten nicht ausreichend, erfolgt eine anteilige Berichtigung.

dd) Sozialplanforderungen

Sozialplanansprüche der Arbeitnehmer sind nach § 123 II 1 InsO Masseverbindlichkeiten, wenn der Sozialplan nach Verfahrenseröffnung aufgestellt wird. Jedoch gilt der gesetzliche Vorbehalt, wonach nur ein Drittel der freien Masse, die ohne einen Sozialplan für die Verteilung an die Insolvenzgläubiger zur Verfügung stünde (§ 123 II 2 InsO) darauf verwendet werden darf. Bei Masseunzulänglichkeit steht den Insolvenzgläubigern aber überhaupt keine Masse zur Verteilung zur Verfügung, so dass die Sozialplanansprüche der Arbeitnehmer bei der Verteilung nach § 209 InsO überhaupt keine Rolle spielen.

ee) Insolvenzforderungen

Die Anzeige der Masseunzulänglichkeit nach § 208 I InsO hat zur Folge, dass grundsätzlich Zahlungen auf Forderungen im Sinne von §§ 38, 39 InsO nicht geleistet werden dürfen. Es greift der Verteilungsschlüssel des § 209 InsO ein, so dass selbst Masseansprüche nicht mehr in voller Höhe befriedigt werden können.

c) Aufrechnung durch Massegläubiger

Eine Aufrechnung ist nach Anzeige der Masseunzulänglichkeit nur noch in entsprechender Anwendung der §§ 95 ff. InsO zulässig[636]. Entsprechend § 96 Nr. 1 InsO ist die Aufrechung zulässig, wenn der Massegläubiger erst nach Anzeige der

---

635 Ferfer in LNK InsO, § 209, Rn. 20.
636 BGH, Urteil vom 18.05.1995 – IX ZR 189/94 = NJW 1995, 2783.

Masseunzulänglichkeit etwas zur Masse schuldig geworden ist. Gleiches gilt entsprechend § 96 Nr. 2 InsO, wenn der Gläubiger der Masseforderung diese erst nach Anzeige der Masseunzulänglichkeit von einem anderen Gläubiger erworben hat. Eine sinngemäße Anwendung der Aufrechnungsvorschriften im Falle der Masseunzulänglichkeit befürwortete auch der BFH[637] in einer Entscheidung zur Frage der Aufrechnung des Finanzamtes gegen ein Vorsteuerguthaben der Konkursmasse im massearmen Konkurs.

Massegläubiger können mit ihren Altforderungen gegen die Masse weiterhin gegen solche Ansprüche der Masse wirksam aufrechnen, die vor Anzeige der Masseunzulänglichkeit entstanden sind.

d) Gesonderte Rechnungslegung

Gem. § 211 II InsO hat der Insolvenzverwalter für seine Tätigkeit nach Anzeige der Masseunzulänglichkeit gesondert Rechnung zu legen. Dies betrifft allerdings nur den Zeitraum zwischen der Anzeige der Masseunzulänglichkeit und der Einstellung des Verfahrens[638]. Für die Zeit vor der Anzeige der Masseunzulänglichkeit hat er nach den allgemeinen Vorschriften Rechung zu legen. Für die Überprüfung der Schlussrechnung für die Zeit nach Anzeige der Masseunzulänglichkeit wird überwiegend angenommen, dass in entsprechender Anwendung des § 66 InsO die Prüfung dem Insolvenzgericht und dem Gläubigerausschuss obliegt[639].

e) Prozessrechtliche Folgen

Der Gesetzgeber hat nicht geregelt, wie sich die Anzeige der Masseunzulänglichkeit nach § 208 InsO auf anhängige oder noch anhängig zu machende Klagen der Massegläubiger auswirkt.

Das Bundesarbeitsgericht hat in einem Urteil vom 11.12.2001[640] entschieden, dass Forderungen i.S.v. § 209 I Nr. 3 InsO nicht mehr mit der Leistungsklage verfolgt werden können, wenn der Insolvenzverwalter die Masseunzulänglichkeit gem. § 208 I InsO angezeigt hat, weil es an dem erforderlichen Rechtsschutzbedürfnis fehle, da eine Leistungsklage nicht mehr nach § 210 InsO vollstreckt werden kann. Ein Leistungsurteil könne auch nicht in Höhe der Massequote ergehen.

Für den Arbeitnehmer bedeutet dieses, dass er seine Leistungsklage in eine Feststellungsklage umzustellen hat[641]. Es genügt, dass der Insolvenzverwalter nach-

---

637 BFH, Urteil vom 01.08.2000 – VII R 31/99 = ZInsO 2001, 510.
638 Kluth, ZInsO 2000, 177, (183).
639 Uhlenbruck in Uhlenbruck, § 211, Rn. 2.
640 BAG, Urteil vom 11.12.2001 – 9 AZR 459/00 = ZIP 2002, 628.
641 Kübler in Kölner Schrift, S. 967 ff., Rn. 42.

weist, dass er die Masseunzulänglichkeit beim Insolvenzgericht gem. § 208 I InsO angezeigt hat. Sog. Neumasseverbindlichkeiten i.S.v. § 209 I Nr. 1 und 2 InsO können dagegen zumindest solange im Wege der Leistungsklage geltend gemacht werden, bis der Insolvenzverwalter darlegt und beweist, dass die Masse auch zur Befriedigung dieser Ansprüche nicht mehr ausreicht, oder eine erneute Masseunzulänglichkeit anzeigt[642].

Der Insolvenzverwalter hat im Prozess die Einrede der Masseunzulänglichkeit zu erheben und muss im Fall des Bestreitens die Masseunzulänglichkeit beweisen. Es genügt der Nachweis der Anzeige gem. § 208 I InsO an das Insolvenzgericht. Daraufhin hat das Prozessgericht den Altmassegläubiger darauf hinzuweisen, dass eine Klage in dieser Form, nämlich als Leistungsklage, unzulässig geworden ist. Es wird ihm anheim gestellt, die bisherige Leistungsklage in eine Feststellungsklage umzustellen.

f) Vollstreckungsverbot

Nach § 210 InsO ist nur den Altmassegläubigern i.S.v. § 209 I Nr. 3 InsO die Vollstreckung untersagt. Das Vollstreckungsverbot tritt ein in dem Augenblick, in dem der Verwalter dem Insolvenzgericht die Masseunzulänglichkeit angezeigt hat.

Das Vollstreckungsverbot des § 210 InsO ist von Amts wegen zu beachten. Bei verbotswidrig vorgenommenen Vollstreckungen ist nach herrschender Meinung die Vollstreckungserinnerung nach § 766 ZPO, nicht die Vollstreckungsabwehrklage nach § 767 ZPO statthaft[643].

Das Vollstreckungsverbot des § 210 InsO erfasst nicht die Gläubiger von Neumasseverbindlichkeiten im Sinne von § 209 I Nr. 2 InsO. Wenn nicht alle Verbindlichkeiten nach § 209 I Nr. 2 InsO durch die Masse erfüllt werden können, ist eine Vollstreckungsabwehrklage des Verwalters oder ein Antrag auf einstweilige Einstellung (§ 769 ZPO) möglich[644].

5. Wegfall der Masseunzulänglichkeit

Fraglich ist was passiert, wenn nachträglich weiteres Schuldnervermögen oder reduzierte Masseverbindlichkeiten festgestellt werden und dadurch die Zulänglichkeit der Masse wiederhergestellt wird. Nach Meinung des Amtsgerichts Hamburg[645] kann die Anzeige der Masseunzulänglichkeit nicht mehr zurückgenom-

---

642 BAG, Urteil vom 4.6.2003 – 10 AZR 586/02 = DZWIR 2004, 67.
643 Landfermann in HK-InsO, § 210, Rn. 4.
644 OLG Hamm, Beschluss vom 18.12.1992 – 26 U 202/92 = ZIP 1993, 523.
645 AG Hamburg, Beschluss v. 2.2.2000 – 67 c IN 157/99 = NZI 2000, 140.

men werden, da die Reihenfolge der Befriedigung der Gläubiger sich bis zur Einstellung des Verfahrens gem. § 209, 211 InsO unwiderruflich verändert habe. Diese Meinung wird in der Literatur nicht geteilt[646]. Schreibt man der Anzeige der Masseunzulänglichkeit keine materiell-rechtliche Wirkung zu, darf auch eine Verteilung nach § 209 InsO nicht stattfinden, wenn die Masse zur Befriedigung aller Massegläubiger ausreicht. Der Verwalter muss in das normale Regelinsolvenzverfahren zurückkehren können[647].

Nach einer Auffassung, die vor allem von der Praxis der Insolvenzverwalter vertreten wird, soll dies durch schlichte Vornahme der Verteilung ohne eine entsprechende Dokumentation der Rückkehr in das regelgerechte Verfahren geschehen[648]. Nach anderer Auffassung ist dagegen eine öffentliche Bekanntmachung der Wiederherstellung der Massezulänglichkeit und der Rückkehr in das regelgerechte Verfahren erforderlich[649].

6. Einstellung des Verfahrens

Schließlich wird das Insolvenzverfahren gem. § 211 I InsO durch das Insolvenzgericht eingestellt.

Zwingende Voraussetzung dafür ist allerdings, dass die vorhandene bare Masse nach Maßgabe des § 209 InsO vom Verwalter verteilt worden ist. Vorher ist eine Verfahrenseinstellung unzulässig. Die Verteilung erfolgt aufgrund des vom Verwalter mit der Schlussrechnung eingereichten Verteilungsverzeichnisses.

Die Einstellung des Verfahrens setzt nach wohl unbestrittener Auffassung dagegen nicht voraus, dass der Insolvenzverwalter die Masse insgesamt verwertet hat und sämtliche Streitigkeiten, wie anhängige Anfechtungsklagen und sonstige Rechtsstreite um die Anerkennung von Masseforderungen, abgeschlossen sind[650]. Andererseits darf der Rechtsstreit über die Frage, ob eine Forderung überhaupt eine Masseverbindlichkeit ist oder ob es sich um eine Alt- oder Neumasseverbindlichkeit handelt, nicht dazu führen, dass die Einstellung des Verfahrens auf längere Zeit verzögert wird. Daher sieht § 211 III InsO ausdrücklich die Möglichkeit der Nachtragsverteilung vor. Abgesehen davon wird zusätzlich die Sicherstellung bestrittener Masseverbindlichkeiten als zulässig angesehen[651].

Wird das Insolvenzverfahren wegen Masseunzulänglichkeit nach § 211 InsO eingestellt, so ist der Beschluss mit Angabe des Grundes der Einstellung gem. § 215 I

646 Schmidt, NZI 1999, 442.
647 Uhlenbruck in Uhlenbruck, § 209, Rn. 31.
648 So wohl auch Runkel/Schnurbusch, NZI 2000, 49 (53).
649 Pape, ZInsO 2001, 60 (62).
650 Pape/Häuser, Rn. 417.
651 Uhlenbruck in Uhlenbruck, § 211, Rn. 4.

InsO öffentlich bekannt zu machen. Mit der Verfahrenseinstellung erhält der Schuldner das Recht zurück, über die Insolvenzmasse frei zu verfügen (§ 215 II 1 InsO). Die Beschränkungen des § 80 I InsO fallen weg. Anders als bei der Abweisung mangels Masse nach § 26 I InsO erfolgt keine Eintragung des Schuldners in das Schuldnerverzeichnis.

Ansonsten gelten die gleichen Grundsätze wie für die Verfahrenseinstellung nach § 207 InsO. Die Geschäftsunterlagen sind an den Schuldner herauszugeben, da dieser verpflichtet ist, die gesetzlichen Aufbewahrungspflichten zu beachten. Für den Arbeitnehmer wichtig ist, dass die Archivierung der Unterlagen nach Ansicht von Uhlenbruck durch den Insolvenzverwalter in Analogie zu § 273 II AktG zu erfolgen hat. An dieser Stelle wird von Uhlenbruck sein Vorschlag in der Kommentierung zu § 207 InsO, nämlich Hinterlegung bei der Hinterlegungsstelle des Amtsgerichts, in Zweifel gezogen[652]. Auch die Empfehlung, Rückstellungen für die Kosten einer Aktenaufbewahrung zu bilden und die Archivierung dem Verwalter zu überlassen ist wenig praktikabel. Die Aufbewahrungskosten wären Neumasseverbindlichkeiten i.S.v. § 209 I Nr. 2 InsO und als solche eventuell nicht voll gedeckt. Es wird daher nur die Möglichkeit bleiben, entweder die Geschäftsunterlagen an den Schuldner bzw. die organschaftlichen Vertreter des Schuldnerunternehmens herauszugeben oder sie bei der Hinterlegungsstelle des Amtsgerichts zu hinterlegen. Für den Arbeitnehmer ist wesentlich, einen Ansprechpartner zu haben. Ihm muss daher geraten werden, zunächst den Insolvenzverwalter bzw. sein Büro anzusprechen, um weitere Hinweise über den Aufenthaltsort der Unterlagen zu erhalten.

652 Uhlenbruck in Uhlenbruck, § 211, Rn. 10.

F. Die Problematik im europäischen Maßstab

I. Einleitung

Nachdem die Begriffe Arbeitnehmer und deren Rechtslage bei Insolvenz des Arbeitgebers in Deutschland ausführlich beleuchtet wurden, erscheint es notwendig, in einem Schlusskapitel diese Problematik auch in einen europäischen Zusammenhang zu stellen.

Zwar sind Insolvenzen der Arbeitgeber auf der einen Seite, Freizügigkeit im Arbeitnehmerverkehr auf der anderen Seite nicht zu typischen Problemen der Europäischen Union geworden. Bereits seit Menschengedenken sind jedoch die Einwohner Europas grenzüberschreitend gewandert, um bessere Lebensbedingungen und Arbeit für ihr tägliches Auskommen zu finden.

Firmenzusammenbrüche hat es schon immer in allen Staaten Europas gegeben. Es ist aber zunächst immer nur auf nationaler Ebene versucht worden, die Folgen solcher Zusammenbrüche für die Gläubiger und die Betroffenen zu regeln.

Erst im 20. Jahrhundert haben sich Gesetzgeber verschiedener europäischer Staaten entschieden, z B. das Verbraucherinsolvenzverfahren für die Privatentschuldung einzuführen. Bis dahin waren Insolvenzverfahren beschränkt auf die Angehörigen des Kaufmannsstandes.

Durch das Zusammenwachsen der europäischen Länder und ihrer Bürger, auch der Arbeitnehmer, war es notwendig geworden, ferner das Insolvenzrecht im europäischen Maßstab zu erfassen und allgemeingültige Regelungen für die Mitgliedstaaten zu finden.

1. Geschichtlicher Kurzüberblick über die Entstehung der Europäischen Union

Bedingt durch die Auswirkungen des 2. Weltkrieges von 1939 bis 1945 haben sich Hauptvertreter der europäischen Staaten darüber verständigt, im Rahmen einer Zusammenarbeit Wiederaufbauhilfe zu leisten. Dieses Gedankengut ist bei Eintritt in den Kalten Krieg zerstört worden und hat sich Anfang der 50er Jahre somit auf die westeuropäischen Staaten konzentriert. Belgien, die Bundesrepublik Deutschland, Frankreich, Italien, Luxemburg und die Niederlanden (die „Sechs“) haben zunächst am 18.04.1951 den Pariser Vertrag zur Gründung der Europäischen Gemeinschaft für Kohle und Stahl (EGKS) unterschrieben, der am 23.07.

1952 in Kraft getreten ist. Er stellte den Grundstein für eine weitere Zusammenarbeit „der Sechs" dar und mündete – nach dem Scheitern der Europäischen Verteidigungsgemeinschaft – 1957 in die Verträge zur Gründung der Europäischen Wirtschaftsgemeinschaft (EWG) und der Europäischen Atomgemeinschaft (Euratom), die als die „Römischen Verträge" bekannt geworden sind und am 1.1.1958 in Kraft traten.

Im Juli 1959 beschlossen sieben Länder der Organisation für wirtschaftliche Zusammenarbeit in Europa (OEEC) – Dänemark, Norwegen, Österreich, Portugal, Schweden, die Schweiz und das Vereinigte Königreich – die Errichtung der EFTA (European Free Trade Association, dt. Europäische Freihandelsvereinigung). Das dazugehörige Übereinkommen wurde im Januar 1960 unterzeichnet und trat am 3.5.1960 in Kraft. Am 1.Juli 1967 trat dann der Fusionsvertrag zur Einsetzung gemeinsamer Exekutivorgane der Europäischen Gemeinschaften (EGKS, EWG, Euratom) in Kraft. Fortan verfügten die Europäischen Gemeinschaften über eine Kommission und einen Rat. Im Juni 1990 nahmen die EWG und die EFTA offizielle Verhandlungen über die Schaffung des Europäischen Wirtschaftsraums auf (EWR), woraufhin der Rat im Oktober 1991 eine Einigung erzielte und das Abkommen über die Schaffung des Europäischen Wirtschaftsraums am 1.1.1994 in Kraft trat.

Der am 7. Februar 1992 in Maastricht unterzeichnete Vertrag über die Europäische Union (EUV) ist am 1. November 1993 in Kraft getreten. Durch ihn wurde die Europäische Union geschaffen, die auf drei Pfeilern basiert, nämlich den Europäischen Gemeinschaften, der Gemeinsamen Außen- und Sicherheitspolitik und der polizeilichen und justiziellen Zusammenarbeit in Strafsachen.

Ziel des Vertrages von Amsterdam, der am 17. Juni 1997 politisch angenommen und am 2. Oktober unterzeichnet worden ist, war es die erforderlichen politischen und institutionellen Voraussetzungen dafür zu schaffen, dass sich die Europäische Union den künftigen Herausforderungen im Zusammenhang mit der raschen Entwicklung der internationalen Lage, der Globalisierung der Wirtschaft und ihrer Auswirkungen auf die Beschäftigung, der Bekämpfung des Terrorismus, der internationalen Kriminalität und des illegalen Drogenhandels, den ökologischen Ungleichgewichten und den Gefahren für die menschliche Gesundheit stellen kann. Er erlaubte der Union eine Erweiterung ihrer Zuständigkeiten durch Einführung einer gemeinschaftlichen Beschäftigungspolitik, durch Vergemeinschaftung von Sachgebieten, die zuvor lediglich Gegenstand einer Zusammenarbeit in den Bereichen Justiz und Inneres waren, durch Maßnahmen zur bürgernäheren Gestaltung der Union, durch die Möglichkeit einer engeren Zusammenarbeit bestimmter Mitgliedstaaten (verstärkte Zusammenarbeit).

Der am 1.2.2003 in Kraft getretene Vertrag von Nizza diente hauptsächlich der Regelung derjenigen mit der Erweiterung verbundenen institutionellen Fragen, die 1997 im Vertrag von Amsterdam noch offen gelassen worden waren. Dabei handelt es sich um die Zusammensetzung der Kommission, um die Stimmengewichtung im Rat und um die Ausdehnung der Fälle, in denen der Rat mit qualifizierter Mehrheit Beschlüsse fassen kann. Der Vertrag erleichtert den Rückgriff auf das Verfahren der verstärkten Zusammenarbeit und verbessert die Funktionsfähigkeit des Gerichtssystems.

Der Vertrag zur Gründung der Europäischen Gemeinschaft für Kohle und Stahl (EGKS) wurde am 23.7.2002 nach fünfzig Jahren außer Kraft gesetzt.

Die Zahl der Mitgliedsstaaten der Europäischen Union ist von den ursprünglichen 6 auf mittlerweile 25 gestiegen.

Die europäische Staatengemeinschaft hat sich die

1. Behauptung der Europäischen Identität auf internationaler Ebene durch:
   a) gemeinsame Außen- und Sicherheitspolitik,
   b) Mitwirkung bei der Bewältigung internationaler Krisen,
   c) humanitäre Hilfe der EU in Drittländern,
   d) Vertreten gemeinsamer Standpunkte in internationalen Organisationen,
2. Förderung des wirtschaftlichen und sozialen Fortschrittes durch:
   a) Verwirklichung des Binnenmarktes,
   b) Einführung der einheitlichen Währung,
3. Einführung der Unionsbürgerschaft
4. Schaffung eines Raums der Freiheit, der Sicherheit und des Rechts im Rahmen des Binnenmarktes und insbesondere der Freizügigkeit,
5. Erhaltung und Entwicklung des Gemeinschaftsrechts sämtlicher von den europäischen Institutionen erlassener Rechtstexte sowie der Gründungsverträge

zum Ziel gesetzt[653].

2. Rolle des Gemeinschaftsrechts und des EuGH

Die europäische Marktwirtschaft ist eine soziale Marktwirtschaft, die durch eine systematische Politik sozial flankiert werden muss. In allen genannten Verträgen haben die Mitgliedsstaaten daher die Belange der Arbeitnehmer auf arbeitsrechtlichem und sozialrechtlichem Gebiet beachtet und entsprechende Regelungen in Kraft gesetzt.

---

653 www.fifoost.org/EU/geschichte/node2.php

Die Mitgliedstaaten der Europäischen Union haben es sich aber keineswegs zur Aufgabe gemacht, ein für Europa allgemein gültiges Arbeitsrecht zu schaffen. Mithin versteht sich das Arbeitsrecht in der Europäischen Gemeinschaft als Recht der einzelnen Mitgliedsstaaten. In den meisten Mitgliedsstaaten, so auch in Deutschland, ist das Arbeitsrecht in unzähligen Einzelgesetzen geregelt. Im Gegensatz dazu verfügt z.B. Frankreich über ein Arbeitsgesetzbuch. Derartige Pläne in Deutschland konnten bisher nicht umgesetzt werden.

Die Gründungsmitglieder der EWG haben bereits in ihrem Vertrag vom 25.03. 1957[654] Bestimmungen für das Arbeitsrecht aufgenommen. So finden sich in den Artikeln 48 ff., 117 ff. und 120 ff. EWG Regelungen über die Freizügigkeit der Arbeitnehmer, Abstimmungen über die Sozialversicherungen der Mitgliedsstaaten, Zusammenarbeit in sozialen Fragen u.s.w.

Das Recht der Europäischen Gemeinschaft wird als Rechtsquelle des Arbeitsrechts immer wichtiger. Es wird allgemein unterteilt in das primäre Gemeinschaftsrecht auf der einen Seite, welches sich aus dem Europäischen Gemeinschaftsvertrag und den Assoziierungsabkommen ergibt und das sekundäre, abgeleitete Gemeinschaftsrecht in Form von Verordnungen und Richtlinien auf der anderen Seite.

Eine zentrale Bedeutung für das primäre Gemeinschaftsrecht wird vor allem Art. 141 EGV zugeschrieben, der von jedem Mitgliedstaat die Sicherstellung der Anwendung des Grundsatzes des gleichen Entgelts für Männer und Frauen bei gleicher oder gleichwertiger Arbeit verlangt. Dabei geht der Europäische Gerichtshof davon aus, dass Art. 141 EGV nicht nur für Rechtsvorschriften, sondern auch Tarifverträge und Arbeitsverträge zwingend gilt[655].

Bei den EG-Verordnungen handelt es sich um internationales Gesetzesrecht, das gem. Art. 249 II EGV unmittelbar, also ohne Transformation in jedem Mitgliedsstaat gilt. Zu nennen ist beispielhaft die Verordnung (EWG) Nr. 1612/68 des Rates vom 15. Oktober 1968 über die Freizügigkeit der Arbeitnehmer innerhalb der Gemeinschaft[656].

Im Arbeitsrecht sind aber vor allem die EG-Richtlinien von Belang. Gemäß Art. 249 III EGV sind Richtlinien Rechtsakte der Gemeinschaft, die den Mitgliedstaaten die Verpflichtung auferlegen, den Inhalt dieser Rechtsakte in nationales Recht umzusetzen. Richtlinien sind demnach nur für die Mitgliedstaaten, an die sie sich richten, unmittelbar verbindlich und stellen im Verhältnis zwischen den Mitgliedstaaten und den Rechtssubjekten in den Mitgliedstaaten kein unmittelbar geltendes Recht dar. Dies schließt laut BVerwG[657] jedoch nicht aus, dass sich

654 BGBl. II Nr. 23 vom 19.08.1957, S. 766 f.
655 EuGH, Urteil vom 15.12.1994 – C 399/92 = NZA 1995, 218.
656 ABl. L 257, S. 2.
657 BVerwG, Urteil vom 23.8.1984 – 3 C 42.82 = BVerwGE 70, 41.

betroffene Rechtssubjekte darauf berufen können, der Mitgliedstaat habe es rechtswidrig unterlassen, die Richtlinie in nationales Recht umzusetzen. Demgemäß könne es in Fällen, in denen ein Regelungsgebot in einer Richtlinie der Europäischen Gemeinschaft (noch) nicht in der gebotenen Weise in nationales Recht umgesetzt worden ist, dazu führen, dass unter den Umständen des Einzelfalles die Anwendung der mit der Richtlinie im Widerspruch stehenden nationalen Vorschriften mit den Grundsätzen von Treu und Glauben unvereinbar ist.

Im Zusammenhang mit den Rechten der Arbeitnehmer im Rahmen von Insolvenzen sind insbesondere folgende Richtlinien zu nennen:

- die Richtlinie 77/187/EWG des Rates vom 14. Februar 1977 zur Angleichung der Rechtsvorschriften der Mitgliedstaaten über die Wahrung von Ansprüchen der Arbeitnehmer beim Übergang von Unternehmen, Betrieben oder Betriebsteilen[658], die durch die Richtlinie 2001/23/EG des Rates vom 12. März 2001 zur Angleichung der Rechtsvorschriften der Mitgliedstaaten über die Wahrung von Ansprüchen der Arbeitnehmer beim Übergang von Unternehmen, Betrieben oder Unternehmens- oder Betriebsteilen[659] kodifiziert wurde;
- die Richtlinie 75/129/EWG des Rates vom 17. Februar 1975 zur Angleichung der Rechtsvorschriften der Mitgliedstaaten über Massenentlassungen[660] die durch die Richtlinie 98/59/EG des Rates vom 20. Juli 1998 zur Angleichung der Rechtsvorschriften der Mitgliedstaaten über Massenentlassungen[661] kodifiziert wurde;
- die Richtlinie 80/987/EWG des Rates vom 20. Oktober 1980 zur Angleichung der Rechtsvorschriften der Mitgliedstaaten über den Schutz der Arbeitnehmer bei Zahlungsunfähigkeit des Arbeitgebers[662], die durch die Richtlinie 2002/74/EG des Europäischen Parlaments und des Rates vom 23. September 2002[663] geändert wurde;
- die Richtlinie 94/45/EG des Rates vom 22. September 1994 über die Einsetzung eines Europäischen Betriebsrats oder die Schaffung eines Verfahrens zur Unterrichtung und Anhörung der Arbeitnehmer in gemeinschaftsweit operierenden Unternehmen und Unternehmensgruppen[664], die durch die Richtlinie 97/74/EG des Rates vom 15. Dezember 1997[665] auf das Vereinte Königreich ausgedehnt wurde;

---

658 ABl. L 61, S. 26.
659 ABl. L 82, S. 16.
660 ABl. L 48, S. 29.
661 ABl. L 225, S. 16.
662 ABl. L 283, S. 23.
663 ABl. L 270, S. 10.
664 ABl. L 254, S. 64.
665 ABl. L 10, S. 22.

- die Richtlinie 92/85/EWG des Rates vom 19. Oktober 1992 über die Durchführung von Maßnahmen zur Verbesserung der Sicherheit und des Gesundheitsschutzes von schwangeren Arbeitnehmerinnen, Wöchnerinnen und stillenden Arbeitnehmerinnen am Arbeitsplatz (zehnte Einzelrichtlinie im Sinne des Artikels 16 Absatz 1 der Richtlinie 89/391/EWG)[666];
- die Richtlinie 94/33/EG des Rates vom 22. Juni 1994 über den Jugendarbeitsschutz[667].

Zur Rolle des Europäischen Gerichtshofs ist darauf hinzuweisen, dass abweichend von der sog. „Solange I-Entscheidung" von 1974[668] das BVerfG in seiner berühmten Solange II-Entscheidung von 1986[669] feststellte, dass der Rechtsschutz durch die Organe der Europäischen Gemeinschaften, insbesondere dem EuGH den Maßstäben der deutschen Grundrechte genügt, so dass das BVerfG im Regelfall keine eigene Prüfung durchführen muss.

In Art. 234 EGV wird dem Europäischen Gerichtshof ein Auslegungsmonopol gewährt, wonach der Gerichtshof im Wege der Vorabentscheidung über die Auslegung des Vertrages und der übrigen Rechtsnormen der Gemeinschaft einheitlich und verbindlich entscheiden kann. Da die Europäische Rechtsordnung eine gemeinschaftliche sein soll, die Anwendung des Gemeinschaftsrechts aber zum größten Teil Sache der Gerichte der Mitgliedstaaten ist, die vollkommen unterschiedliche Rechtsauffassungen zum Gemeinschaftsrecht vertreten können, kommt dem Vorabentscheidungsverfahren somit eine entscheidende Bedeutung für die Rechtsordnung der Europäischen Union zu[670]. Allerdings sind die nationalen Gerichte nicht zur Vorlage verpflichtet. Nur die letztinstanzlichen Gerichte sind gemäß Art. 234 III EGV zur Vorlage verpflichtet, damit das europäische Recht in allen Mitgliedsstaaten einheitlich interpretiert wird. Das Bundesverfassungsgericht hat in der oben erwähnten „Solange II-Entscheidung" entschieden, dass auch der EuGH als gesetzlicher Richter i.S.v. Art. 101 I 2 GG anzusehen ist und damit der Einzelne die rechtswidrige Nichtanrufung des EuGH als Verletzung des grundrechtsgleichen Rechts auf den gesetzlichen Richter mit der Verfassungsbeschwerde vor dem BVerfG geltend machen kann[671].

Der Kläger kann allerdings die Vorlage der nationalen Gerichte an den Europäischen Gerichtshof nicht erzwingen. Wenn jedoch der Europäische Gerichtshof entschieden hat, ist das vorlegende Gericht an die Entscheidung gebunden.

Der Europäische Gerichtshof in Luxemburg ist somit nach Maßgabe des EG-Vertrages häufig im Vorabentscheidungsverfahren tätig geworden, früher Art. 177

---

666 ABl. L 348, S. 1.
667 ABl. L 216, S. 12.
668 BVerfG, Beschluss vom 29.5.1974 – 2 BvL 52/71 = BVerfGE 37, 271.
669 BVerfG, Beschluss vom 22.10.1986 – 2 BvR 197/83 = BVerfGE 73, 339.
670 Maschmann, NZA 1995, 920.
671 Maschmann, NZA 1995, 920 (929).

EGV, nunmehr nach der neuen Nummerierung durch den Amsterdamer Vertrag abgekürzt Art. 234 EG.

Der Europäische Gerichtshof entscheidet in diesem Vorabentscheidungsverfahren allerdings nicht den ihm vorgelegten nationalen Rechtsstreit. Es handelt sich vielmehr um ein Zwischenverfahren, welches der Richtervorlage an das Bundesverfassungsgericht gem. Art. 100 GG im deutschen Recht ähnelt. Dem Europäischen Gerichtshof wird von dem nationalen sog. Ausgangsgericht eine abstrakt formulierte Rechtsfrage vorgelegt zur Auslegung einer bestimmten Norm des Gemeinschaftsrechts oder zur Vereinbarkeit einer nationalen Norm mit Normen des Gemeinschaftsrechts. Das Urteil des Europäischen Gerichtshofs bindet das nationale Gericht. Nach der Entscheidung durch den Europäischen Gerichtshof nimmt das nationale Gericht den Ausgangsrechtsstreit wieder auf und entscheidet ihn unter Berücksichtigung und Bindung an das Urteil des Europäischen Gerichtshofs[672].

II. Die Europäische Insolvenzverordnung

Unter der Verordnung (EG) Nr. 1346/2000[673] hat der Rat der Europäischen Union die Europäische Insolvenzordnung vom 29.05.2000 erlassen. Die sog. EuInsVO ist gem. Art 249 EG-Vertrag für alle Mitgliedsstaaten – mit Ausnahme von Dänemark[674] – am 31.05.2002 verbindlich geworden.

1. Ziel der Verordnung

Noch unter Geltung der KO ging man zwar herrschend davon aus, dass zur Insolvenzmasse auch das im Ausland belegene Vermögen des Schuldners gehören sollte, gleichgültig, ob es aufgrund des deutschen Vollstreckungstitels später tatsächlich zur Masse gezogen werden konnte oder nicht[675], allerdings machte § 237 I KO, der eine Zwangsvollstreckung in das inländische Vermögen für zulässig erklärte, wenn über das Vermögen des Schuldners im Ausland ein Konkursverfahren eröffnet worden war, gleichzeitig deutlich, dass ein im Ausland eröffnetes Insolvenzverfahren im Inland grundsätzlich keine Wirkungen entfalten sollte. In diesem Zusammenhang war vor allem die Wirkung der Eröffnung eines ausländischen Konkursverfahrens auf die inländische Niederlassung, sowie umgekehrt die Wirkung der Eröffnung eines inländischen Konkursverfahrens auf die auslän-

672 Bauer/Diller NZA 1996, 169 (176).

673 ABl. L 160, S. 1.

674 Siehe Erwägungsgrund 33 in ABl. L 160, S. 1.

675 Kuhn/Uhlenbruck, § 1, Rn. 3a; BGH, Urteil vom 13.07.1983 – VIII ZR 246/82 = NJW 1983, 2147.

dische Niederlassung nicht nur in Deutschland problematisch. Dies war u.a. der Anlass zur Schaffung der Europäischen Insolvenzverordnung.

In der Verordnung (EG) Nr. 1346/2000 des Rates vom 29.05.2000 über Insolvenzverfahren heißt es in den Erwägungsgründen unter 2.:

> „Für ein reibungsloses Funktionieren des Binnenmarktes sind effiziente und wirksame grenzüberschreitende Insolvenzverfahren erforderlich; die Annahme dieser Verordnung ist zur Verwirklichung dieses Ziels erforderlich, das in den Bereich der justiziellen Zusammenarbeit in Zivilsachen im Sinne des Artikel 65 des Vertrages fällt."

Durch die Anerkennung von Insolvenzverfahren innerhalb der Europäischen Union sollen besonders die Anreize für Parteien, Streitigkeiten von einem Staat in einen anderen zu verlagern, um auf diese Weise eine verbesserte Rechtsstellung zu erlangen, sog. „forum shopping" minimiert werden[676].

Unter 8. heißt es ferner:

> „Zur Verwirklichung des Ziels einer Verbesserung der Effizienz und Wirksamkeit der Insolvenzverfahren mit grenzüberschreitender Wirkung ist es notwendig und angemessen, die Bestimmungen über den Gerichtsstand, die Anerkennung und das anwendbare Verfahren in diesem Bereich in einem gemeinschaftlichen Rechtsakt zu bündeln, der in den Mitgliedstaaten verbindlich ist und unmittelbar gilt."

Grundsätzlich fallen alle natürlichen und juristischen Personen in den Anwendungsbereich der VO, sodass auch nicht-unternehmerisch tätige Schuldner erfasst werden sollen[677].

2. Die Internationale Zuständigkeit

Gem. Art. 3 I EuInsVO sind für die Eröffnung des Insolvenzverfahrens die Gerichte zuständig, in deren Gebiet der Schuldner den Mittelpunkt seiner hauptsächlichen Interessen hat. Bei Gesellschaften und juristischen Personen wird bis zum Beweis des Gegenteils vermutet, dass der Mittelpunkt ihrer hauptsächlichen Interessen der Ort des satzungsmäßigen Sitzes ist.

Die Frage des BGH, ob das Gericht des Mitgliedstaats, bei dem der Antrag auf Eröffnung des Insolvenzverfahrens gestellt worden ist, für die Entscheidung über die Eröffnung des Insolvenzverfahrens zuständig bleibt, wenn der Schuldner nach Antragstellung, aber vor der Eröffnung den Mittelpunkt seiner hauptsächlichen Interessen in das Gebiet eines anderen Mitgliedstaats verlegt, hat der

---

676 Erwägungsgrund 4; Paulus, ZIP 2002, 729.
677 Erwägungsgrund 9; Wimmer, NJW 2002, 2427 (2428).

EuGH am 17.01.2006[678] im Vorabentscheidungsverfahren positiv beschieden. Der EuGH hat hiermit der Intention der Verordnung Nr. 1346/2000 über die effizientere Durchführung von grenzüberschreitenden Insolvenzverfahren Leben eingehaucht und verhindert, dass Parteien Rechtsstreitigkeiten von einem Mitgliedsstaat in den anderen verlagern können, um so eine verbesserte Rechtsstellung zu erlangen.

3. Grundsatz lex concursus

Die Verordnung wird von dem Prinzip der gemäßigten Universalität beherrscht. Was dies bedeutet, geht aus Art. 4 I EuInsVO hervor. Dort heißt es:

> „Soweit diese Verordnung nichts anderes bestimmt, gilt für das Insolvenzverfahren und seine Wirkungen das Insolvenzrecht des Mitgliedstaats, in dem das Verfahren eröffnet wird, ...“

Art. 4 normiert also in Gestalt einer Sachnormverweisung für ein grenzüberschreitendes Verfahren die Anwendbarkeit der lex concursus. Dadurch sollen Ungleichbehandlungen und aufwendige, sowie kostenintensive Parallelprüfungen vermieden werden[679].

Wie in Erwägungsgrund 11 deutlich wird, geht die Verordnung aber auch von der Tatsache aus, dass aufgrund der großen Unterschiede im materiellen Recht ein einziges Insolvenzverfahren mit universaler Geltung für die gesamte Gemeinschaft nicht realisierbar ist. Die ausnahmslose Anwendung des Rechts des Staates der Verfahrenseröffnung würde vor diesem Hintergrund häufig zu Schwierigkeiten führen. Art. 4 ist daher immer im Zusammenhang mit den Art. 5–15 zu sehen.

4. Ausnahmen von der Anwendbarkeit der lex concursus

Beschränkt wird der Grundsatz von der generellen Anwendbarkeit der lex concursus zum einen durch Sonderanknüpfungen, etwa für dingliche Rechte, Art. 5 oder Arbeitsverhältnisse, Art. 10, zum anderen durch die Zulassung von Territorialverfahren.

a) Sonderanknüpfung für den Arbeitsvertrag

Arbeitsverträge unterfallen weltweit verbreitet und traditionell aus sozialpolitischen Gründen einer insolvenzrechtlichen Sonderbehandlung[680].

---

678 EuGH, Urteil vom 17.01.2006 – C 1/04 = ZIP 2006, 188.
679 Paulus, Art. 4, Rn. 1.
680 Paulus, Art. 10, Rn. 1.

Unter Erwägungsgrund 28. der Verordnung heißt es daher:

> „Zum Schutz der Arbeitnehmer und der Arbeitsverhältnisse müssen die Wirkungen der Insolvenzverfahren auf die Fortsetzung oder Beendigung von Arbeitsverhältnissen sowie auf die Rechte und Pflichten aller an einem solchen Arbeitsverhältnis beteiligten Parteien durch das gemäß den allgemeinen Kollisionsnormen für den Vertrag maßgebliche Recht bestimmt werden. Sonstige insolvenzrechtliche Fragen, wie etwa, ob die Forderungen der Arbeitnehmer durch ein Vorrecht geschützt sind und welchen Rang dieses Vorrecht gegebenenfalls erhalten soll, sollten sich nach dem Recht des Eröffnungsstaates bestimmen."

In Art. 10 der Verordnung heißt es schließlich unter der Überschrift Arbeitsvertrag:

> „Für die Wirkungen des Insolvenzverfahrens auf einen Arbeitsvertrag und auf das Arbeitsverhältnis gilt ausschließlich das Recht des Mitgliedstaats, das auf den Arbeitsvertrag anzuwenden ist."

Art. 10 legt damit in Gestalt einer Kollisionsnorm eine Ausnahme zum an sich einschlägigen lex concursus fest. Es handelt sich hier um die Anwendung des so genannten Vertragsstatutes. Die Europäische Union ist somit ihrem Grundgedanken der Geltung des innerstaatlichen Arbeitsrechts im Zusammenhang mit der jeweiligen Insolvenzordnung treu geblieben.

Probleme ergeben sich dann, wenn der Hauptsitz des Unternehmens in einem anderen Mitgliedstaat liegt als die Niederlassung und die Eröffnung des Insolvenzverfahrens dort erfolgt. Der Arbeitnehmer muss, wenn die Firma z.B. in Deutschland nicht mehr aktiv ist und insbesondere keine Vermögenswerte mehr hat, in dem anderen Land seine Ansprüche verfolgen. Dies ist mit hohem finanziellen und zeitlichem Aufwand verbunden, auch wenn die Anmeldung der Forderung für alle Gläubiger in dem Verfahren möglich ist und sie durch ein Formblatt über die Anmeldungspflicht informiert werden müssen.

b) Territorialverfahren

Die Verordnung sieht zwei Typen von sog. Territorialverfahren vor.

Zunächst wird in Erwägungsgrund 12. die Möglichkeit des Sekundärinsolvenzverfahrens erwähnt:

> „Diese Verordnung gestattet die Eröffnung des Hauptinsolvenzverfahrens in dem Mitgliedstaat, in dem der Schuldner den Mittelpunkt seiner hauptsächlichen Interessen hat. Dieses Verfahren hat universale Geltung mit dem Ziel, das gesamte Vermögen des Schuldners zu erfassen. Zum Schutz der unterschiedlichen Interessen gestattet diese Verordnung die Eröffnung von Sekundärinsolvenzverfahren parallel zum Hauptinsolvenzverfahren."

Als Sekundärinsolvenzverfahren werden die am Ort einer Niederlassung des Schuldners durchgeführten Insolvenzverfahren bezeichnet, die erst nach einem Hauptverfahren eröffnet worden sind[681]. Gem. Art. 3 II sind die Wirkungen dieses Verfahrens auf das im betreffenden Mitgliedsstaat belegene Vermögen des Schuldners begrenzt.

Vor der Eröffnung eines Hauptinsolvenzverfahrens kann ein Partikularverfahren gem. Art. 3 II nur eröffnet werden, wenn es entweder zu einem Hauptverfahren mangels gesetzlicher Grundlage gar nicht kommen kann, oder entweder Gläubiger oder Forderung einen Bezug zu der im Inland befindlichen Niederlassung haben, Art. 3 IV.

5. Unterrichtung der Gläubiger und Anmeldung ihrer Forderungen

Gem. Art. 39 kann jeder Gläubiger, der seinen gewöhnlichen Aufenthalt, Wohnsitz oder Sitz in einem anderen Mitgliedstaat als dem Staat der Verfahrenseröffnung hat, einschließlich der Steuerbehörden und der Sozialversicherungsträger der Mitgliedstaaten, seine Forderungen in dem Insolvenzverfahren schriftlich anmelden. Natürlich können die Gläubiger ihre Forderungen aber nur anmelden, wenn sie von der Eröffnung eines Insolvenzverfahrens überhaupt Kenntnis haben.

In Art. 40 wird die Pflicht zur Unterrichtung der Gläubiger, und damit auch der Arbeitnehmer, soweit sie Insolvenzgläubiger sind, festgelegt. So heißt es wörtlich:

> „(1) Sobald in einem Mitgliedstaat ein Insolvenzverfahren eröffnet wird, unterrichtet das zuständige Gericht dieses Staates oder der von diesem Gericht bestellte Verwalter unverzüglich die bekannten Gläubiger, die in den anderen Mitgliedsstaaten ihren gewöhnlichen Aufenthalt, Wohnsitz oder Sitz haben.
>
> (2) Die Unterrichtung erfolgt durch individuelle Übersendung eines Vermerks und gibt insbesondere an, welche Fristen einzuhalten sind, welches die Versäumnisfolgen sind, welche Stelle für die Entgegennahme der Anmeldungen zuständig ist und welche weiteren Maßnahmen vorgeschrieben sind. In dem Vermerk ist auch anzugeben, dass die bevorrechtigten oder dinglich gesicherten Gläubiger ihre Forderungen anmelden müssen“

Natürlich bringt eine solche Verordnung Schwierigkeiten in der praktischen Anwendung mit sich, bis hin zu der Frage, welche Sprache angewendet werden soll. Deshalb heißt es in Art. 42:

681 Vallender, InVo 2005, S. 41.

„(1) Die Unterrichtung nach Artikel 40 erfolgt in der Amtssprache oder einer der Amtssprachen des Staates der Verfahrenseröffnung. Hierfür ist ein Formblatt zu verwenden, das in sämtlichen Amtssprachen der Organe der Europäischen Union mit den Worten „Aufforderung zur Anmeldung einer Forderung. Etwaige Fristen beachten!" überschrieben ist."

Der bei einem Arbeitgeber mit Sitz in einem anderen Mitgliedsstaat beschäftigte Arbeitnehmer wird also zumindest dadurch informiert, dass er ein entsprechendes Formblatt erhält, aus dem er erkennen kann, dass ein Insolvenzverfahren in dem Mitgliedsstaat, wo sein Arbeitgeber seinen Hauptsitz hat, anhängig ist. Weiter heißt es im Art. 42 II:

„Jeder Gläubiger, der seinen gewöhnlichen Aufenthalt, Wohnsitz oder Sitz in einem anderen Mitgliedstaat als dem Staat der Verfahrenseröffnung hat, kann seine Forderung auch in der Amtssprache oder einer der Amtssprachen dieses anderen Staates anmelden. In diesem Fall muss die Anmeldung jedoch mindestens die Überschrift „Anmeldung einer Forderung" in der Amtssprache oder einer der Amtssprachen des Staates der Verfahrenseröffnung tragen. Vom Gläubiger kann eine Übersetzung der Anmeldung in die Amtssprache oder einer der Amtssprachen des Staates der Verfahrenseröffnung verlangt werden."

III. Richtlinie 80/987/EWG des Rates vom 20. Oktober 1980 zur Angleichung der Rechtsvorschriften der Mitgliedstaaten über den Schutz der Arbeitnehmer bei Zahlungsunfähigkeit des Arbeitgebers

Um die Rechte des Arbeitnehmers besser zu schützen, ist bereits unter dem 20.10. 1980 die Richtlinie 80/987/EWG über den Schutz der Arbeitnehmer bei Zahlungsunfähigkeit des Arbeitgebers erlassen worden. Diese Richtlinie gilt gem. Art. 1 I für Ansprüche von Arbeitnehmern aus Arbeitsverträgen oder Arbeitsverhältnissen gegen Arbeitgeber, die zahlungsunfähig sind und bezweckt die Gewährleistung der Befriedigung nicht erfüllter Ansprüche der Arbeitnehmer bei Zahlungsunfähigkeit des Arbeitgebers. Sie verpflichtet die Mitgliedstaaten in Art. 3 zur Schaffung von Garantieeinrichtungen, die die Befriedigung der nicht erfüllten Ansprüche der Arbeitnehmer aus Arbeitsverträgen oder Arbeitsverhältnissen, die das Arbeitsentgelt für den vor einem bestimmten Zeitpunkt liegenden Zeitraum betreffen, sicherstellen. Diesen Zeitpunkt können die Mitgliedstaaten selbst festlegen, indem sie wählen zwischen:

- dem Zeitpunkt des Eintritts der Zahlungsunfähigkeit des Arbeitgebers,
- dem Zeitpunkt der Kündigung zwecks Entlassung des betreffenden Arbeitnehmers wegen Zahlungsunfähigkeit des Arbeitgebers oder
- dem Zeitpunkt des Eintritts der Zahlungsunfähigkeit des Arbeitgebers oder dem Zeitpunkt der Beendigung des Arbeitsvertrages oder des Arbeitsverhält-

nisses des betreffenden Arbeitnehmers wegen Zahlungsunfähigkeit des Arbeitgebers.

Die Mitgliedstaaten können die Zahlungspflicht der Garantieeinrichtungen unter bestimmten in Art. 4 genannten Bedingungen begrenzen. Die Richtlinie sieht dann zwar eine gemeinschaftsrechtliche Mindestgarantie für das Arbeitsentgelt von drei Monaten vor, überlässt es jedoch den Mitgliedstaaten, einen Zeitpunkt und einen Bezugszeitraum von mindestens 6 Monaten zu bestimmen.

Die Mitgliedstaaten legen gem. Art. 5 die Einzelheiten des Aufbaus, der Mittelaufbringung und der Arbeitsweise der Garantieeinrichtungen fest, wobei sie bestimmte Grundsätze zu beachten haben.

Die Mitgliedstaaten können gem. Art. 6 vorsehen, dass die Zahlungsgarantie nicht für die Beiträge zu den Systemen der sozialen Sicherheit oder der Zusatzversorgungen gilt. Sie treffen gem. Art. 7 die notwendigen Maßnahmen, um sicherzustellen, dass die Nichtzahlung von Pflichtbeiträgen zu der sozialen Sicherheit an ihre Versicherungsträger, die vom Arbeitgeber vor Eintritt seiner Zahlungsunfähigkeit geschuldet waren, keine Nachteile für die Leistungsansprüche der Arbeitnehmer gegenüber diesen Versicherungsträgern mit sich bringt, soweit die Arbeitnehmerbeitragsanteile von den gezahlten Löhnen eingehalten worden sind.

Die Interessen der Arbeitnehmer sowie der Personen, die zum Zeitpunkt des Eintritts der Zahlungsunfähigkeit des Arbeitgebers aus dessen Unternehmen oder Betrieb bereits ausgeschieden waren, müssen gem. Art. 8 hinsichtlich ihrer erworbenen Rechte oder Anwartschaftsrechte auf Leistungen bei Alter, einschließlich Leistungen für Hinterbliebene, aus betrieblichen oder überbetrieblichen Zusatzversorgungseinrichtungen außerhalb der einzelstaatlichen gesetzlichen Systeme der sozialen Sicherheit geschützt werden.

Der durch die Richtlinie 2002/74/EG des Europäischen Parlaments und des Rates vom 23. September 2002 zur Änderung der Richtlinie 80/987/EWG angefügte Art. 8a legt fest, dass bei Zahlungsunfähigkeit eines Arbeitgebers, der im Hoheitsgebiet mindestens zweier Mitgliedstaaten tätig ist, für die Befriedigung der nicht erfüllten Arbeitnehmeransprüche die Einrichtung desjenigen Mitgliedstaats zuständig ist, in dessen Hoheitsgebiet die betreffenden Arbeitnehmer ihre Arbeit verrichtet haben.

Deutschland ist in dem Zusammenhang seiner Umsetzungspflicht gemäß dieser Richtlinie sozusagen schon vorab nachgekommen, indem es die Regelungen über das Konkursausfallgeld bereits im Jahr 1974 erlassen hat, sodass eine Umsetzung aufgrund dieser Richtlinie nicht notwendig war. Wie bereits unter B. I. 2. erläutert, wurden diese Regelungen im Wesentlichen in das heutige SGB III übernommen. Wie im Folgenden näher beleuchtet wird, ist nach dem neugefassten § 183 I SGB III entscheidend, dass der Arbeitnehmer im Inland beschäftigt war, nicht aber dass ein inländisches Insolvenzereignis vorliegt.

1. Inländisches Beschäftigungsverhältnis

Bis zum 31.12.2001 setzte ein Insolvenzgeldanspruch gem. § 183 SGB III lediglich voraus, dass der Arbeitnehmer bei Eröffnung des Insolvenzverfahrens über das Vermögen seines Arbeitgebers, bei Abweisung des Antrags auf Eröffnung des Insolvenzverfahrens mangels Masse oder bei vollständiger Beendigung der Betriebstätigkeit im Inland, wenn ein Antrag auf Eröffnung des Insolvenzverfahrens nicht gestellt worden ist und ein Insolvenzverfahren offensichtlich mangels Masse nicht in Betracht kommt, für die vorausgehenden drei Monate des Arbeitsverhältnisses noch Ansprüche auf Arbeitsentgelt hat. In seiner neueren Rechtsprechung[682] ging das BSG daher davon aus, dass bei einem deutschen Insolvenzereignis grundsätzlich deutsches Recht anzuwenden sei. Der Arbeitnehmer sollte danach auch dann einen Anspruch auf Insolvenzgeld haben, wenn er zwar für ein deutsches Unternehmen, allerdings im Ausland beschäftigt war. Nach der Rechtsprechung des EuGH[683] zum Geltungsbereich der Richtlinie 80/987/EWG des Rates vom 20. Oktober 1980 zur Angleichung der Rechtsvorschriften der Mitgliedstaaten über den Schutz der Arbeitnehmer bei Zahlungsunfähigkeit des Arbeitgebers[684] war in diesen Fällen das Recht des Staates, in dem der Arbeitnehmer tätig war nur dann anwendbar, wenn er seine Tätigkeit in einem Mitgliedstaat in einer Zweigniederlassung einer Gesellschaft ausgeübt hat, die nach dem Recht eines anderen Mitgliedstaats gegründet wurde, in dem sie ihren Sitz hat und in dem das Insolvenzverfahren über sie eröffnet wurde.

Mit der Neufassung des § 183 I 1 SGB III und dem neu eingeführten § 183 I 2 SGB III durch das Job-AQTIV-Gesetz vom 10.12.2001[685] machte der Gesetzgeber nun jedoch deutlich, dass der Insolvenzgeldanspruch nach § 183 SGB III ein inländisches Beschäftigungsverhältnis voraussetzt. Dies entspricht nunmehr auch der Richtlinie 2002/74/EG des Europäischen Parlaments und des Rates vom 23. September 2002 zur Änderung der Richtlinie 80/987/EWG[686], die in Art. 1, Nr. 4 bestimmt, dass in den Fällen, in denen ein Unternehmen im Hoheitsgebiet mindestens zweier Mitgliedsstaaten tätig ist, für die Befriedigung der nicht erfüllten Arbeitnehmeransprüche die Einrichtung desjenigen Mitgliedstaates zuständig ist, in dessen Hoheitsgebiet die betreffenden Arbeitnehmer ihre Arbeit gewöhnlich verrichten.

Das BSG hat den kollisionsrechtlichen Grundsatz des internationalen Sozialrechts über die Ausstrahlung deutscher Rechtsvorschriften auf vorübergehende Auslandbeschäftigungen auch im Bereich der Insolvenzausfallversicherung für

682 BSG, Urteil vom 29.06.2000 – B 11 AL 35/99 R = NZI 2001, 277.
683 EuGH, Urteil vom 16.12.1999 – C 198/98 = ZIP 2000, 89.
684 ABl. Nr. L 283, S. 23.
685 BGBl. I, S. 3443.
686 ABl. Nr. L 270, S. 10.

anwendbar erklärt[687]. Damit sollen also die Insolvenzgeldvorschriften auch für solche Personen gelten, die im Rahmen eines deutschen Beschäftigungsverhältnisses in ein Gebiet im Ausland entsandt werden, wenn die Entsendung infolge der Eigenart der Beschäftigung oder vertraglich im voraus zeitlich begrenzt ist, § 4 I SGB IV.

2. Ausländisches Insolvenzereignis

Wie aus den oben gemachten Ausführungen deutlich wird, war nach der früheren Rechtsprechung für den Insolvenzgeldanspruch ein inländisches Insolvenzereignis erforderlich. Heute stellt § 183 I 2 SGB III klar, dass auch ein ausländisches Insolvenzereignis für im Inland beschäftigte Arbeitnehmer einen Insolvenzgeldanspruch begründet. Wie unter F. II. 1. beschrieben, konnte noch unter Geltung der KO ein ausländisches Insolvenzereignis im Inland keine Wirkungen, erst recht keinen Anspruch auslösen. Eine Rechtsgrundlage für die Anerkennung der Wirkungen von Auslandsinsolvenzen wurde erstmals mit Art. 102 EGInsO i.d.F. bis zum 19.03.2003 geschaffen, indem festgelegt wurde, dass ein ausländisches Insolvenzverfahren auch das im Inland befindliche Vermögen des Schuldners erfasst.

Mit dem Gesetz zur Neuregelung des Internationalen Insolvenzrechts vom 14. März 2003[688] wurde gleichzeitig mit der Umsetzung der Richtlinie 2001/17/EG des Europäischen Parlaments und des Rates vom 19. März 2001 über die Sanierung und Liquidation von Versicherungsunternehmen[689] und der Richtlinie 2001/24/EG des Europäischen Parlaments und des Rates vom 4. April 2001 über die Sanierung und Liquidation von Kreditinstituten[690] die Verordnung (EG) Nr. 1346/2000 des Rates vom 29. Mai 2000 über Insolvenzverfahren[691] in das deutsche Recht eingepasst. Nunmehr wird das sog. Universalitätsprinzip, welches der Verordnung (EG) Nr. 1346/2000 zugrunde liegt, in § 343 InsO zum Ausdruck gebracht.

---

687 BSG, Urteil vom 29.07.1982 – 10 RAr 9/81 = KTS 1983, 140.
688 BGBl. I, S. 345.
689 ABl. Nr. L 110, S. 28.
690 ABl. Nr. L 125, S. 15.
691 ABl. Nr. L 160, S. 1.

Sachregister

www.ingramcontent.com/pod-product-compliance
Lightning Source LLC
LaVergne TN
LVHW010650300926
849161LV00005B/1089